CHENG & TSUI

"Bringing Asia to the World"™

现代汉语高级读本

中国的发展与困境

China's Development and Dilemmas

Authentic Readings for Advanced Learners

周质平 Chih-p'ing Chou

张永涛 Yongtao Zhang

周韵钧 Yunjun Zhou

"Bringing Asia to the World"™

First Edition

23 22 21 20 19 18 1 2 3 4 5 6

ISBN 978-1-62291-239-1

Printed in the United States of America

Publisher
JILL CHENG

Editors
LEI WANG and MIKE YONG

Creative Director
CHRISTIAN SABOGAL

Designer/Illustrator
LIZ YATES

Cover Design
CHRISTIAN SABOGAL

Images/Photographs
© Cheng & Tsui
© testing/Shutterstock.com
© Eastimages/Shutterstock.com
© SIHASAKPRACHUM/Shutterstock.com
© UrbanNapflin/Shutterstock.com

Cheng & Tsui Company, Inc.
25 West Street
Boston, MA 02111-1213 USA
Phone (617) 988-2400 / (800) 554-1963
Fax (617) 426-3669
chengtsui.co

目录
Table of Contents

序　Preface vi

教师指南　Teacher's Guide viii

略语表　List of Abbreviations x

图例　Legend x

第一单元：环境问题　Unit 1: Environmental Problems

第一课　改革开放的新声与新生 ◇ 周质平 3

泛读课文：中国媒体的"三巨头" 17

第二课　孩子的天空 ◇ 柴静 21

泛读课文：不同人眼中的柴静 36

第三课　留住蓝天 ◇ 柴静 39

泛读课文：面子与实惠 50

第四课　责任与行动 ◇ 柴静 57

泛读课文：全球变暖的真相 81

第二单元：改革与发展　Unit 2: Reform and Development

第五课　停止计划生育政策的紧急呼吁
◇ 茅于轼　穆光宗　易富贤　梁建章 87

泛读课文：没有计划生育政策的世界 111

第六课　网络时代的中国政治变革 ◇ 郑永年 115

泛读课文：网络自由与网络审查 138

第七课　中国如何改革成为清廉国家 ◇ 郑永年 141

泛读课文：中国的网络反腐 172

第八课　三十年来中美关系的变与不变 ◇ 王缉思 175

泛读课文：蒲安臣与中美关系 221

第三单元：文化与认同　Unit 3: Culture and Identity

第九课　汉字是无辜的 ◇ 周质平 227

泛读课文：世界语的兴起与衰落 258

第十课　美国华侨与中国文化◦余英时 263
泛读课文：普通话、简体字与香港人 304
第十一课　台湾的认同与定位◦余英时 309
泛读课文：台湾社会的族群对立 339

第四单元：民主问题　Unit 4: Democracy Issues
第十二课　民主是个好东西◦俞可平 345
泛读课文：多数人暴政与少数人权利 360
第十三课　眼前世界文化的趋向◦胡适 365
泛读课文：西化与现代化 392
第十四课　我们必须选择我们的方向◦胡适 397
泛读课文：南渡、北归与海外流亡 418

生词索引（中—英）　Vocabulary Index (Chinese-English) 423
生词索引（英—中）　Vocabulary Index (English-Chinese) 446
语法索引（中—英）　Grammar Index (Chinese-English) 469
语法索引（英—中）　Grammar Index (English-Chinese) 475

The Cheng & Tsui Chinese language program is designed to publish and widely distribute quality language learning materials created by leading instructors from around the world. We welcome readers' comments and suggestions concerning our publications. Please contact the following members of our Editorial Board, in care of our Editorial Department (email: editor@chengtsui.co).

序

编写高年级现代汉语教材的难处在于必须兼顾"及时性"与"思想性"。所谓"及时性"，即教材内容需反映当代中国，但又不流于瞬间即陈的新闻；所谓"思想性"，则教材不能仅仅是肤浅的宣传或说明，也必须在内容上经得起时间的考验，在文句上又不艰深晦涩。学生和老师在读了这类文章之后，不仅对当代中国的某一方面有所了解，同时对这一议题过去的发展和未来的走向，都能从历史的角度有新的观察和认识。本书所选的14篇文章，虽不敢说篇篇都能符合这一标准，但这确是我们选材的原则。

当代中国在政治上有民主与独裁的争议，在人口政策上则有控制与放任的不同，至于中美关系、台湾问题、海外华侨与中国文化都是当代中国牵动人心的议题。

本书所选的14篇文章都是围绕着这些议题所写的。写作的时间跨度自1947年以至于今日，但重点则集中在改革开放后中国在政治、社会各个方面所面临的困境、现状与远景。希望学生在读完这本教材之后，不仅在汉语水平上有所提升，在对当代中国的了解上也有所拓展。

本书课文与生词同页互见，并辅之以语法解释及课后习题，以兼顾教、学两方面的需要。此外，师生们可以通过访问本教材的教学网站(cdd.chengtsui.co）或扫描每课的二维码获取各类教学辅助材料，包括课文和生词的录音、部分相关视频、各课的学习重点、课堂设计、PowerPoint课件、小考、阅读理解参考答案，以及各单元试题等。

本书始编于2012年，试用本多次在普林斯顿大学暑期中文培训班使用，深受师生喜爱。成书期间得到了余捷(Jenny Yu)、张瑞娜（Ruina Zhang)、赵扬（Henry Zhao)，以及Cheng & Tsui出版社的Jill Cheng, Megan Burnett, Mike Yong, 王蕾（Lei Wang）的多方建议和大力支持，我们在此表示诚挚的感谢，但书中如有任何错误都是我们的责任。

周质平
张永涛
周韵钧

Preface

The difficulty in compiling textbooks for upper-level Chinese classes lies in the necessity to satisfy "timeliness" while demonstrating "thoughtfulness." With regard to "timeliness," a textbook should reflect upon contemporary Chinese society without over-dwelling on trivial news. With regard to "thoughtfulness," a textbook should avoid superficial propaganda or description; it should be able to endure the test of time, and should not be filled with impenetrable text. After students and teachers read these essays, they will not only acquire a new understanding of problems in contemporary China, but also gain historical perspective on how a certain problem evolved in the past and how it will unfold in the future. Though we cannot say with absolute certainty that all fourteen essays selected here fulfill the aforementioned standards, these are the principles that guided our selection process.

In terms of contemporary politics, there are controversies over democracy versus dictatorship; in terms of population policies, there are arguments over control versus abstention from interference. Moreover, Sino-U.S. relations, issues related to Taiwan, and problems concerning overseas Chinese and Chinese culture are all issues that are close to the hearts of people in contemporary China.

The fourteen essays selected for this textbook discuss these issues. These essays were published between 1947 and the present, but are largely focused on the political and social dilemmas, circumstances, and prospects of Chinese society since the implementation of the reform and opening-up policy. We hope that students using this textbook are able to enhance their linguistic proficiency and gain a broadened and deeper understanding of contemporary China.

This textbook juxtaposes the text and corresponding vocabulary on adjacent pages. Texts are followed by grammatical explanations and exercises to enable effective teaching and learning. Additional resources to accompany the book may be accessed by scanning the QR code adjacent to each lesson text or by visiting cdd.chengtsui.co, which includes audio files (for each lesson's text and vocabulary), related video clips (for some lessons), study guides, lesson designs, PowerPoint slides, in-class quizzes, answer keys to extensive readings, and comprehensive tests for each unit.

The compilation of this textbook was initiated in 2012. It has been field-tested multiple times in Princeton in Beijing's Chinese classes, and has always been favored and deemed efficient by teachers and students. In the process of preparation and field-testing, Jenny Yu, Ruina Zhang, and Henry Zhao, as well as Jill Cheng, Megan Burnett, Mike Yong, and Lei Wang at Cheng & Tsui Company, provided many valuable suggestions and unreserved support. We would like to express our sincerest gratitude to them. Nonetheless, we take full responsibility for any errors that may come to light upon usage.

Chih-p'ing Chou
Yongtao Zhang
Yunjun Zhou

教师指南

Teacher's Guide

《中国的发展与困境》是一本为高年级中文学习者编写的综合教材。"综合"二字既体现在选材和内容上，也体现在教学目标与使用方法上。本书的选材不同于商务汉语、法律汉语、文学与电影赏析，而是将重点放在与现当代中国社会息息相关的各类议题上，如环境问题、人口问题、外交政策、语言文字、文化认同、民主自由等。我们希望学习者通过对本书的学习，不仅在汉语听、说、读、写的综合能力上有所提高，也能更深入地了解中国的社会制度、文化传统和发展困境。

首先在选材上，我们选用的是专家和学者的文章。对于高年级的汉语学习者而言，缺乏对中国历史、传统文化和当代社会制度的了解，无疑是他们进一步提高中文水平和了解中国文化的障碍。报章、网络等媒体文章过于关心当前的社会表象，对帮助学生打破这一障碍所起的作用是有限的。本书所选材料的作者，大多为来自其领域之佼佼者，除了胡适、余英时等家喻户晓的人物，还包括经济学家茅于轼、中美关系专家王辑思等相关专业领域的顶尖学者。这些著名学者能够不为当下令人眼花缭乱的社会现象所局限，而常以历史的眼光，更专业、更深刻地看待现当代中国各方面的问题，并能揭其本质，究其根源。我们相信，这些文章将有助于加深学生对现当代中国社会的理解。为了方便读者，编者特意在每篇课文前面提供了作者及相关议题的背景介绍，其中包括作者的经历、文章的主旨，以及相关议题的历史背景。除此之外，编者还为课文中所出现的重要人物和历史事件以英文解释和中文注释的方式加以说明，以便读者了解其时代和历史背景。

其次在教学目标上，尽管本书是高年级教材，我们仍将重点放在提高学习者的听说能力上。听说的训练应寄希望于师生之间面对面的交流，为此，我们为每篇课文配备了"预习提示"、"问题讨论"、"辩论"、"研究与报告"、"模仿与创造"等模块。这一方面是为了方便教学者组织课堂，另一方面也是为了给学习者提供更多的说话机会。其中"问题讨论"部分，既有叙述课文的描述性问题，也有询问学生个人看法的讨论性问题，除此之外还有与课文内容相关的课外话题，学生可以利用这些问题来准备课文，老师则可以用其引导课堂。

对部分高年级中文学习者而言，听懂中文学术报告，或以中文为工具查阅原始文献资料，进行相关的学术研究，都是亟需的技能。因此，除了继续提高听说能力之外，加强高年级阶段的阅读和写作训练也是非常必要的。除所选学者文章作为精读材料之外，编者还为每课配以"泛读课文"。泛读材料既与精读文章在内容与主题上相呼应，又对精读文章有所补充与扩展。老师们根据实际的教学安排，既可将泛读课文置于课堂之内处理，也可让学生利用课外时间自主学习。此外，对"研究与报告"和"辩论"材料的书面准备，以及每一课的作文练习都是培养学习者写作能力的有效途径。

第二语言学习进入高级阶段，常会出现进步缓慢、成就感降低和学习热情减退等所谓的"高原反应"。我们认为除了在课堂上提出有争议性的话题、有趣味性的问题以及多样化的课堂组织形式以外，帮助学生进行循序渐进的语言积累，才能逐步打破"瓶颈期"的障碍，使学习者重拾信心。任何语言的学习都离不开词汇的积累，没有一定的词汇量作为基础，要达到所谓的"高级中文水平"无异于建造空中楼阁。据我们的实际教学观察，不少学生通过中低年级的学习，掌握了"虽然"、"但是"，"不但"、"而且"等虚词结构之后，到了高年级阶段所说出的句子依然是词汇简单，内容贫乏。他们亟需补充的是这些"虚"的结构之中"实"的部分。为此，本书在各个部分都非常重视对词汇的处理。在课文中，以醒目的黑体突出生词，再以同页互现的形式提供生词的注释。我们为每个生词提供英文翻译，目的在于让学生"懂"；同时我们也为重要生词提供搭配和用法上的简要说明，目的则在于帮助学生"会"。为了让学生达到"会"的目的，我们在"词汇练习"部分，既安排了词汇搭配（主要是动宾搭配）的习题，也有用重要词语造句的练习，同时还设计了以组合词汇、回答问题为形式的语段输出练习。

我们对本书编写意图和使用方法的说明，难免受限于编者自身的教学实践。相信汉语教学届的同仁们，一定可以凭借自己的经验与智慧，依据教学对象的实际情况，做出最合理的安排。在教法上，普林斯顿大学和普北班 (Princeton in Beijing) 一贯强调发音的准确，重视学习者的语言输出训练，因此在课堂上以纠正发音为"信仰"，以师生问答为主要形式。然而不同学校之间教材、教法、教学对象各异，但所谓"万变不离其宗"，任何教学理念及教法，只要能有效提高学习者的中文水平，都是值得肯定和尊重的。

略语表
List of Abbreviations

adj.	=	adjective	part.	=	particle
adv.	=	adverb	phr.	=	phrase
aux.	=	auxiliary	prefix	=	prefix
c.	=	circa, approximately	prep.	=	preposition
conj.	=	conjunction	pron.	=	pronoun
e.g.	=	for example	prov.	=	proverb
fig.	=	figurative	q.w.	=	question word
idm.	=	idiom	subj.	=	subject
int.	=	interjection	sb.	=	somebody
lit.	=	literal	sth.	=	something
m.w.	=	measure word	suffix	=	suffix
n.	=	noun	t.w.	=	time word
N.P.	=	noun phrase	v.	=	verb
num.	=	number	v.-c.	=	verb-complement
o.	=	object	v.-o.	=	verb-object
p.w.	=	place word	V.P.	=	verb phrase
p.n.	=	proper noun			

图例
Legend

The first page of each lesson text features a QR code. Scan the QR code using a QR code-reader application to access audio of the text and vocabulary, video if available, lesson study guides, and more. You can also access this content by visiting cdd.chengtsui.co.

◆ ◇ ◇ In the Essential Structures and Patterns section, black diamonds indicate examples taken directly from the lesson text. White diamonds indicate additional examples that feature the target structure or pattern.

第一单元
Unit One

环境问题
Environmental Problems

第一课
Lesson 1

改革开放的新声与新生

周质平

PREPARED BY YUNJUN ZHOU AND YONGTAO ZHANG

背景简介
Background Information

周质平

周质平，1947 年生于上海。1970 年毕业于台北东吴大学中文系，1974 年获台中东海大学文学硕士学位后赴美。1982 年获得美国印第安纳大学（Indiana University）文学博士学位。自 1983 年到 1992 年负责美国明德中文暑期学校（Chinese Summer School of Middlebury College），现任普林斯顿大学东亚系教授。1993 年创立普林斯顿大学北京暑期中文培训班（Princeton in Beijing），简称“普北班”。除长期从事语言教学与研究工作外，作者的主要研究领域和兴趣包括晚明文学与思想、现当代中国思想史。

环境问题是当代中国社会所面临的最严重、最紧迫的问题之一，也是每一位身处中国的人，都有深切感受的问题。记者柴静勇敢地将中国环境污染的真相及其背后错综复杂的原因告诉大家。她的纪录片《穹顶之下》，引起人们思考的不仅是环境问题，更是一个言论自由的问题。

在作者看来，柴静的行为，虽然“外扬”了“家丑”，但也体现了中国社会的进步。柴静所说的真话，不但是改革开放的“新声”，也给未来的中国带来了一丝“新生”的希望。

改革开放的新声与新生

周质平

预习提示

Preview Questions

- 柴静的视频《穹顶之下》为什么能引起这么多人的关注?
- 说说反腐、环境保护与言论自由的关系。

2015年3月最让中国人**振奋**的新闻，既不是北京的“**两会**[1]”，也不是“**打老虎，拍苍蝇**”的**反腐**，而是一个**揭露**北京空气污染的**网络视频报道**。这个视频是**柴静自费拍摄**的，她曾任**中央电视台**记者及**主持人**。这个报道把北京空气污染的问题从**能源消费**到**法制管理**的各个**层面**都作了**细致**的**分析**。

这个表面上看来只是环境污染的问题，其实也是法律制度和管理的问题。**譬如**中国**石油工业**基本上由政府**垄断**，生产**成本**较低、**含有害物质**较多的**汽油**和**柴油**，再加上环保**部门**

[1] “两会”是指全国人民代表大会（National People's Congress）和中国人民政治协商会议（Chinese People's Political Consultative Conference），中国各级政府会在每年春季举行该级别的两会。

新声	*xīnshēng*	n.	new voice, innovative idea
新生	*xīnshēng*	n.	rebirth, newborn, new thing
振奋	*zhènfèn*	v./adj.	to stimulate, to elevate; high-spirited; ～＋人心／精神；令人～
两会	*Liǎnghuì*	p.n.	the Two Conferences
老虎	*lǎohǔ*	n.	tiger (referring to corrupt officials of higher rank)
拍	*pāi*	v.	to swat, to slap, to pat; ～＋桌子／苍蝇
苍蝇	*cāngying*	n.	fly (referring to corrupt officials of lower rank)
反腐	*fǎnfǔ*	v.	to combat corruption （反腐：反腐败）
揭露	*jiēlù*	v.	to expose, to uncover, to reveal; ～＋真相／丑闻
网络	*wǎngluò*	n.	Internet
视频	*shìpín*	n.	video
报道	*bàodào*	n./v.	report; to report; ～＋消息／新闻
柴静	*Chái Jìng*	p.n.	Chai Jing (a Chinese journalist)
自费	*zìfèi*	adj.	self-sponsored, self-funded, at one's own expense
拍摄	*pāishè*	v.	to film; ～＋电影／视频
中央电视台	*Zhōngyāng Diànshìtái*	p.n.	China Central Television (CCTV, the predominant state-owned television broadcaster in China)
主持人	*zhǔchírén*	n.	host, emcee, presenter
能源	*néngyuán*	n.	energy source
消费	*xiāofèi*	v./n.	to consume; consumption
法制	*fǎzhì*	n.	legal system
管理	*guǎnlǐ*	v.	to manage, to regulate, to take control
层面	*céngmiàn*	n.	aspect, level, field
细致	*xìzhì*	adj.	detailed, meticulous, careful
分析	*fēnxī*	v./n.	to analyze; analysis; ～＋情况／问题／现象
譬如	*pìrú*	v.	to take . . . for example
石油	*shíyóu*	n.	petroleum
工业	*gōngyè*	n.	industry
垄断	*lǒngduàn*	v.	to monopolize; ～＋市场／行业／领域
成本	*chéngběn*	n.	cost (of production); 提高／降低＋～
有害物质	*yǒuhài wùzhì*	n.	harmful/detrimental/poisonous/toxic substance
汽油	*qìyóu*	n.	gasoline
柴油	*cháiyóu*	n.	diesel oil
部门	*bùmén*	n.	department, sector, agency; 政府／教育／管理＋～

睁一只眼闭一只眼，**听任**污染**恶化**。因此，空气的污染多少也**反映**了中国的制度问题。这样的**负面**报道怎么**竟**会振奋人心呢？

这是因为中国**官方**的新闻总是**报喜不报忧**。中央电视台也好，《**人民日报**》[2] 也好，他们所报道的大多是**正面**的新闻，让老百姓觉得中国天天都在进步，社会**安定**，经济**发达**，人民生活水平**日益**提高，每个中国人都生活在**幸福**之中，每个人都有自己的"**中国梦**"。中国的发展一方面**固然**是**事实**，但我们也不能**忽略**了在进步的**背后**，也有它的**代价**。

在一个有新闻**审查**制度的国家里，人们并不太相信政府的新闻。任何与官方报道不同的新闻都能引起人们极大的**兴趣**，更**何况**柴静的视频讲的是中国的空气，是每个人**每时每刻**都少不了的**呼吸**。虽然这个视频在网上只**流传**了几天就**遭到封禁**，但这短短的几天还是给人们一种**错觉**——这不但是中国

[2]《人民日报》是中国共产党中央委员会的机关报，与中国中央电视台（CCTV）及新华社（Xinhua News Agency），并列为中国共产党和中国政府官方三大传媒机构，被视为"党的喉舌"(the mouthpiece of the Party)。各级政府和事业单位必须订阅该报，故而《人民日报》是中国的第一大报。

睁一只眼闭一只眼	zhēngyìzhīyǎn bìyìzhīyǎn	idm.	to turn a blind eye, to be inactive, to be negligent; 对 sth. ＋～
听任	tīngrèn	v.	to condone, to allow (an error, a mistake, or worsening); ～＋恶化 / 摆布
恶化	èhuà	v.	to deteriorate, to worsen; 环境 / 情况 / 病情＋～
反映	fǎnyìng	v.	to reflect, to inform, to mirror, to make known
负面	fùmiàn	adj.	negative, adverse; ～＋消息 / 新闻 / 影响
竟	jìng	adv.	unexpectedly（竟：竟然）
官方	guānfāng	n./adj.	official; governmental
报喜不报忧	bàoxǐ búbàoyōu	idm.	to report the good news but not the bad
人民日报	Rénmín Rìbào	p.n.	*People's Daily**
正面	zhèngmiàn	adj.	positive; ～＋意义 / 影响 / 报道
安定	āndìng	adj.	stable (society or life), settled; 社会 / 生活＋～
发达	fādá	adj.	developed, advanced; 经济 / 科技＋～
日益	rìyì	adv.	increasingly, with each passing day; ～＋增长 / 发展
幸福	xìngfú	adj./n.	happy; well-being, happiness; 生活 / 家庭 / 婚姻＋～
中国梦	Zhōngguómèng	p.n.	Chinese Dream**
固然	gùrán	adv.	admittedly, it is true
事实	shìshí	n.	fact, truth
忽略	hūlüè	v.	to neglect, to ignore, to lose sight of
背后	bèihòu	n.	behind, at the back, under the disguise of
代价	dàijià	n.	cost, price, expense, consequence; 付出＋～
审查	shěnchá	v.	to examine, to investigate, to censor（审查制度 ; censorship）
兴趣	xìngqù	n.	interest; 感 / 有 / 产生 / 引起＋～
何况	hékuàng	adv.	moreover, as a further matter, besides
每时每刻	měishí měikè	idm.	all the time, at every moments
呼吸	hūxī	v./n.	to breathe; breath
流传	liúchuán	v.	to circulate, to distribute
遭到	zāodào	v.	to suffer (an attack of a defeat), to incur (opposition or a refusal)
封禁	fēngjìn	v.	to ban; 遭到 / 被＋～
错觉	cuòjué	n.	illusion, wrong impression, misconception

* The *People's Daily* is China's most authoritative and influential daily newspaper. As the official organ of the Central Committee of the Chinese Communist Party, its editorials and commentaries on theory and policy are regarded as the direct voice of the Party.

** According to Xi Jinping, the Chinese Dream pertains to "realizing a prosperous and strong country, the rejuvenation of the nation and the well-being of the people." According to the state-run news agency Xinhua, it enjoins all citizens to "combine their personal dreams with the national dream and fulfill their obligations to the country."

改革开放的“新声”，也是改革开放的“新生”！可惜这个好梦碎得太快，三天之后，这条真正能引起人们关心空气污染的报道就看不到了。

中国有句老话:“家丑不可外扬”。“家丑”就是家里不光彩的事，“不可外扬”是不能对外张扬。换句话说，家里有了不体面的丑事，首先想到的不是如何解决问题，而是怎么样把这件事隐瞒起来，不让外面的人知道。譬如2003年非典刚开始的时候，中国政府的做法是：先否认中国有非典问题，甚至指责那些揭发非典问题的人是在破坏社会安定。对这种打击言论自由的人来说，把丑事瞒住了，问题也就解决了。所以怎么隐瞒比怎么解决重要得多。其实家丑不外扬，并不是家丑不存在。所有的丑事往往是越瞒越丑，越瞒越臭！

一个社会有问题，正像一个人有病。有病并不可怕，可怕的是有病偏说没病。明明是膏肓之疾，却偏说身强力壮。有人一旦指出病情，不但不求疗救之道，反而极力否认。其实疾病本身并不是死疾，

可惜	*kěxī*	adj.	regrettable, lamentable
碎	*suì*	v./adj.	to smash/break/crush into pieces; broken; 梦 / 心＋ ～
家丑不可外扬	*jiāchǒubùkě wàiyáng*	idm.	don't wash your dirty linen in public, (lit.) don't talk about your private family problems in public
光彩	*guāngcǎi*	adj.	glorious, honored, graceful
张扬	*zhāngyáng*	v.	to publicize, to make known
体面	*tǐmiàn*	adj.	honorable, graceful, decent; ～＋工作 / 生活
丑事	*chǒushì*	n.	scandal
隐瞒	*yǐnmán*	v.	to hide, to conceal (the truth), to hold back; ～＋事实 / 真相 / 情况
非典	*Fēidiǎn*	p.n.	SARS (Severe Acute Respiratory Syndrome, an abbreviation of 非典型肺炎)
否认	*fǒurèn*	v.	to deny, to repudiate; ～＋事实 /clause
指责	*zhǐzé*	v.	to criticize, to reproach, to accuse; ～＋ sb.
揭发	*jiēfā*	v.	to expose (a crime); ～＋问题 / 非法行为
破坏	*pòhuài*	v.	to destroy, to damage, to ruin, to sabotage
打击	*dǎjī*	v.	to strike, to crack down; ～＋敌人 / 信心 / 积极性
瞒住	*mánzhù*	v.-c.	to conceal (sth. from)
存在	*cúnzài*	v.	to exist
臭	*chòu*	adj.	smelly, stinky, rotten
偏	*piān*	adv.	in an unexpected and curious way, against one's thinking or wish
膏肓之疾	*gāohuāng zhījí*	idm.	sickness beyond recovery （膏肓：vital organs）
身强力壮	*shēnqiáng lìzhuàng*	idm.	healthy and strong
一旦	*yídàn*	adv.	once, as soon as
指出	*zhǐchū*	v.	to point out; ～＋问题 /clause
病情	*bìngqíng*	n.	patient's condition
求	*qíu*	v.	to seek, to ask, to require, to demand
疗救	*liáojìu*	v.	to administer treatment to, to bring (sb.) out of danger
…之道	*. . . zhīdào*	n.	the way or method of . . .; 做人 / 治国 / 成功＋～
极力	*jílì*	adv.	to try very hard to, extremely; ～＋反对 / 否认 / 维护
疾病	*jíbìng*	n.	disease, illness
本身	*běnshēn*	n.	itself; 事情 / 问题 / 事物＋～
死疾	*sǐjí*	n.	terminal illness

而这种讳疾忌医、自欺欺人的态度才是无可救药的绝症！

家丑扬了出来，才有改善的希望。隐瞒和否认是不能使丑事变为美谈的。隐瞒的唯一结果是使病情恶化，因为一个人丑事看得多了，看得久了，不知不觉地就习惯了，一旦习惯了，接着就觉得非如此不可了。在雾霾严重的北京生活久了，看到了蓝天白云，反倒不习惯了。这是中国30多年改革开放付出的代价！

柴静的《穹顶之下》为中国30年来的改革开放指出了一个新方向，也是老百姓监督政府最好的实例。政府不但不应该禁止像《穹顶之下》这样的报道，反而应该提倡和鼓励。我们希望有千千万万个柴静站出来监督空气污染，揭发贪污腐化。一个可爱、可敬的政府是允许老百姓批评的；一个不允许老百姓批评的政府，表面上什么问题都没有，但实际上问题重重。

中国政府如果不能在新闻媒体的开放上作出制度性的改革，而只是今天“打一只老虎”，明天“拍几只苍蝇”，结果恐怕是老虎越打越大，而苍蝇越拍越多。新闻媒体不应该只是党和政府的宣传机构，更应该是老百姓表达民意的渠道。经济的增长如果不能继之以言论的开放和新闻的独立，毕竟彰显不了改革开放的实质意义。

然而，中国还是让我觉得有希望，因为中国毕竟还有像柴静这样愿意说实话的人！

2015年4月 于普林斯顿大学

讳疾忌医	*huìjí jìyī*	idm.	to conceal one's shortcomings for fear of criticism, (lit.) to avoid seeking medical advice for fear of facing an unpleasant reality
自欺欺人	*zìqī qīrén*	idm.	to fool oneself and others, to deceive oneself as well as others
无可救药	*wúkě jiùyào*	idm.	to be incurable, to be beyond redemption
绝症	*juézhèng*	n.	terminal illness
美谈	*měitán*	n.	salutary tale, sweet talk
唯一	*wéiyī*	adj.	one and only, sole
不知不觉	*bùzhī bùjué*	idm.	unconsciously, unwittingly
非…不可	*fēi . . . bùkě*		must, have no choice but to . . .
如此	*rúcǐ*	adv./v.	such, like this （如此：像这样）
雾霾	*wùmái*	n.	smog
穹顶之下	*Qióngdǐng Zhīxià*	p.n.	*Under the Dome*
监督	*jiāndū*	v.	to supervise, to monitor; ～＋政府 / 他人
实例	*shílì*	n.	real-life example
禁止	*jìnzhǐ*	v.	to prohibit, to ban; ～＋吸烟 / 喝酒 / 停车
提倡	*tíchàng*	v.	to advocate, to support, to promote
鼓励	*gǔlì*	v.	to encourage
千千万万	*qiānqiānwànwàn*	idm.	thousands upon thousands
贪污	*tānwū*	v.	to embezzle, to become corrupt, to take a bribe
腐化	*fǔhuà*	v.	to become corrupt/rotten/degenerate
可敬	*kějìng*	adj.	respectable, worthy of respect
允许	*yǔnxǔ*	v.	to allow, to permit
批评	*pīpíng*	v./n.	to criticize; criticism
…重重	*. . . chóngchóng*	adj.	layer upon layer, numerous; 心事 / 困难 / 矛盾＋～
媒体	*méitǐ*	n.	media
宣传	*xuānchuán*	v./n.	to publicize, to advertise; propaganda
机构	*jīgòu*	n.	organization, agency, institute
民意	*mínyì*	n.	the will of the people, public opinion
渠道	*qúdào*	n.	canal, channel, conduit
继之以…	*jìzhīyǐ . . .*	v.	to continue with （继之以…：以…来继续）
毕竟	*bìjìng*	adv.	after all
彰显	*zhāngxiǎn*	v.	to bring out conspicuously, to make conspicuous
实质	*shízhì*	n.	essence, substantive part, crux
实话	*shíhuà*	n.	truth, reality, veracity

重要语言点

Essential Structures and Patterns

1 (Something) 既不是 X，也不是 Y，而是 Z

(Something) is not X, nor is it Y. Rather, it is Z.

◆ 2015 年 3 月最让中国人振奋的新闻，既不是北京的“两会”，也不是“打老虎，拍苍蝇”的反腐，而是一个揭露北京空气污染的网络视频报道。

◇ 对一个患有重病的人来说，最重要的既不是财富，也不是社会地位，而是如何恢复健康。

◇ 虽然他已经是大公司的老板，但他每天的午餐，既不是高级饭馆的美食，也不是公司餐厅的鸡鸭鱼肉，而是自己从家里带到办公室的青菜豆腐。

2 表面上…，其实/实际上/实质上…

On the surface . . ., but actually . . .

◆ 这个表面上看来只是环境污染的问题，其实也是法律制度和管理的问题。

◇ 做出重大决定以前，公司往往会举行会议，让员工发表自己的看法。表面上大家都享有民主权利，但实际上还是只有老板才有决策权，员工的意见和建议并不受重视。

◇ 这本书表面上是写她在城市打工的经历和感受，其实是在批评中国的城乡差距和贫富不均问题。

3 …，譬如，…

. . . For example, . . .

◆ 这个表面上看来只是环境污染的问题，其实也是法律制度和管理的问题。譬如中国石油化学工业基本上由政府垄断，生产成本较低、含有害物质较多的汽油和柴油。

◇ 中国历史上一些王朝的灭亡往往是北方游牧民族入侵造成的，譬如蒙古人推翻了宋朝，清朝代替明朝都是如此。

◇ 并非所有以佛教为主要宗教信仰的国家都废除了死刑。譬如，泰国至今仍然继续保留和执行死刑。

4 **X 也好，Y 也好，(subject) 都/大多…**

Regardless of X or Y, both . . .

◆ 中央电视台也好，人民日报也好，他们所报道的大多是正面的新闻。

◇ 他已经决定了，我们同意也好，不同意也好，都改变不了他的想法。

◇ 发展中国家也好，发达国家也好，都应该努力保护环境。

5 **（更）何况**

let alone/moreover/as a further matter

◆ 任何与官方报道不同的新闻都能引起人们极大的兴趣，更何况柴静的视频讲的是中国的空气，是每个人每时每刻都少不了的呼吸。

◇ 这个问题连老师都解决不了，何况我们学生呢。

◇ 我不喜欢那所房子的结构，何况价格也太高了，我们还是再看看别的吧。

6 **不但不/没…，反而…**

not only not to . . . , on the contrary/unexpectedly . . .

◆ 有人一旦指出病情，不但不求疗救之道，反而极力否认。

◇ 我帮了他的忙，他不但没谢谢我，反而怪我多管闲事。

◇ 这孩子不但不给爷爷让座，反而让爷爷帮他提书包，简直太过分了！

7 **X 并不是…，Y 才是…**

X is actually not . . . In reality, Y is . . .

◆ 其实疾病本身并不是死疾，而这种讳疾忌医、自欺欺人的态度才是无可救药的绝症！

◇ 赚钱并不是他真正的目的，积累工作经验才是他到银行实习的主要原因。

◇ 她是在美国长大的华人，中文并不是她的母语，英文才是她最熟悉的语言。

8 非…不可

must/have to . . .

◆ 一个人丑事看得多了，看得久了，不知不觉地就习惯了，一旦习惯了，接着就觉得非如此不可了。

◇ 要想取得好成绩，非努力学习不可。

◇ 你们都别劝我了，我最爱的人是她，我非跟她结婚不可！

9 X 继之以 Y

to continue X with Y

◆ 经济的增长如果不能继之以言论的开放和新闻的独立，毕竟彰显不了改革开放的实质意义。

◇ 环境问题的解决，必须先制定严格的政策，再继之以有效的实施与监督。

◇ 革命之后必须继之以建设，否则老百姓的生活得不到改善，革命就失去了本来的意义。

10 毕竟

after all

◆ 中国让我觉得有希望，因为中国毕竟还有像柴静这样愿意说实话的人。

◇ 尽管迟到了，但她毕竟还是来了。

◇ 他毕竟还是孩子，做错事是难免的，别批评得太狠了。

词汇练习

Vocabulary Exercises

I Provide an appropriate noun to make a meaningful phrase, then make a sentence with each of the expanded phrases:

振奋_______	隐瞒_______	揭露_______	指出_______
分析_______	禁止_______	遭到_______	提倡_______

II Using the underlined expressions in each sentence, make new sentences:

1 2015 年 3 月最让中国人振奋的新闻，既不是北京的“两会”，也不是“打老虎，拍苍蝇”的反腐，而是一个揭露北京空气污染的网络视频报道。

2 这个表面上看来只是环境污染的问题，其实也是法律制度和管理的问题。

3 中央电视台也好，《人民日报》也好，他们所报道的大多／都是正面的新闻。

4 任何与官方报道不同的新闻都能引起人们极大的兴趣，更何况柴静的视频讲的是中国的空气，是每个人每时每刻都少不了的呼吸。

5 有人一旦指出病情，不但不求疗救之道，反而极力否认。

6 其实疾病本身并不是死疾，而这种讳疾忌医、自欺欺人的态度才是无可救药的绝症！

7 一个人丑事看得多了，看得久了，不知不觉地就习惯了。

8 我们希望有千千万万个柴静站出来监督空气污染，揭发贪污腐化。

III Answer the following questions. In your response, incorporate at least three of the expressions provided; feel free to use more if possible.

1 市场竞争对手机或者电脑行业的发展有什么影响？
（正面／负面 + 影响；垄断；成本；譬如；日益 + disyllabic verb）

2 缺乏新闻自由的国家常会出现什么问题？
（隐瞒；遭到；禁止；恶化）

3 你觉得新闻媒体有何社会功能？
（监督；揭露；指出；实话；黑暗）

问题讨论

Discussion Topics

1 中国官方的新闻报道有什么特点？柴静拍摄的视频为什么让中国人振奋？ 这个视频反映了哪些问题？它和官方报道有什么不同？

2 作者为什么认为中国的环保问题实际上是法律制度和管理的问题？

3 你怎么理解"家丑不可外扬"这句话？英文有没有类似的说法？你觉得这句话有没有道理？作者对这句话的态度如何？

4 中国政府对于"非典"的问题，采取了怎样的态度和做法？你怎么看维护社会稳定和向人民公开信息的关系？在你看来，政府是否应该向老百姓公开所有信息？老百姓有权利知道所有的信息吗？

5 中国为了发展经济付出了哪些代价？这样做是不是值得的？

6 你觉得什么样的记者是好记者？新闻媒体和记者的责任是什么？

7 作者说"中国让我觉得有希望……"，你认为作者所希望的是什么？要想让希望变成现实，中国政府和中国人应该怎么做？

8 有人认为经济发展了，一切问题都会解决，这种说法有道理吗？

研究与报告
Research and Reports

通过网络或其他资料，选择一个题目进行研究，总结和引用现有的看法和研究成果，并提出自己的见解，为大家做一个 5 分钟左右的报告。

Use the Internet or other resources to research one of the following topics. Summarize and reference current arguments and research findings, offer your own opinion and interpretation, and compile your findings into a five-minute presentation.

1 了解柴静的经历和背景，以及她发表过的新闻报道、文章，出版过的书籍及其对中国社会的影响。

2 谈谈美国或其他国家历史上环境污染的情况，以及政府、环保组织和人民采取了什么样的措施。

作文
Composition

1 你愿意做一名记者吗？为什么？说说你理想的职业是什么，并分析个人的职业选择与社会责任之间的关系。

2 谈谈美国的媒体自由。美国是不是一个媒体自由、媒体独立的国家？美国有没有官方的媒体机构？他们的政治立场如何？美国媒体的看法有没有受到其背后利益集团的操控 (manipulate)？请举例说明。

Read the passage, then complete the tasks that follow.

中国媒体的"三巨头"

张永涛

每个国家都有自己的媒体巨头，像英国的BBC、美国的CNN、《纽约时报》、日本的NHK等，不仅是本国家喻户晓的媒体巨头，也是世界知名的媒体机构。中国当然也有自己的媒体巨头，它们是《人民日报》、新华社（Xinhua News Agency）和中央电视台（CCTV）。中国的媒体机构众多，但真正能担当得起"巨头"二字的，却只有这三家。

说它们是"巨头"，不仅是因为它们规模大、雇员多、受众广、影响力大，更是因为它们是国家级的媒体，直接隶属于中央政府的宣传部门。它们发布的消息，代表党和国家的立场及态度，是所谓的权威消息，也是国内其他媒体必须引用和转载的信息来源。《人民日报》是中国共产党中央委员会的机关报，直接听命于党中央，是"党的喉舌（the mouthpiece of the Communist Party）"，党的很多重要方针、政策都首先在《人民日报》发布。1949年以后，很多重要的历史大事都是以《人民日报》的社论（editorial）为事件发生的起点，其中文化大革命、改革开放、六四事件等社论都震惊中外。在中国，党的领导高于一切，各级政府、国有事业单位和企业都必须订阅《人民日报》，因此该报在中国的销量常年稳居前两位。不仅如此，中国销量排行前三位的报纸均属于人民日报社，它们分别是《参考消息》、《人民日报》和《环球时报》。新华社是中国的国家通讯社，在国内和海外有大量的记者站和工作人员，为国内新闻机构提供实时的文字新闻、各类信息、图片、图表等，它是中文媒体最主要的新闻来源之一。中央电视台成立的时间虽然要晚得多，但影响力却不容小觑。对普通老百姓而言，报纸看得少，电视看得多。中央电视台的经典节目《新闻联播》，每天晚上7点被全国各大电视台准时转播，简直成了全中国老百姓每天晚饭桌上一道必不可少的"家常菜"。从报纸到电视，三大巨头在中国媒体界可以说是垄断性的。

三巨头们不仅代表着官方的态度和立场，也深刻影响着中国社会的方方面面，还渐渐改变了一些普通老百姓的思想与行为方式。有些人说话带"官腔"或常写"官样文章"，喜欢居高临下、气势磅礴、大义凛然，这大概是受到了某些中央电视台播音员和《人民日报》评论员的影响。

三大媒体发布的新闻，在中国叫做"权威信息"，可权威并不总代表真实可信。比如在大跃进（Great Leap Forward）期间，《人民日报》1958年9月1日版的一条新闻报道："徐水人民公社种出了一棵硕大无朋的白菜，重达500斤。"假话说多了，权威性就丧失了，老百姓就不爱看，不爱听了。网络兴起之后，信息的流通更加自由，人们有更多的渠道去了解事实的真相。报纸、电视等新闻媒体市场逐渐萎缩，这些都是中国媒体三大巨头不得不面临的巨大挑战。

POST-READING ACTIVITIES

I Based on the passage, answer the following multiple-choice questions:

1 文章第一段，"家喻户晓"的意思是：

a 受到全世界人民的喜欢和支持
b 拥有巨大的政治影响力
c 每家每户都知道
d 不太受某些人的欢迎

2 中国的媒体"巨头"有哪些特点？ (Select all that apply)

a 规模很大，工作人员非常多
b 由中央政府的宣传部门直接管辖，是国家级的媒体
c 读者或观众很多，有较大的影响力
d 所发布的消息代表官方立场，是国内其他媒体的信息来源

3 《人民日报》的销量很大，最主要的原因是：

a 《人民日报》常发表独到的见解、深刻的评论，深受老百姓喜爱
b 中国的国有企业、事业单位，以及各级政府都不得不订阅《人民日报》
c 《人民日报》的报道比外国媒体更迅速，内容也更丰富、具体
d 价格经济实惠，并提供大量文字和图片，是了解社会时事的最佳途径

4 文章第二段，“不容小觑”的意思是：

a 微不足道，不值一提

b 引起广泛讨论

c 不能轻视、小看

d 很有争议性

5 关于中央电视台的《新闻联播》节目，说法正确的是：

a 全国不少老百姓每天晚上都会收看

b 在北方地区，人们普遍有看《新闻联播》的习惯，而南方地区则较少

c 比起《新闻联播》节目，《人民日报》更受老百姓欢迎

d 讨论中国的饮食文化是这个节目必不可少的一部分

6 以下哪一个不是中央电视台的播音员和《人民日报》的评论员说话和做文章的特点？

a 很有气势、很有威严

b 代表中国共产党的官方态度

c 比较正式、严肃

d 简单易懂，而且幽默有趣

7 文章最后一段，作者举“大跃进”的例子，是为了说明：

a 大跃进时期，中国的生产力飞速发展

b 中国人种植白菜的技术处于世界领先地位

c 官方媒体报道的新闻有夸张虚假的成分

d 《人民日报》发布的消息是权威信息，具有客观性

8 根据这篇文章，中国媒体三大巨头目前面临的挑战包括：
(Select all that apply)

a 如何节省生产成本，降低销售价格

b 如何与外国的媒体巨头在国内市场竞争

c 如何重新树立权威，重获人民的信任

d 如何与互联网等新兴媒体竞争

II Reread the passage. Circle useful words in the text, then write down their definitions (in Chinese or English), drawing on either the context or a dictionary.

Vocabulary	Meaning

III Underline challenging sentences in the text, then discuss their meaning and function with your classmates or teacher.

IV Summarize the main idea of each paragraph in one sentence:

1 ______________________________

2 ______________________________

3 ______________________________

4 ______________________________

V With a partner or in a small group, hold a conversation based on the following prompts:

1 说说中国的媒体机构跟美国或其他国家的媒体机构的不同之处。

2 中国媒体三巨头现在面临什么样的挑战？ 美国或其他国家的报纸和电视媒体对美国社会有何影响？ 他们又面临着什么样的挑战？

3 结合第一课的课文，谈谈中国的政府、媒体与社会之间的关系。

第二课
Lesson 2

孩子的天空

柴静

SELECTED BY CHIH-P'ING CHOU
PREPARED BY YUNJUN ZHOU AND YONGTAO ZHANG

背景简介
Background Information

柴静

柴静，1976 年生于山西临汾。1992 年就读于湖南长沙铁道学院，1998 年到中国传媒大学学习电视编辑。2001 年起在中央电视台（CCTV）担任电视节目主持人，主持过《东方时空》、《新闻调查》等新闻节目。作为记者，她曾亲临矿难、"非典"医院等新闻现场，报道事实真相。2013 年，她出版了讲述个人工作经历的自传《看见》，2014 年初离开中央电视台。

2015 年 2 月柴静在网络上发布了她自费拍摄的调查空气污染的纪录片《穹顶之下》。该片引起了巨大反响，但在网上播出不久便遭到政府宣传部门的禁止。由于《穹顶之下》所引起的轰动效应，柴静入选美国《时代》杂志（*Time* magazine）"2015 年 100 位最具影响力人物"。

在本节内容中，柴静从自己女儿的故事、个人的感受和她的家乡山西谈起，将中国污染问题的现状展现给观众，她希望带领观众找到造成污染的原因。

孩子的天空

柴静

预习提示
Preview Questions

- 请看第二课视频，说说柴静给你的印象。
- 这段视频中哪些画面给你留下了深刻的印象？为什么？
- 柴静在这段视频中用了哪些办法吸引并打动观众？

这是2013年1月份北京的PM 2.5**曲线**，一个月里头25天**雾霾**。我当时在北京，当我这一年里反复看这条曲线的时候，想**回忆**当时有什么**印象**，什么**感觉**，但是记不起来了。那时候大家都说，好像这场雾霾是**偶然**的**气象**原因**导致**的，就没当**回事**。那个月里头我还去了四个地方**出差**，**陕西**、**河南**、**江西**、**浙江**。回头看**视频**里的天空，当时的中国正被**卷入**一场**覆盖**了25个**省**市和6**亿**人的大雾霾，但我**置身其中**，**浑然不觉**，只有我的**嗓子**有印象。

在**西安**那天晚上就**咳**得睡不着觉，我就**切**了一只**柠檬**放在**枕头**边上。回到北京之后，我知道我**怀孕**了。这是我第一次见到她的**样子**，那时候我就觉得她应该是个小女孩，因为我觉得那像个**童花头**。

柴静	*Chái Jìng*	p.n.	Chai Jing (a Chinese journalist)
曲线	*qūxiàn*	n.	curve (on a graph)
雾霾	*wùmái*	n.	fog, haze, smog
反复	*fǎnfù*	adv.	repeatedly, over and over again; ～＋出现 / 说
回忆	*huíyì*	v./n.	to recall, to remember, to recollect; memory
印象	*yìnxiàng*	n.	impression, notion, perception
感觉	*gǎnjué*	n.	feeling
偶然	*ǒurán*	adj.	accidental, occasional; ～＋原因 / 现象
气象	*qìxiàng*	n.	meteorological phenomenon
导致	*dǎozhì*	v.	to cause, to trigger, to lead to; ～＋问题 / 灾难
当回事	*dānghuíshì*	v.	to take sth. seriously, to regard sth. as a big deal
出差	*chūchāi*	v.	to go on a business trip; 到 / 去 place ＋～
陕西	*Shǎnxī*	p.n.	Shaanxi (Province)
河南	*Hénán*	p.n.	Henan (Province)
江西	*Jiāngxī*	p.n.	Jiangxi (Province)
浙江	*Zhèjiāng*	p.n.	Zhejiang (Province)
视频	*shìpín*	n.	video
卷入	*juǎnrù*	v.	to become involved in, to get mixed up with; ～＋事件 / 丑闻 / 危机
覆盖	*fùgài*	v.	to cover
省	*shěng*	n.	province
亿	*yì*	num.	a hundred million
置身其中	*zhìshēn qízhōng*	idm.	to immerse oneself within（置身：身体处于）
浑然不觉	*húnrán bùjué*	idm.	to be totally unaware of
嗓子	*sǎngzi*	n.	throat
西安	*Xī'ān*	p.n.	Xi'an (the capital of Shaanxi Province)
咳	*ké*	v.	to cough
切	*qiē*	v.	to cut up; ～＋柠檬 / 西瓜 / 菜
柠檬	*níngméng*	n.	lemon
枕头	*zhěntou*	n.	pillow
怀孕	*huáiyùn*	v.-o.	to be pregnant
样子	*yàngzi*	n.	appearance, look
童花头	*tónghuātóu*	n.	pageboy style (a hairstyle)

听到她的心跳的那一瞬间，我觉得对她没有任何别的期望了，健康就好。但是，她被诊断为（患有）良性肿瘤，在出生之后就要接受手术。做麻醉之前，医生对我说，她这么小的年纪做全身麻醉，是有可能醒不过来的，你要有个心理上的准备。我还没有来得及抱她一下，她就被抱走了。

后来护士在我手里放了这只小熊，那是用来安慰小孩的，她用来安慰我。我再见到我女儿的时候，她还在昏迷，医生对我说，手术很成功，但有一件事情你要原谅我，他说她太胖了，所以刚才麻醉的时候，我们扎了很多针眼才找到静脉。

我就拿着那个满是针眼的小手，放在我脸上，叫她的名字，直到她睁开眼睛看了我一眼。我是一个非常幸运的人，后来我辞职，陪伴她，照顾她，只要一家人在一起平安就好，健康就好。但是，回家的路上，我就已经开始感到害怕了，全是烟熏火燎的味儿。我就拿一个手绢捂在她鼻子上，这样做

心跳	*xīntiào*	n.	heartbeat
瞬间	*shùnjiān*	n.	instant, moment; V.P. 的＋（一）～
期望	*qīwàng*	n./v.	expectation; to expect
诊断	*zhěnduàn*	v.	to diagnose
患有	*huànyǒu*	v.	to suffer (from an illness); ～＋疾病
良性	*liángxìng*	adj.	beneficial, benign; ～＋循环 / 肿瘤
肿瘤	*zhǒngliú*	n.	tumor
接受	*jiēshòu*	v.	to receive, to undergo; ～＋意见 / 看法 / 手术
手术	*shǒushù*	n.	surgery
麻醉	*mázuì*	v.	to anaesthetize
年纪	*niánjì*	n.	age
醒	*xǐng*	v.	to regain consciousness, to wake up
心理	*xīnlǐ*	n./adj.	psychology; mental
来得及	*láidejí*	v.-c.	to have enough time to do sth.
抱	*bào*	v.	to hug, to hold, to carry in one's arms
护士	*hùshi*	n.	nurse
小熊	*xiǎoxióng*	n.	little bear, teddy bear
安慰	*ānwèi*	v.	to comfort, to console, to mollify; ～＋ sb.
昏迷	*hūnmí*	v.	to be comatose, to remain unconscious
原谅	*yuánliàng*	v.	to forgive; ～＋ sb./ 错误 / 行为
扎	*zhā*	v.	to pierce, to get into; ～针
针眼	*zhēnyǎn*	n.	pinhole
静脉	*jìngmài*	n.	vein
满是	*mǎnshì*	v.	to be filled with
睁开	*zhēngkāi*	v.-c.	to open (one's eyes) ; ～＋眼睛 / 双眼
幸运	*xìngyùn*	adj.	lucky, fortunate; sb. ＋很～
辞职	*cízhí*	v.-o.	to quit one's job, to resign
陪伴	*péibàn*	v.	to accompany; ～＋ sb.
照顾	*zhàogù*	v.	to take care of, to look after; ～＋ sb.
平安	*píng'ān*	adj.	safe and sound
害怕	*hàipà*	v.	to be afraid of, to fear
烟熏火燎	*yānxūn huǒliǎo*	idm.	to be smoked and burnt
味儿	*wèi'r*	n.	smell, scent
手绢	*shǒujuàn*	n.	handkerchief
捂	*wǔ*	v.	to cover, to block; ～＋嘴 / 鼻子 / 眼睛 / 耳朵

很蠢，因为她会挣扎，就会呼吸得更多。以前我从来没有对污染感到过害怕，去哪儿我都没戴过口罩，现在有个生命抱在你怀里，她呼吸、她吃、她喝，都要由你来负责，你才会感到害怕。

（2013 年底）那场雾霾持续了差不多两个月，它让我意识到这件事情不是偶然发生，也不可能很快过去，它就是十年前我在山西生活的时候，我看到的天空。

（采访）

柴静：是每天都这样呢还是？

市民：每天，每年都是这样，连着三年了，不是说一天两天。

像那些苯并芘它是强致癌物，时间长了以后在人体体内就富集，富集到一定的程度就产生了致癌的风险了。

柴静：局长，你觉得这还是河吗？

局长：不是河水是污水，这个有监测数据，年均下来苯并芘超标是 290 多倍。

市民：那不是树也都死了，那两棵大树全在裂缝上。

柴静：你见过真正的星星吗？

王慧卿：没有。

柴静：你见过蓝颜色的天吗？

王慧卿：见过蓝一点儿的。

柴静：你见过白云吗？

王慧卿：没有。

2004 年我采访这个 6 岁的小女孩儿的时候，无论如何我都没想到，她所说的就是我女儿可能会面临的一个世界。这是 2014 年整整一年的北京，只有

蠢	*chǔn*	adj.	stupid, clumsy（蠢：愚蠢）
挣扎	*zhēngzhá*	v.	to struggle
呼吸	*hūxī*	v.	to breathe
戴	*dài*	v.	to wear (glasses, a hat, or a scarf) ; ～＋帽子 / 眼镜
口罩	*kǒuzhào*	n.	face mask (for air pollution, sickness, etc.)
怀里	*huáilǐ*	n.	in someone's arms; 在 sb. ＋～
持续	*chíxù*	v.	to last, to persist; ～＋下去 /time duration
意识到	*yìshídào*	v.	to realize, to be conscious of; ～＋ clause
山西	*Shānxī*	p.n.	Shanxi (Province)
采访	*cǎifǎng*	v./n.	to interview; interview; ～＋ sb.
连着	*liánzhe*	adv.	one after another, uninterruptedly; ～＋三天 / 几个星期 / 五年 /time duration
苯并芘	*běnbìngpí*	n.	benzopyrene (toxic chemical)
致癌物	*zhì'áiwù*	n.	carcinogen, carcinogenic substance
富集	*fùjí*	v.	to be abundant, to be rich in
风险	*fēngxiǎn*	n.	risk; 健康 / 安全＋～
局长	*júzhǎng*	n.	head of a department
污水	*wūshuǐ*	n.	wastewater, sewage
监测	*jiāncè*	v.	to monitor; ～＋环境 /（的）结果 /（的）数据
数据	*shùjù*	n.	data, statistic
年均	*niánjūn*	n.	annual average
超标	*chāobiāo*	v.-o.	to exceed the set standard （超：超过；标：标准）
倍	*bèi*	n.	-fold
棵	*kē*	m.w.	measure word for trees; 一棵＋树 / 草
裂缝	*lièfèng*	n.	crack
星星	*xīngxing*	n.	star
王慧卿	*Wáng Huìqīng*	p.n.	(personal name)
颜色	*yánsè*	n.	color
面临	*miànlín*	v.	to be faced with, to be confronted with
整整	*zhěngzhěng*	adv.	entirely, fully; ～＋三天 / 十年 / 五百块

空气优和良的时候，我才能带她出门，但是这样的天能有多少呢？

污染天数 175 天，这意味着一年当中有一半的时间，我不得不把她像囚徒一样关在家里面。十年前那个环保局长对我说了一句话，“孝义是山西的缩影，山西是中国的缩影。”短短十年，我眼睁睁地看着它成为现实。

以前我看过一个电视剧叫《穹顶之下》，它说的是一个小镇上被突然天外飞来一个穹顶，扣在底下，与世隔绝，不能出来，但有一天我发现我们就生活在这样的现实里。有的时候早上醒来，我会看到女儿站在阳台前面用手拍着玻璃，用这个方式告诉我她想出去。她总有一天会问我，妈妈为什么你要把我关起来，外面到底是什么？它会伤害我吗？这一年当中我做的所有的事情，就是为了回答，将来她会问我的问题，雾霾是什么？它从哪儿来？我们怎么办？

选自柴静 2015 年制作的纪录片《穹顶之下》

优	*yōu*	adj.	excellent
良	*liáng*	adj.	good
意味着	*yìwèi zhe*	v.	to mean, to imply, to indicate
囚徒	*qiútú*	n.	prisoner
关	*guān*	v.	to lock up, to confine, to imprison
环保	*huánbǎo*	n.	environmental protection（环保：环境保护）
孝义	*Xiàoyì*	p.n.	Xiaoyi (a city in Shanxi Province)
缩影	*suōyǐng*	n.	miniature
眼睁睁	*yǎnzhēngzhēng*	adv.	helplessly, (lit.) to watch sth. bad happen with open eyes; ～＋看着…
现实	*xiànshí*	n.	reality
电视剧	*diànshìjù*	n.	TV drama
穹顶之下	*Qióngdǐngzhīxià*	p.n.	*Under the Dome*
小镇	*xiǎozhèn*	n.	small town
突然	*tūrán*	adv.	suddenly
扣	*kòu*	v.	to place a cup/bowl/etc. upside down
与世隔绝	*yǔshì géjué*	idm.	to be secluded from the real world, to live a life far removed from reality
阳台	*yángtái*	n.	balcony
拍	*pāi*	v.	to pat, to beat; ～＋桌子 / 肩膀 / 手
玻璃	*bōli*	n.	glass
方式	*fāngshì*	n.	way, method
伤害	*shānghài*	v.	to hurt, to harm; ～＋ sb.
回答	*huídá*	v.	to reply, to answer
将来	*jiānglái*	n.	future

重要语言点

Essential Structures and Patterns

1 (Somebody) 没/不（+把 something）当回事

not to take (something) seriously

◆ 那时候大家都说，好像这场雾霾是偶然的气象原因导致的，就没当回事。

◇ 他年轻的时候没把身体健康当回事，年纪大了，开始有各种各样的毛病，才觉得后悔。

◇ 他是开玩笑的，你不用把他的话当回事。

2 （只要）…就好

as long as . . .

◆ 听到她的心跳的那一瞬间，我觉得对她没有任何别的期望了，健康就好。

◇ 迟到几分钟没关系，你来了就好。

◇ 将来做什么工作，赚多少钱都无所谓，只要你自己高兴就好。

3 (Somebody) 意识到…

to realize that . . . /to notice that . . .

◆ （2013 年底）那场雾霾持续了差不多两个月，它让我意识到这件事情不是偶然发生，也不可能很快过去。

◇ 到了农村亲眼看看，我才意识到农村和城市之间还存在巨大的差距。

◇《穹顶之下》这个视频让人们意识到保护环境的重要性。

4 **无论如何，(subject) 都…**

in any event/whatever happens, (subject) . . .

◆ 2004 年我采访这个 6 岁的小女孩的时候，无论如何我都没想到，她所说的就是我女儿可能会面临的一个世界。

◇ 虽然最近很忙，但我无论如何都不会放弃这次比赛的机会。

◇ 孩子确实是做错了，但无论如何你都不能打他啊！

5 **整整 + time period/an amount of (something)**

entire/whole (when something is more or longer than expected)

◆ 这是 2014 年整整一年的北京，只有空气优和良的时候，我才能带她出门。

◇ 我等了你整整一个小时，你终于来了！

◇ 我跟他整整二十年没有见面了，他的声音和样子，我都已经忘了。

6 **X是Y的缩影**

X is the miniature of Y

◆ 孝义是山西的缩影，山西是中国的缩影。短短十年，我眼睁睁地看着它成为现实。

◇ 这部电影主人公的故事，是 80 年代中国农民生活的缩影。

◇ 深圳的发展，是中国改革开放 30 多年发展的缩影。

7 **(Subject) 眼睁睁地看着…， (却/但是…)**

to watch . . . (helplessly), but . . .

◆ 孝义是山西的缩影，山西是中国的缩影。短短十年，我眼睁睁地看着它成为现实。

◇ 他眼睁睁地看着自己的房子被洪水冲走，却一点儿办法都没有。

◇ 由于离得太远，我眼睁睁地看着他被车子撞上，却救不了他。

8 (Subject) 总有一天会V.P.

sooner or later/someday, (subject) will . . .

◆ 她总有一天会问我，妈妈为什么你要把我关起来，外面到底是什么？

◇ 虽然你不想告诉孩子爸爸是谁，但她长大以后总有一天会知道的。

◇ 我们相信，中国总有一天会变成一个发达国家。

词汇练习

Vocabulary Exercises

I Provide an appropriate noun to make a meaningful phrase, then make a sentence with each of the expanded phrases:

安慰_______	陪伴_______	监测_______	伤害_______
原谅_______	照顾_______	面临_______	回答_______

II Using the underlined expressions in each sentence, make new sentences:

1 那时候大家都说，好像这场雾霾是偶然的气象原因导致的，就没当回事。

2 当时的中国正被卷入一场大雾霾，但我置身其中，浑然不觉，只有我的嗓子有印象。

3 听到她的心跳的那一瞬间，我觉得对她没有任何别的期望了，健康就好。

4 （2013年底）那场雾霾持续了差不多两个月，它让我意识到这件事情不是偶然发生，也不可能很快过去。

5 2004年我采访这个6岁的小女孩的时候，无论如何我都没想到，她所说的就是我女儿可能会面临的一个世界。

6 这是2014年整整一年的北京，只有空气优和良的时候，我才能带她出门。

7 短短十年，我眼睁睁地看着它成为现实。

8 她总有一天会问我，妈妈为什么你要把我关起来，外面到底是什么？

III Answer the following questions. In your response, incorporate at least three of the expressions provided; feel free to use more if possible.

1 说说北京雾霾的情况及其对老百姓生活的影响。
（偶然；置身其中；覆盖；浑然不觉；导致）

2 A：你为什么突然决定辞职，是因为工作太忙，太辛苦吗？
B：……（整整＋ time period；连着；意识到…；照顾；陪伴）

3 A：我们中国人不太喜欢借钱，为什么你们美国人常常在银行贷款？
B：……（风险；[只要]…就好；不 / 没当回事；将来；面临）

问题讨论
Discussion Topics

1 2013 年的北京是怎么样的？人们对雾霾的反应如何？其他国家历史上有没有发生过类似的事情？当时的政府和老百姓采取了哪些措施？

2 怀孕以前和有了孩子以后，柴静的生活态度有何不同？她对女儿的期望为什么只是"健康就好"？想象一下，要是你有了孩子以后，生活会有什么不同？

3 柴静为什么谈她孩子的病？有媒体指出"女儿的病"与环境污染并没有直接的关系，并批评柴静是在用女儿的病引起观众的同情并误导观众，你怎么看待媒体的分析？

4 从哪些细节可以看出柴静非常爱自己的女儿？你觉得一个女人为了照顾孩子，为了家庭而辞职是值得的吗？美国或其他国家的母亲一般会如何选择？

5 柴静从自己女儿的故事开始，并紧接着采访一个 6 岁的小女孩儿。你觉得她多次让孩子出现在画面里目的何在？把孩子与环境问题联系起来，你如何评价她的这种做法？

6 "孝义是山西的缩影，山西是中国的缩影。"你怎么理解环保局长的这句话？说说山西老百姓的生活环境。

7 有人认为发展一定伴随着污染，GDP 和 PM2.5 是孪生兄弟（twin brothers），你觉得有道理吗？

8 柴静为什么把她的视频叫做《穹顶之下》? 这个题目好不好? 中国当前的环境与电视剧《穹顶之下》所说的小镇，有何异同?

9 有哪些原因促使柴静做这个调查研究? 她做这个视频的目的是什么?

10 柴静在中国做这样的视频，你觉得她有哪些优势? 会遇到什么困难?

模仿与创造

Replication and Creation

1 学习课文之后，请选取本课视频中至少一分钟的片段，在课后进行跟读模仿练习。熟练之后，请根据中文或英文字幕提醒，模仿柴静为视频配音，并在课堂上展示。

After studying the text, select an excerpt from the video that is at least one minute in length. Listen to the excerpt, then shadow it—repeat the words as you hear them and try to imitate the tone, rhythm, pronunciation, pauses, etc. as precisely as possible. Once you have familiarized yourself with the excerpt, please use Chinese to dub your excerpt according to the English or Chinese subtitles. Match the speaker in the scene as closely as possible. Present the dubbed excerpt in class.

2 自选话题，自创风格，做一个现场演讲，或制作一个演讲视频。

Select a topic that interests you. Using your own approach, give a presentation. Present your speech in class or make a video of yourself presenting your speech.

研究与报告

Research and Reports

通过网络或其他资料，选择一个题目进行研究，总结和引用现有的看法和研究成果，并提出自己的见解，为大家做一个5分钟左右的报告。

Use the Internet or other resources to research one of the following topics. Summarize and reference current arguments and research findings, offer your own opinion and interpretation, and compile your findings into a five-minute presentation.

1 请观看英文纪录片《难以忽视的真相》(*An Inconvenient Truth*)，根据这部纪录片的主要内容，总结美国前副总统阿尔· 戈尔 (Al Gore)的主要看法。

2 全球变暖是人们越来越关心的问题。一部分人认为，地球气温上升主要是由人类活动，特别是现代化、工业化造成的；另一部分人认为，地球温度的变化与人类无关。请说明你的看法。

3 以一个国家或城市作为例子（比如伦敦、洛杉矶、纽约等），研究这个国家或城市环境情况的变化，分析政府或人民对环境变化的影响，并指出有哪些经验和教训有助于中国改善目前的环境。

辩论
Debate

请老师组织学生进行辩论。辩论前，先请老师将学生分成正、反两方，请学生按要求准备辩论稿，并尽可能多利用课文的内容、生词和语法。辩论稿应包括你的观点、支持观点的例子、数据和其他材料。辩论过程分为陈述观点、自由辩论、总结陈词三个部分。每部分，正、反双方交替进行。自由辩论时，请各方仔细聆听、记录和分析对方观点，并进行反驳。

As a class, hold a debate. Before the debate, the teacher will assign each student to either the affirmative or the negative side. Students will be expected to prepare debate speeches accordingly, using the essays discussed and incorporating new vocabulary and grammar learned in class. The debate speech should cover the student's argument and provide supporting evidence in the form of examples, statistics, etc. Debates will consist of three sections—opening statements, free debate (rebuttals and Q&A), and closing statements. The affirmative and the negative sides will take turns in each section of the debate. During free debate, each side will listen, record, and carefully analyze the other side's argument to formulate rebuttals.

正方：对现阶段的中国而言，发展经济比保护环境更重要

反方：对现阶段的中国而言，环境保护比经济发展更重要

作文
Composition

1 你认为柴静是一位英雄吗？为什么？介绍一位你心目中的伟大记者，并说说他 / 她的伟大之处。

2 柴静对孩子的期望只是“健康就好”。请你去了解一下一般的中国父母和美国或其他国家的父母对孩子的期待有何异同，谈谈父母的期待与孩子成长之间的关系。

泛读课文

Extensive Reading

Read the passage, then complete the tasks that follow.

不同人眼中的柴静

张永涛

柴静的这次行动无论怎么说，都应该是非常有意义的。尽管有些人指责她引用的数据不准确，材料不真实，甚至有人批评她缺乏理性，认为她“用自己的女儿来骗取观众的眼泪”的做法过于煽情。但《穹顶之下》在网上从发布到被禁止，短短几天之内，就有了两亿多的点击量，这至少说明环境问题引起了民众的强烈关注。柴静所引用的数据和材料也许并不完美，但每个人在雾霾之下呼吸的感受却是真真切切的。从这个角度看，柴静至少替老百姓说出了心里话，喊出了他们心中的愤怒。

柴静能通过这么多渠道进行采访和制作视频，并能在国家所属的媒体上发布，这说明她的行动至少得到了宣传部门和环保部门一部分官员的支持。①政府控制下的媒体并不是完全没有正义感的，一有机会，他们良心的天平很可能就会倾向正义的一边。柴静的视频也显示环境部门的权力太小，执法时甚至遭到质疑和嘲笑。中国环保部部长陈吉宁亲自给柴静发短信，感谢她唤起了民众对环境问题的重视。这说明环保部门的官员也希望能借此获得更多的资源和权力，至少可以引起政府高层和民众对他们工作的重视，而不是仅仅被视为“吃闲饭的”。

对柴静的批评主要来自国有企业，特别是石油化工企业、钢铁企业和汽车制造商。他们指责柴静捏造数据、逻辑混乱、煽动观众情绪、缺乏说服力等等。还有一条罪名是：柴静鼓吹市场竞争和国有企业私有化，违背了社会主义公有制原则。

柴静把环境保护的希望寄托在国家制度的改良上，也寄托在每一位公民的实际行动上，而中国政府则更寄希望于后者。两会期间，中国总理李克强在回答外国记者关于《穹顶之下》的提问时说:“人一时难以改变自己所处的自然环境，但是可以改变自己的行为方式。”总理所说的“人”应该是指老百姓。可见，②向人民提出的要求，政府总是嫌少。

I Based on the passage, answer the following multiple-choice questions:

1 本文作者对柴静和她的《穹顶之下》持什么样的态度?

a 柴静的行为虽然引起了人们的关注，但缺乏说服力

b 《穹顶之下》对政府提出的要求太多了

c 柴静和她制作的视频对中国环保事业是有重要意义的

d 批评柴静靠关系、走后门才能制作出这样的视频

2 对划线句子“①”的理解应该是:

a 中国的媒体没有正义感

b 中国媒体不会突破政府的限制

c 中国记者只在环境问题上有正义感

d 中国的记者会在适当的时候，把事实和真相告诉老百姓

3 在文章第二段，作者提到环保部部长给柴静发短信的例子，是为了:

a 说明环保部门的官员对柴静的做法持赞赏态度

b 批评地方政府官员的不作为，认为他们是“吃闲饭的”

c 揭露官员的贪污腐败问题

d 证明环保部门掌握了过多的资源和权利

4 柴静的批评者主要来自:

a 环保部门的官员

b 老百姓

c 中外记者

d 国有企业

5 对划线句子“②”的理解应该是:

a 中国政府觉得环境保护主要是老百姓的责任

b 中国政府觉得应该减少对老百姓的要求

c 中国总理李克强完全不同意柴静的看法

d 老百姓和政府应该一起保护环境

II Reread the passage. Circle useful words in the text, then write down their definitions (in Chinese or English), drawing on either the context or a dictionary.

Vocabulary	Meaning

III Underline challenging sentences in the text. Then discuss their meaning and function with your classmates or teacher.

IV Summarize the main idea of each paragraph in one sentence:

1 ______________________________

2 ______________________________

3 ______________________________

4 ______________________________

V With a partner or in a small group, hold a conversation based on the following prompts:

1 说说中国政府的宣传部门、环保部门、国有企业、媒体和普通民众对柴静和《穹顶之下》的态度。你觉得他们为什么有不同的态度?

2 结合第二课课文,说说中国要想解决环境问题,政府、企业、环保组织和个人的责任分别是什么?

第三课
Lesson 3

留住蓝天

柴静

SELECTED BY CHIH-P'ING CHOU
PREPARED BY YUNJUN ZHOU AND YONGTAO ZHANG

背景简介
Background Information

2014年11月7日至11月12日，APEC会议在北京举行。中国政府为了维护北京的国际形象，在北京及其周边地区采取了一系列"历史上最严"的措施，如：禁止施工、限制汽车出行、关闭相关工厂、要求市民放假休息等，从而保障了APEC会议期间北京的空气质量，使北京出现了难得一见的"蓝天"，人们把这个奇特的天气现象称为"APEC蓝"。

"APEC蓝"是中国政府利用强大的行政力量和超常规的手段治理出来的结果。然而好景不长，北京的空气质量并没有因为这次会议而得到根本性的改善。APEC会议结束不久，空气污染又成了常态。但通过这一事件我们知道，中国的污染肯定是可以治理好的，关键看政府的决心有多大。

发展经济和保护环境是缺一不可的，保护环境是不是一定会牺牲经济发展呢？在柴静的采访中，有识之士指出："经济转型"也许能帮助中国走上一条绿色发展的道路。

针对这种有趣的现象，有媒体谈到，在中国"连天气都得听党的领导"，"APEC蓝"与其说是中国奇特的天气现象，不如说是中国特有的政治现象。

留住蓝天

柴静

预习提示

Preview Questions

- 请看第三课视频，说说老照片中的北京跟现在的北京有什么不同。
- 说说你对“APEC蓝”的看法。

这个是APEC（Asia-Pacific Economic Cooperation）**期间**，我**先生**有一天早上带我去小的时候他常去的地方，他父亲在那里教会他**滑冰**、游泳、**钓鱼**。冬天的时候他说他最喜欢看着**冰纹**一**轮**轮向远去，一直到**故宫**的**角楼**，那是他**感受到**的这个古老的城市**优雅**之美。我们**俩**就看着这一**幕**，那种**心情**特别像小孩看着最后一颗**糖**，你不吃你知道它要**化**了，你吃你又就知道快没有了，那种又**甜蜜**又**忧愁**、又**气急败坏**的感觉。

王跃思：我是**地地道道**的北京人，我小的时候蓝天白云，**运河齐腰**深的水能看见底下，能**抓鱼**。

李昆生：我也是小时候在这儿长大的，我也知道我们小时候什么样儿，站在**长安街**上能看见**西山**。

唐孝炎：大气干净不是做不到，是完全做得到的，就看你下多大**决心**了。

习近平：我希望并相信通过**不懈**的努力，APEC蓝能够**保持**下去。

柴静：回来之后我就问了一下**中科院**的**专家**，我说您能告诉我如果我们想要留住APEC蓝的话，

留住	*liúzhù*	v.-c.	to keep, to maintain, to ask to stay; ～＋蓝天 / 客人 /sb. 的心
期间	*qījiān*	n.	time, course, during the time of . . . ; 工作 / 会议＋ ～
先生	*xiānsheng*	n.	husband
滑冰	*huábīng*	v.	to go skating
钓鱼	*diàoyú*	v.-o.	to fish
冰纹	*bīngwén*	n.	ice pattern
轮	*lún*	m.w.	measure word for certain round things (e.g. the sun, the moon, patterns of frost, water ripples, etc.)
故宫	*Gùgōng*	p.n.	Forbidden City, Imperial Palace (in Beijing)
角楼	*jiǎolóu*	n.	corner tower
感受到	*gǎnshòudào*	v.	to feel, to experience; ～＋影响 / 幸福 / 热情 /clause
优雅	*yōuyǎ*	adj.	elegant, graceful, tasteful; ～的＋举止 / 音乐 / 生活
俩	*liǎ*	num.	two (colloquial) （俩：两个）
幕	*mù*	n.	scene, view
心情	*xīnqíng*	n.	mood
糖	*táng*	n.	candy
化	*huà*	v.	to melt, to thaw; 雪 / 冰 / 冰淇淋＋～了 (化：融化)
甜蜜	*tiánmì*	adj.	sweet; ～＋生活 / 爱情 / 微笑
忧愁	*yōuchóu*	adj.	worried, concerned, distressed
气急败坏	*qìjíbàihuài*	idm.	to be flustered and exasperated; sb. ～
王跃思	*Wáng Yuèsī*	p.n.	(personal name)
地地道道	*dìdìdàodào*	idm.	native, genuine, pure, excellent; ～＋北京人 / 中国菜
运河	*yùnhé*	n.	canal
齐腰	*qíyāo*	adj.	waist-deep, waist-high, as long as from one's waist to one's feet; ～＋深 / 高 / 长
抓鱼	*zhuāyú*	v.-o.	to catch fish
李昆生	*Lǐ Kūnshēng*	p.n.	(personal name)
长安街	*Cháng'ānjiē*	p.n.	Chang'an Street (a main thoroughfare in Beijing)
西山	*Xīshān*	p.n.	the Western Hills (refers to the hills and mountains in the western suburban part of Beijing)
唐孝炎	*Táng Xiàoyán*	p.n.	(personal name)
决心	*juéxīn*	n.	determination, resolution; 下 / 有＋～ (＋ V. P.)
习近平	*Xí Jìnpíng*	p.n.	Xi Jinping (president of the PRC)
不懈	*búxiè*	adj./adv.	untiring, relentless, unremitting; ～＋努力 / 坚持 / 奋斗
保持	*bǎochí*	v.	to maintain, to keep; ～＋发展 / 水平 / 稳定
中科院	*Zhōngkēyuàn*	p.n.	Chinese Academy of Sciences（中科院：中国科学院）
专家	*zhuānjiā*	n.	expert, specialist

我们要付出多大代价吗？他说我们必须比 2013 年减排这么多二氧化硫，这么多氮氧化物，和这么多 PM 2.5。简单地说，我们要减掉一半以上的污染物，才可能得到蓝天。

解振华：中国 2030 年的目标，我给它定一个峰值，实际上就是一个倒逼机制，所以要走绿色低碳方向这条道。

柴静：大家会说，如果我为了环保，会不会就真的牺牲掉了发展？

解振华：这是你应该还的账，你过去做错了，你现在应该还。现在的现实问题还有就业，还有提高收入，那怎么办，转型嘛。

柴静：如果说在这个转型当中，可能意味着这个产业当中有一部分人会失去工作。

解振华：中国的节能环保产业现在可能是一年的产值 37000 多亿，吸纳就业人口可能是 3900 多万人，这也是一个产业。

柴静：但很多人还觉得说，中国政府会不会还会继续用投资来拉动，来完成经济增长值？

解振华：要提高经济增长值，它的路径、途径就是绿色、低碳、循环方案。伦敦烟雾事件，或者是洛杉矶（光化学烟雾）他们解决这问题六十年、七十年了，它有经验教训，我们这个阶段会大大地缩短。

选自柴静 2015 年制作的纪录片《穹顶之下》

付出	*fùchū*	v.	to pay (a cost), to expend (effort); ～+代价 / 努力
代价	*dàijià*	n.	cost, consequence
减排	*jiǎnpái*	v.	to reduce (carbon) emissions（减排：减少排放）
二氧化硫	*èryǎnghuàliú*	n.	sulfur dioxide
氮氧化物	*dànyǎnghuàwù*	n.	nitrogen oxide
解振华	*Xiè Zhènhuá*	p.n.	(personal name)
目标	*mùbiāo*	n.	target, goal
峰值	*fēngzhí*	n.	peak, peak value
倒逼	*dàobī*	v.	to be forced, to be compelled（倒逼机制：forcing mechanism）
机制	*jīzhì*	n.	mechanism; 管理 / 运作+～
低碳	*dītàn*	adj.	low-carbon; ～+产业 / 产品 / 生活
环保	*huánbǎo*	n./adj.	environmental protection; environment-friendly（环保：环境保护）
牺牲	*xīshēng*	v./n.	to sacrifice; sacrifice; ～+生命 / 时间
还账	*huánzhàng*	v.-o.	to pay off a debt（还：to pay back; ～+钱 / 帐）
就业	*jiùyè*	v./n.	to find a job; employment; ～+机会 / 岗位 / 率
转型	*zhuǎnxíng*	v.	to be in transition; 社会 / 经济+～
产业	*chǎnyè*	n.	industry
节能	*jiénéng*	adj.	energy-saving（节能：节省能源）
产值	*chǎnzhí*	n.	output value
吸纳	*xīnà*	v.	to absorb, to accept, to inhale; ～+投资 / 资金
投资	*tóuzī*	v./n.	to invest; investment; ～+股市 / 房地产
拉动	*lādòng*	v.	to drive, to pull, to fuel; ～+增长 / 发展
增长值	*zēngzhǎngzhí*	n.	growth value, increment value
路径	*lùjìng*	n.	way, means, path
途径	*tújìng*	n.	way, channel, solution
循环	*xúnhuán*	v./n.	to circulate; circulation, circle; ～+使用 / 利用
方案	*fāng'àn*	n.	plan, scheme
伦敦烟雾事件	*Lúndūn Yānwù Shìjiàn*	p.n.	London Smog Disaster (of 1952)（烟雾：smog; 事件：incident, event）
洛杉矶	*Luòshānjī*	p.n.	Los Angeles
光化学烟雾	*guānghuàxué yānwù*	n.	photochemical smog
教训	*jiàoxùn*	n.	lesson (as in "to teach sb. a lesson," "to learn one's lesson"); 接受 / 吸取 / 记住+～
阶段	*jiēduàn*	n.	stage, period, phase
缩短	*suōduǎn*	v.	to shorten, to cut down, to reduce, to curtail; ～+时间 / 距离 / 路程 / 行程

重要语言点
Essential Structures and Patterns

1 下决心
to be determined to/to come to a resolution

◆ 大气干净不是做不到，是完全做得到的，就看你下多大决心了。

◇ 他一旦下决心去做，什么事情都难不倒他。

◇ 上次考试没准备好，这次我要下决心好好准备。

2 付出…代价
to pay . . . as a price/at the cost of . . .

◆ 如果我们想要留住 APEC 蓝的话，我们要付出多大代价？

◇ 很多革命者为自由付出了生命的代价。

◇ 这样做太过分了，你会为你所犯的错付出巨大代价的！

3 实际上
in fact/actually

◆ 中国 2030 年的目标，我给它定一个峰值，实际上就是一个倒逼机制，所以要走绿色低碳方向这条道。

◇ 她给人的印象是很适应都市的生活，但实际上并不是这样的。

◇ 我们已经两个月没有联系了，但实际上我还爱着他。

4 走…的道/路
to take the path of . . .

◆ 中国 2030 年的目标，我给它定一个峰值，实际上就是一个倒逼机制，所以要走绿色低碳方向这条道。

◇ 中国应该走改革开放的道路，还是走闭关自守的老路？中国飞速发展的事实已经告诉我们答案。

◇ 我听过一句名言："走自己的路，不要管别人怎么说。"

5 为了X牺牲Y

to sacrifice Y for the sake of X

◆ 为了环保会不会就真的牺牲掉了发展?

◇ 在现代社会，很多人都为了工作而牺牲健康。

◇ 很多人觉得她为了家庭而牺牲了自己的事业，实在太可惜了，但她认为这样做是非常值得的。

6 X意味着Y

X means/signifies Y

◆ 在这个转型当中可能意味着这个产业当中有一部分人会失去工作。

◇ 买价钱便宜的东西并不意味着一定要牺牲质量和样式，现在市场上有很多物美价廉的商品。

◇ 一个时代的结束往往意味着另一个时代的开始。

7 用…来V.P.

to use . . . to V.P.

◆ 中国政府会不会还会继续用投资来拉动，来完成经济增长值?

◇ 他用自己打工赚的钱来交学费。

◇ 商场常常用降价、打折的办法来吸引消费者购买更多的产品。

词汇练习
Vocabulary Exercises

I Provide an appropriate noun to make a meaningful phrase, then make a sentence with each of the expanded phrases:

保持______ 付出______ 投资______

牺牲______ 拉动______ 缩短______

II Using the underlined expressions in each sentence, make new sentences:

1 我们俩就看着这一幕，那种心情特别像小孩，看着最后一颗糖，你不吃你知道它要化了，你吃你又就知道快没有了，那种又甜蜜又忧愁、又气急败坏的感觉。

2 我是地地道道的北京人，我小的时候蓝天白云，运河齐腰深的水能看见底下，能抓鱼。

3 大气干净不是做不到，是完全做得到的，就看你下多大决心了。

4 如果我们想要留住 APEC 蓝的话，我们要付出多大代价？

5 中国 2030 年的目标，我给它定一个峰值，实际上就是一个倒逼机制。

6 为了环保会不会就真的牺牲掉了发展？

7 在这个转型当中可能意味着这个产业当中有一部分人会失去工作。

8 中国政府会不会还会继续用投资来拉动，来完成经济增长值？

III Answer the following questions. In your reponse, incorporate at least three of the expressions provided; feel free to use more if possible.

1 A：为了写书，我常常睡不好，也吃不好，我真想放弃！
B：……（下决心；付出…代价；不懈；目标；为了…牺牲…）

2 要想实现可持续发展(sustainable development)，政府应该怎么做？这样做的好处是什么？
（走…的道路；低碳；意味着…；拉动；转型）

3 A：听说你的家就在湖边，那里的生活怎么样？你喜欢吗？
B：……（钓鱼；滑冰；…期间；心情；用…来…）

问题讨论
Discussion Topics

1 从视频上可以看到以前的北京是怎样的？ 从哪些方面能体现出这座古老城市的优雅之美？

2 跟以前比，现在的北京发生了哪些变化？ 你如何评价这些变化？

3 回忆你童年时代的家乡，跟现在比有什么不同？

4 人们常常怀念过去，这种怀旧情绪会不会影响现代化的进程？

5 为什么在奥运会和APEC会议期间，北京的天空是蓝色的？“APEC蓝”是一个面子问题还是一个经济问题？“在中国，连天气都得听党和政府的领导”，你如何理解这句话？

6 怎么做才能留住APEC的蓝天？ 你觉得这样做值得吗？ 为什么？

7 你如何看发展与环保之间的矛盾？ 中国政府为何更重视前者？

8 在你看来，绿色经济和“低碳”的发展道路是什么样的？ 政府和老百姓可以做哪些事情？ 说说一个普通人的哪些日常行为对环境保护有好处。

9 在环境问题上，发达国家的责任大还是发展中国家的责任大？ 他们的责任有何不同？

10 发达国家有没有责任帮助发展中国家保护环境？ 发达国家对发展中国家的环境保护可以做出哪些贡献？

模仿与创造

Replication and Creation

1 学习课文之后，请选取本课视频中至少一分钟的片段，在课后进行跟读模仿练习。熟练之后，请根据中文或英文字幕提醒，模仿柴静为视频配音，并在课堂上展示。

After studying the text, select an excerpt from the video that is at least one minute in length. Listen to the excerpt, then shadow it—repeat the words as you hear them and try to imitate the tone, rhythm, pronunciation, pauses, etc. as precisely as possible. Once you have familiarized yourself with the excerpt, please use Chinese to dub your excerpt according to the English or Chinese subtitles. Match the speaker in the scene as closely as possible. Present the dubbed excerpt in class.

2 自选话题，自创风格，做一个现场演讲，或制作一个演讲视频。

Select a topic that interests you. Using your own approach, give a presentation. Present your speech in class or make a video of yourself presenting your speech.

研究与报告

Research and Reports

通过网络或其他资料，选择一个题目进行研究，总结和引用现有的看法和研究成果，并提出自己的见解，为大家做一个 5 分钟左右的报告。

Use the Internet or other resources to research one of the following topics. Summarize and reference current arguments and research findings, offer your own opinion and interpretation, and compile your findings into a five-minute presentation.

1 请查阅有关资料后，谈一谈课文中提到的"伦敦烟雾事件"或"洛杉矶光化学烟雾事件"（也可以选择一个你感兴趣的环境污染事件）的起因、经过、结果，对人们的生活造成了哪些影响，政府是如何解决的，中国应该从中吸取哪些经验和教训。

2 请你研究一个国际组织，比如 UN、Greenpeace、APEC、WHO、WTO、G7 (the Group of Seven) 等，说说这个组织的历史和主要作用。你将来想不想到这个组织实习或工作？说说为什么。

辩论
Debate

请老师组织学生进行辩论。辩论前，先请老师将学生分成正、反两方，请学生按要求准备辩论稿，并尽可能多利用课文的内容、生词和语法。辩论稿应包括你的观点、支持观点的例子、数据和其他材料。辩论过程分为陈述观点、自由辩论、总结陈词三个部分。每部分，正、反双方交替进行。自由辩论时，请各方仔细聆听、记录和分析对方观点，并进行反驳。

As a class, hold a debate. Before the debate, the teacher will assign each student to either the affirmative or the negative side. Students will be expected to prepare debate speeches accordingly, using the essays discussed and incorporating new vocabulary and grammar learned in class. The debate speech should cover the student's argument and provide supporting evidence in the form of examples, statistics, etc. Debates will consist of three sections—opening statements, free debate (rebuttals and Q&A), and closing statements. The affirmative and the negative sides will take turns in each section of the debate. During free debate, each side will listen, record, and ecarefully analyze the other side's argument to formulate rebuttals.

说明：请从经济性、安全性、环保性等方面对发展核能（nuclear power）的利弊进行研究和分析，并以真实的事例和研究数据为依据进行辩论。

正方：我们支持发展核能

反方：我们反对发展核能

作文
Composition

1 实现现代化与保护传统之间常常存在矛盾，你认为哪一个是更重要的？如何能在二者之间保持平衡？

2 一般认为经济发展会带来环境污染，也有人认为经济特别是科技的发展为解决环境问题提供了途径，请谈谈你的看法。

3 美国或其他国家的政府也爱面子吗？请谈谈你对“面子问题”的看法。

泛读课文
Extensive Reading

Read the passage, then complete the tasks that follow.

面子与实惠

张永涛

中国人爱面子，这话一点儿不假，可要说这只是中国的特色，那就有点儿冤枉了。爱面子这事儿，说到底不过是想赢得别人的尊重罢了。希望受到别人尊重大概是人的共性，是不分中国人外国人的。

不过中国社会确实更重视面子。孩子上学，要是同学的书包比自个儿的好看，那就抱住妈妈的腿不放，哭嚷着要买个更漂亮的；请客吃饭，非要把桌子摆满鸡鸭鱼肉不可，哪怕最后剩下一大半儿，根本吃不完；结婚的时候，为了挣足面子，有人愿意花光毕生积蓄，请来豪华车队，大摆筵席，最后还要跑到海外度个蜜月，也不管回来以后只能①勒紧裤腰带过日子；老人去世，丧礼的场面越大，哭丧声越高亢，坟墓建得越宏伟，死人、活人都越有面子。从生到死，老百姓都很拿面子当回事儿。

普通老百姓如此，知识分子又何尝不是呢。但凡演讲、开会、学术讨论，你若同意我的观点，顺便称赞几句，那便是极给面子。如若提出意见，反驳批评，即便毫无恶意、就事论事，也极有可能撕破脸皮，伤了情面。

要说爱面子，我们的政府和官员们“更胜一筹”。从古至今，政府和官员都把面子看成命根子似的，做什么事儿都不能伤了“朝廷的体面”、“政府的颜面”。据说清代官员在被执行死刑的时候，须得穿着官服，这样死时还能留点薄面。现代社会也一样。2008 年奥运会那会儿，为了让外国人称赞北京的空气好，工厂关了门，饭馆儿歇了业，小摊贩们收了摊儿，农民工们回了老家。北京的天是瓦蓝瓦蓝的了，政府的面子也挣足了，可老百姓的实惠哪儿去了呢？ APEC 会议在北京召开，碰到这种场合，北京的蓝天都会如约而至。不过要说这事儿啊，政府有面子，咱老百姓也能借这机会透透气儿，这不是两全其美嘛。可问题是，会一开完，一切照旧。不说北京了，你看看全国各地有多少“面子工程”。楼要盖最高的，桥要修最长的，机场要建最大的。对了，机场是老外到中国的第一站，钱一定得花足了，一定要建最豪华的。你看看纽约那些个破旧的机场，怎能和咱中国二线城市的比？

人与人也好，国与国也好，只要有来往，多少都会涉及面子问题，但跟熟人打交道和跟陌生人打交道很不相同。爱面子说穿了是熟人社会留下的传统。村里的人跑到千里之外的城里丢了脸不打紧，要是在本村邻居面前失了颜面，那可是天大的事儿。都是乡里乡亲的，我家孩子婚事儿，你送了200礼金，你家老父做寿（to celebrate an elderly person's birthday），我怎么着也不能少给吧。要是还礼太少，不仅没给足你面子，也会让我在全村父老乡亲面前没面子。看来面子不仅是脸面上的事儿，也牵扯到背后的一本经济账。

现在时代不同了，农村人大多去了城里，年轻人走南闯北，各色人等聚在一地，相互之间也没那么熟了，按理说面子没那么值钱了吧。可事实上"爱面子心理"只是稍稍"改头换面"，从熟人之间转为陌生人之间，或藏在自己的内心里了。打个比方吧，地铁里挤着那么多人，大家伙儿都拿着时尚手机，你怎么好意思掏出一个太落伍的来。所以有人砸锅卖铁，也要买一部最新款的苹果牌儿的，别说在地铁里用着长脸，就是坐在马桶上自个儿用，也觉着面子十足，畅快极了。

自己爱面子，给别人面子，大家互相尊重本来挺好的。可要是太爱面子了，就会变得敏感、虚荣，既会伤害自己，也会妨碍别人。有时候得了面子，却失了实惠，这就叫做得不偿失。

POST-READING ACTIVITIES

I Based on the passage, answer the following multiple-choice questions:

1 对文章的第一段，理解正确的是：

a 中国人其实并没有人们所想的那么爱面子

b 爱面子是中国特色，因为只有中国人特别希望赢得别人的尊重

c 除了中国人以外，其实外国人也很爱面子

d 爱面子其实就是尊重对方

2 根据文章内容，关于中国人的日常生活和行为习惯，以下哪个说法是正确的？

a 请客吃饭的时候，主人会按照客人的喜好和口味来点菜

b 参加学术会议，只要客观地提出批评或建议，人们往往都会乐意接受

c 现在的年轻人更愿意把钱花在去海外度蜜月，而不愿在婚礼上浪费钱

d 老人去世以后，家人和子女一般会尽量为其修建比较大的坟墓

3 文章第二段，划线句子"①"的意思是：

a 买新衣服和新裤子，过新的生活

b 尽量减少花费，省吃俭用

c 努力工作，挣更多的钱

d 追求高品质的生活，好好享受每一天

4 要是你在奥运会或者 APEC 会议期间去北京，你一定可以：

a 看到蓝蓝的天，呼吸新鲜的空气

b 在小饭馆儿尝到地道的中国菜

c 在路边的小摊儿买到各式各样的纪念品

d 调查农民工的日常工作情况，并对他们进行采访

5 文章第四段，"更胜一筹"在这篇文章中的意思是？

a 更容易赢得大家的尊敬

b 更容易得到别人的认可和赞扬

c 程度更高、更严重

d 受到更多批评和指责

6 北京的蓝天会"如约而至"的原因是：

a 北京的天气变化符合一定的气象规律

b 政府特意选择在天气好的时候举办重要活动

c 政府可以通过采取一系列的措施，让天空暂时变蓝

d 在老百姓的共同努力下，北京的空气污染问题已彻底解决

7 文章第四段，作者说纽约的机场很破旧，目的是为了：

a 证明中国的经济发展比美国更快、更好

b 说明中国的二线城市比纽约更现代化、更富有

c 批评纽约的机场太落后，应该修建新机场

d 讽刺中国花了太多钱，把机场建得太大、太豪华了

8 在中国，要是你孩子结婚，别人给你送了200礼金，你最好：

a 客气地拒绝，把钱悄悄退回去

b 花200块钱，请他大吃一顿，好好谢谢他

c 等他家人过生日的时候，给他送300块钱

d 告诉他的亲朋好友，夸他是个好人就行

9 现在的年轻人，宁可花光工资，也要买苹果手机，主要因为：

a 满足心理需求

b 苹果手机体积小，方便携带

c 其他牌子的手机在地铁里信号不好，无法使用

d 苹果手机功能齐全，即使在厕所使用都毫无问题

10 根据文章内容，以下哪一个不是中国人爱面子的原因：

a 现在的中国人仍受到传统的"熟人社会"影响

b 随着中国经济的发展，中国人如今更讲究精神方面的追求

c 讲究面子问题也能带来经济上的收益

d 希望受到别人的尊重是人类的共性

11 作者对中国人爱面子的态度是：

a 非常支持，认为这是中国传统文化的一部分

b 可以理解，但不应该过分

c 认为完全没有必要

d 阻碍了人与人之间的交往，对社会发展不利

II Reread the passage. Circle useful words in the text, then write down their definitions (in Chinese or English), drawing on either the context or a dictionary.

Vocabulary	Meaning

III Underline challenging sentences in the text. Then discuss their meaning and function with your classmates or teacher.

IV Summarize the main idea of each paragraph in one sentence:

1 ______________________________

2 ______________________________

3 ______________________________

4 ______________________________

5 ______________________________

6 ______________________________

7 ______________________________

8 ______________________________

V With a partner or in a small group, hold a conversation based on the following prompts:

1 请根据你的观察，描述一个爱面子的人的行为，并分析其背后的心理。

2 有的人很注意实惠，不重视面子，请描述一个这样的人的行为和背后的心理。

3 一般来说，你是更爱面子，还是更重视实惠？ 在什么场合会更在乎面子，在什么情况下会更讲究实惠？ 请举例说明。

4 结合第三课的课文，说说在环境问题上如何才能既保住面子，又得到实惠。

第四课
Lesson 4

责任与行动

柴静

SELECTED BY CHIH-P'ING CHOU
PREPARED BY YUNJUN ZHOU AND YONGTAO ZHANG

背景简介
Background Information

保护环境既是政府的责任，也是每一个企业和公民的责任。政府的责任在于制定和完善相关的环保法律和政策，并严格执行。对于企业而言，降低成本、追求利润是每个企业必然的选择，增加经营成本成了环保的阻力，因此企业的行为需要政府执法部门、媒体、环保组织和每一位公民的严格监督。在环保问题上，与其用道德和说教来劝诫企业，不如用法律和政策来约束和监督企业。

对于个人而言，践行环保不仅在于节约水电、乘坐公交，更在于勇敢地揭发和举报污染企业，积极地参与制定环保法规。柴静相信，公众的行动对环保是具有重大意义的。

本节内容提醒读者：环境问题不仅与我们每个人息息相关，更影响到子孙后代的幸福。保护环境既是维护我们当前的利益，也是在关心人类未来的发展。

责任与行动

柴静

预习提示
Preview Questions

- 请看第四课视频，视频中哪些画面最能打动你？说说这些画面打动你的原因。
- 你怎样评价视频中的那位建筑工人和他的老板？
- 说说个人在环境保护中所扮演的角色。

中国有百分之一的环境**争议**事件进入了**司法程序**，为什么会这么少？你可以**猜**猜看，今年之前有多少家中国的**公益**组织是**具备**司法**诉讼主体资格**的？一家都没有，就是因为当时我们的《**民事诉讼法**》规定，只有"**有关**组织"才可以提起诉讼。至于谁是这个"有关组织"，没人知道。但是1月1日开始，新环保法已经规定了，只要你从事环境公益活动五年以上，没有**违法**记录，你就可以**承担**这个诉讼主体的资格。现在，七百多家环保组织他们已经有人在试，提出的**标语**是"新环保法**给力**不给力，**小伙伴**儿们正在试"。

像我们这样的普通人，如果你没有时间去参加一家环保组织，那么你还可以做什么？我们跟**自然之友合作**，做了一个小的**动画**。

解说：如果你在五公里**范围**内出行，试试**乘坐**公交、骑自行车或**拼车**。如果开车，**发动机空转**不超过30**秒**。在路上看到**冒**黑烟的**柴油**车，试试**拨打**12369电话**举报**，柴油车的"**黑尾巴**"含有大量PM

行动	*xíngdòng*	n./v.	action; to take action; 采取 / 开始+～; ～+起来
争议	*zhēngyì*	n.	controversy, dispute; 引起 / 制造 / 有+～
司法程序	*sīfǎchéngxù*	n.	judicial process
猜	*cāi*	v.	to guess, to suspect
公益	*gōngyì*	adj.	beneficial to the public
具备	*jùbèi*	v.	to have, to possess (a qualification); ～+条件 / 资格
诉讼	*sùsòng*	v./n.	to bring a lawsuit; legal proceeding (against sb.)
主体	*zhǔtǐ*	n.	main body, (legal) subject
资格	*zīgé*	n.	qualifications
民事诉讼法	*Mínshì Sùsòngfǎ*	p.n.	Code of Civil Procedure
有关	*yǒuguān*	adj.	related, relevant; ～+部门 / 组织 / 问题
违法	*wéifǎ*	v.-o.	to violate the law; illegal
承担	*chéngdān*	v.	to undertake, to shoulder (a responsibility, task, or consequence); ～+责任 / 任务 / 后果
标语	*biāoyǔ*	n.	slogan
给力	*gěilì*	adj.	cool, awesome (colloquial); 很 / 不+～
伙伴	*huǒbàn*	n.	friend, fellow, peer (colloquial)
自然之友	*Zìránzhīyǒu*	p.n.	Friends of Nature (company name)
合作	*hézuò*	v.	to cooperate, to collaborate; ～+拍摄 / 运营
动画	*dònghuà*	n.	animation, cartoon
解说	*jiěshuō*	v./n.	to explain, to explicate; commentary, explanation
范围	*fànwéi*	n.	scope, range
乘坐	*chéngzuò*	v.	to take (a bus, taxi, train, or subway)
拼车	*pīnchē*	v.-o.	to carpool
发动机	*fādòngjī*	n.	engine
空转	*kōngzhuàn*	v.	to idle (of a machine)
秒	*miǎo*	n.	second
冒	*mào*	v.	to belch (smoke), to rise (of smoke); ～+烟 / 气 / 火
柴油	*cháiyóu*	n.	diesel oil
拨打	*bōdǎ*	v.	to dial, to make (a phone call) ; ～+电话 / 手机
举报	*jǔbào*	v.	to report (misconduct, an offense, or a crime)
尾巴	*wěibā*	n.	tail

2.5，危害公众健康。如果看到有餐馆直排油烟，试试要求他们安装过滤装置，或在美食网站打差评。

解说：看到工地土堆裸露，尘土飞扬，怀疑加油站有油、气泄漏，试试打电话给12369。如果你家在烧煤，在能够负担的情况下，试试尽量不烧劣质煤炭，让妈妈试试清洁炉灶，保护家人的健康。你还可以试试随手拍，定位工业污染源，监督举报违法行为，在微博中@当地环保部门。试试关注污染

危害	*wēihài*	n.	harm, damage, hazard; ～＋健康 / 环境 / 国家安全
公众	*gōngzhòng*	n.	the public
直排	*zhípái*	v.	to discharge/emit (waste gas) directly（直：直接）
油烟	*yóuyān*	n.	oil fume, soot
安装	*ānzhuāng*	v.	to install; ～＋设备 / 电脑 / 机器 / 软件
过滤	*guòlǜ*	v.	to filter
装置	*zhuāngzhì*	n.	installation, equipment, device
美食	*měishí*	n.	fine food, gourmet cuisine
网站	*wǎngzhàn*	n.	website
打	*dǎ*	v.	to judge, to grade; ～＋分 / 好评 / 差评
差评	*chàpíng*	n.	negative review/comment/feedback
工地	*gōngdì*	n.	construction site
土堆	*tǔduī*	n.	mound, a pile of soil
裸露	*luǒlù*	adj.	bare, uncovered, exposed
尘土飞扬	*chéntǔ fēiyáng*	phr.	dusty（尘土：dust, 飞扬：to rise, to fly upward）
怀疑	*huáiyí*	v.	to doubt, to suspect
加油站	*jiāyóuzhàn*	n.	gas station
泄漏	*xièlòu*	v.	to leak; ～＋煤气 / 有害物质
烧	*shāo*	v.	to burn
煤	*méi*	n.	coal
负担	*fùdān*	n./v.	burden; to afford; ～＋沉重，～费用，～＋得起 / 不起
劣质	*lièzhì*	adj.	inferior, substandard (product); ～＋产品 / 食物
煤炭	*méitàn*	n.	coal and coke (fuel)
清洁	*qīngjié*	adj.	clean
炉灶	*lúzào*	n.	cooking stove
随手拍	*suíshǒupāi*	v.	to snap a photo without much effort/casually
定位	*dìngwèi*	v.	to locate, to orient
污染源	*wūrǎnyuán*	n.	source of pollution（源：源头 , source, origin）
监督	*jiāndū*	v.	to supervise; ～＋ sb./ 政府 / 企业
微博	*Wēibó*	n.	Weibo, microblog (similar to Twitter)
部门	*bùmén*	n.	department, sector, division; 环保 / 教育 / 有关＋～
关注	*guānzhù*	v.	to pay close attention to; ～＋现象 / 问题

企业**名单**，**拒绝购买**他们的产品。大气政策**法规**的制定和**修改**时，试试**参与**公众意见**征集**，表达你的声音，**一念之间**改变雾霾。

之前我路过家门口裸露的工地的时候，我经常就是**捂**着鼻子就过去了，但现在我知道在北京PM 2.5当中，**至少**百分之十五左右是来自于**扬尘**的时候，我决定试一试。

柴静：我们住在这个附近，那个土你们怎么没**盖**上啊？

工作人员：找我们**大领导**。

柴静：你们领导在哪儿啊？

工作人员：在那边，去那边找他。

柴静：你们路边那么一大堆土没盖，刚才风一过全是扬尘。

领导：我知道，知道，知道，知道，这个是我们做得不对。

柴静：那什么时候盖呢？

领导：马上就去。

柴静：好吧。

领导：不好意思，不好意思啊。

前后这个过程不超过五分钟，然后我**临走**的时候，那个让我找他们大领导的工人对我说，你知道我们领导怕你什么吗，他指了指我手里的手机，他怕你**公开**。

我们家楼下有个餐馆，是做**肉饼**的，然后每到吃饭的时候，这个家里头和身上就都是油烟的味道。以前我不觉得这有什么问题，世界上中餐馆不都这样吗，但后来我知道在北京，**餐饮**带来的PM 2.5的污染占到至少百分之六，而北京的餐饮业占到全国

名单	*míngdān*	n.	name list
拒绝	*jùjué*	v.	to refuse, to decline, to reject; ～＋ sb./V.P.
购买	*gòumǎi*	v.	to purchase, to buy; ～＋商品／产品／货物
法规	*fǎguī*	n.	laws and regulations
修改	*xiūgǎi*	v.	to alter, to revise, to amend; ～＋文章／法律
参与	*cānyù*	v.	to participate in; ～＋活动／竞争／社会
征集	*zhēngjí*	v.	to collect, to recruit; ～＋意见／建议／签名
一念之间	*yíniànzhījiān*	idm.	on the spur of the moment, momentary slip
捂	*wǔ*	v.	to block, to cover (one's ears, eyes, or mouth)
至少	*zhìshǎo*	adv.	at least
扬尘	*yángchén*	n.	flying dust（扬：飞扬／扬起；尘：灰尘／尘土）
盖	*gài*	v.	to cover; 把 sth. ～＋上／起来
工作人员	*gōngzuò rényuán*	n.	working staff member, functionary
大领导	*dàlǐngdǎo*	n.	leader, boss
临走	*línzǒu*	adv.	before parting, before leaving
公开	*gōngkāi*	v./adj.	to publicize, to make known; public; ～承认／表示
肉饼	*ròubǐng*	n.	meat pie
餐饮	*cānyǐn*	n.	food and beverage, catering

的百分之十二。这么大量的一个餐馆，以前我觉得没有办法，后来等我到伦敦之后，去中餐馆吃饭的时候，我发现他们那儿没有味儿。为什么呀，这个**老板**就把我带进了他们的**阁楼**，然后看到这么一个东西，这个东西就叫油烟**净化器**。伦敦政府要求他们**强制**安装，而且有人**定期**来**检查**。我觉得这个是不是**高科技**啊，后来我回北京一问说，**不光**北京有，而且北京是要求餐馆装的。我就打了 12369 举报的电话，然后一个星期之后，**小区**里面**运**来了这么个东西，前后不超过半个小时。我**拍**的时候，这个餐馆老板就过来了，说**哎呀**谢谢您这个**居民**的监督，**欢迎**您以后多吃我们肉饼。这一年我们的**工作餐**吃的全是肉饼。

有的时候我路过楼下加油站的时候，我们楼下就是加油站，我会**闻**到很强的那个汽油**呛人**的味道，但我以为全世界加油站都是这样，一直到我去美国，我在他们的**油枪**上看到了这个东西，一种叫"油气**回收装置**"的东西。我以为这是什么高科技，但回到北京我才发现，我们早就有了，2008 年之后都要求装，只不过有的人根本就不**维修**，才让它排放出来很多气体。然后我也给 12369 打了一个电话。

刘明宇：**迎着**阳光去看，有大量的（油、气）出来，就肯定是有问题。如果咱们加油的时候闻见这种味儿就不**正常**了，看得见这些油气吗？这里不应该有油。

柴静：对，这是**湿**的，那说明出的油多。

刘明宇：对，进的气就少了，油气就有一部分跑到大气里面去了。

老板	*lǎobǎn*	n.	boss, proprietor, supervisor
阁楼	*gélóu*	n.	attic, garret
净化器	*jìnghuàqì*	n.	purifier
强制	*qiángzhì*	adv.	forcefully, forcibly; ～＋执行 / 实行 / 实施
定期	*dìngqī*	adj.	regular, fixed, scheduled; ～＋检查 / 考试
检查	*jiǎnchá*	v./n.	to inspect, to examine, to scrutinize; exam; ～＋身体 / 设备
高科技	*gāokējì*	n./adj.	high-tech
不光	*bùguāng*	adv.	not only （不光：不只是 / 不仅）
小区	*xiǎoqū*	n.	district, residential quarters
运	*yùn*	v.	to transport, to carry, to ship
拍	*pāi*	v.	to film; ～＋照 / 视频 / 电影（拍：拍摄）
哎呀	*āiya*	int.	ah! (to sigh)
居民	*jūmín*	n.	resident
欢迎	*huānyíng*	v.	to welcome
工作餐	*gōngzuòcān*	n.	working meal
闻	*wén*	v.	to smell; ～到 / ～出来 / ～一～
呛	*qiàng*	v./adj.	to choke; choking (of a smell or taste)
呛人	*qiàngrén*	adj.	choking (of a smell or taste); ～的味道
油枪	*yóuqiāng*	n.	refueling gun
回收	*huíshōu*	v.	to recycle, to collect, to retrieve; ～＋垃圾 / 废品
维修	*wéixiū*	v.	to repair, to maintain, to upkeep; ～＋电脑 / 汽车
刘明宇	*Liú Míngyǔ*	p.n.	(personal name)
迎着	*yíngzhe*	adv.	to face toward, to meet face to face
正常	*zhèngcháng*	adj.	normal, regular, usual
湿	*shī*	adj.	wet, damp

加油站负责人：停用，然后马上维修。

刘明宇：要求加油站每年必须要对它的油气回收装置进行一次强制检验，可以打12369我们的举报电话。

柴静：你们一定会去吗？

刘明宇：一定会去，百分之百会去。

他承诺百分之百会来，真的会来吗？我不知道，但我们把这句话放在这里，视为一个检验，我们可以记住这几个数字，12369。如果你不打，它就永远只是一个数字。我说过我这一年过得很不痛快，老觉得是在过一种很临时的生活。真的，雾霾天一来我就不知道我明天在哪儿，或者未来在哪儿，但是呢，就在那个餐馆老板把那个油烟（回收装置）装好的那一会儿，我突然觉得我好像脚落实地。这种感觉很难说清楚，你明明知道说它对于改善大气污染的作用非常微乎其微的，但就是因为一个人知道了自己做的一点点事情，可以让事情本身变得更好，他心里面就能够踏实了。所以回头来看，人类与污染之间的战争，历史就是这样创造的，就是千千万万个普通人有一天他们会说："不，我不满意，我不想等待，我也不再推诿，我要站出来做一点什么，我要做的事情就在此时，就在此刻，就在此地，就是此身。"

Rachel Carson：除非我们更好地把这些化学物质控制起来，不然我们将面对的是灾难。

嘉宾：我们把整个系统称作家园。

负责人	*fùzérén*	n.	person in charge
检验	*jiǎnyàn*	v.	to test, to examine, to inspect; ～产品 / 设备，～合格
承诺	*chéngnuò*	v./n.	to promise; promise, commitment; ～＋ clause
视为	*shìwéi*	v.	to regard as; 把···视为 / 看做···
数字	*shùzì*	n.	number
永远	*yǒngyuǎn*	adv.	forever, always, endlessly
痛快	*tòngkuai*	adj.	happy, delighted, heartily
老	*lǎo*	adv.	always (colloquial); （老：总 / 总是）
临时	*línshí*	adv./adj.	temporary; ～＋决定 / 安排，～＋工作 / 政府
未来	*wèilái*	n.	future
脚落实地	*jiǎoluòshídì*	idm.	to have one's feet on the ground
明明	*míngmíng*	adv.	obviously, clearly, plainly
改善	*gǎishàn*	v.	to improve, to advance; ～＋环境 / 条件 / 生活
微乎其微	*wēihūqíwēi*	idm.	very little, next to nothing; 作用 / 影响 / 效果＋～
本身	*běnshēn*	prop.	itself
踏实	*tāshi*	adj.	solid, relaxed; 心里 /sb. ＋～
战争	*zhànzhēng*	n.	war, battle
创造	*chuàngzào*	v.	to create; ～＋机会 / 条件 / 环境 / 未来
千千万万	*qiānqiānwànwàn*	idm.	thousands upon thousands
满意	*mǎnyì*	adj.	satisfied, pleased; 对···很 / 感到＋～
等待	*děngdài*	v.	to wait
推诿	*tuīwěi*	v.	to pass the buck, to shift blame; 互相～责任
站出来	*zhànchūlái*	v.-c.	to step up, to take action, (lit.) to come out
此时	*cǐshí*	n.	this moment （此：这）
此刻	*cǐkè*	n.	this moment (e.g. 此时此刻)
此身	*cǐshēn*	n.	this body, myself
灾难	*zāinàn*	n.	disaster, catastrophe
嘉宾	*jiābīn*	n.	distinguished/honored guest; 节目 / 现场 / 会议＋～
系统	*xìtǒng*	n.	system
家园	*jiāyuán*	n.	homeland

嘉宾：东京都内气喘患者对本国和东京的汽车厂家等，就汽车尾气引发的伤害提出了赔偿诉讼。

嘉宾：知情权、参与权、司法救济权。大家连接在一起，去共同作出我们这一代人的一个绿色的选择。

嘉宾：如果你不知道如何治理它，那么请停止破坏它，你说你会爱我们，所以请行动起来。

一位母亲：对我来说，我的责任是无论付出怎样的代价，都要保护我的孩子。

在雾霾严重的时候，我们至少有一件事情可以做，就是保护好你自己和你爱的人。当我在纸上画上这只小熊的时候，我会回忆起所有当我女儿生病我担心会失去她的恐惧，和我想要保护她的所有愿望。我希望全天下的妈妈，都不必有此感受。现在她已经长大、健康、痊愈，很壮实、活泼，还是胖乎乎的，特别喜欢大自然和小动物，但很多时候我没法带她出门。她呢，就在自己的小花盆里面养了一只蜗牛，每天早上她醒来的时候，就跑到花盆那儿冲着蜗牛吹一口气，她觉得这样能帮着小蜗牛长大。她是那么地喜欢这个世界。

东京都	*Dōngjīngdū*	p.n.	Tokyo (i.e. 东京)
气喘	*qìchuǎn*	n.	asthma
患者	*huànzhě*	n.	patient
厂家	*chǎngjiā*	n.	manufacturer, factory
就	*jiù*	adv.	concerning, with regard to
尾气	*wěiqì*	n.	tail gas, exhaust emissions
伤害	*shānghài*	v./n.	to harm; damage; ～＋ sb./ 心灵，对…造成～
赔偿	*péicháng*	v.	to compensate, to pay back; ～＋损失 / 五万元
知情权	*zhīqíngquán*	n.	the right to know
司法救济权	*sīfǎ jiùjìquán*	n.	the right to judicial relief
连接	*liánjiē*	v.	to connect, to link; 把 X 和 Y ～起来
如何	*rúhé*	pron.	how (如何：怎么)
治理	*zhìlǐ*	v.	to put in order, to bring under control, to govern, to manage; ～＋环境 / 污染 / 国家
破坏	*pòhuài*	v.	to destroy, to damage, to harm; ～＋环境 / 关系
纸	*zhǐ*	n.	paper
回忆	*huíyì*	v./n.	to recall, to recollect; memory; ～＋过去 / 童年
失去	*shīqù*	v.	to lose; ～＋希望 / 信心
恐惧	*kǒngjù*	adj./n.	frightened, fear; 对…感到～
愿望	*yuànwàng*	n.	wish, desire
全天下	*quántiānxià*	n.	the entire world
不必	*búbì*	adv.	without necessarily, without having to
感受	*gǎnshòu*	n./v.	feeling; to experience
痊愈	*quányù*	v.	to completely recover
壮实	*zhuàngshí*	adj.	sturdy, robust; 身体～
活泼	*huópō*	adj.	lively, vivacious; sb. / 性格＋～
胖乎乎	*pànghūhū*	adj.	chubby; ～的＋小手 / 脸蛋
没法	*méifǎ*	adv.	without being able to, without having a choice but to
花盆	*huāpén*	n.	flower pot
养	*yǎng*	v.	to raise, to keep (a pet); ～＋孩子 / 动物
蜗牛	*wōniú*	n.	snail
冲着	*chòngzhe*	prep.	toward, directed at; ～＋外面 / 别人
吹	*chuī*	v.	to blow

成千上万的孩子正在孕育，正在出生，这些河流、天空、大地，是应该属于他们的。我们没有权利只知消费不知克制，我们没有权利只知抱怨不知建设。我们有责任向他们证明，一个被能源照亮的世界，同时可以是洁净和美好的。

每次在夜空中，看到这颗星球孤独旋转，我心中都会有一种难以名状的依恋和亲切。将来有一天，我会离开这个世界，但是我的孩子还在其中生活，这个世界就与我有关，所以我才凝视它，就像我凝视你，所以我才守护它，就像我守护你。

选自柴静 2015 年制作的纪录片《穹顶之下》

成千上万	*chéngqiānshàngwàn*	idm.	thousands upon thousands
孕育	*yùnyù*	v.	to breed; gestation; ～＋生命 / 希望 / 梦想
属于	*shǔyú*	v.	belong to
消费	*xiāofèi*	v.	to consume
克制	*kèzhì*	v.	to restrain, to control; ～＋情绪 / 自己 / 欲望
抱怨	*bàoyuàn*	v.	to complain, to grumble about; ～＋ sth./clause
证明	*zhèngmíng*	v.	to prove, to testify; ～＋ clause
能源	*néngyuán*	n.	energy
照亮	*zhàoliàng*	v.	to light up, to illuminate
洁净	*jiéjìng*	adj.	clean; spotless
美好	*měihǎo*	adj.	beautiful, good, glorious; ～＋世界 / 未来 / 心灵
夜空	*yèkōng*	n.	night sky
颗	*kē*	m.w.	measure word for small, round things (e.g. teeth, seeds, bullets, etc.) (一颗牙 / 星星 / 子弹)
星球	*xīngqiú*	n.	planet, celestial body
孤独	*gūdú*	adj./adv.	lonely, solitary; 感到～；～地生活
旋转	*xuánzhuǎn*	v.	to revolve, to rotate
难以名状	*nányǐmíngzhuàng*	idm.	beyond description, nameless; ～的＋感受 / 感觉
依恋	*yīliàn*	v.	to feel an attachment to, to be reluctant to leave; ～ sb.
亲切	*qīnqiè*	adj.	intimate, cordial, affable; sb. 很～
离开	*líkāi*	v.	to leave
凝视	*níngshì*	v.	to gaze at
守护	*shǒuhù*	v.	to guard and protect; ～＋孩子 / 家园 / 营地

重要语言点

Essential Structures and Patterns

1 具备…资格/条件/能力/功能

to have/to possess (a qualification, condition, ability, or function)

◆ 今年之前有多少家中国的公益组织是具备司法诉讼主体资格的？

◇ 他只有一年的工作经验，还不具备独立完成这个项目的能力。

◇ 她虽然上过医学院，但没参加过医院实习，根本不具备医生资格。

2 (Topic X…)，至于 (topic Y)…

(Topic X . . .). As for/concerning (topic Y) . . .

◆ 当时我们的《民事诉讼法》规定，只有"有关组织"才可以提起诉讼，至于谁是这个有关组织，没人知道。

◇ 她确实病了，至于她什么时候能来工作，我也不太清楚。

◇ 听说他一毕业就找到工作了，至于具体从事什么工作，我们谁也不知道。

3 怀疑

to doubt/to suspect

◆ 看到工地土堆裸露尘土飞扬，怀疑加油站有油气泄漏，试试打电话给 12369。

◇ 我怀疑这张一百块的美元是假的。

◇ 他很怀疑这个计划能不能成功。

4 随手+V.P.

at hand/without any extra effort

◆ 你还可以试试随手拍，定位工业污染源，监督举报违法行为。

◇ 出去的时候，请随手关门。

◇ 他把没吃完的苹果随手扔在了桌子上。

5 拒绝+ (somebody)/V.P.

to refuse

◆ 试试关注污染企业名单，拒绝购买他们的产品。

◇ 这件事我没做过，我拒绝承认。

◇ 他向谈了五年恋爱的女朋友求婚，没想到她竟然拒绝了他。

6 （本来）以为…，（后来）才发现…

(Originally) mistakenly believe that . . . , (later) realize that . . .

◆ 我在他们的油枪上看到了这个东西，一种叫“油气回收装置”的东西，我以为这是什么高科技，但回到北京我才发现，我们早就有了。

◇ 我本来以为中国的农村还很落后，现在才发现一些农村地区在很多方面已经现代化了。

◇ 我本来以为我们是好朋友，后来才发现她一直骗我，根本没有把我当朋友。

7 把…视为…

to regard . . . as . . .

◆ 我们把这句话放在这里，视为一个检验。

◇ 他们把女儿视为家里唯一的宝贝。

◇ 父亲把赚钱养家视为自己的责任。

8 明明…，但/可是…

obviously/clearly/plainly . . . , but . . .

◆ 你明明知道说它对于改善大气污染的作用非常微乎其微的，但就是因为一个人知道了自己做的一点点事情，可以让事情本身变得更好，他心里面就能够踏实了。

◇ 这件事明明是你做的，可是你为什么不承认？

◇ 她明明知道不可能成功，可是还想试一试。

9 X对Y的作用+很大/很小/微乎其微

X has a great/a small/hardly any impact on Y

◆ 你明明知道说它对于改善大气污染的作用非常微乎其微，但就是因为一个人知道了自己做的一点点事情，可以让事情本身变得更好，他心里面就能够踏实了。

◇ 在外国生活一两年，对学好外语的作用很大。

◇ 一般认为，中国对解决朝鲜问题所起的作用很大。

10 除非…，（要）不然…

Unless . . . , otherwise . . .

◆ 除非我们更好地把这些化学物质控制起来，不然我们将面对的是灾难。

◇ 除非有急事，要不然他不会这么晚打电话给我。

◇ 除非你告诉我打算用这笔钱做什么，不然我是不会把钱借给你的。

11 就N.P.+V.P.

to V.P. with regard to N.P.

◆ 东京都内气喘患者对本国和东京的汽车厂家等，就汽车尾气引发的伤害提出了赔偿诉讼。

◇ 在会议上，他们就农民子女的教育问题进行了讨论。

◇ 校长就最近的负面新闻作出了回应。

12 X跟Y共同V.P.

X and Y to V.P. jointly

◆ 大家连接在一起，去共同作出我们这一代人的一个绿色的选择。

◇ 发展中国家和发达国应该共同保护环境。

◇ 这样的房子适合一家老小共同居住。

13 无论…，都…

In any event/Regardless of . . . , (subject) will . . .

◆ 我的责任是无论付出怎样的代价，都要保护我的孩子。

◇ 无论你去哪里，都应该注意安全。

◇ 别担心，无论发生什么事情，我都会支持你。

14 至少

at least

◆ 在雾霾严重的时候，我们至少有一件事情可以做，就是保护好你自己和你爱的人。

◇ 这次旅行至少得花两千块，但我觉得是值得的。

◇ 虽然我们没办法为他提供经济上的帮助，但至少应该在精神上支持他。

15 只知…，不知…

Only knows how to . . . , (but) has no idea how to . . . (usually used with two completely opposite actions)

◆ 我们没有权利只知消费不知克制，我们没有权利只知抱怨不知建设。

◇ 很多人只知批评别人，不知反省自己。

◇ 他是一个只知工作，不知享受的人。

16 有责任+V.P.

to have the responsibility to V.P.

◆ 我们有责任向他们证明，一个被能源照亮的世界，同时可以是洁净和美好的。

◇ 政府有责任解决老百姓的就业问题。

◇ 父母有责任把孩子培养成有道德的人。

词汇练习
Vocabulary Exercises

I Provide an appropriate noun to make a meaningful phrase, then make a sentence with each of the expanded phrases:

具备______	拒绝______	维修______	破坏______
拨打______	购买______	离开______	凝视______
泄漏______	修改 ______	赔偿______	守护______

II Connect each adjective with the correct noun:

裸露的	商品
劣质的	愿望
临时的	身影
美好的	安排
孤独的	空气
洁净的	身体

III Fill in each blank with the correct word or phrase. Not every word will be used. Use each choice only once.

范围	微乎其微	灾难	如何
一念之间	痛快	千千万万	痊愈
回收	定期	恐惧	抱怨

1 他总是跟我_________房间又脏又乱，可是却从来不自己打扫房间。

2 我觉得好的人生态度是：工作的时候努力地工作，玩儿的时候_________地玩儿。

3 没人知道_________治疗这种可怕的疾病。

4 我们应该对生活垃圾进行_________利用，这样对保护环境有好处。

5 这件衣服很漂亮，可是它的价格远远超过了我能承受的_________。

6 每年都有_________的中国人到美国留学。

7 飞机和汽车一样，也需要_________检查和维修。

8 没想到一个随手乱扔的烟头，会引起这么可怕的_________。

9 他在医院住了三个月，直到________才出院。

10 你这么不努力，将来找到好工作的可能性简直________。

IV Using the underlined expressions in each sentence, make new sentences:

1 当时我们的《民事诉讼法》规定，只有“有关组织”才可以提起诉讼，至于谁是这个有关组织，没人知道。

2 看到工地土堆裸露尘土飞扬，怀疑加油站有油气泄漏，试试打电话给 12369。

3 试试关注污染企业名单，拒绝购买他们的产品。

4 我在他们的油枪上看到了这个东西，一种叫“油气回收装置”的东西。我以为这是什么高科技，但回到北京我才发现，我们早就有了，2008 年之后都要求装，只不过有的人根本就不维修，才让它排放出来很多气体。

5 你明明知道说它对于改善大气污染的作用非常微乎其微，但就是因为一个人知道了自己做的一点点事情，可以让事情本身变得更好，他心里面就能够踏实了。

6 除非我们更好地把这些化学物质控制起来，不然我们将面对的是灾难。

7 我的责任是无论付出怎样的代价，都要保护我的孩子。

8 在雾霾严重的时候，我们至少有一件事情可以做，就是保护好你自己和你爱的人。

9 成千上万的孩子正在孕育，正在出生，这些河流、天空、大地，是应该属于他们的。

10 我们没有权利只知消费不知克制，我们没有权利只知抱怨不知建设。

11 我们有责任向他们证明，一个被能源照亮的世界，同时可以是洁净和美好的。

12 每次在夜空中，看到这颗星球孤独旋转，我心中都会有一种难以名状的依恋和亲切。

V Answer the following questions. In your response, incorporate at least three of the expressions provided; feel free to use more if possible.

1 A：这家餐馆的服务态度真差，你觉得我们应该怎么办？
B：……（劣质；网站；打差评；给力；拒绝；永远；改善）

2 A：你离开家乡已经二十年了，这次回去有什么感觉？
B：……（本来以为…，…才发现…；亲切；美好）

3 A：父母总是批评我每个月都把钱花光，我觉得他们说的根本没有道理！
B：……（消费；购买；只知…不知…；克制；明明…，但…）

问题讨论
Discussion Topics

1 你觉得环保是一个法律问题还是一个道德问题？

2 人们不愿意站出来直接批评或举报环境破坏者，是社会制度的问题还是人性的问题？

3 根据新环保法的规定，什么样的组织具备司法诉讼主体资格？与以往的法律相比，有哪些进步？

4 普通市民可以为环保做什么？他们可以通过哪些途径和渠道，来表达自己的声音？

5 柴静做了哪几件事儿，来鼓励大家积极参与环保活动？

6 工地的老板和餐馆儿的老板他们的行为说明什么问题？

7 在环保问题上，伦敦和北京的中餐馆有什么不同？美国加油站与北京的存在哪些差异？北京的问题出在哪儿？应该如何解决？

8 如何看待企业的环保责任？如何让企业承担环保责任？

9 “保护环境的目的是为了孩子，是为了子孙后代”，你同意这个说法吗？

10 有人认为人口是环境问题的根源，控制人口才是解决环境问题的根本办法，你如何评价这一观点？

模仿与创造
Replication and Creation

1 学习课文之后，请选取本课视频中至少一分钟的片段，在课后进行跟读模仿练习。熟练之后，请根据中文或英文字幕提醒，模仿柴静为视频配音，并在课堂上展示。

After studying the text, select an excerpt from the video that is at least one minute in length. Listen to the excerpt, then shadow it—repeat the words as you hear them and try to imitate the tone, rhythm, pronunciation, pauses, etc. as precisely as possible. Once you have familiarized yourself with the excerpt, please use Chinese to dub your excerpt according to the English or Chinese subtitles. Match the speaker in the scene as closely as possible. Present the dubbed excerpt in class.

2 自选话题，自创风格，做一个演讲，或制作一个演讲视频。

Select a topic that interests you. Using your own approach, give a presentation. Present your speech in class or make a video of yourself presenting your speech.

研究与报告
Research and Reports

通过网络或其他资料，选择一个题目进行研究，总结和引用现有的看法和研究成果，并提出自己的见解，为大家做一个5分钟左右的报告。

Use the Internet or other resources to research one of the following topics. Summarize and reference current arguments and research findings, offer your own opinion and interpretation, and compile your findings into a five-minute presentation.

一些科学家和梦想家指出，人类在未来可以移民到其他星球，比如火星（Mars），这是一个解决环境问题的好办法。畅想一下人类未来的世界，讨论人类移民其他星球的可行性和前景。

1 当地球不再适合人类生存时，人类有可能移居其他星球吗？

2 想象500年以后我们的世界。

辩论
Debate

请老师组织学生进行辩论。辩论前，先请老师将学生分成正、反两方，请学生按要求准备辩论稿，并尽可能多利用课文的内容、生词和语法。辩论稿应包括你的观点、支持观点的例子、数据和其他材料。辩论过程分为陈述观点、自由辩论、总结陈词三个部分。每部分，正、反双方交替进行。自由辩论时，请各方仔细聆听、记录和分析对方观点，并进行反驳。

As a class, hold a debate. Before the debate, the teacher will assign each student to either the affirmative or the negative side. Students will be expected to prepare debate speeches accordingly, using the essays discussed and incorporating new vocabulary and grammar learned in class. The debate speech should cover the student's argument and provide supporting evidence in the form of examples, statistics, etc. Debates will consist of three sections—opening statements, free debate (rebuttals and Q&A), and closing statements. The affirmative and the negative sides will take turns in each section of the debate. During free debate, each side will listen, record, and carefully analyze the other side's argument to formulate rebuttals.

正方：现阶段美国应该增加征收企业的污染税

反方：现阶段美国不应该增加征收企业的污染税

作文
Composition

1 谈谈环保、法制与个人行动三者之间的关系。

2 介绍一家民间环保组织，并谈谈民间环保组织对环境保护的作用和意义。

泛读课文

Extensive Reading

Read the passage, then complete the tasks that follow.

全球变暖的真相

张永涛

现在的确感觉一年比一年热了。小时候的冬天，雪很厚，冰也很厚。打雪仗，堆雪人，滑冰都是孩子们常玩儿的。现在呢，雪下得少了，冰也变得很薄了，夏天倒是出奇的热。这一切，很容易让人联想到全球变暖(global warming)。

地球变暖不光是感觉，也是很多科学证据能够证明的事实。但导致全球变暖的原因究竟是什么，却①众说纷纭，让人莫衷一是。绝大多数人都认为工业社会到来以后，人类的活动增加了甲烷（CH_4）、二氧化碳（CO_2）等温室气体的排放，导致气候变暖。因此，环保人士四处活动，警示全球变暖的灾难性后果，要求政府、企业和民众节约能源，减少废气排放，走绿色发展道路。

也有一些科学家认为，地球气温有周期性的变化，气候变暖与人类活动无关。他们提出的证据是：第一，从1940年至1975年，人类排放的二氧化碳不断增加，但气温却持续下降。第二，中世纪(Middle Ages)温暖期的气温比2007年高，但人类那时的二氧化碳排放量比现在低得多。第三，人类每年排放的二氧化碳约65亿吨，但大自然产生的二氧化碳达1300亿吨，可见人类对气温的影响是极小的。总而言之，他们认为人类对气候的影响是可以忽略不计的，地球自己会周期性地变暖、变冷，人类企图阻止地球变暖违反了自然规律，最终是徒劳无功的。还有分析人士还指出，一些政治家以环保为竞选口号，骗取选票，并以"防止全球变暖"为名义，向企业征收高额赋税，实际上间接加重了老百姓的负担。

导致全球变暖问题的真正原因到底是什么，连科学家都有分歧，对于我们这些普通大众而言，就更不了解真相到底如何了。真相是什么可以暂且不管，但我想每个人大概都会同意，节约能源、保护环境一定是没错的！全球变暖只是环境问题的一个方面，空气污染、水土污染、森林破坏、物种灭绝等一系列的环境挑战摆在我们面前，难道这些也与人类活动无关吗？因此，我们不应该再找任何借口，每个人都应该从我做起，积极地参与到保护环境的行动中来。

图一：1965至2017年全球平均温度距平变化图

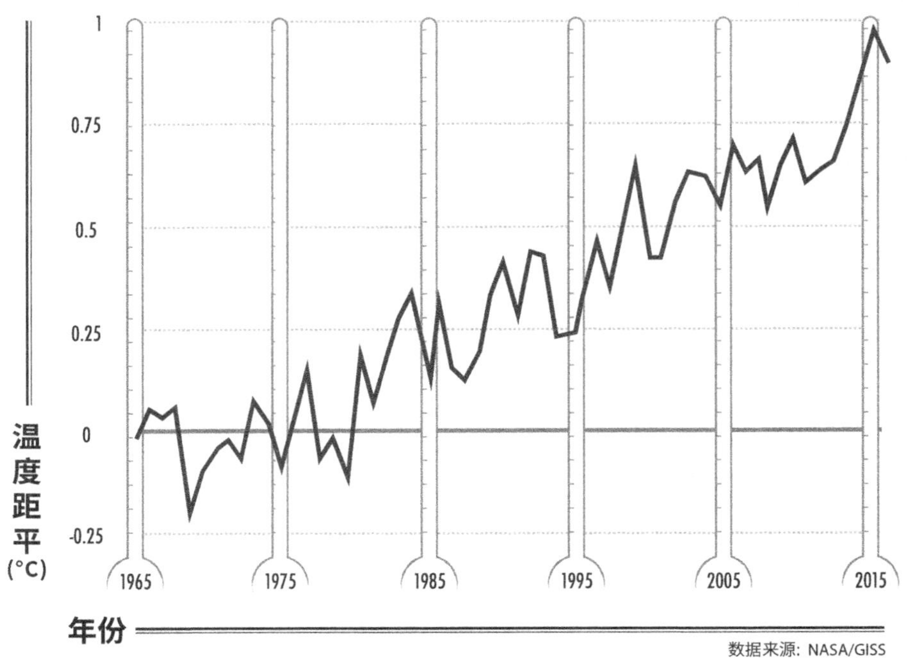

图二：1965至2017年全球二氧化碳排放量变化图

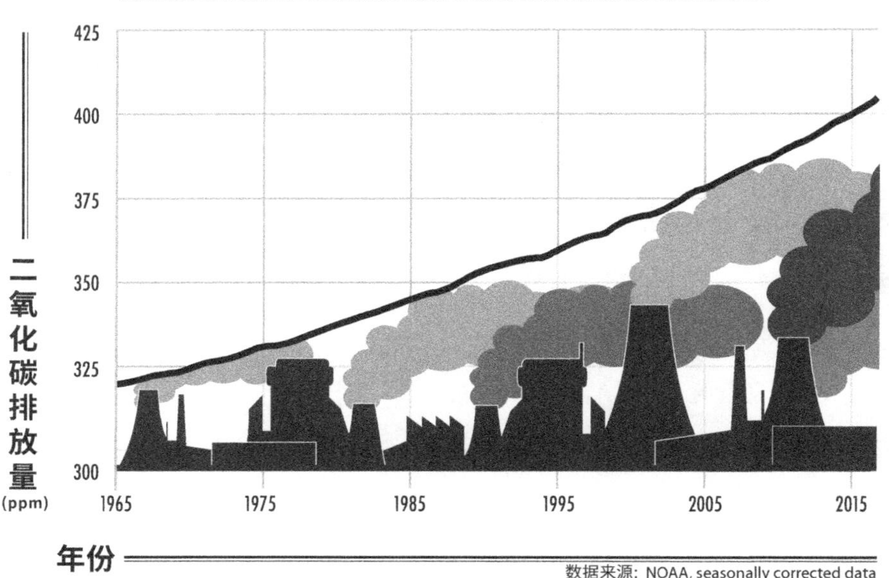

POST-READING ACTIVITIES

I Based on the passage, answer the following multiple-choice questions:

1 作者在第一段谈到小时候的天气情况，是为了：

a 说明全球变暖与人类活动无关

b 用自己的经历与感受引出气候变暖的问题

c 证明全球变暖是工业化造成的

d 告诉读者现在的天气比以前的舒服多了

2 文章第二段，划线句子"①"的意思是：

a 大家都很关心这个话题，经过充分讨论，最后才得出一致的结论

b 大家都各自有不同的看法，让人不知道哪一种说法才是正确的

c 大家对此提出了不同的猜测，但只有一种说法有道理

d 大家都说得很精彩，很有说服力，让人觉得每个说法都有道理

3 以下哪一个现象，说明气候变暖可能与人类活动有关？

a 20世纪中期的三十年，人类排放的温室气体增加了，气温却下降了

b 人类排放的二氧化碳只占二氧化碳总排放量的一小部分

c 工业社会后，人类活动导致温室气体的排放大量增加，气温同时上升

d 中世纪温暖期的气温较高，但那时人类排放的二氧化碳并不多

4 政治家提出"保护环境"、"防止全球变暖"的口号和措施：
(Select all that apply)

a 可以赢得更多人的支持，从而获得更多的选票

b 会让企业支付更高的税额

c 可以让老百姓了解气候变暖的真相

d 会让普通百姓的经济负担加重

5 作者对环境问题的看法和态度是：

a 研究气候变暖的原因是科学家的责任，与普通大众无关

b 人类希望阻止森林破坏、物种灭绝，其实也违反了自然规律

c 由于无法了解造成全球气候变暖的真正原因，我们很难参与环境保护

d 虽然暂时仍无法得知气候变暖的原因，但保护环境，人人有责

II Reread the passage. Circle useful words in the text, then write down their definitions (in Chinese or English), drawing on either the context or a dictionary.

Vocabulary	Meaning

III Underline challenging sentences in the text. Then discuss their meaning and function with your classmates or teacher.

IV Summarize the main idea of each paragraph in one sentence:

1 ____

2 ____

3 ____

4 ____

V With a partner or in a small group, hold a conversation based on the following prompts:

1 据你观察，在你成长的过程中，环境有没有变化？ 你认为人类活动与环境改变有没有关系？ 为什么？

2 结合第四课的课文，说说柴静的哪些看法与这篇文章作者提到的看法相同？ 哪些看法不同？ 你比较支持哪些看法？

第二单元
Unit Two

改革与发展
Reform and Development

第五课
Lesson 5

停止计划生育政策的紧急呼吁

茅于轼　穆光宗　易富贤　梁建章

SELECTED BY YONGTAO ZHANG
EDITED AND PREPARED BY YONGTAO ZHANG AND YUNJUN ZHOU

背景简介
Background Information

茅于轼

穆光宗

易富贤

梁建章

茅于轼，1929年生于南京，1950年毕业于上海交通大学，1984年任中国社会科学院美国研究所研究员，1986年赴美国哈佛大学任研究学者，1993年与张曙光、盛洪、樊纲等几位著名经济学家共同创办天则经济研究所。穆光宗，1964年生于浙江，法学博士，现为北京大学人口研究所教授。易富贤，湖南洪江人，医学博士，人口学巨著《大国空巢》的作者，现为威斯康星大学麦迪逊分校高级研究员。梁建章，1969年生于上海，携程旅行网的创立者、董事会主席兼CEO，北京大学光华管理学院经济学教授。

饱受争议的中国人口政策是经济学家和公共知识分子共同关注的重要议题。本篇文章是四位作者于2012年联合经济学家许小年、耶鲁大学教授陈志武等三十多位全球著名华人学者向中国最高领导层发出的联合倡议。这篇建议书主要从经济学的角度分析了中国当前的人口状况，以及人口政策与经济发展的关系。作者指出，中国政府不但不应该限制人口增长，反而应该鼓励生育，这样才能减少老龄化带来的负面影响。

这篇建议书发表后不久，中国政府于2013年启动实施一方是独生子女的夫妻可生育两个孩子的政策。在各种外来压力之下，一胎化政策于2015年底被正式宣布废止，自2016年1月1日起，一对夫妻可生育两个孩子。

停止计划生育政策的紧急呼吁

茅于轼 穆光宗 易富贤 梁建章

预习提示
Preview Questions

- 作者为什么呼吁停止计划生育政策?
- 人口数量、人口结构与经济发展有何关系?

近几十年来，中国的人口增长数量**急剧**下降，增长速度**大幅减缓**。据2010年**人口普查**显示，中国现已是世界上**生育率**最低的国家之一。中国现在需要的是鼓励生育，严格的**一胎化**生育政策已经过时了。

当初提出计划生育政策的时候，中国是世界上最**贫穷**的国家之一。**人均年收入**不到300美元。农业占经济**总量**约30%，商品**紧缺**，**物资匮乏**。中国经济面临人均**粮食产量**低，教育**投入**不足，**就业**不**充分**等压力。**与此同时**，生育率高，人口增长过快。在这种情况下，国家**出台**了计划生育政策。**该**政策要求在城市实行严格的一胎政策，在农村实行鼓励只生一胎、**允许**生两胎的政策。然而，现在中国的经济状况已**今非昔比**，人均年收入已超过5000美元，经济总量已**仅次于**美国。这种**僵化**的计划生育政策，已**脱离**了变化中的实际情况，其不良后果也**愈发**明显、**暴露**。这种错误的生育政策，**绝不**可以再继续下去了。

注：这封建议书还得到了以下学者的联名支持：许小年、陈志武、周黎安、李宏彬、赵耀辉、胡大源、李建新、陈玉宇、苏剑、袁刚、李红刚、袁飚、顾海兵、廖进中、范剑勇、王苏生、郑国汉、李韦森、薛兆丰、朱天、唐方方、何亚福、刘国恩、林莞娟、杨其静、蔡泳、周春生及马良华。

停止	*tíngzhǐ*	v.	to stop; ～＋计划／考试／增长／实行
紧急	*jǐnjí*	adj.	urgent, emergent, needing immediate attention
呼吁	*hūyù*	n./v.	appeal; to appeal, to call for, to urge; ～＋ clause
急剧	*jíjù*	adv.	drastically, dramatically; ～＋增长／下降／恶化
大幅	*dàfú*	adv.	massively, substantially; ～＋增长／下降／减缓
减缓	*jiǎnhuǎn*	v.	to slow down; 速度／发展＋～
人口普查	*rénkǒu pǔchá*	n.	census
生育率	*shēngyùlǜ*	n.	birth rate
一胎化	*yìtāihuà*	v./adj.	to have one child; ～政策 (化: -ify)
当初	*dāngchū*	n.	in the beginning, back at that time
贫穷	*pínqióng*	adj.	poor, destitute, indigent
人均	*rénjūn*	adj.	per capita, per person (均：平均 , average)
年收入	*niánshōurù*	n.	annual income
总量	*zǒngliàng*	n.	total amount, total capacity
紧缺	*jǐnquē*	adj.	in short supply, badly needed; 物资／资金＋～
物资	*wùzī*	n.	goods and materials, supplies, commodities
匮乏	*kuìfá*	adj.	deficient in, lacking; 物资／资源＋～
粮食	*liángshi*	n.	grain, foodstuff
产量	*chǎnliàng*	n.	yield, output
投入	*tóurù*	n./v.	investment; to invest, to put into; ～＋时间／精力
就业	*jiùyè*	n./v.	employment; to obtain employment
充分	*chōngfèn*	adv./adj.	fully, sufficiently; ample, adequate; ～＋理解／发挥
与此同时	*yǔcǐ tóngshí*	adv.	at the same time, simultaneously
出台	*chūtái*	v.	to set forth (a policy or measure)
该	*gāi*	pron.	this (该：这个)
允许	*yǔnxǔ*	v.	to allow, to permit
今非昔比	*jīnfēi xībǐ*	idm.	times change, the present cannot be compared with the past
仅次于	*jǐn cìyú*	phr.	to be second only to, to be inferior only to
僵化	*jiānghuà*	adj.	rigid, inflexible; ～＋政策／思想
脱离	*tuōlí*	v.	to break away from, to divorce from; ～现实
愈发	*yùfā*	adv.	all the more, even more (愈发：越来越)
暴露	*bàolù*	v.	to expose, to reveal, to be brought to light
绝不	*juébù*	adv.	absolutely not

在过去的几十年中，计划生育政策所带来的主要变化是：人口增长数量急剧减少，导致人口结构严重失衡，老龄化趋势加速。

首先，中国妇女人均生孩子数急剧下降，从1973年的4.5，降到1990年的2.3，再降到2010年的1.18。这导致每年人口增加数量也随之下降，从70年代的1800万，降低到现在的约400万。

其次，年轻人的比例迅速降低，小学生人数大量减少，各地小学大量合并。与2000年相比，2010年农村的小学减少了一半。由于出生儿童长期持续减少，使得学校招生也越来越少，各校都在抢生源。2010年,14岁及以下的人口比例只有16.6%，低于世界平均的27%，更低于发展中国家的29%。中国出现的超低生育率和儿童减少的情况，在全世界古今罕见。我国人口儿童比例偏少说明人口结构极不平衡。

此外，20-39岁黄金年龄阶段劳动力开始减少。这一点已经为近年来逐渐加剧的用工荒所证实。年轻人的比例迅速降低，中国进入老龄化社会的速度就像中国GDP的增长速度一样，令其他国家难以相比。

根据目前中国的人口结构，我们可以对未来几十年的情况，作出如下预测：

2012年育龄妇女人数开始出现负增长，这说明中国的人口生育能力正在衰减。

2012年15岁以下的人口比例继续下降，但65岁以上的比例则快速上升。到了2015年,15-64岁劳动年龄人口开始负增长，以后将长期面临劳动力缺乏和年轻人消费不足的问题。

导致	*dǎozhì*	v.	to lead to, to cause, to trigger; ～＋问题／后果
结构	*jiégòu*	n.	structure, organization
失衡	*shīhéng*	v.	to lose balance（失衡：失去平衡）
老龄化	*lǎolínghuà*	v./adj.	aging process, aging problem; aging
趋势	*qūshì*	n.	trend, tendency, direction
加速	*jiāsù*	v.	to gain speed, to accelerate
随之	*suízhī*	v.	to follow, to comply with, to go along with
比例	*bǐlì*	n.	proportion
合并	*hébìng*	v.	to merge, to combine; ～＋公司／学校／机构
持续	*chíxù*	v.	to keep, to continue, to sustain; ～＋增长／下降／恶化
招生	*zhāoshēng*	v.-o.	to recruit students
抢	*qiǎng*	v.	to compete for, to rob
生源	*shēngyuán*	n.	source of students, supply of students
超-	*chāo*	adv.	extra-, extremely, more than usual; ～＋低／高／常
古今罕见	*gǔjīn hǎnjiàn*	idm.	seldom seen, rare sight at all times（罕见：少见）
偏	*piān*	adv.	to deviate from the correct course, to deviate from the normal standard; ～＋高／低／长／短／胖／瘦
极	*jí*	adv.	extremely; ～＋好／坏／不平衡／不正常
平衡	*pínghéng*	adj./n.	balanced; balance
此外	*cǐwài*	conj.	besides, aside from（此外：除了这个以外）
黄金年龄	*huángjīn niánlíng*	n.	golden age（黄金: golden, the best; ～＋时间／时段／时期／时代／地段）
逐渐	*zhújiàn*	adv.	gradually, progressively
加剧	*jiājù*	v.	to aggravate, to exacerbate; 问题／矛盾＋～
用工荒	*yònggōnghuāng*	n.	labor shortage
证实	*zhèngshí*	v.	to verify, to confirm
令	*lìng*	v.	to make, to cause（令：让／使）
预测	*yùcè*	v.	to predict, to forecast; ～＋ clause
育龄	*yùlíng*	n.	childbearing age
负增长	*fùzēngzhǎng*	n.	negative growth, decline
衰减	*shuāijiǎn*	v.	to weaken, to attenuate
缺乏	*quēfá*	v.	to lack, to be deficient in, to have a dearth of

2015年左右"光棍儿"危机开始出现，以后危机逐年加深。到2023年光棍儿总数将超过2000万，以后光棍儿人数会达到4000万。这三四千万的光棍儿，在他们有生之年，几乎永远失去了建立家庭的可能性。

另外，从1975年到2010年，一共产生了约2.2亿个独生子女。这其中大约有4%的孩子在25岁前死亡，即便部分家庭成功再生，也将有数百万个家庭会遭受失独之痛。

此外，如果不改变目前的计划生育政策，继续保持现在1.18的生育率，2017年前后中国的人口将停止增加，此时的人口总数是14亿。以后人口将持续快速减少。到本世纪末，中国人口将减掉三分之二，剩下4.6亿人；再过一百年，到2200年，将只剩下6800万人。这一令人恐怖的前景充分说明，我国现有的人口政策不可持续。因此，我们强烈呼吁取消计划生育政策。

停止计划生育政策，是否会减缓经济发展的速度？人口与资源的矛盾究竟是怎样的？人口数量与经济发展的关系到底如何？人口结构会怎样影响经济？这是我们要回答的问题。

目前，我国控制人口的基本观点之一认为，人均自然资源的多少会决定经济发展的难易，人口过多将加重全社会的负担，所以实施了超生必须缴纳社会抚养费[1]的办法。这种观点过分夸大了自然资源对经济发展的约束，却忽视了人口多有分工更细，

[1] 社会抚养费是指对不符合法定条件生育子女的公民征收的费用。计划生育执行初期叫"超生罚款"，2002起改称"社会抚养费"。

光棍儿	*guānggùn'er*	n.	bachelor, single man
危机	*wēijī*	n.	crisis
逐	*zhú*	prep.	one by one (e.g. 逐年 / 月 / 个)
有生之年	*yǒushēng zhīnián*	idm.	one's remaining years, the time one has left
永远	*yǒngyuǎn*	adv.	forever
亿	*yì*	num.	hundred million
独生子女	*dúshēng zǐnǚ*	n.	only child
死亡	*sǐwáng*	v./n.	to die; death
即便	*jíbiàn*	conj.	even if, even when (即便：即使)
遭受	*zāoshòu*	v.	to suffer; ～＋痛苦 / 打击 / 批评 / 挫折
失独之痛	*shīdú zhītòng*	n.	the pain of losing one's only child (失独：失去独生子女；之：的；痛：痛苦)
保持	*bǎochí*	v.	to maintain, to keep; ～＋发展 / 联系 / 水平
本	*běn*	prop.	this; ～＋月 / 周 / 年 / 人
减掉	*jiǎndiào*	v.-c.	to subtract
剩下	*shèngxià*	v.-c.	to be left (over)
恐怖	*kǒngbù*	adj.	terrifying, horrific; ～＋分子 / 势力
前景	*qiánjǐng*	n.	prospect, outlook, (lit.) foreground
资源	*zīyuán*	n.	resources
矛盾	*máodùn*	n./adj.	conflict; contradictory, (lit.) spear and shield
基本	*jīběn*	adj.	basic, main, fundamental
观点	*guāndiǎn*	n.	opinion, viewpoint, concept
自然资源	*zìrán zīyuán*	n.	natural resource
难易	*nányì*	n.	degree of difficulty, (lit.) difficult or easy
加重	*jiāzhòng*	v.	to become more serious, to increase (of a burden), (lit.) to make heavier; ～＋负担 / 压力
负担	*fùdān*	n.	burden, load
实施	*shíshī*	v.	to implement, to put into effect, to carry out (a policy, plan, or reform)
超生	*chāoshēng*	v.	to exceed the stipulated family-planning limit
缴纳	*jiǎonà*	v.	to pay (a fee); ～＋税费 / 罚款
抚养费	*fǔyǎngfèi*	n.	child support (payment)
夸大	*kuādà*	v.	to exaggerate, to overstate; ～＋事实 / 结果 / 作用
约束	*yuēshù*	v./n.	to restrain, to constrain; restraint, constraint
忽视	*hūshì*	v.	to ignore, to neglect, to overlook
分工	*fēngōng*	v./n.	to divide up work, to compartmentalize; division of labor; 社会 / 产业＋～
细	*xì*	adj.	minute, fine (分工细：to have an elaborate division of labor)

创新更多，产业集聚等好处。事实上，工业化以后，世界上没有一个国家的经济发展是因为资源的约束而发展不起来的，资源相对匮乏的东亚国家都发展得非常好，资源丰富的拉美国家反而发展滞后。世界上既有人均资源丰富的富国，如美国、澳大利亚、加拿大等，也有人均资源极为贫乏的富国，如日本、新加坡、台湾地区、香港地区等。“人多导致贫穷”的观点，完全经不起事实的检验。

此外，上个世纪50至70年代，很多发展较好的国家都经历了人口快速增长的过程，中国人口在世界人口所占的比例几乎没有增加，只是中国忙于搞各种政治运动，实行了错误的经济政策，并没有像四小龙、日本一样，人口和经济同时快速增长。由此可见，贫富和人均资源无关，只和发展模式有关。从短期看，人口数量的多少并不一定对经济发展有利或有害；从历史的角度看，人口数量和经济发展水平正相关。但是，人口结构的扭曲必定对经济的长远发展有负面影响。

我国近二十年来经济的高速增长确实和人口结构及其变化有关。当初，年轻型的人口结构为经济发展提供了大量劳动力。同时，出生的小孩大幅减少，家庭负担减轻，储蓄率空前提高，在世界各大国中排名第一。这为我国的高投资和高增长创造了条件。但这种短期有利条件，看似是人口红利[2]，

[2] 人口红利（demographic dividend）是指某一时期劳动人口在总人口中的比例上升，从而带来经济增长。人口红利通常存在于人口过渡时期（demographic transition）的晚期，这一时期生育率下降，儿童和老人所占比例较小，国民整体社会负担较轻。

创新	*chuàngxīn*	v.	to innovate, to create, to generate a new idea, to pioneer; 技术／科技／产业+～，～精神
集聚	*jíjù*	v.	to gather, to assemble
东亚	*Dōng Yà*	p.n.	East Asia
拉美	*Lā Měi*	p.n.	Latin America
滞后	*zhìhòu*	adj.	to lag behind; 发展～
澳大利亚	*Àodàlìyà*	p.n.	Australia
加拿大	*Jiānádà*	p.n.	Canada
极为	*jíwéi*	adv.	extremely, exceedingly; ～+高兴／严重／落后
贫乏	*pínfá*	adj.	poor, wretchedly lacking, insufficient, meager; 资源／土地／物质／精神+～
新加坡	*Xīnjiāpō*	p.n.	Singapore
经不起	*jīngbùqǐ*	v.	to be unable to take/bear/stand (a test or temptation)
检验	*jiǎnyàn*	n./v.	examination; to examine; ～+产品／设备；～合格
经历	*jīnglì*	v./n.	to experience, to go through; experience
忙于	*mángyú*	v.	to be busy with; ～+学习／工作／赚钱
搞	*gǎo*	v.	to make, to do, to carry on (colloquial)
四小龙	*Sìxiǎolóng*	p.n.	the Asian Tigers (South Korea, Taiwan, Singapore, and Hong Kong)
由此可见	*yóucǐ kějiàn*	phr.	thus it can be seen, as one can see
模式	*móshì*	n.	model, schema; 发展／经营+～
正相关	*zhèngxiāngguān*	v.	to positively correlate; X 与 Y +～
扭曲	*niǔqū*	v./adj.	to contort, to distort; twisted; 结构／心理+～
长远	*chángyuǎn*	adj.	long-term, far-reaching, in the long run; ～+目标／影响／计划／利益
负面	*fùmiàn*	adj.	negative; ～+影响／效果／作用
确实	*quèshí*	adv.	indeed, really, unquestionably
减轻	*jiǎnqīng*	v.	to lighten (a weight), to relieve (a burden), to ease (pressure); ～+重量／负担／压力
储蓄率	*chǔxùlǜ*	n.	savings rate
空前	*kōngqián*	adj./adv.	unprecedented; unprecedentedly; ～+发展／提高
排名	*páimíng*	n./v.-o.	ranking, standing; to rank
投资	*tóuzī*	v./n.	to invest; investment
短期	*duǎnqī*	adj.	temporary, short-term; ～+利益／效果／目标
看似	*kànsì*	v.	seemingly (似：好像)
红利	*hónglì*	n.	bonus, dividend

实际是人口借债，将来是要偿还的。因为出生率下降必然导致将来的劳动力短缺，养老负担加重。社会将为此付出代价，这就是还债。在这个过程中将发生低储蓄率所引起的各种问题，如基本建设缺少投资，环境保护没有资金，教育和科研经费不足等等。其结果就是社会经济发展的萎缩，甚至发生贫困化，即人均收入的持续性降低。

最新的经济研究还表明，劳动人口年龄结构老化以后，整个社会的创业和创新活力大幅减少，整个国家的科技竞争力减弱。近二十年日本经济的变化，也证明了老龄化对创新的影响，他们的科技创新力明显下降。老年人口比例高的社会，和劳动力人口比例高的社会比较，显然更为不利。

由于经济发展和医疗进步，老龄化是全球的发展趋势。通过技术、组织、制度的调整，特别是社会财富的增加，教育水平的提高，我们增强了社会的适应能力，人类社会有能力适应这种变化。然而，过快进入老龄化社会，就会发生未富先老的问题。与其他发达国家老龄化过程比较，我国未富先老，社会发展速度落后于人口老龄化速度的问题非常突出。

除了经济上的问题，独生子女政策也造成了社会结构和伦理关系的极度扭曲。独生子女政策造成4（祖父母）-2（父母）-1（子女）家庭结构。现在的一个年轻人要赡养六个中老年人，而且每一个人都没有兄弟姐妹，没有叔叔、阿姨、舅舅、姑姑。全社会缺乏横向的血缘关系，只剩下纵向垂直的单线条

借债	*jièzhài*	v.-o.	to borrow money, to take out a loan
偿还	*chánghuán*	v.	to pay back (a debt), to repay (a loan); ～债务
必然	*bìrán*	adj.	inevitable, necessary, bound to
短缺	*duǎnquē*	n./v.	shortage, scarcity; to be short of; 食品 / 物资＋～
养老	*yǎnglǎo*	v.	to provide for the aged, to support sb. in old age, to look after the aged
付出	*fùchū*	v.	to pay, to put in (hard work); ～＋代价 / 努力
代价	*dàijià*	n.	consequence, cost
还债	*huánzhài*	v.-o.	to repay a debt
引起	*yǐnqǐ*	v.	to cause, to trigger, to rouse; ～＋问题 / 麻烦 / 矛盾
科研	*kēyán*	n.	scientific research（科研：科学研究）
经费	*jīngfèi*	n.	fund, expenditure
萎缩	*wěisuō*	v.	to wither, to shrink, to shrivel; 市场 / 肌肉 / ＋～
贫困	*pínkùn*	adj.	impoverished, poor, destitute, needy
表明	*biǎomíng*	v.	to reveal, to make clear; ～＋看法 / 态度 /clause
创业	*chuàngyè*	v.	to start a company
竞争力	*jìngzhēnglì*	n.	competitiveness, competitive edge
减弱	*jiǎnruò*	v.	to weaken, to fail, to wane; 力量 / 竞争＋～
医疗	*yīliáo*	n.	medical treatment, health service
调整	*tiáozhěng*	v.	to adjust, to revise, to regulate; ～＋方法 / 思路
财富	*cáifù*	n.	wealth, possession, asset
适应	*shìyìng*	v.	to adapt, to adjust, to assimilate; ～＋环境 / 社会
未富先老	*wèifù xiānlǎo*	phr.	growing old before getting rich
落后	*luòhòu*	v./adj.	to lag behind, to fall behind; backward, lagging
突出	*tūchū*	adj.	obvious, prominent; 问题 / 矛盾 / 表现＋～
伦理	*lúnlǐ*	n.	ethics
祖父母	*zǔfùmǔ*	n.	grandparents
赡养	*shànyǎng*	v.	to support, to provide for (one's parents); ～老人
舅舅	*jiùjiu*	n.	uncle (mother's brother)
姑姑	*gūgu*	n.	aunt (father's sister)
横向	*héngxiàng*	adj.	horizontal
血缘	*xuèyuán*	n.	blood ties (i.e. 血缘关系)
纵向	*zòngxiàng*	adj.	vertical
垂直	*chuízhí*	v.	to be perpendicular, to be vertical
单线条	*dānxiàntiáo*	n.	single line, single track

的直系亲属。这种单一结构是一种极为脆弱的人际关系。一个人生了病或发生别的困难，除了直系亲属，没有人能够伸出援助之手。朋友固然也能帮忙，但是远不如血缘关系那么自然和紧密。每个人身处直系亲属的环节之中，他承担着上下直系亲属的各种安全责任，没有别人能够真诚帮助他，担子非常重，极不利于社会安全保障。

那么，我们应该选择什么样的生育政策？是不是把限制生育，只生一个改成放开二胎就可以了？还是应该自由生育，不加限制？

对管理者来说，自由生育，取消生育管理，所有的社会成本和个人成本都消失了。若放开二胎，则仍有一定的管理成本。然而，强制性的二胎政策只要存在，就可能发生侵犯人权的野蛮行为。目前，一胎化的政策导致强制堕胎等暴力事件不断发生，个别基层计划生育干部粗暴行事，不惜侵犯人

直系亲属	*zhíxì qīnshǔ*	n.	one's immediate family
单一	*dānyī*	adj.	single, monotonous
脆弱	*cuìruò*	adj.	fragile, weak, easily broken; 心理 / 感情＋～
发生	*fāshēng*	v.	to happen, to take place; ～＋问题 / 冲突 / 车祸
困难	*kùnnan*	n./adj.	difficulty; difficult
伸出	*shēnchū*	v.	to extend, to stretch, to reach out; ～＋手 / 脚
援助之手	*yuánzhù zhīshǒu*	n.	helping hand, aid (援助：帮助；之：的)
远不如	*yuǎnbùrú*	v.	to be inferior to by a large margin, to be in no way near to
紧密	*jǐnmì*	adj./adv.	inseparable, tight; close together; ～＋联系 / 团结
环节	*huánjié*	n.	relationship, link
承担	*chéngdān*	v.	to bear, to undertake, to assume (a task, risk, responsibility, or consequence); ～＋责任 / 后果
真诚	*zhēnchéng*	adv./adj.	sincerely, honestly; sincere, honest; 态度～；～＋帮助 / 祝愿
担子	*dànzi*	n.	responsibility, (lit.) shoulder pole with loads on both ends
保障	*bǎozhàng*	n./v.	guarantee; to safeguard, to ensure, to protect
限制	*xiànzhì*	v.	to impose restrictions on, to set a limit for, to restrict
放开	*fàngkāi*	v.	to lift control, to rescind restriction
二胎	*èrtāi*	n.	second child, second pregnancy
成本	*chéngběn*	n.	cost (of production); 产品 / 生产 / 管理＋～
消失	*xiāoshī*	v.	to disappear, to vanish
强制性	*qiángzhìxìng*	adj.	compulsory, mandatory, obligatory
侵犯	*qīnfàn*	v.	to violate, to offend, to encroach upon (human rights, freedom of speech, etc.); ～＋人权 / 权利 / 利益
人权	*rénquán*	n.	human right
野蛮	*yěmán*	adj.	uncivilized, brutal, barbarous
行为	*xíngwéi*	n.	conduct, behavior
堕胎	*duòtāi*	v.-o.	to induce an abortion
暴力	*bàolì*	n.	violence
个别	*gèbié*	adj.	individual, some, several; ～＋人 / 情况
基层	*jīcéng*	n.	grassroots, laboring class, the masses
干部	*gànbù*	n.	cadre, official
粗暴	*cūbào*	adj.	rough, rude, coarse; ～＋态度 / 行为
行事	*xíngshì*	v.	to act, to handle (a matter), to conduct (行事：做事)
不惜	*bùxī*	v.	to not stint, to not hesitate, to not grudge

权来控制人口，造成官民冲突，搞得民怨沸腾，甚至变成国际事件，极大地损害了我国在国际上的声誉。二胎政策并不能完全避免此类事件的发生。而且，对全社会而言，我国需要的是增加生育，显然，自由生育要更好一些。

当然，有人担心取消计划生育，完全实行自由生育的政策，会造成几十万计划生育干部的下岗。这不是坏事。停止做不必要的、甚至是有害的事，就是一笔巨大的节省。不过，做出尽可能详尽的计划，让他们顺利转业，使得政策转变没有阻力，还是十分必要的。改革的阻力减小了，这种错上加错的人口政策才有可能停止，自由生育的政策才能顺利实施。

自由生育的争议在于是否会造成生育的失控，会不会引发生育率的大幅度反弹？绝大多数人口专家的估计是否定的。因为当前的低生育率并非完全是计划生育政策所造成的。虽然计划生育政策起了一定的作用，但主要是经济和社会共同发展的结果。因而即便取消计划生育政策，生育率也不可能大幅度回升。所以说，发展是最好的避孕药。

按照中国现在的社会发展水平来推算，即使没有计划生育，生育率也只会在1.7左右。经济发展水平和中国差不多的伊朗、泰国都自然地降到了1.8左右。台湾和韩国二十多年前的发展水平和中国现在差不多，当时的生育率也只有1.7左右。现在他们鼓励生育，生育率还是很低。

官民冲突	*guānmín chōngtū*	n.	clash between government officials and citizens (官：官员 / 政府；民：人民 / 老百姓)
民怨沸腾	*mínyuàn fèiténg*	phr.	popular grievances run high (民怨：老百姓的怨气和不满)
损害	*sǔnhài*	v.	to harm, to jeopardize, to cause damage; ～利益
声誉	*shēngyù*	n.	reputation, fame
避免	*bìmiǎn*	v.	to avoid, to avert, to prevent
此类	*cǐlèi*	n.	this type, this kind, this category
下岗	*xiàgǎng*	v.	to be laid off, to lose one's job
笔	*bǐ*	m.w.	measure word for sums of money; 一～+钱 / 债 / 贷款
巨大	*jùdà*	adj.	huge, enormous, mammoth
节省	*jiéshěng*	v.	to save, to cut down; ～+能源 / 开支 / 经费
详尽	*xiángjìn*	adj./adv.	exhaustive, detailed; exhaustively; ～+解释 / 介绍 / 描述
顺利	*shùnlì*	adv./adj.	successfully, smoothly; smooth-sailing
转业	*zhuǎnyè*	v.	to be transferred to civilian work
阻力	*zǔlì*	n.	obstruction, resistance
错上加错	*cuòshàng jiācuò*	phr.	to do something wrong in addition to a wrong thing
争议	*zhēngyì*	n.	controversy; 有 / 存在+～
失控	*shīkòng*	v.	to lose control; 情绪 / 情况+～
反弹	*fǎntán*	v.	to rebound
专家	*zhuānjiā*	n.	expert, specialist
估计	*gūjì*	v.	to estimate, to reckon; ～+ clause
否定	*fǒudìng*	v.	to deny, to negate, to go against
回升	*huíshēng*	v.	to rebound, to pick up
避孕药	*bìyùnyào*	n.	contraceptive pill
推算	*tuīsuàn*	v.	to estimate, to calculate; ～+ clause
伊朗	*Yīlǎng*	p.n.	Iran
泰国	*Tàiguó*	p.n.	Thailand
韩国	*Hánguó*	p.n.	South Korea

在世界范围内，东亚地区的生育率是最低的。其中华人社会的香港和台湾更低。事实上，我国大城市育龄妇女的生育率已经降到1以下。北京、上海的妇女生育率已经降低到0.7，已低于只生一个小孩的计划生育的要求。这说明取消计划生育不大可能引发超高的出生率。相反，我们要担心的是即使取消控制人口的政策，生育率仍然达不到维持人口平衡所必须的水平。

也有人担心，一旦放开，很多农村的年轻人会生3个小孩。实际上，中国大部分农村的年轻人都在城市里工作，他们的生活方式和未来面临抚养孩子的压力和城里人是一样的。很多研究表明，他们的生育欲望也不会超过2个小孩，所以根本没有必要担心放开后生育率过高。我国所真正需要的是适当鼓励生育，达到人口更替水平，而不是继续限制生育。

试看世界各国，人口密度远高于我国的日本、新加坡、台湾地区以及大多数欧洲国家也采取鼓励生育的政策。尽管如此，出生人口数仍不见增加。超低生育率会使社会危机四伏。我国也需要鼓励生育，取消计划生育政策应该是没有什么可怀疑的了。我们建议取消现行的强制性计划生育政策，赋予公民自由生育的权利。

节选自《致中共十八大的联合建议》

2012年8月18日

范围	*fànwéi*	n.	scope, range
超高	*chāogāo*	adj.	extra-high, ultra-high, super high
维持	*wéichí*	v.	to maintain, to keep; ～＋现状 / 生活 / 秩序
欲望	*yùwàng*	n.	desire
适当	*shìdàng*	adj.	appropriate, proper, suitable, adequate
更替	*gēngtì*	v.	to replenish, to replace, to alternate; 新旧 / 季节＋～
试看	*shìkàn*	v.	to look at, to try out and see
密度	*mìdù*	n.	density; 人口 / 物质＋～
尽管如此	*jǐnguǎn rúcǐ*	conj.	even like this, even as such（如此：像这样）
不见	*bújiàn*	v.	do not see（不见：看不到 / 没有）
危机四伏	*wēijī sìfú*	idm.	to be crisis-ridden
怀疑	*huáiyí*	v.	to doubt, to suspect
现行	*xiànxíng*	adj.	currently in effective practice; ～＋政策 / 法律
赋予	*fùyǔ*	v.	to empower, to entrust, to endow, to confer (a right or freedom); ～＋权利 / 自由

重要语言点
Essential Structures and Patterns

1 现在/今天…（早）（已经）今非昔比

Now ... (which is) very different compared to before

◆ 现在中国的经济状况已今非昔比，人均年收入已超过5000美元，经济总量已仅次于美国。

◇ 一百年前，上海只是个小渔村，现在是国际金融中心，真是今非昔比。

◇ 洛阳当年是全国首都，现在今非昔比，只是个二三线中等城市。

◇ 他过去只是办公室的小职员，现在已经今非昔比，成了公司的大老板。

2 X仅次于Y

X is second only to Y

◆ 现在中国的经济状况已今非昔比，人均年收入已超过5000美元，经济总量已仅次于美国。

◇ 印度的人口数量仅次于中国。

◇ 她在公司的地位仅次于老板。

3 X…，Y随之…

X ... (changes), Y ... (changes as a consequence of X/following X ...)

◆ 中国妇女人均生孩子数急剧下降，这导致每年人口增加数也随之下降。

◇ 北京的经济发展了，私家车的数量也随之增加了。

◇ 中国实行了改革开放政策，老百姓的生活水平也随之提高了。

4 …为/被…所证实

... is verified/confirmed by ...

◆ 此外，20-39 岁黄金年龄阶段劳动力开始减少。这一点已经为近年来逐渐加剧的用工荒所证实。

◇ 提高税率的政策已经为政府官方的新闻报道所证实。

◇ 他去世的消息已经被其亲属所证实。

5 即便/即使…也…

even if/even though

◆ 按照中国现在的社会发展水平来推算，即使没有计划生育，生育率也只会在 1.7 左右。

◇ 即使明天下雨，我也会准时来的。

◇ 明天的比赛即使最后不能成功，我们也会支持你的。

6 经不起…检验/考验/诱惑

to fail to withstand ... the test/temptation

◆ “人多导致贫穷”的观点，完全经不起事实的检验。

◇ 他经不起金钱的诱惑，最终走上了犯罪的道路。

◇ 她还不够坚强，经不起失败和挫折的考验。

7 X（在Y）所占的比例

X takes up ... proportion (of Y)

◆ 上个世纪 50 至 70 年代，很多发展较好的国家都经历了人口快速增长的过程，中国人口在世界人口所占的比例几乎没有增加。

◇ 女权运动以后，女性在学生人数中所占的比例有了明显的增加。

◇ 最近几十年，华裔在美国人口总量所占的比例提高了。

8 ……。由此可见，……

thus it can be seen/thus it can be concluded

◆ 中国忙于搞各种政治运动，实行了错误的经济政策，并没有像四小龙、日本一样，人口和经济同时快速增长。由此可见，贫富和人均资源无关，只和发展模式有关。

◇ 他每天忙于工作，忽视了家庭，最后离了婚。由此可见，金钱并不一定能为人们带来幸福。

◇ 日本在二战时是美国的敌人，战后却成为美国最重要的盟友。由此可见，国与国之间没有永远的朋友，也没有永远的敌人。

9 从…的角度看

from the perspective of . . . /judging from . . .

◆ 从短期看，人口数量的多少并不一定对经济发展有利或有害；从历史的角度看，人口数量和经济发展水平正相关。

◇ 从经济的角度看，中国政府推行的改革开放政策是很成功的，可是从环境的角度看则未必如此。

◇ 从西方的角度看，中国当然还不算是一个民主国家。

10 X与Y正相关

X is positively correlated with Y

◆ 从短期看，人口数量的多少并不一定对经济发展有利或有害；从历史的角度看，人口数量和经济发展水平正相关。

◇ 一般来说，个人的收入与教育水平正相关。

◇ 我们总想买到物美价廉的东西，但商品的价格与质量往往是正相关的。

11 看似/表面上…，实际上…

on the surface..., in fact...

◆ 这种短期有利条件看似是人口红利，实际上是人口借债，将来是要偿还的。

◇ 这本书表面上是写他在城市打工的经历和感受，实际上是在批评中国的城乡差距和贫富不均问题。

◇ 这件事儿看似简单，但实际上做起来并不容易。

12 若…，（则）…

If ..., (then) ...

◆ 若放开二胎，则仍有一定的管理成本。

◇ 若有任何问题，请及时跟公司服务部门联系。

◇ 一个国家若只重视经济发展，不注意保护环境，以后必定会为此付出沉重的代价。

13 按照…来+推算/计算/估计/预测

to calculate/estimate/predict base on/according to ...

◆ 按照中国现在的社会发展水平来推算，即使没有计划生育，生育率也只会在1.7左右。

◇ 按照每个月付三千美元来计算，还清房子的贷款还需要三十年。

◇ 按照中国现在的发展速度来预测，GDP总量超过美国不需要很长时间。

14 赋予+权利/自由

to empower/to endow/to confer (a right or freedom)

◆ 我们建议取消现行的强制性计划生育政策，赋予公民自由生育的权利。

◇ 宪法赋予了人们言论自由，可实际上这一自由并没有受到某些政府的充分保障。

◇ 法律赋予儿童接受教育的权利，若孩子无学可上，则政府和家长应该负法律责任。

词汇练习

Vocabulary Exercises

I Provide an appropriate noun to make a meaningful phrase, then make a sentence with each of the expanded phrases:

出台______	保持______	减轻______	承担______
暴露______	加重______	付出______	侵犯______
预测______	实施______	调整______	损害______
缺乏______	忽视______	适应______	节省______
遭受______	经不起____	赡养______	赋予______

II Using the underlined expressions in each sentence, make new sentences:

1 现在中国的经济状况已今非昔比，人均年收入已超过 5000 美元。

2 中国妇女人均生孩子数急剧下降，这导致每年人口增加数也随之下降。

3 此外，20-39 岁黄金年龄阶段劳动力开始减少。这一点已经为近年来逐渐加剧的用工荒所证实。

4 按照中国现在的社会发展水平来推算，即使没有计划生育，生育率也只会在 1.7 左右。

5 “人多导致贫穷”的观点，完全经不起事实的检验。

6 上个世纪 50 至 70 年代，很多发展较好的国家都经历了人口快速增长的过程，中国人口在世界人口所占的比例几乎没有增加。

7 中国忙于搞各种政治运动，实行了错误的经济政策，并没有像四小龙、日本一样，人口和经济同时快速增长。由此可见，贫富和人均资源无关，只和发展模式有关。

8 从短期看，人口数量的多少并不一定对经济发展有利或有害；从历史的角度看，人口数量和经济发展水平正相关。

9 这种短期有利条件看似是人口红利，实际上是人口借债，将来是要偿还的。

10 按照中国现在的社会发展水平来推算，即使没有计划生育，生育率也只会在 1.7 左右。

III Answer the following questions. In your response, incorporate at least three of the expressions provided; feel free to use more if possible.

1 中国政府为什么实行“一家一个孩子”的政策？这项政策会带来怎样的后果？
（落后；按照…来＋推算／计算／估计／预测；失控；若…，则…）

2 你觉得“贷款消费”有什么利弊？值不值得提倡？
（负担；此外…；借债／还债；由此可见，…）

3 你认为世界需要一个国家充当“国际警察”吗？
（承担；与此同时；侵犯；付出…代价）

4 养老是子女的责任，还是政府和社会的责任？
（从…的角度看；减轻；赡养；保障；避免）

问题讨论
Discussion Topics

1 中国提出计划生育政策的时代背景、社会背景是怎么样的？

2 过去几十年中，计划生育政策对中国社会有哪些影响？给中国带来了哪些变化？

3 按照目前中国的人口结构来预测，未来几十年会出现哪些情况？

4 性别比例失衡的原因和可能造成的社会问题是什么？政府是否有权力、有责任干预性别比例？

5 为什么作者认为，停止计划生育政策并不会减缓经济发展的速度？你同意这种看法吗？你认为哪些因素会影响经济发展速度？

6 有人认为，富人可以为孩子提供更好的生活条件和教育机会。因此，只要付得起罚款，就不必受到一胎化政策的约束，可以多生孩子。而穷人则连自身的温饱问题都还没解决，所以应该少生孩子。你觉得这样的看法有没有道理？

7 为什么作者认为老龄化是全球发展趋势？人口老龄化趋势是由哪些原因造成的？人口年龄结构老化对社会发展、科技创新有怎样的影响？

8 独生子女政策对中国的家庭结构和伦理关系有哪些影响？这样的人际关系会带来哪些结果？为什么作者认为这不利于家庭的安全保障？

9 若中国放开生育政策，会面临哪些阻力和困难？实行自由生育政策与放开二胎政策，各有什么利弊？政府应该采取哪些措施，来解决放开生育政策所遇到的问题？

10 为什么作者认为“发展是最好的避孕药”？有人认为，一个国家越发达，人们的生育欲望就越低，你同意吗？为什么？一个国家生育率的高低受哪些因素影响和制约？

辩论
Debate

请老师组织学生进行辩论。辩论前，先请老师将学生分成正、反两方，请学生按要求准备辩论稿，并尽可能多利用课文的内容、生词和语法。辩论稿应包括你的观点、支持观点的例子、数据和其他材料。辩论过程分为陈述观点、自由辩论、总结陈词三个部分。每部分，正、反双方交替进行。自由辩论时，请各方仔细聆听、记录和分析对方观点，并进行反驳。

As a class, hold a debate. Before the debate, the teacher will assign each student to either the affirmative or the negative side. Students will be expected to prepare debate speeches accordingly, using the essays discussed and incorporating new vocabulary and grammar learned in class. The debate speech should cover the student's argument and provide supporting evidence in the form of examples, statistics, etc. Debates will consist of three sections—opening statements, free debate (rebuttals and Q&A), and closing statements. The affirmative and the negative sides will take turns in each section of the debate. During free debate, each side will listen, record, and carefully analyze the other side's argument to formulate rebuttals.

正方：人口控制政策利大于弊

反方：人口控制政策弊大于利

作文
Composition

1 有人认为人工智能（artificial intelligence）时代的来临会让工作机会减少，因此不需要太多人口。你同意这样的看法吗？想象一下，人工智能时代人与社会的关系以及理想的人口政策会是什么样的。

2 美国的人口问题（包括移民问题）与美国社会的经济发展。

泛读课文

Extensive Reading

Read the passage, then complete the tasks that follow.

没有计划生育政策的世界

张永涛

2015 年 12 月 27 日，中国通过了新的计划生育法案。该法案于 2016 年 1 月 1 日起正式实施。这意味着 2016 年元旦以后出生的二孩，都是合法的。该法案彻底结束了持续三十多年的独生子女政策。这条消息一经报道，立刻引起了世界各国媒体的广泛讨论。

1979 年，中国一反过去“人多力量大”的鼓励生育政策，转而实行控制人口的计划生育政策，对违规生育者给予经济和行政上的严厉处罚。除农村和少数民族地区实行二孩政策外，全国各城市普遍实行一胎化政策。为了加强执行力度，政府对官员的考核实行“一票否决制”，即如果一胎化执行不成功，官员即使在其他各方面做得再好，也要被淘汰下岗。因此，一胎化政策得到了强有力的持续执行。近年来，该政策日益引起外界批评，但某些地方政府为了完成计划生育指标，仍然不惜采取反人权、甚至非法手段强迫妇女堕胎。此外，民众由于违反计划生育政策而必须缴纳巨额罚款，然而，政府至今仍然没有公开这笔巨款的用途和流向。

90 年代以来，中国人口结构问题日趋严重，老龄化问题日益突出，新生儿男女比例严重失衡。三十多年来出生的男孩儿比女孩儿多出 3000 多万。计划生育的目标、结果和理论依据都受到了各界广泛质疑。

到了 2013 年 11 月，中国政府逐步放开一胎化政策，允许夫妻双方一方是独生子女的夫妇，可生育两个孩子。然而，统计结果却出人意料，愿意生第二个孩子的夫妇数量大大低于预期。因此，很多人认为即使不实行计划生育，中国的人口增长速度也会随着经济的发展而自然下降，实行计划生育可以说是多此一举。

同是人口大国的印度，是世界上首个提倡“计划生育”政策的发展中国家。早在 1952 年，印度政府就提出要节制生育。1976 年，印度政府和领导人采取强制措施推行计划生育，结果引起民众的强烈不满，最后导致该领导人在后来的选举中落败。从此以后，新上台的领导人再也不敢提出强制节育的口号和政策了。二战后的香港和台湾，也出现了类似美国的“婴儿潮”(baby boom)。为了减轻人口压力，台湾政府提出了“两个孩子恰恰好，一个孩子不嫌少”的口号。香港也曾采取类似的做法，鼓励少生。然而，到了21世纪，日本、韩国、香港、台湾等多个国家或地区都面临着生育率下降、人口老龄化的问题。

随着全球经济的发展和人类生活水平的提高，人们的生育意愿会持续下降，人口老龄化将会变成一个全人类共同面临的问题，计划生育将在全世界范围内失去存在的意义。现在，政府是该思考如何鼓励人们生育了。

1950至2015年中国大陆总人口与不同年龄段人口占比图

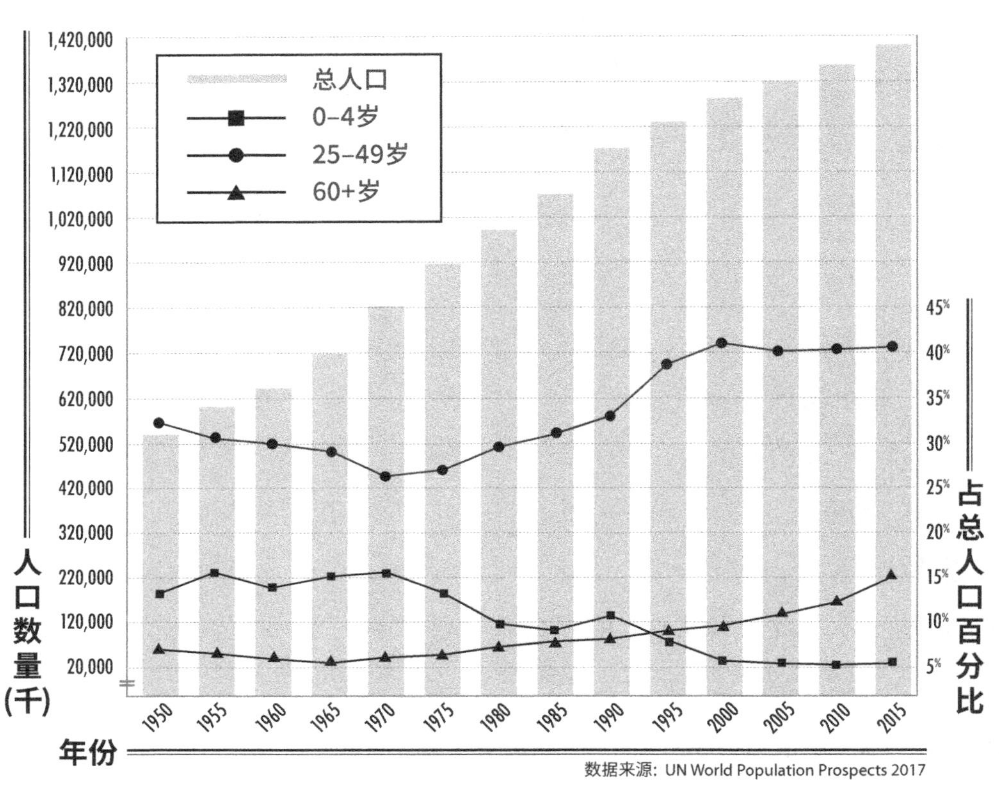

数据来源：UN World Population Prospects 2017

POST-READING ACTIVITIES

I Based on the passage, answer the following multiple-choice questions:

1 下面哪一个不是计划生育政策遭到批评的原因：

a 少数民族和农村人有生两个孩子的权利，造成不公平的问题

b 执行计划生育时，会有侵害人权的现象发生

c 老百姓所缴纳的计划生育罚款，不知去向

d 计划生育造成男女比例失衡

2 为什么计划生育政策得到了有效执行？

a 官员怕丢了饭碗
b 民众生育意愿低，愿意积极配合政府行动
c 老百姓改变了"重男轻女"、"多子多福"的落后观念
d 执行该政策的官员都是在各个方面表现最好的官员

3 划线词语"多此一举"的意思是：

a 必不可少
b 多个目标，可以一次完成
c 人多胜过人少
d 做了没有必要的事情

4 印度政府为什么最终没有执行计划生育政策？

a 民主政府得充分考虑人民的意愿
b 印度人口远没有中国人口多
c 印度已经开始了"老龄化"
d 其他国家对印度进行了严厉批评

5 这篇文章的作者，对于中国大陆的人口问题和人口政策的看法是：

a 应该学习香港、台湾控制人口的办法，鼓励少生孩子
b 应该适当限制生育，生两个孩子最好
c 应该进行民主改革，让老百姓自己决定生孩子的事儿
d 应该吸取日本等东亚国家老龄化的教训，鼓励多生孩子

II Reread the passage. Circle useful words in the text, then write down their definitions (in Chinese or English), drawing on either the context or a dictionary.

Vocabulary	Meaning

Vocabulary	Meaning

III Underline challenging sentences in the text. Then discuss their meaning and function with your classmates or teacher.

IV Summarize the main idea of each paragraph in one sentence:

1 ______________________________

2 ______________________________

3 ______________________________

4 ______________________________

5 ______________________________

6 ______________________________

V Read the passage. Then, with a partner or in a small group, hold a conversation based on the prompts:

The aim of family-planning programs must be to enable couples and individuals to decide freely and responsibly the number and spacing of their children and to have the information and means to do so and to ensure informed choices and make available a full range of safe and effective methods . . . Any form of coercion has no part to play . . . Governmental goals for family planning should be defined in terms of unmet needs for information and services. Demographic goals, while legitimately the subject of government development strategies, should not be imposed on family-planning providers in the form of targets or quotas for the recruitment of clients.

— Programme of Action of the International Conference on Population and Development, UN, 1994

1 请说明中国计划生育政策的发展过程和一胎化政策结束的原因。

2 比较中国和印度的情况，为什么强制性的计划生育政策在中国能够实行，而在印度却不能实行？

3 中国大陆、香港、台湾的人口政策有何不同？ 其结果有何差异？

4 上面的英文材料是联合国（United Nations）的《国际人口与发展会议行动纲领》，请指出中国大陆的人口政策与其矛盾的地方。

5 你觉得人类应该怎么面对老龄化的问题？

第六课
Lesson 6

网络时代的中国政治变革

郑永年

SELECTED AND EDITED BY YONGTAO ZHANG
PREPARED BY YONGTAO ZHANG AND YUNJUN ZHOU

背景简介
Background Information

郑永年

郑永年，1962 年生于浙江余姚，1985 年毕业于北京大学，1988 年获得北京大学政治学硕士学位，并留校担任讲师。1995 年获得普林斯顿大学政治学博士学位后，赴哈佛大学从事博士后（postdoctoral）研究。曾任新加坡国立大学（National University of Singapore）东亚研究所所长，英国诺丁汉大学（University of Nottingham）教授（professorial fellow）。他是当代著名的中国政治、国际关系及社会问题专家。

网络的兴起是当今世界的一件大事。互联网不仅方便了普通人之间的交流，也打破了国家与社会、政府与人民之间的界限。作者认为，中国政府的管理方式相对封闭，而互联网的开放性将给中国政府带来前所未有的挑战，中国应该利用互联网的优势，逐步推进政治改革，提高公众的政治参与度。

另一方面，作者也指出了互联网所带来的弊端。他希望政府能够在法律的基础上建立互联网管理办法，而不是对互联网进行主观随意的政治控制。应该说，作者的这一看法为当前的网络管理者提供了一个新的思路。

网络时代的中国政治变革

郑永年

预习提示
Preview Questions

- 作者认为互联网对政治的正面影响和负面影响各是什么？
- 你觉得中国政府是否会喜欢这篇文章？为什么？

在互联网刚刚出现的时候，谁也没有想到，这种在大多数国家仅仅是**社交工具**的技术，可以在今天的中国**扮演**如此重要的政治**角色**。以"网络"**开头**的很多**概念**，已经成为讨论今日中国政治和社会的**关键词**，例如网络**问政**、网络**参政**、网络社会管理和网络**反腐**等等。如果把所有这些以网络为**基础**的政治和社会**实践**，放在中国政治发展的环境下来讨论它们的意义，我们可以**提出**这样一个问题：**微博**和**微信**时代的网络政治参与，如何能够**推进**中国的政治变革？

中国政治变革的**路径**可以用三个**相关**的概念来**概括**，即开放、**竞争**和参与。其中，开放最重要，是竞争和参与的**前提**。这三个方面从**学术**上来说是三个相关的概念，但从政治实践上来说，则是三个相关并同时发生的过程。一般当人们说"开放"时，指的是一个国家向其他国家的开放，即"改革开放"概念中的"开放"。但这里所指的"开放"是政治**领域**的开放，是政治过程的开放，即政治过程向不同社会**群体**的开放，向不同**精英**群体的开放，向不同的社会利益的开放。

变革	*biàngé*	n.	change, reform
社交	*shèjiāo*	n.	social interaction; ～＋工具 / 网络 / 媒体 / 活动
工具	*gōngjù*	n.	tool
扮演	*bànyǎn*	v.	to play (a role), to act as; ～角色
角色	*juésè*	n.	role
开头	*kāitóu*	n.	beginning, start
概念	*gàiniàn*	n.	concept, notion, perception
关键词	*guānjiàncí*	n.	keyword
问政	*wènzhèng*	v.	to politick, to interfere in politics
参政	*cānzhèng*	v.	to participate in government and political affairs
反腐	*fǎnfǔ*	v.	to combat corruption （腐：腐败）
基础	*jīchǔ*	n.	basis, foundation
实践	*shíjiàn*	n./v.	practice; to put into practice; ～＋机会 / 经验 / 活动
提出	*tíchū*	v.	to raise (a question), to propose (a suggestion or plan); ～＋问题 / 看法 / 建议 / 计划
微博	*Wēibó*	n.	Weibo, microblog (similar to Twitter)
微信	*Wēixìn*	p.n.	WeChat*, (lit.) micro-message
参与	*cānyù*	n./v.	participation; to participate; ～＋进程 / 决策 / 活动
推进	*tuījìn*	v.	to advance, to push forward; ～＋发展 / 变革
路径	*lùjìng*	n.	path, way
相关	*xiāngguān*	adj.	related; ～＋概念 / 人员 / 部门
概括	*gàikuò*	v.	to summarize; ～＋观点 / 文章 / 主要内容
竞争	*jìngzhēng*	v./n.	to compete; competition
前提	*qiántí*	n.	premise, prerequisite
学术	*xuéshù*	n.	academia; ～＋研究 / 报告 / 会议
领域	*lǐngyù*	n.	domain, field; 政治 / 经济＋～
群体	*qúntǐ*	n.	group, assemblage
精英	*jīngyīng*	n.	elite, gentry, nobility; ～＋阶层 / 分子

* WeChat is a social media application offering instant messaging, commerce, and payment services.

在这个前提下，开放又可引发另外两个过程，即竞争和参与。竞争就是人才、思想和政策的竞争等等。参与就是社会的不同群体参与政治过程，参与政治人才的选拔和选举、思想和政策的形成及实践。网络作为一种技术手段，在所有这些方面能够起到怎样的作用?

显然，网络创造了一个开放的政治环境，即政治互联网平台。在西方，有关互联网的作用有两个截然相反的观点，一个观点认为，互联网是政府行使专制权力的工具；另一种观点则认为，互联网是民主化的工具，有学者更是简单地把互联网化和民主化等同起来。不过，在现实生活中，这两种观点都不成立。互联网是促成国家和社会、政府和人民“相互转型”的一种有效技术手段，互联网在有效地“软化”着政府官员的传统专制行为。有了互联网，政府官员再也不能像以前那样专制地管治社会了，而社会也不会再像从前那样顺从政府了。

互联网无法建立民主政体

尽管今天在世界很多地方，互联网的确在政治变革中发挥着越来越重要的作用，但并没有一个成功的例子表明，互联网可以促成一个国家的民主化，尤其是民主政治体制的建立。就拿近年来中东、阿拉伯世界的例子来说，可以看到互联网对推翻旧的政治体制的确起到了一种关键的作用，但不能因此简单地把推翻旧的体制和政治民主化等同起来。在那些互联网被用来推翻旧政府的社会，怎样建立民主化的政治制度，仍然是它们面临的最为严峻的挑战。推翻一个政权是一回事，而建设一个新制度则完全是另外一回事。

引发	*yǐnfā*	v.	to trigger; ～＋动乱／问题／灾难
人才	*réncái*	n.	talented/brilliant/capable people
选拔	*xuǎnbá*	v.	to select; ～＋人才／官员
选举	*xuǎnjǔ*	n./v.	election; to elect; ～总统
形成	*xíngchéng*	v.	to form, to take shape; ～＋观点／看法／制度
手段	*shǒuduàn*	n.	means, method, trick
显然	*xiǎnrán*	adj./adv.	obvious; obviously
创造	*chuàngzào*	v.	to create; ～＋机会／财富
平台	*píngtái*	n.	platform; 工作／交易＋～
截然相反	*jiéránxiāngfǎn*	idm.	polar opposite, diametrical; X 与 Y ～
行使	*xíngshǐ*	v.	to exercise, to employ, to implement; ～＋权利／主权
专制	*zhuānzhì*	n./adj.	autocracy; autocratic
等同	*děngtóng*	v.	to equate rashly（e.g. 把 X 和 Y 等同起来）
成立	*chénglì*	v.	to establish, to found; ～＋组织／公司
促成	*cùchéng*	v.	to help, to bring about, to facilitate; ～＋…的发展／转型／合作
转型	*zhuǎnxíng*	v./n.	to transition; transition
有效	*yǒuxiào*	adj.	effective, valid; ～＋措施／办法
软化	*ruǎnhuà*	v.	to soften
官员	*guānyuán*	n.	official
行为	*xíngwéi*	n.	behavior
管治	*guǎnzhì*	v.	to control and govern
顺从	*shùncóng*	v.	to submit to, to comply with, to obey; ～＋丈夫／父亲
政体	*zhèngtǐ*	n.	regime, form of government
的确	*díquè*	adv.	indeed, certainly
发挥	*fāhuī*	v.	to exert, to exercise, to bring about; ～＋作用／影响力
体制	*tǐzhì*	n.	system, structure; 政治／经济＋～
中东	*Zhōngdōng*	n.	Middle East
阿拉伯	*Ālābó*	p.n.	Arab
推翻	*tuīfān*	v.	to overturn, to overthrow; ～＋政府／统治
制度	*zhìdù*	n.	system, structure, organization
严峻	*yánjùn*	adj.	severe, rigorous, arduous; ～＋挑战／考验／形势
挑战	*tiǎozhàn*	n./v.	challenge; to challenge

互联网之所以能够促进政治的开放性，一方面是因为互联网本身的技术特征，另一方面则是因为应用这种技术的群体。互联网的技术特征就是分散化、分权化及开放性。较之所有的传统媒体工具，互联网是最分散和分权化的。当互联网应用于其他现代通讯技术，例如手机、iPad 等移动设备时，这些特征表现得最为明显。互联网的开放性，促成了使用这种技术的群体的开放性。

在中国政治生活中，互联网这种技术可以用来打破国家与社会、政府与人民之间的界限。中国政治经常表现为"城堡政治"，也就是说，官员为自己修筑了一座又一座的"城堡"，把自己关在这些"城堡"内。他们为了做官而做官，而和社会没有实质性的关联，社会成员被隔离在"城堡"之外。当然，这里的"城堡"是一个比喻。不可否认，今天中国的政府和社会群体之间、官员和人民之间，存在着一堵又一堵有形或无形的"城墙"。结果怎样呢？如果官员躲在城墙内，总有一天老百姓就要"围城"，这是历史的规律。互联网在这里扮演了一个至关重要的角色，它成为打破城墙的最有效的工具。在最低限度上，互联网迫使政府官员回应社会，给政府官员提供一个工具来和社会群体互动。

互联网促进政治的开放性，这个作用表现在竞争和参与两个层面。从竞争上来说，互联网可以大大丰富选举民主的内容。我们这里所说的政治竞争，

促进	*cùjìn*	v.	to boost, to promote, to foster; ～＋发展 / 生长 / 了解
特征	*tèzhēng*	n.	characteristic, unique feature
应用	*yìngyòng*	v./n.	to apply; application
分散	*fēnsàn*	v.	to decentralize, to spread; 权力 / 注意力＋～
分权	*fēnquán*	v.	to separate powers
较之	*jiàozhī*	phr.	to compare with/to
通讯	*tōngxùn*	n.	communication; ～＋技术 / 手段
移动	*yídòng*	v.	to move (e.g. 移动设备: portable equipment); ～＋电话 / 电视 / 硬盘
设备	*shèbèi*	n.	equipment, facility
界限	*jièxiàn*	n.	boundary; X 与 Y 的～
城堡	*chéngbǎo*	n.	castle
修筑	*xiūzhù*	v.	to build, to construct; ～＋城堡 / 长城 / 城墙
座	*zuò*	m.w.	measure word for mountains, buildings, and other similar immovable objects; 一～＋山 / 桥 / 城堡
实质	*shízhì*	n.	essence, substance
关联	*guānlián*	n./v.	relevance; to relate
成员	*chéngyuán*	n.	member
隔离	*gélí*	v.	to isolate, to quarantine, to segregate
比喻	*bǐyù*	n./v.	metaphor; to liken to
不可否认	*bùkěfǒurèn*	idm.	undeniable
堵	*dǔ*	m.w.	measure word for walls (e.g. 一堵墙)
有形	*yǒuxíng*	adj.	tangible, (lit.) have shape/form
无形	*wúxíng*	adj.	intangible, (lit.) no shape/form
城墙	*chéngqiáng*	n.	city wall, defensive wall
躲	*duǒ*	v.	to hide, to avoid, to shelter, to dodge; ～在＋ place
围城	*wéichéng*	v.-o.	to besiege a city
规律	*guīlǜ*	n.	law, regular pattern, norm; 历史 / 自然＋～
至关重要	*zhìguān zhòngyào*	idm.	crucial, of great importance; ～＋问题 / 角色
限度	*xiàndù*	n.	limit; 在最＋低 / 大＋～上
迫使	*pòshǐ*	v.	to compel, to force, to coerce; ～＋ sb. ＋ V.P.
回应	*huíyìng*	v.	to respond; ～ sb.
互动	*hùdòng*	v.	to interact; X 与 Y ～
层面	*céngmiàn*	n.	layer, level, aspect
丰富	*fēngfù*	v./adj.	to enrich; abundant

指的是政治人物之间的竞争，通过竞争选拔，或者选举出管理国家社会经济事务等方方面面的人才。竞争出人才，竞争就是要把不同社会群体的人才选拔出来；而开放是竞争的前提条件，如果政治过程不向社会开放，人才就很难参与到政治过程中来，更谈不上竞争了。

不过，在中国，政治竞争不能仅仅是西方意义上单纯的选举，而是在选拔基础之上的选举，或者贤人政治（meritocracy）之上的民主。这不仅是因为中国有数千年的选拔传统，选拔制度在社会群体中仍然有相当高的合理性和合法性，而且也是因为单纯的选举政治，在西方已经导致了很多政治问题。中国要发展民主，理应把选拔和选举结合起来。

无论是选举还是选拔，互联网都可以发挥非常积极的作用。就选拔而言，互联网可以成为中国选拔过程的手段，可以借此增加精英和社会的互动。互联网的开放性，至少可以避免小圈子暗箱操作的弊端，给小圈子政治一些阳光。在中国，互联网已经赋予网民评论和监督政治人物的权利，也赋予他们了解和评论那些想进入政治领域的人物的权利。在中国官场，很多官员都是“带病上岗”。国家辛辛苦苦培养很多年的干部，一旦重用，就会发现是一个“病人”。在腐败方面更是如此，数十年培养出来的干部，一旦走上岗位就变成了一个贪官。所有这样那样的问题，就是因为政治缺少阳光造成的。如果官员在阳光下成长，不仅可以避免“带病上岗”的情况，还可以让阳光医治好很多官员的“病”，而实现阳光政治是互联网可以做到的。

人物	*rénwù*	n.	figure, character, person
事务	*shìwù*	n.	affair; 经济／日常／管理／国际＋～
方方面面	*fāngfāng miànmiàn*	idm.	every aspect
谈不上	*tánbúshàng*	phr.	out of the question, far from being
单纯	*dānchún*	adj.	naive, innocent, simple; 思想／性格／想法＋～
贤人	*xiánrén*	n.	a person of intelligence and integrity/virtue
合理性	*hélǐxìng*	n.	rationality
合法性	*héfǎxìng*	n.	legitimacy
理应	*lǐyīng*	aux.	ought to, should
结合	*jiéhé*	v.	to combine, to unite; X 与 Y （相）～
借此	*jiècǐ*	phr.	using/by this, thereby; ～＋ V.P.
避免	*bìmiǎn*	v.	to avoid, to eschew; ～＋失败／冲突／重复／V.P.
小圈子	*xiǎoquānzi*	n.	small coterie/clique
暗箱操作	*ànxiāngcāozuò*	n.	manipulation behind the scenes
弊端	*bìduān*	n.	shortcoming, deficiency, flaw
阳光	*yángguāng*	n.	sunshine
赋予	*fùyǔ*	v.	to endow, to give, to entrust; ～＋权利／自由
网民	*wǎngmín*	n.	Internet user
评论	*pínglùn*	v./n.	to comment; comment, critique
监督	*jiāndū*	v./n.	to supervise; supervision; ～＋政府／人民
官场	*guānchǎng*	n.	officialdom
上岗	*shànggǎng*	v.-o.	to take up a job, to go on duty
辛辛苦苦	*xīnxīnkǔkǔ*	adv.	laborious, arduous, hard
培养	*péiyǎng*	v.	to train, to cultivate; ～＋兴趣／习惯／人才／干部
干部	*gànbù*	n.	cadre, officer, deputy
重用	*zhòngyòng*	v.	to put sb. in an important/key position; ～＋ sb.
岗位	*gǎngwèi*	n.	post (of duty), station
贪官	*tānguān*	n.	corrupt official
医治	*yīzhì*	v.	to cure, to treat, to heal; ～＋病人／患者

就选举来说，互联网可以为选举过程引入“商谈”因素，也就是学术界所说的“商谈民主”。在现在的民主选举中，很多沟通只是单向的，即候选人告诉你，他想做什么，来获取选票。互联网可以改变这种局面，把单向沟通转变为双向沟通，也就是选民可以把自己的想法告诉候选人。这种双向的沟通有助于发展出“商谈民主”。在“商谈”的基础上再进行选举，从而提高选举民主的质量。

在开放和竞争的条件下，参与也就是一个很自然的过程。参与既可以是对人才的选拔或者选举，也可以是对政策制定和落实的参与。互联网已经给人们参与政治活动带来了前所未有的开放性，增加了参与的广度和深度。互联网改变着社会政治参与的形式和性质。面对社会参政的新要求，政治人物在把握使用互联网所带来的机遇的同时，也要面对其带来的挑战。

不过，互联网对政治参与制度所带来的挑战更为严峻。目前的政治参与制度和互联网之间，存在着相当紧张的关系，这种政治参与制度已经不适应互联网时代。政党制度就是一个例子。传统政党对年轻人越来越缺乏吸引力，他们更倾向于选择通过互联网来参与政治。随着互联网的进一步发展，各国现行的政治参与制度必须进行变革，中国也不例外。

不能忽视互联网的弊端

人们既要看到互联网的优势，但也不能回避互联网所带来的弊端。互联网的开放性在释放出人性光辉一面的同时，也为暴露人类的阴暗面提供了条件。

引入	*yǐnrù*	v.-c.	to introduce, to lead into; ～机制
商谈	*shāngtán*	v.	to negotiate
因素	*yīnsù*	n.	factor, element
学术界	*xuéshùjiè*	n.	academia (- 界: circles, e.g. 商界 / 政界)
沟通	*gōutōng*	n./v.	communication; to communicate
单向	*dānxiàng*	adj.	one-way, one-sided
候选人	*hòuxuǎnrén*	n.	candidate
获取	*huòqǔ*	v.	to gain, to obtain, to acquire; ～＋选票 / 财富
选票	*xuǎnpiào*	n.	poll, ballot
局面	*júmiàn*	n.	situation; 政治 / 经济 / 社会＋～
双向	*shuāngxiàng*	adj.	two-way, bilateral; ～＋交流 / 收费
质量	*zhìliàng*	n.	quality
制定	*zhìdìng*	v.	to enact, to formulate, to draw up; ～＋法律 / 法规
落实	*luòshí*	v.-c.	to implement, to carry out; ～＋方针 / 政策
前所未有	*qiánsuǒwèiyǒu*	idm.	unprecedented; ～＋成就 / 程度 / 现象
广度	*guǎngdù*	n.	breadth
深度	*shēndù*	n.	depth
性质	*xìngzhì*	n.	nature, characteristic, aspect, attribute
把握	*bǎwò*	v.	to grasp, to seize, to handle; ～＋机会 / 机遇
机遇	*jīyù*	n.	opportunity
其	*qí*	prop.	it
紧张	*jǐnzhāng*	adj.	tense; ～＋局势 / 气氛 / 关系
适应	*shìyìng*	v.	to adapt, to adjust, to acclimate; ～＋环境 / 社会
政党	*zhèngdǎng*	n.	political party
吸引力	*xīyǐnlì*	n.	attraction, appeal; 有 / 没有 / 缺乏＋～
倾向于	*qīngxiàngyú*	phr.	to tend to, to incline towards; ～＋ V.P.
现行	*xiànxíng*	adj.	currently in effect, in operation; ～＋政策 / 法律
优势	*yōushì*	n.	advantage, strength
回避	*huíbì*	v.	to avoid, to evade, to dodge; ～＋问题 / 缺点 / 矛盾
释放	*shìfàng*	v.	to release, to free; ～＋压力 / 罪犯 / 热量
人性	*rénxìng*	n.	human nature
光辉	*guānghuī*	adj./n.	glorious; brilliance
暴露	*bàolù*	v.	to expose, to reveal; ～＋阴暗面 / 缺点 / 缺陷
阴暗面	*yīn'ànmiàn*	n.	dark side

第一，互联网这一工具经常被操纵。现在互联网上泛滥着名人崇拜、权力崇拜、金钱崇拜、概念崇拜等等现象。这些现象的存在表明，体现这些因素的各个角色，即明星、政治家、富人等，都可以操纵不同的社会群体。

第二，互联网体现了人的非理性特征，使得人的非理性情绪暴露无遗，劣根性表现得淋漓尽致。在任何社会，非理性情绪在政治发展过程中都会产生一定的作用。尽管人们不喜欢，但非理性的存在却是现实，人们不得不接受。人性有光辉的一面，也有阴暗的一面，人们不可能只接受光辉的一面，拒绝阴暗的一面。因此，如何平衡非理性和理性就成为关键。在减少和控制非理性方面，研究者提出了两条途径，一是形成网络群体的自律，二是政府建立基于法律基础之上的网络监管制度。然而到目前为止，我们在中国既没有看到普遍的网络自律行为，政府方面除了主观随意的政治控制之外，也并没有对网络形成有效的监管。

第三，对政府来说，互联网可以提高政府运作效率，但也有可能导致权力的瘫痪。传统权力是根据客观存在的社会等级组织起来的，如果互联网成为组织权力的工具，会发生什么呢？互联网的本质是开放、分散和分权，那么互联网会使权力更有效，还是更虚无？从发展趋势来说，可能是后者。通过互联网，社会群体可以主导权力的形成，各个社会群体都可以对政治权力施加影响。就是说，在大多数情况下社会是分化的，人们找不到一个整合

操纵	*cāozòng*	v.	to manipulate, to operate; ～＋市场 / 大众情绪 / 设备
泛滥	*fànlàn*	v.	to overflow, to spread unchecked; 假产品 / 毒品＋～
崇拜	*chóngbài*	n./v.	worship; to adore; ～＋ sb./ 偶像 / 权力
体现	*tǐxiàn*	v.	to embody, to reflect
明星	*míngxīng*	n.	star (e.g. a movie star or basketball star)
非理性	*fēilǐxìng*	adj.	irrational（理性：rational）
情绪	*qíngxù*	n.	emotion, mood
暴露无遗	*bàolùwúyí*	idm.	to be thoroughly exposed; sth. ＋～
劣根性	*liègēnxìng*	n.	deep-rooted bad habit, inherent/innate weakness
淋漓尽致	*línlíjìnzhì*	idm.	incisively and vividly, thoroughly; 表现 / 描绘＋～
拒绝	*jùjué*	v.	to refuse; ～＋ sb./V.P.
平衡	*pínghéng*	v./n.	to balance; balance
途径	*tújìng*	n.	way, channel, path, solution
自律	*zìlǜ*	n.	self-discipline
基于	*jīyú*	prep.	based on, according to; ～＋法律 / 事实
监管	*jiānguǎn*	v.	to supervise and control, to keep watch
主观	*zhǔguān*	adj.	subjective; ～＋感受 / 看法
随意	*suíyì*	adj./adv.	willing, instinctive; as one pleases
运作	*yùnzuò*	v.	to operate; 政府 / 公司＋～
效率	*xiàolǜ*	n.	efficiency
瘫痪	*tānhuàn*	v.	to be paralyzed/crippled/disabled; 身体 / 交通＋～
根据	*gēnjù*	v.	to be based on, to be according to
客观	*kèguān*	adj.	objective, impartial
存在	*cúnzài*	v./n.	to exist; existence
等级	*děngjí*	n.	rank, grade, hierarchy; ～＋制度 / 社会
本质	*běnzhì*	n.	essence, nature
虚无	*xūwú*	n.	nothingness
趋势	*qūshì*	n.	trend, tendency, inclination
后者	*hòuzhě*	n.	the latter
主导	*zhǔdǎo*	v.	to lead, to guide
施加	*shījiā*	v.	to impose, to exercise;（向…）～＋压力 / 影响
分化	*fènhuà*	adj.	split, differentiated
整合	*zhěnghé*	v./n.	to reorganize and consolidate; integration

的社会。分化的社会通过互联网而形成分化的权力体系。互联网削弱权力是一个全球性的趋势。在这样的情况下，政府如何获取足够的权力？从长远看，或许会发展出一个全新形态的社会，一个互联网主宰人类的社会。

互联网对社会和政治会产生怎样的长远影响？这需要长期的观察和深入的研究。但在现阶段，在政治参与和社会管理方面，如何充分发挥互联网建设社会秩序的作用，而弱化其破坏社会秩序的功能，这是所有国家都面临的问题。

本文是作者于广东省惠州市

“第三届中国网络问政研讨会”上的演讲

2012 年 9 月 23 日

体系	*tǐxì*	n.	system; 法律 / 管理＋～
削弱	*xuēruò*	v.	to weaken, to debilitate; ～＋权力 / 影响力
长远	*chángyuǎn*	adj.	long-term; ～＋利益 / 规划 / 考虑
形态	*xíngtài*	n.	form, shape, morphology; 社会 / 经济＋～
主宰	*zhǔzǎi*	v.	to dominate, to control; ～＋命运 / 世界 / 人生
观察	*guānchá*	v./n.	to observe; observation
深入	*shēnrù*	adj./adv.	thorough; thoroughly; ～＋观察 / 思考 / 研究
现阶段	*xiàn jiēduàn*	n.	at the present stage/period/phase
充分	*chōngfèn*	adv./adj.	fully; sufficient, adequate, ample; ～＋发挥 / 说明
秩序	*zhìxù*	n.	order, sequence; 社会～
弱化	*ruòhuà*	v.	to weaken, to deteriorate, to wane; ～功能
破坏	*pòhuài*	v.	to destroy, to damage; ～＋环境 / 家庭 / 关系 / 心情
功能	*gōngnéng*	n.	function

重要语言点

Essential Structures and Patterns

1 扮演…的角色

to play the role of . . .

◆ 在互联网刚刚出现的时候，谁也没有想到，这种在大多数国家仅仅是社交工具的技术，可以在今天的中国扮演如此重要的政治角色。

◇ 政府在推行义务教育的过程中不能只扮演资助者的角色。

◇ 在传统社会中，男权文化要求女性扮演好贤妻良母的角色。

2 在…前提下，…

On the premise of . . ., . . .

◆ 在这个前提下，开放又可引发另外两个过程，即竞争和参与。

◇ 科学技术革命通常是在自然科学理论取得重大突破的前提下才出现的。

◇ 中国政府提出，在承认“一个中国”的前提下可以与台湾进行和平谈判。

3 把X和Y等同起来

to equate X with/to Y rashly (with a negative connotation)

◆ 另一种观点则认为，互联网是民主化的工具，有学者更是简单地把互联网化和民主化等同起来。

◇ 你不应该把出国留学、出国工作和不爱国等同起来。

◇ 过去常有人把计划经济和社会主义，市场经济和资本主义等同起来，其实这种看法是错误的。计划经济和市场经济只是两种手段，在任何社会制度中，两者都可以同时存在。

4 …是一回事，…是另（外）一回事。

... is one thing, ... is another.

◆ 推翻一个政权是一回事，而建设一个新制度则完全是另外一回事。

◇ 政府制定政策是一回事，能否落实这一政策是另一回事。

◇ 在现在很多年轻人看来，谈恋爱是一回事，结婚是另一回事，结婚根本不是谈恋爱的目的。

5 较之X，Y…

Compared to X, Y ...

◆ 较之所有的传统媒体工具，互联网是最分散和分权化的。

◇ 较之发展中国家，西方发达国家拥有更完善的政治制度和法律制度。

◇ 研究显示，较之陌生人，人们往往更愿意为自己的亲人和朋友做出牺牲。

6 为了verb 而 verb

to do (something) ... for the sake of doing (something) ...

◆ 他们为了做官而做官，而和社会没有实质性的关联。

◇ 他对能赚钱的热门专业完全不感兴趣，他是为了学习而学习。他的目的是要了解人们怎样生活，了解人们心里想些什么，弄清楚生活的目的，使自己的生活过得更有价值。

◇ 我觉得让自己以最舒服的方式生活是最重要的，所以不想为了工作而工作。

7 **不可否认**

undeniably

◆ 不可否认，今天中国的政府和社会群体之间、官员和人民之间，存在着一堵又一堵有形或无形的“城墙”。

◇ 他虽然在政治上有问题，但他为科学发展做出的巨大贡献是不可否认的。

◇ 不可否认，改革开放以来，中国的经济和社会得到了全面的发展，但是不能因此而忽视环境污染、贫富差距等社会问题。

8 **所说的/所谓的…，指的是…**

By . . . , we mean . . .

◆ 我们这里所说的政治竞争，指的是政治人物之间的竞争，通过竞争选拔，或者选举出管理国家社会经济事务等方方面面的人才。

◇ 我们所说的“一国两制”指的是在香港和澳门实行的“一个国家（中华人民共和国），两种制度（社会主义和资本主义）”。

◇ 所谓的“网络反腐”，指的是民众利用网络，揭发政府官员的腐败行为。

9 **把X和Y结合起来**

to combine X with Y

◆ 中国要发展民主，理应把选拔和选举结合起来。

◇ 大学生毕业以后，应该把学到的知识、理论和社会实践结合起来，才能为社会做出更大的贡献。

◇ 选择专业的时候，应该把自己的兴趣爱好和社会需求结合起来。

10 一旦…，就…

once . . . , then . . .

◆ 国家辛辛苦苦培养很多年的干部，一旦重用，就会发现是一个"病人"。

◇ 很多孩子由于受到过多关爱，长大后一旦离开父母，就难以独立适应社会。

◇ 一旦发生战争，黄金、石油和粮食价格就必然上涨。

11 （通过）…，从而…

(Through) . . . , thus/thereby . . .

◆ 这种双向的沟通有助于发展出"商谈"民主。在"商谈"的基础上再进行选举，从而提高选举民主的质量。

◇ 文革结束后，中国通过进行有效的制度改革，从而快速走上现代化的道路。

◇ 我们通过讨论和辩论，从而使问题越来越清楚，解决方法也越来越明确。

12 对…施加影响

to impose/exercise influence on . . .

◆ 通过互联网，社会可以主导权力的形成，各个社会群体都可以对政治权力施加影响。

◇ 在朝鲜问题上，美国总是希望中国对朝鲜施加影响，改变其核武器计划。

◇ 如果人类对自然世界施加过多的影响，必然会遭到环境的报复，环境污染威胁人类健康就是最好的例子。

词汇练习

Vocabulary Exercises

I Provide an appropriate noun to make a meaningful phrase, then make a sentence with each of the expanded phrases:

参与______ 推翻______ 制定______ 释放______

引发______ 赋予______ 落实______ 暴露______

行使______ 培养______ 把握______ 施加______

发挥______ 观察______ 适应______ 削弱______

II Using the underlined expressions in each sentence, make new sentences:

1 在互联网刚刚出现的时候，谁也没有想到，这种在大多数国家仅仅是社交工具的技术，可以在今天的中国扮演如此重要的政治角色。

2 在这个前提下，开放又可引发另外两个过程，即竞争和参与。

3 在西方，有关互联网的作用有两个截然相反的观点。

4 另一种观点则认为，互联网是民主化的工具，有学者更是简单地把互联网化和民主化等同起来。

5 推翻一个政权是一回事，而建设一个新制度则完全是另外一回事。

6 较之所有的传统媒体工具，互联网是最分散和分权化的。

7 不可否认，今天中国的政府和社会群体之间、官员和人民之间，存在着一堵又一堵有形或无形的“城墙”。

8 我们这里所说的政治竞争，指的是政治人物之间的竞争，通过竞争选拔，或者选举出管理国家社会经济事务等方方面面的人才。

9 中国要发展民主，理应把选拔和选举结合起来。

10 国家辛辛苦苦培养很多年的干部，一旦重用，就会发现是一个“病人”。

11 这种双向的沟通有助于发展出“商谈”民主。在“商谈”的基础上再进行选举，从而提高选举民主的质量。

12 互联网已经给人们参与政治活动带来了前所未有的开放性，增加了参与的广度和深度。

III Answer the following questions. In your response, incorporate at least three of the expressions provided; feel free to use more if possible.

1 互联网对中国的政府、社会和个人生活会有什么样的影响？
(扮演…角色；反腐；推进；施加…影响；方方面面；前所未有；互动)

2 “每个人都应该享有绝对的互联网自由，想说什么就说什么！”你对这种看法有何评价？
(至关重要；限度；不可否认；非理性；操纵；随意；泛滥)

3 民主制度和言论自由的好处是什么？
(赋予；参与；监督；评论；迫使；从而…；避免；弊端)

问题讨论

Discussion Topics

1 互联网技术给你的生活带来了哪些影响？ 对国家和社会又有怎样的影响？ 请举例说明。

2 你觉得中国政府可能会喜欢互联网的哪些方面？ 不喜欢互联网的哪些方面？ 美国或其他国家的政府会有同样的看法吗？

3 有关互联网对国家、社会、政府和人民所起的作用，专家学者持怎样的观点和态度？ 作者的看法是什么？ 你同意哪一种看法？

4 为什么作者认为中国的政治是“城堡政治”？ 这样的政治有什么特点？ 有哪些弊端？ 美国或其他国家的政治情况与中国比起来，有哪些不同？

5 互联网是如何促进政治的开放性的？ 互联网对美国或者其他国家的政治有哪些影响？

6 作者所说的“竞争出人才”是什么意思？ 竞争会带来哪些好处？ 有没有坏处？ 在现代社会，“竞争”更重要，还是“合作”更重要？

7 “选举”和“选拔”有何不同？ 各有哪些利弊？ 你认为哪一种制度更合理、更有效？ 作者认为西方的选举制度导致了很多政治问题，你同意吗？

8 举例说明什么是“暗箱操作”，什么是“阳光政治”。在美国或其他国家，选举或选拔的时候有没有“暗箱操作”的情况？

9 “商谈民主”的好处是什么？ 怎样可以发展出“商谈民主”？ 跟“商谈民主”比起来，由一个人、一个党或者多数人投票的结果来决定一切，可能会产生什么样的问题？

10 你觉得中国的贪污腐败现象是由于哪些原因造成的？ 互联网技术的推广和普及，能否完全解决贪污腐败的问题？

11 老百姓的舆论监督对政府官员的行为会有怎样的影响？

12 互联网给政治参与带来哪些问题和挑战？ 各国政府应该如何解决和应对？

13 你崇拜什么样的人？ 你如何看待“名人崇拜”？ 你认为名人的影响过大会给社会带来什么样的问题？

14 你觉得美国或其他发达国家是不是“崇拜金钱”的社会？ 人人都爱钱，你觉得对待金钱，什么样的态度是合适的？

15 作者认为，人的非理性特征在互联网上表现得淋漓尽致，暴露无遗。因此，网络也应该实行“实名制”，即在网上也必须使用真实的姓名和身份，这样有利于形成有效的监督和管理，也有利于人们理性地表达自己的看法。你同意吗？

研究与报告

Research and Reports

通过网络或其他资料，选择一个题目进行研究，总结和引用现有的看法和研究成果，并提出自己的见解，为大家做一个5分钟左右的报告。

Use the Internet or other resources to research one of the following topics. Summarize and reference current arguments and research findings, offer your own opinion and interpretation, and compile your findings into a five-minute presentation.

1 选择一种网络社交工具，如：微信（WeChat）、推特（Twitter）、脸书（Facebook）等，说说它们的基本功能以及对人们生活方式的影响。

2 举例说明网络购物对人们消费方式的影响。

3 研究一位政治人物的社交媒体（social media）使用情况，并分析对其政治生活的影响。

辩论
Debate

请老师组织学生进行辩论。辩论前，先请老师将学生分成正、反两方，请学生按要求准备辩论稿，并尽可能多利用课文的内容、生词和语法。辩论稿应包括你的观点、支持观点的例子、数据和其他材料。辩论过程分为陈述观点、自由辩论、总结陈词三个部分。每部分，正、反双方交替进行。自由辩论时，请各方仔细聆听、记录和分析对方观点，并进行反驳。

As a class, hold a debate. Before the debate, the teacher will assign each student to either the affirmative or the negative side. Students will be expected to prepare debate speeches accordingly, using the essays discussed and incorporating new vocabulary and grammar learned in class. The debate speech should cover the student's argument and provide supporting evidence in the form of examples, statistics, etc. Debates will consist of three sections—opening statements, free debate (rebuttals and Q&A), and closing statements. The affirmative and the negative sides will take turns in each section of the debate. During free debate, each side will listen, record, and carefully analyze the other side's argument to formulate rebuttals.

正方：政府应该加强网络管理

反方：人民应该完全享有网络自由

作文
Composition

1 互联网让人们的自由增多了还是减少了？谈谈网络对个人生活、个人隐私、个人自由和权利的影响。

2 有人认为网络管理权是一个国家的主权，有人认为"网络无国界"。你同意哪一种看法？请谈谈互联网对当今世界的政治、经济及文化的影响。

Read the passage, then complete the tasks that follow.

网络自由与网络审查

张永涛

互联网作为新生事物，一开始并未引起政府的注意。随着其功能的日益复杂化和使用范围的逐步扩大，互联网给社会管理带来的挑战也越来越严峻，进而逐渐成为社会稳定、国家安全“最狡猾的敌人”。网络自由与政府审查之间的“战争”，就像“猫和老鼠”的游戏，永远不会停止。一旦网络技术有了新发展，互联网有了新功能，政府的审查也会随之升级。

人们一谈起网络审查，很容易就联想到专制政权。事实上，标榜民主与自由的美国，早在1996年就制定了《通信规范法》(Communications Decency Act)。该法律的主要目的是为了限制青少年浏览“不道德”的网站。但这一法律通过后不久，因违反了美国《宪法》关于言论自由的条款而被宣布无效。然而，政府扩大权力的脚步并未因此而停止。很快，在2000年施行了《数字千年版权法》(Digital Millennium Copyright Act)，该法律主要是为了保护创作者在网络上的知识产权。9·11以后，美国政府以反恐为由，迅速扩大对网络监管和审查的权力。

与美国一样，中国的网络审查也是在保护青少年的名义下开展的。审查的对象，从色情、赌博等“不道德”的网站逐步扩大到谷歌、脸书、《纽约时报》等有潜在政治危险的网站。然而，在中国要想浏览一下黄色网站并不困难，而要想看一篇《纽约时报》的文章或者查询所谓的“敏感词”就势比登天了。中国网络控制的重点从道德领域转向了政治领域，这大概是中美两国网络审查的最大不同。

网络自由与国家安全的矛盾，也随着网络技术的进步而日益激化。谷歌地球（Google Earth）使得窥探“邻居家的后院儿”变得轻而易举。这也意味着，互联网也为恐怖分子获取所需的情报甚至军事机密打开了方便之门。于是，各国有了“维护国家安全”这一理由之后，可以肆意扩大政府权力，毫无顾忌地侵害个人隐私。在网络自由与网络审查的“战争”中，网络自由最强大的“敌人”，恐怕就是“国家安全”了。

I Based on the passage, answer the following multiple-choice questions:

1 政府审查互联网，最主要是因为互联网：

a 是新事物
b 发展特别快
c 功能很复杂
d 可能会威胁社会稳定和国家安全

2 关于美国网络审查的案例，理解正确的是：

a 作者批评美国保护青少年保护得不够
b 无论民主自由国家还是专制国家，都想获得网络审查权力
c 9·11是美国政府获得网络审查权利的开始
d 美国的网络审查其实没有任何合理性和必要性

3 关于中国的网络审查，理解正确的是：

a 中国政府最重视保护青少年
b 中国只会审查美国的网站
c 政治等敏感信息是中国政府审查的重点
d 色情网站在中国遭到了彻底禁止

4 对划线词语"势比登天"的理解应该是：

a 要想做到，非常困难
b 力量非常强大
c 需要好几天的时间
d 就像到了天堂一样快乐

5 这篇文章最后一段，理解正确的是：

a 谷歌地球应该被彻底禁止
b 政府可能会以国家安全为借口干涉网络自由
c 恐怖分子常常窥探"邻居家的后院"
d 政府常常利用互联网技术打击恐怖分子

II Reread the passage. Circle useful words in the text, then write down their definitions (in Chinese or English), drawing on either the context or a dictionary.

Vocabulary	Meaning

III Underline challenging sentences in the text. Then discuss their meaning and function with your classmates or teacher.

IV Summarize the main idea of each paragraph in one sentence:

1 ____________________

2 ____________________

3 ____________________

4 ____________________

V With a partner or in a small group, hold a conversation based on the following prompts:

1 在互联网领域，你认为政府应该有什么样的权力，不应该有什么样的权力？

2 结合所学课文，谈谈互联网给国家、社会和个人带来的挑战。

3 国家安全和自由权利哪一个更重要？ 为什么？

第七课
Lesson 7

中国如何改革成为清廉国家

郑永年

SELECTED BY CHIH-P'ING CHOU
EDITED AND PREPARED BY YUNJUN ZHOU

背景简介
Background Information

腐败问题是中国当今最严重的社会问题之一。导致腐败的原因是多方面的，人性的贪婪、道德的沦丧、官场文化的陷阱、制度的不完善都有可能助长腐败之风。腐败所造成的后果也是不言而喻的，既会严重损害百姓的利益，也会威胁到统治者的统治地位，导致“亡党亡国”。

因此，把中国建设成为清廉国家，既是老百姓所期望的，也是历届中国政府所严重关切的。在作者看来，清廉既不能靠“拍苍蝇”、“打老虎”这类反腐运动，也不能坐等中国建立民主制度之后自动实现。清廉制度的建立既不能只流于口号的宣传，更不可寄希望于暴力革命，而是靠循序渐进的制度改革来实现的。

自 2012 年习近平成为中国最高领导人以来，反腐败成了他执政的核心政策之一。不少高级官员因此纷纷落马，老百姓拍手称快。然而，这场反腐运动能否持续进行？是否又会落入“越反越腐败”的陷阱？新一届政府如何面对“不反亡党，反腐亡国”的困境？这些都是值得我们思考的问题。

中国如何改革成为清廉国家？

郑永年

预习提示
Preview Questions

- 作者的看法哪些可能是中国政府所乐于接受的？哪些不是？为什么？
- 腐败是一个道德问题还是一个法律问题？

今天用这个题目来讨论中国的腐败问题，至少有三层含义。第一，承认中国目前存在的腐败情况；第二，中国可以成为清廉国家；第三，从腐败到清廉要通过改革来实现。

今天中国官员的腐败状况不用多说。简单地说，腐败已经发展到令人发指的程度。腐败的方式层出不穷，如果说其他方面创新不足，那么官员在腐败方面的创新则是世界一流的。腐败的层级也越来越高，近些年，每年都有一些高级干部的腐败案件。腐败的规模更不用说了，从80年代的几万、几十万，已经发展到今天的几亿、几十亿，甚至上百亿。实际上，很多腐败案件已非正常人所能理解。

人们对中国腐败情况的认识是很清楚的。中国历届领导人都一而再，再而三地强调腐败会导致"亡党亡国"。中国老百姓对腐败也深恶痛绝，很多抗议运动，也就是中国政府所说的"群体性事件[1]"，都和不同层级的官员腐败有关。在"透明国际"（Transparency International）每次有关腐败的调查报告中，中国总是被视为最为腐败的国家

[1] 群体性事件（civil disorder）也叫骚乱，是指由于贫富差距过大、公民权益受损、贪污腐败、环境污染等原因引起的民众集体抗议活动。中国政府使用"群体性事件"是委婉说法，目的是为了淡化事件的严重性。

如何	*rúhé*	q.w.	how, by means of
清廉	*qīnglián*	adj.	uncorrupt, fair, honest and upright
讨论	*tǎolùn*	v./n.	to discuss; discussion; ～＋问题／看法
腐败	*fǔbài*	adj.	corrupt; ～＋政府／官员
层	*céng*	n.	layer, tier
含义	*hányì*	n.	connotation, meaning
承认	*chéngrèn*	v.	to acknowledge, to recognize, to accept; ～＋ clause
实现	*shíxiàn*	v.	to realize, to achieve; ～＋目标／理想／梦想
状况	*zhuàngkuàng*	n.	status, situation
令人发指	*lìngrén fàzhǐ*	idm.	to make one bristle with anger, heinous; 行为～
程度	*chéngdù*	n.	level, degree
层出不穷	*céngchūbùqióng*	idm.	to appear one after another, to emerge in an endless stream (derogatory); 问题／事件／现象＋～
创新	*chuàngxīn*	v./n.	to innovate; innovation, creation 制度／文化＋～；＋精神／机制
一流	*yīliú*	adj.	first-rate, exceptional, outstanding; ～＋质量／人才／大学
层级	*céngjí*	n.	levels and ranks
干部	*gànbù*	n.	cadre, officer
案件	*ànjiàn*	n.	law case
规模	*guīmó*	n.	scale, scope
亿	*yì*	num.	hundred million
已非	*yǐfēi*	phr.	no longer（已非：已经不是）
历届	*lìjiè*	n.	all previous (sessions, governments, etc.)
一而再，再而三	*yīérzài, zài'érsān*	idm.	again and again; ～＋强调／说／V.P.
强调	*qiángdiào*	v.	to stress, to emphasize
亡党	*wángdǎng*	v.-o.	to cause a party to perish
亡国	*wángguó*	v.-o.	to cause a state to perish
深恶痛绝	*shēnwù tòngjué*	idm.	to detest, to abhor, to hate; 对…＋～
抗议	*kàngyì*	v.	to protest; ～＋活动／游行
运动	*yùndòng*	n.	movement, campaign; 民权／政治＋～
群体性	*qúntǐxìng*	n.	mass, group; ～＋活动／事件
事件	*shìjiàn*	n.	event; 政治／历史＋～
透明国际	*Tòumíng Guójì*	p.n.	Transparency International (a non-governmental organization that monitors and publicizes corruption)
调查	*diàochá*	v.	to investigate; ～＋案件／情况

之一，腐败也已经极其严重地影响了中国的国际形象。这些年来，中国政府致力于提高在国际社会中的软实力，对很多国家来说，人们非常羡慕中国的经济发展成就，也想学习中国的经验。然而，一旦当他们看到中国腐败的情况，就望而却步了。因此，不管穷国还是富国，人们都对腐败极为憎恨。

在中国，腐败已经成为一种广为接受的官场文化。尽管很多官员也痛恨腐败，但一旦身处官场，就必然腐败，无论是主动腐败还是被动腐败。有人说，官员不腐败，就不能开展工作。如果是这样，情况就真的很糟糕。的确，执政党领导层每天都在强调反腐败，反腐败的力度也越来越大，但腐败的情况仍然越来越糟糕。越反越腐败，这是人们所深深担忧的，也使得很多人越来越悲观。

但如果从历史经验以及中国与其他国家的比较来看，担忧是应该的，而悲观则是没有必要的。很多国家也经历过很长的腐败历史，甚至比中国更为腐败。从这个意义上说，腐败的出现不足为奇。只要有人的地方，就会发生腐败。人类历史上，不同国家在不同的发展阶段，都会出现各种不同的腐败状况。问题是如何应对腐败？一些国家因为缺乏有效遏制腐败的措施，腐败已经成为其文化和制度的一部分。专制时期腐败，民主化之后也同样腐败。亚洲、非洲、拉丁美洲的一些国家和社会就是这样。但更多的国家，通过各方面的改革，遏制了腐败，建立了清廉政府。很多西方国家是这样，亚洲的韩

极其	*jíqí*	adv.	extremely; ～＋ disyllabic adj./emotional v.
形象	*xíngxiàng*	n.	image; 人物 / 企业 / 国家＋～
致力于	*zhìlìyú*	v.	to commit/devote oneself to; ～＋ V.P./…事业
软实力	*ruǎnshílì*	n.	soft power; 国家～
羡慕	*xiànmù*	v.	to admire, to envy
成就	*chéngjiù*	n.	achievement
一旦	*yídàn*	conj.	as soon as (an undesirable result or consequence)
望而却步	*wàngér quèbù*	idm.	shrink back at the sight of (sth. dangerous or difficult)
极为	*jíwéi*	adv.	extremely; ～＋ disyllabic adj./emotional v.
憎恨	*zēnghèn*	v.	to detest; ～＋ sb./…的行为
广为	*guǎngwéi*	adv.	widely, broadly; ～＋接受 / 流传
官场	*guānchǎng*	n.	officialdom, administration, bureaucracy
痛恨	*tònghèn*	v.	to hate, to abhor, to despise
身处	*shēnchǔ*	v.	to be in (a place or situation)
主动	*zhǔdòng*	adv.	actively, on one's own initiative; ～＋要求 / 放弃 / 提出
被动	*bèidòng*	adv.	passively; ～＋接受 / 防御
开展	*kāizhǎn*	v.	to develop, to launch; ～活动
糟糕	*zāogāo*	adj.	bad, terrible
的确	*díquè*	adv.	indeed
执政党	*zhízhèngdǎng*	n.	ruling party
领导层	*lǐngdǎocéng*	n.	leading cadre, group of leaders
力度	*lìdù*	n.	intensity, strength; 打击 / 工作 / 执行＋～
担忧	*dānyōu*	v.	to worry, to be anxious
悲观	*bēiguān*	adj.	pessimistic; ～＋看法 / 态度 / 主义 / 情绪
经历	*jīnglì*	v./n.	to experience, to go through; experience
不足为奇	*bùzú wéiqí*	idm.	not at all surprising
应对	*yìngduì*	v.	to respond to (a problem, an emergency, or trouble)
缺乏	*quēfá*	v.	to lack, to be deficient in
遏制	*èzhì*	v.	to keep within limits, to contain; ～＋腐败 / 发展
措施	*cuòshī*	n.	measure, action; 采取 / 制定＋～
专制	*zhuānzhì*	n.	despotism, dictatorship
拉丁美洲	*Lādīng Měizhōu*	p.n.	Latin America
建立	*jiànlì*	v.	to establish, to build up; ～＋国家 / 政权

国、香港和新加坡也是这样。如此看来，中国也同样面临两种不同的命运。如果能够制定有效的措施来遏制腐败，国家有可能变得清廉；反之，如果找不到有效的方式，腐败的情况将会持续恶化。

清廉国家从来都不是从天上掉下来的，而是人们争取来的。但这里要强调的是，大多数清廉政府是通过改革而来，而非通过革命而来。很多政权因为腐败而被推翻，但并不是说新建立的政府就能变得清廉。革命推翻了腐败的政府，但革命之后的情况又会怎样呢？中国历史上一些农民革命后建立起来的政权都是极其腐败的。中产阶级的革命要好一些，但也不能保证新建立的政权是清廉的。

经验告诉我们，组织推翻旧政府的政治群体或者说革命者，往往都怀有革命理想，在建立政权之初能够做到清廉。如果这一代怀有革命理想的群体能够建立有效的制度，下一代政权仍然可能保持清廉，否则，很容易转向腐败。但是，没有一个政权的清廉建设是一劳永逸的。人性本恶，一旦有机会，人们就会腐败。要保持政府的清廉，改革是一项永恒的事业。政府的外在环境变化了，就要通过进一步的改革来防止和遏制腐败。

在讨论如何通过改革来建设清廉政府之前，有必要讨论一下，中国社会有关腐败的几种主要看法。这些看法主要讨论和分析中国为什么变得那么腐败，以及如何才能变得清廉。

一种看法认为，执政党对腐败造成的后果认识不够、对反腐败的重视不够，制度建设不够。其实

新加坡	*Xīnjiāpō*	p.n.	Singapore
命运	*mìngyùn*	n.	fate
制定	*zhìdìng*	v.	to formulate, to draw up (a principle, law, or policy)
反之	*fǎnzhī*	adv.	conversely, on the other hand
持续	*chíxù*	adv.	persistently; ～＋增长 / 发展 / 降低 / 恶化
恶化	*èhuà*	v.	to worsen, to deteriorate; 情况 / 病情 / 问题 / 环境＋～
从天上掉下来	*cóng tiānshang diàoxià lai*	prov.	out of nowhere, at no cost, (lit.) to come down from the sky; 幸福 / 成功 / 自由＋不是＋～的
争取	*zhēngqǔ*	v.	to strive for, to fight for; ～＋权利 / 自由 / 支持
革命	*gémìng*	n.	revolution
政权	*zhèngquán*	n.	regime, political power
推翻	*tuīfān*	v.	to overthrow; ～＋政府 / 政权
中产阶级	*zhōngchǎnjiējí*	n.	middle class
保证	*bǎozhèng*	v./n.	to pledge, to guarantee; assurance, pledge
群体	*qúntǐ*	n.	group, assemblage
怀有	*huáiyǒu*	v.	to harbor, to have; ～＋理想 / 希望 / 感情
理想	*lǐxiǎng*	adj./n.	ideal; ideal
- 之初	*zhīchū*	n.	at the beginning of; 建国 / 世纪＋～
代	*dài*	n./m.w.	generation; 一～人; 几～人; 年轻一～
否则	*fǒuzé*	conj.	otherwise, contrarily
一劳永逸	*yìláo yǒngyì*	idm.	to make a great effort to accomplish something once and for all to eliminate future troubles
人性本恶	*rénxìng běn è*	phr.	human nature is evil
项	*xiàng*	m.w.	measure word for principles, rules, assignments, tasks, and activities (e.g. 一项＋原则 / 制度 / 工作 / 任务 / 活动)
永恒	*yǒnghéng*	adj.	eternal, everlasting; ～＋爱 / 信念 / 主题 / 话题 / 事业
外在	*wàizài*	adj.	external; ～＋条件 / 原因 / 因素
防止	*fángzhǐ*	v.	to prevent; ～…的＋发生 / 蔓延 / 流失 /clause
分析	*fēnxī*	n./v.	to analyze; analysis; ～＋形势 / 情况 / 问题
后果	*hòuguǒ*	n.	consequence
重视	*zhòngshì*	v.	to emphasize, to pay attention to; ～＋ sth./sb.
制度	*zhìdù*	n.	system, structure, rule

不然，首先从政策上看，执政党对腐败不是没有认识，执政党已经把腐败提到“亡党亡国”的高度。其次，执政党也很重视反腐败。这些年来，每年都会发动大规模的反腐败运动，每年都会有大量的官员因为腐败而下马，坐牢，甚至被杀头。不定期的反腐败运动，已经成为执政党反腐败的最常用的方法。这种方法也经常招致批评，被认为是超越了法制。再者，也不能说执政党在反腐败方面没有制度建设。较之其他国家，中国反腐机构是最多的，从中央到地方，党有一套反腐系统，政府也有一套。反腐败、预防腐败、廉政建设等等，名称和机构多得谁也记不住，谁也搞不清楚。但问题是，尽管有强烈的反腐败意识、频繁的反腐败运动和各种各样的制度建设，但腐败还是在恶化，这是需要认真思考的。

第二种看法是中国官员的腐败是因为惩罚不够。这种说法更不能成立。中国很多官员因腐败而被判死刑。今天社会上在讨论要不要废除经济犯罪的死刑，但政府不敢轻易取消。实际上，一旦官员涉及腐败，受到牵连的不仅仅是官员本人，而且往

不然	*bùrán*	conj.	not so, not the case
高度	*gāodù*	n.	height
发动	*fādòng*	v.	to launch, to start, to mobilize; ～＋革命 / 运动 / 战争
下马	*xiàmǎ*	v.	to fall from a position of privilege, (lit.) to dismount from a horse; 官员～
坐牢	*zuòláo*	v.-o.	to be in jail
杀头	*shātóu*	v.-o.	to behead
定期	*dìngqī*	adj./adv.	regular, (lit.) fixed time interval; regularly; ～＋存款 / 航班；～＋举行 / 考试 / 检查
招致	*zhāozhì*	v.	to incur; ～＋失败 / 灭亡 /…的后果
超越	*chāoyuè*	v.	to surpass, to exceed, to transcend; ～＋对手 / 极限
法制	*fǎzhì*	n.	legal system
再者	*zàizhě*	adv.	furthermore, besides
较之	*jiàozhī*	v.-o.	to compare with/to; 较之 Y, X…
套	*tào*	m.w.	set, suit; 一套＋房子 / 家具 / 设备 / 教材 / 系统
系统	*xìtǒng*	n.	system
预防	*yùfáng*	v.	to prevent, to take precautions against
廉政	*liánzhèng*	phr.	uncorrupt government, respectable and honest government
名称	*míngchēng*	n.	name (of a thing or organization), designation
机构	*jīgòu*	n.	organization, institute
强烈	*qiángliè*	adj.	strong, intense (of a desire, a feeling, or opposition); ～要求
意识	*yìshí*	n.	consciousness, awareness
频繁	*pínfán*	adv.	frequently; ～＋点头 / 交往
惩罚	*chéngfá*	v.	to punish; ～＋ sb.; 被 / 受到＋～
成立	*chénglì*	v.	to be valid, (lit.) to stand up (of an argument, claim, evidence, etc.); 理由 / 说法 / 观点 / 罪名＋～
判	*pàn*	v.	to sentence; ～（处）＋ sb. ＋死刑 / 三年有期徒刑
死刑	*sǐxíng*	n.	death penalty
废除	*fèichú*	v.	to abolish (a regulation, rule, or treaty)
犯罪	*fànzuì*	v.-o.	to commit a crime
轻易	*qīngyì*	adv.	easily, rashly (derogatory); ～＋取消 / 同意 / 反对
取消	*qǔxiāo*	v.	to cancel; ～＋资格 / 会议 / 决定 / 合同
涉及	*shèjí*	v.	to involve; ～＋问题 / 利益 / 范围
牵连	*qiānlián*	v.	to implicate; 受到 / 被＋～
本人	*běnrén*	prop.	oneself

往也包括其家人、亲戚、朋友和同事。近年来出现了一种新情况，就是官员的集体腐败。在一些案例中，整个领导班子卷入腐败；而在另一些案例中，上下级官员一同卷入腐败。所以，一旦哪位官员案发，就要承受来自其他官员的压力，很多官员不得不选择自杀。因此，从各方面来说，中国官员都面临很大的社会压力和政治压力。但是，为什么官员在腐败问题上，视死如归，前仆后继呢？如果连死都不怕，还有什么可怕的呢？知道案发就要杀头，家庭成员会受到牵连，为什么还要如此腐败？难道他们仅仅是为了碰碰运气？难道官员是为了腐败而腐败？

第三种看法是道德教育不够。道德在遏制腐败上起着极为重要的作用，清廉本身就是官员道德的内在部分。对官员的道德教育不足是很明显的，因为那么多官员腐败确实说明道德的沦丧。但是，不能说中国没有对官员进行道德教育，问题在于这种道德教育空洞无物。我们往往把非常抽象的意识形态作为道德教育的主要内容，而很多教育者本身就不理解道德教育为何物。一提起道德，无论哪位官员都可以大谈特谈，但这些都是说给别人听的，对说的人和听的人都毫无约束力。大家都明白这个道理，但谁也不把它当回事儿。还有一种道德教育是回到中国以前的“德治”。“德治”是中国儒家政治思想的核心，但“德治”的有效性是值得怀疑的。“德治”在历史上都没有能够有效遏制官员的腐败，如果再拿到现代社会，恐怕更成问题。

包括	*bāokuò*	v.	to include
亲戚	*qīnqi*	n.	relative
同事	*tóngshì*	n.	colleague
集体	*jítǐ*	n.	collective, cooperative enterprise
案例	*ànlì*	n.	case, example
领导班子	*lǐngdǎo bānzi*	n.	leading group
卷入	*juǎnrù*	v.	to become involved in; ～＋案件 / 事件 / 丑闻
上下级	*shàngxià jí*	n.	superior and subordinate
案发	*ànfā*	v.	to take place (of a crime)
承受	*chéngshòu*	v.	to bear, to endure (weight or pressure)
自杀	*zìshā*	v.	to commit suicide
视死如归	*shìsǐrúguī*	idm.	to be fearless and dauntless in the face of death, to face death unflinchingly; sb. ＋～
前仆后继	*qiánpūhòujì*	idm.	one man falls and another steps into the breach, to take up the positions of the fallen and rise to fight one after another; sb. (plural/collective) ＋～
成员	*chéngyuán*	n.	member
碰运气	*pèngyùnqi*	phr.	to try one's luck
内在	*nèizài*	n.	inward; ～＋规律 / 因素
沦丧	*lúnsàng*	v.	to perish, to decay, to disintegrate; 道德 / 国土＋～
空洞无物	*kōngdòngwúwù*	idm.	devoid of content, empty, vacuous; 文章 / 口号＋～
抽象	*chōuxiàng*	adj.	abstract; ～＋概念 / 问题
意识形态	*yìshíxíngtài*	n.	ideology
何物	*héwù*	prop.	what (何：什么；物：东西 / 事物)
提起	*tíqǐ*	v.	to mention, to speak of
大谈特谈	*dàtán tètán*	idm.	keep on talking about (sth.) (derogatory)
约束力	*yuēshùlì*	n.	force of constraint; (对…) 有 / 没有＋～
德治	*dézhì*	n.	rule of virtue
儒家	*Rújiā*	p.n.	the Confucian school
核心	*héxīn*	n.	core, kernel; ～＋思想 / 内容 / 问题
值得	*zhídé*	v.	to be worthy of; ～＋买 / 考虑 / 讨论 / 一提
成问题	*chéngwèntí*	phr.	become a problem

更为严重的是，今天中国的腐败已经不是道德所能解释的。腐败是私利观念造成的后果，官员通过腐败希望过上比别人更好的生活。追求一定的私利是可以理解的，但问题在于现在官员的贪污数量惊人，几亿、几十亿，甚至上百亿。不用说一辈子，就是几辈子都花不完；一个人花不完，整个家庭都花不完。这样的数量不是道德所能解释的，这种腐败的程度也是人类理性所难以理解的。

因此，从道德教育方面，可以得出两点结论。第一，道德教育没有效果；第二，官员的腐败已经远远超越道德范畴。也就是说，我们需要超越道德领域，来寻找遏制腐败的机制。

第四种看法是中国还没有实现民主化。海内外，持这种看法的人居多。这些人都是把清廉政府和民主政治联系起来，或者直接把民主政治等同于清廉政府。因为直觉和经验告诉我们，世界上大多数清廉政府都是民主政府，或者说，民主政治至少比专制政府要清廉得多。为什么民主制度更容易造就清廉政府呢？原因是多方面的。首先，民主政治强调政府内部权力的分散与制衡。“绝对的权力导致绝对的腐败”，这是普遍现象。若要遏制腐败，就要限制政府权力。其次，民主政治提倡法治。一旦官员腐败，必然受到法律的制裁。这里最重要的当然是司法独立，保障法律有效地执行。第三，民主政治是

解释	*jiěshì*	v./n.	to explain; explanation; ～＋现象 / 原因
私利	*sīlì*	n.	personal gain, private interest
追求	*zhuīqiú*	v.	to pursue; ～＋自由 / 光明 / 利润 / 美好生活 / 真理
贪污	*tānwū*	n.	corruption
数量	*shùliàng*	n.	quantity
惊人	*jīngrén*	adj.	astonishing, amazing; ～＋新闻 / 消息 / 毅力
一辈子	*yíbèizi*	n.	lifetime, all one's life
理性	*lǐxìng*	n./adj.	reason; rational
效果	*xiàoguǒ*	n.	effect, result
范畴	*fànchóu*	n.	category, scope
领域	*lǐngyù*	n.	field, sphere
寻找	*xúnzhǎo*	v.	to seek, to look for; ～＋机会 / 出路 / 方向 / 答案
机制	*jīzhì*	n.	means, method, mechanism
海内外	*hǎinèiwài*	n.	in-country and abroad
持	*chí*	v.	to keep, to hold; ～＋…观点 / 态度 / 看法
居多	*jūduō*	v.	to be in the majority
联系	*liánxì*	v.	to connect, to link
等同于	*děngtóngyú*	v.	to equal to; X 等同于 Y
直觉	*zhíjué*	n.	intuition
造就	*zàojiù*	v.	to form, to bring up; ～＋人才 / 成功 / 美好未来
分散	*fēnsàn*	v.	to decentralize, to scatter; 权力 / 注意力＋～
制衡	*zhìhéng*	v.	to ensure checks and balances; 权力～
绝对	*juéduì*	adj.	absolute
限制	*xiànzhì*	v.	to restrict; ～＋自由 / 时间 / 数量 / 人数
提倡	*tíchàng*	v.	to advocate
法治	*fǎzhì*	v.	to govern by law
制裁	*zhìcái*	v.	to sanction; ～＋…国 /…公司; 法律 / 政治 / 经济＋～
司法	*sīfǎ*	n.	jurisdiction, judicature; ～＋人员 / 部门
独立	*dúlì*	n./adj.	independence; independent
保障	*bǎozhàng*	v.	to ensure (safety or security), to protect (an interest)
执行	*zhíxíng*	v.	to carry out, to execute (a plan, order, policy, or law)

透明政治，官员必须生活在阳光下，透明政治可以预防官员的腐败。第四，在民主政治制度下，社会力量尤其是媒体，可以对官员产生很大的制约作用。

如果从民主政治这个角度来看，可以说中国官员的腐败是因为中国缺乏民主，官员手中的权力太大，既没有内部权力的制衡，也没有外部力量的制约。同时，中国法制不健全，大部分官员生活在封闭的城堡里，缺少阳光。

从理论上说，这种观点非常具有说服力。但从历史经验和现实来看，民主政治和清廉政府之间的关系还需要进一步探讨，虽然二者相关，但前者不能单独决定后者。民主政治能否造就清廉政府，至少受到其他两个重要因素的影响，即经济发展水平和国家基本制度建设。

经济发展水平对民主政治的影响是很明显的。社会经济发展水平低的国家，更容易发生腐败。如果根据西方的主流定义，民主就是开放选举，那么可以肯定地说，人均 GDP 只有 3 千美元的国家，比人均 GDP 达到 3 万美元的更容易腐败。

在西方近现代两百多年的历史中，大部分时间是精英民主。从政的不是贵族，就是资产阶级及其代理人。这些精英阶层的经济条件本来就很好，他们从政不是为了养家糊口，而是为了维护他们阶层的利益。当然，并不是说这些精英人物就不会腐败。

力量	*lìliàng*	n.	strength, power
尤其	*yóuqí*	adv.	especially
媒体	*méitǐ*	n.	media
制约	*zhìyuē*	v.	to restrict, to inhibit; ～发展；X 与 Y 互相～
健全	*jiànquán*	adj.	sound (law, rule, regulation, or organization)
封闭	*fēngbì*	adj.	closed, sealed
城堡	*chéngbǎo*	n.	castle
理论	*lǐlùn*	n.	theory
说服力	*shuōfúlì*	n.	persuasiveness
现实	*xiànshí*	n.	reality
探讨	*tàntǎo*	v.	to discuss, to explore, to inquire into; ～＋问题 / 原因 / 方法
单独	*dāndú*	adv.	independently
决定	*juédìng*	v./n.	to determine; decision
因素	*yīnsù*	n.	factor, element
基本	*jīběn*	adj.	basic
主流	*zhǔliú*	adj.	mainstream; ～＋社会 / 价值 / 文化
定义	*dìngyì*	n.	definition
选举	*xuǎnjǔ*	n./v.	election; to elect
肯定	*kěndìng*	adj.	affirmative
人均	*rénjūn*	adj.	per capita; ～＋收入 / 消费 / 住房面积
达到	*dádào*	v.	to reach, to be up to (a standard or goal)
精英	*jīngyīng*	n.	elite; 社会 / 文化＋～
从政	*cóngzhèng*	v.-o.	to enter politics
贵族	*guìzú*	n.	nobility, aristocracy
资产阶级	*zīchǎn jiējí*	n.	capitalist class
代理人	*dàilǐrén*	n.	agent; 销售 / 产品 / 资产阶级＋～
阶层	*jiēcéng*	n.	stratum, social class; 工薪 / 白领 / 高收入＋～
养家糊口	*yǎngjiā húkǒu*	idm.	to make a living and support one's family
维护	*wéihù*	v.	to safeguard (an interest, unity, or sovereignty)
利益	*lìyì*	n.	benefit, interest

相反，西方民主化早期也很腐败，后来随着社会经济的发展，整个社会生活水平的提高，民主政治文化的进步，政府逐渐变得比较清廉。不过，今天在大众民主时代，西方民主国家在应对腐败方面也面临着挑战。今天，任何人只要能够得到足够多的选票，就能获得政治权力。但对一些人来说，获得政治职位可能是为了养家糊口。当这个职位不能为其带来体面的生活的时候，处于这个职位上的人就有了腐败的动机。

在发展中国家，民主更是和腐败联系在一起。亚洲、非洲和拉丁美洲的一些国家和地区，尽管很早就实现了民主化，而且它们符合民主政治的所有定义，例如定期选举、制度上的权力分立、新闻自由和社会力量的制约等等，然而腐败仍然极其严重。这些国家经济本来就不发达，民主制度的建立，并不是说它们的内部条件已经具备了，而是人为引入的。不过，严峻的现实是，西方民主往往是多党制，而这些发展中国家的政党，往往并不是像西方那样建立在阶级或者阶层之上，而是建立在家族、宗教和部落等因素之上。因为这些国家经济发展水平低，蛋糕并不大，民主往往造成各党派之间争抢蛋糕的政治纷争，这种纷争往往还伴随着暴力。很明显，既然民主演变成争抢蛋糕之战，政府官员的腐败往往也在所难免。

相反	*xiāngfǎn*	adv./adj.	contrarily; contrary, opposite
早期	*zǎoqī*	n.	early stage
大众	*dàzhòng*	n.	the masses, general public
挑战	*tiǎozhàn*	n./v.	challenge; to challenge; 接受 / 面临 / 面对＋～；严峻～
选票	*xuǎnpiào*	n.	vote
获得	*huòdé*	v.	to acquire, to obtain; ～＋成功 / 好评 / 自由 / 学位
职位	*zhíwèi*	n.	position, job
体面	*tǐmiàn*	adj.	dignified, decent, prestigious; ～＋工作 / 生活
处于	*chǔyú*	v.	to be (in a certain condition)
动机	*dòngjī*	n.	motive, reason, purpose
符合	*fúhé*	v.	to be in accord with; ～＋标准 / 要求 / 条件 / 规定
分立	*fēnlì*	n.	separation, division (of power); 三权～
具备	*jùbèi*	v.	to have, to possess (a condition or qualification)
人为	*rénwéi*	adj.	planned, of human attempt/effort
引入	*yǐnrù*	v.	to introduce (from elsewhere); ～＋新技术 / 制度
严峻	*yánjùn*	adj.	severe (of a reality, situation, environment, or challenge); ～＋现实 / 形势 / 挑战
多党制	*duōdǎngzhì*	n.	multi-party system
政党	*zhèngdǎng*	n.	political party
家族	*jiāzú*	n.	clan, family
宗教	*zōngjiào*	n.	religion
部落	*bùluò*	n.	tribe
蛋糕	*dàngāo*	n.	cake
党派	*dǎngpài*	n.	political parties and groups
争抢	*zhēngqiǎng*	v.	to scramble for; ～＋资源 / 座位
纷争	*fēnzhēng*	n.	dispute
伴随	*bànsuí*	v.	to accompany
暴力	*bàolì*	n.	violence
演变	*yǎnbiàn*	n./v.	evolution; to evolve; 历史 / 社会＋～
在所难免	*zàisuǒ nánmiǎn*	idm.	can hardly be avoided, inevitable; 情况 / 错误＋～

更为重要的是国家基本制度建设。在经济不发达的社会，政治腐败的情况是不同的。这种差异主要是制度建设或设计的不同而导致的。当然，如果没有有效的国家制度，社会经济再发达，也会出现腐败。无论是从西方发达国家的经验看，还是从发展中国家的现实看，法制的发展最为关键。现代国家形式起源于西方，在实现民主化之前，包括法律在内的国家基本制度就已经建立了。当然，在实现民主化之后，这些法律制度又进一步完善了。相比之下，很多发展中国家民主政治建立在国家基本制度建设完成之前。如果这些国家基本制度在民主化之前得不到确立，那么在民主化之后，就很难建立并完善。这就是今天很多发展中国家面临的民主困境：民主既没有为他们带来社会经济的发展，也没有形成稳定的社会秩序。低水平的社会经济、无休止的政治纷争和不稳定的社会环境等现象同时存在。

因此，我们必须更深刻地理解民主与清廉的关系。第一，要有清廉的政府，不仅需要民主制度，更需要能使民主制度运作的环境，即社会经济的发展和国家基本制度建设。第二，不必等到实现民主化之后，才建立清廉政府。相反，保障政府清廉的很多制度，必须在民主化实现之前建立，否则民主化来临之后就很难建立。需要避免的是，民主政治和腐败政治共存的局面。第三，不排除非民主政府是清廉政府的可能性。例如，在英国统治香港时期，香港并没有什么民主可言，但香港政府的清廉是世

差异	*chāyì*	n.	difference
关键	*guānjiàn*	n./adj.	crux, core, essence; essential
起源	*qǐyuán*	n.	origin
完善	*wánshàn*	v./adj.	to perfect; perfect; ～＋制度／体制／方案
确立	*quèlì*	v.	to establish (a rule or regulation)
困境	*kùnjìng*	n.	plight, predicament, trouble; 陷入／摆脱＋～
稳定	*wěndìng*	adj.	stable; ～＋社会／生活／秩序
秩序	*zhìxù*	n.	order
无休止	*wúxiūzhǐ*	adj.	endless; ～＋指责／争吵／争论
运作	*yùnzuò*	v.	to operate; 机构／组织＋～
来临	*láilín*	v.	to approach, to come
避免	*bìmiǎn*	v.	to avoid, to evade, to shun; ～＋问题／冲突／clause
共存	*gòngcún*	v.	to coexist; X 与 Y 共存
局面	*júmiàn*	n.	situation
排除	*páichú*	v.	to exclude; ～＋故障／障碍／…的可能性

界上出名的。新加坡一直被西方视为不民主或者不够民主的政权，但也是非常清廉的。

以上四种看法对我们认识中国的腐败问题、中国如何建设清廉政府有哪些意义呢？我想至少有三点。第一、清廉政府并不是单一的因素决定的。除了社会经济发展水平，清廉政府是一项综合的系统工程。第二、无论是认识腐败的根源还是探讨如何建设清廉政府，都必须摆脱意识形态的束缚。如果从民主政治和威权主义等意识形态出发，就会出现简单化的非黑即白的观点，无助于真正认识腐败是如何产生的、清廉政府又是如何建立的。第三、我们必须着眼于制度的细节。在很多情况下，不是资本主义和社会主义、民主政治和威权主义这些大的宏观制度决定政府清廉与否，而是这些制度下的微观制度和细节才起作用。无论是腐败还是廉洁，和这些宏观制度都不是互相排斥的。

本文是作者于“廉洁广州理论研讨会”上的演讲

2012 年 3 月 21 日

出名	*chūmíng*	adj.	famous, well-known
单一	*dānyī*	adj.	single, monotonous
综合	*zōnghé*	adj.	synthetic
工程	*gōngchéng*	n.	project (of construction or engineering)
根源	*gēnyuán*	n.	root, source
摆脱	*bǎituō*	v.	to get rid of, to eliminate; ～+束缚 / 贫困 / 纠缠
束缚	*shùfù*	n./v.	restriction; to restrain, to restrict; 摆脱～
威权主义	*wēiquán zhǔyì*	n.	authoritarianism
非黑即白	*fēihēi jíbái*	phr.	all-or-nothing thinking, (lit.) either black or white
无助于	*wúzhùyú*	phr.	to make no contribution to
着眼于	*zhuóyǎnyú*	phr.	to be aimed at (a goal)
细节	*xìjié*	n.	detail
资本主义	*zīběn zhǔyì*	n.	capitalism
社会主义	*shèhuì zhǔyì*	n.	socialism
宏观	*hóngguān*	adj.	macroscopic
微观	*wēiguān*	adj.	microcosmic
廉洁	*liánjié*	adj.	incorruptible, upright and honest
排斥	*páichì*	v.	to reject, to repel, to exclude; X 与 Y 互相～

重要语言点

Essential Structures and Patterns

1 **通过…来…**

through (the means of) . . . to (achieve) . . .

◆ 从腐败到清廉要通过改革来实现。

◇ 语言水平只能通过反复练习来提高。

◇ 这个矛盾需要通过双方的互相谅解才能解决。

2 **如果说…，那么…**

If (one says that) . . . , then . . .

◆ 腐败的方式层出不穷，如果说其他方面创新不足，那么官员在腐败方面的创新则是世界一流的。

◇ 如果说电灯给黑夜中的人类带来了光明，那么互联网则在人与人之间建立了无数的桥梁。

◇ 如果说人生是行驶的列车，那么挫折就是其中不可缺少的一站。

3 **非 (somebody) 所能V.P.**

It is beyond (somebody's) ability to . . .

◆ 实际上，很多腐败案件已非正常人所能理解。

◇ 成功或者失败并非我们所能控制，尽力了就好。

◇ 北京不断上涨的房价，非普通老百姓所能承受。

4 **一而再，再而三地V.P.**

again and again . . .

◆ 中国历届领导人都一而再，再而三地强调腐败会导致“亡党亡国”。

◇ 我已经警告过他很多次了，没想到他却一而再，再而三地犯错。

◇ 同样的悲剧一而再，再而三地发生，不能不引起我们的反思。

5 对…深恶痛绝

to detest/to abhor

◆ 中国老百姓对腐败也深恶痛绝。

◇ 她对重男轻女的传统观念深恶痛绝。

◇ 消费者大多对假冒伪劣产品深恶痛绝。

6 X被Y视为…

X is considered as … by Y

◆ 在"透明国际"每次有关腐败的调查报告中，中国总是被视为最为腐败的国家之一，腐败也已经极其严重地影响了中国的国际形象。

◇ 考试分数被一些家长视为判断孩子学习情况的唯一标准。

◇ 买豪车、住豪宅被他视为生活的目标。

7 致力于V.P.

to commit/devote oneself to …

◆ 中国政府致力于提高中国在国际社会的软实力。

◇ 她一辈子都致力于改善当地的生态环境。

◇ 几十年来，科学家一直致力于研究治疗癌症的药物，目前已经取得了重大突破。

8 …是应该的，而…（则/却）是没有必要的。

It is obligatory to …, but it is unnecessary to …

◆ 如果从历史经验以及中国与其他国家的比较来看，担忧是应该的，而悲观则是没有必要的。

◇ 父母鼓励孩子认真学习是应该的，而禁止他们进行社交活动却是没有必要的。

◇ 政府维护本国公司的利益是应该的，而打压、排斥外国公司则是没有必要的。

9 …，反之…

conversely/otherwise

◆ 如果能够制定有效的措施来遏制腐败，国家有可能变得清廉；反之，如果找不到有效的方式，腐败的情况将会持续恶化。

◇ 目标一致，我们的工作就能取得良好效果。反之，就会迷失方向，遭受挫折，甚至失败。

◇ 父母常常表达对孩子的关心、信任和支持，孩子就有可能拥有健康的心态和良好的人际关系；反之，则容易出现不健康的情感和行为方式。

10 不是…，而是…

Not…, but…

◆ 清廉国家从来都不是从天上掉下来的，而是人们争取来的。

◇ 这些精英阶层的经济条件本来就很好，他们从政不是为了养家糊口，而是为了维护他们阶层的利益。

◇ 这些发展中国家的政党，往往并不是像西方那样建立在阶级或者阶层之上，而是建立在家族、宗教和部落等因素之上。

11 因（为）…而…

Because (of)…, so/thus…

◆ 在法律方面，中国很多官员因为腐败而被判死刑。

◇ 很多政权因为腐败而被推翻，但并不是说新建立的政府就能变得清廉。

◇ 每年都会有大量的官员因为腐败而下马，坐牢，甚至被杀头。

12 …是值得＋怀疑/讨论/思考/研究＋的。

…is worth doubting/discussing/thinking/researching.

◆ "德治"是中国儒家政治思想的核心，但"德治"的有效性也是值得怀疑的。

◇ 这个新闻的真实性是值得讨论的。

◇ 虽然这个产品的广告很吸引人，但其质量是值得怀疑的。

13 ……，不用说…，就是/就连…也/都…

…Needless to say/let alone…, even…also…

◆ 问题在于现在官员的贪污数量惊人，几亿、几十亿，甚至上百亿。不用说一辈子，就是几辈子都花不完；一个人花不完，整个家庭都花不完。

◇ 中国重男轻女的观念相对比较普遍，不用说落后的农村地区，就连某些城市里的父母也偏好男孩儿。

◇ 最近的房价不断上涨，不用说新建的商品房，就是老旧的二手房，我们也买不起。

14 X等同于Y

to equate X with Y rashly (derogatory)

◆ 这些人都是把清廉政府和民主政治联系起来，或者直接把民主政治等同于清廉政府。

◇ 在很多老师眼中，好学生的定义就等同于考试得高分的学生。

◇ 我们不能简单地把GDP的增长等同于人们幸福程度的提高。

15 要（想）…，就要/得…

If (someone) wants to…, (he/she) has to…

◆ 要遏制腐败，就要限制政府权力。

◇ 你要想取得好成绩，就得努力学习。

◇ 有些年轻人认为，在现代社会，要结婚就得先买车买房。

16 …不是X，就是Y

If not X, then Y/either X or Y (no other options)

◆ 在西方近现代两百多年的历史中，大部分时间是精英民主。从政的不是贵族，就是资产阶级及其代理人。

◇ 他的生活很没意思，每个周末不是吃饭，就是睡觉。

◇ 星期五的课不是报告，就是考试，我真不喜欢。

17 (不)排除…的可能性

(not) to eliminate the possibility of …

◆ 我们不排除非民主政府是清廉政府的可能性。

◇ 这次事件，警方不排除是恐怖袭击的可能性。

◇ 经过仔细研究，专家排除了这个星球存在生物的可能性。

18 着眼于…

to have one's eyes on … /to have … in mind

◆ 我们必须着眼于制度的细节。

◇ 公司制定计划时，不仅应该考虑当前发展的需要，也应该着眼于未来。

◇ 她并不关注眼前的小利，而着眼于长期利益。

19 X决定Y…与否

X determines whether Y … or not

◆ 在很多情况下，不是资本主义和社会主义、民主政治和威权主义这些大的宏观制度决定政府清廉与否，而是这些制度下的微观制度才起作用。

◇ 走后门、讲关系并不能决定你成功与否，关键还是得靠个人的能力。

◇ 参加课外活动的经历，成为大学决定录取学生与否的重要参考条件。

20 X与/和Y互相排斥

X and Y are mutually exclusive

◆ 无论是腐败还是廉洁，和这些宏观制度都不是互相排斥的。

◇ 经济发展与环境保护不是互相排斥的，良好的环境是经济发展的重要保障。

◇ 中西两种文化，不应该被看作互相排斥的，而是应该互相融合，互相补充。

词汇练习

Vocabulary Exercises

I Provide an appropriate noun to make a meaningful phrase, then make a sentence with each of the expanded phrases:

实现______	推翻______	保障______	具备______
调查______	废除______	执行______	引入______
开展______	取消______	探讨______	争抢______
应对______	承受______	维护______	确立______
遏制______	限制______	获得______	争取______
提倡______	符合______		

II Using the underlined expressions in each sentence, make new sentences:

1 从腐败到清廉要通过改革来实现。

2 腐败的方式层出不穷，如果说其他方面创新不足，那么官员在腐败方面的创新则是世界一流的。

3 实际上，很多腐败案件已非正常人所能理解。

4 中国历届领导人都一而再，再而三地强调腐败会导致“亡党亡国”。

5 中国老百姓对腐败也深恶痛绝。

6 在“透明国际”每次有关腐败的调查报告中，中国总是被视为最为腐败的国家之一，腐败也已经极其严重地影响了中国的国际形象。

7 中国政府致力于提高中国在国际社会的软实力。

8 如果从历史经验以及中国与其他国家的比较来看，担忧是应该的，而悲观则是没有必要的。

9 如果能够制定有效的措施来遏制腐败，国家有可能变得清廉；反之，如果找不到有效的方式，腐败的情况将会持续恶化。

10 清廉国家从来都不是从天上掉下来的，而是人们争取来的。

11 在法律方面，中国很多官员因为腐败而被判死刑。

12 “德治”是中国儒家政治思想的核心，但“德治”的有效性也是值得怀疑的。

13 问题在于现在官员的贪污数量惊人，几亿、几十亿，甚至上百亿。不用说一辈子，就是几辈子都花不完；一个人花不完，整个家庭都花不完。

14 这些人都是把清廉政府和民主政治联系起来，或者直接把民主政治等同于清廉政府。

15 要遏制腐败，就要限制政府权力。

16 既然民主演变成抢蛋糕之战，政府官员的腐败往往也在所难免。

17 我们不排除非民主政府是清廉政府的可能性。

18 我们必须着眼于制度的细节。

19 在很多情况下，不是资本主义和社会主义、民主政治和威权主义这些大的宏观制度决定政府清廉与否，而是这些制度下的微观制度才起作用。

20 无论是腐败还是廉洁，和这些宏观制度都不是互相排斥的。

III Answer the following questions. In your response, incorporate at least three of the expressions provided; feel free to use more if possible.

1 最近几十年，美国等很多国家的经济日益发展，你觉得人们的道德水平提高了吗？
（沦丧；层出不穷；担忧；持续；重视；等同于…）

2 竞争都是残酷的，所以要想成功就得靠关系、走后门。你同意这种看法吗？
（令人发指；深恶痛绝；不足为奇；动机）

3 有人说，律师（lawyer）靠钻法律的空子来赚钱。你觉得这种看法有没有道理？
（极其；致力于…；的确；争取；再者…；保障；维护…利益）

问题讨论
Discussion Topics

1 你认为中国政府是否会喜欢这篇文章？ 为什么？

2 通过改革、反腐运动或者革命这三种途径来实现清廉，你认为哪一种办法最好？ 这三种方式所带来的结果有何异同？ 作者有何看法？

3 说说中国目前的腐败状况，中国领导人为什么认为腐败会导致“亡党亡国”？ 你如何看待“亡党”与“亡国”之间的关系？

4 腐败给中国带来的负面影响有哪些？ 腐败为什么会影响一个国家的软实力？ 你认为一个国家“软实力”应该包括哪些方面？ 软实力与硬实力有何关系？ 美国的影响力更多来自于软实力还是硬实力？

5 最近几年，中国的国际形象怎么样？ 这是由哪些原因造成的？ 你认为一个国家可以采取哪些措施，来提高在国际社会的软实力和国际影响力？

6 美国或其他国家有没有贪污腐败？ 政府采取了哪些措施遏制腐败？ 这些措施有效吗？

7 据你了解，中国有哪些官场文化？ 为什么腐败会成为中国的官场文化？ 靠关系算不算腐败？ 西方人也靠“关系”吗？ 跟中国有何异同？

8 对于建设清廉政府的问题，为什么作者认为悲观是没有必要的？ 作者相信中国会变得清廉，其理由是什么？

9 你觉得一个政权为什么会慢慢变得腐败？ 根本原因是什么？ 怎么才能防止一个新建立的政权变得腐败？

10 作者认为“人性本恶”，你同意吗？ “人性本恶”的看法对我们理解腐败现象有何启示？

11 你认为“高薪养廉”（即给官员更高的工资，提高他们的合法收入，以减少官员腐败）是解决腐败问题的好办法吗？ 为什么？

12 你觉得哪些办法可以有效遏制腐败？加大惩罚力度、加强道德教育是不是有效的办法？为什么？

13 在中国，"道德教育"为什么很重要？你觉得这种教育有必要吗？在美国或其他国家也有道德教育吗？中西方道德教育进行的方式和效果有何不同？

14 一个国家的经济发展水平和国家基本制度建设，是如何影响政府的清廉程度的？

15 民主制度能够更有效地减少腐败吗？为什么有些民主国家，像印度甚至比中国更腐败？一些不太民主的国家，像新加坡，反而比较清廉？你怎样理解腐败问题与民主政治、专制集权之间的关系？为什么有的国家已经实现民主政治，却没有建立清廉的政府？

16 你认为中国应该如何建设清廉的政府？作者在文章中提出"我们必须着眼于制度的细节"，如果你是中国的最高领导人，你会设计哪些制度的细节来反腐？

17 中国全面学习西方的民主制度可行吗？可以彻底解决腐败问题吗？

18 随着国际贸易的发展，很多国家开始联合反腐，请你谈谈国际联合反腐的必要性和意义。

研究与报告

Research and Reports

通过网络或其他资料，选择一个题目进行研究，总结和引用现有的看法和研究成果，并提出自己的见解，为大家做一个5分钟左右的报告。

Use the Internet or other resources to research one of the following topics. Summarize and reference current arguments and research findings, offer your own opinion and interpretation, and compile your findings into a five-minute presentation.

1 研究习近平的"拍苍蝇、打老虎"反腐行动，举一两个例子说明这一做法发生的背景、过程、对中国社会的影响，以及国内外的评价。

2 研究美国或其他国家和地区的反腐机构（比如课文中提到"透明国际"、"香港廉政公署"等），说说他们是怎么反腐的。

作文

Composition

1 你觉得"人性本恶"与"人性本善"哪一种说法更有道理？请谈一谈你对人性善恶这一哲学话题的看法。

2 "德治"与"法治"哪一个是遏制腐败，管理社会，治理国家的最佳办法？分析两者的优点与缺点，并以美国或其他国家为例，指出两者在社会发展中的不同作用。

泛读课文

Extensive Reading

Read the passage, then complete the tasks that follow.

中国的网络反腐

张永涛

互联网在中国反腐运动中扮演着越来越重要的角色。一些官员因为佩戴各种奢侈名贵的手表，被网友曝光而下台；一些官员的情人和小蜜在遭到抛弃之后，也通过网络来揭露官员的道德堕落和腐败行为；还有一些秘密的腐败丑闻也被匿名网友在网上曝光。网络反腐日益成为反腐的一个新趋势。

有人担心网络是流言和谎言丛生之地，侵害人们的隐私，甚至会冤枉、诬陷好人。一名学者指出："依靠人肉搜索（human flesh search, a Chinese term for the phenomenon of distributed researching using Internet media such as blogs and forums），曝光个人隐私和家庭成员的照片来进行反腐，这不是反腐的有效形式。这样反腐对他人的隐私缺乏尊重，有时甚至触犯了法律。"鉴于此，①立法部门开始考虑把"匿名举报"改为"实名举报"，这样，举报违法者也必须承担相应的法律责任。

也有人觉得，网络这种高科技手段提高了反腐的效率。由于正常的举报程序过于复杂，人们利用网络举报速度快、影响大、成本低，容易形成舆论影响力。这一点值得司法部门注意，他们应该简化正常的举报程序，使反腐变得更容易操作。

网络反腐也使言论自由这一权利得到实现，举报揭发腐败分子不会有"政治不正确"的问题，因此只要涉及的是单纯的腐败问题，网友们可以"畅所欲言"，而政府也会"网开一面"。尽管网络反腐还有这样那样的不足之处，但它毕竟是"把权力关进笼子"的有效尝试，可以使公民逐步实现监督政府的权利。

I Based on the passage, answer the following multiple-choice questions:

1 本文作者对网络反腐的态度是：

a 支持
b 反对
c 中立
d 非常担心

2 官员的情人和小蜜反腐的一般原因和目的是：

a 为维护自由和正义而勇敢举报
b 因没有得到奢侈名贵的手表而发泄怨恨
c 因道德堕落而感到后悔
d 因被抛弃而采取报复

3 网络反腐的缺点是：

a 网络举报的程序过于复杂
b 可能会侵犯他人的隐私权
c 举报者得发布自己的照片
d 网络上说的都是谎言

4 对划线句子“①”的理解应该是：

a 使用自己真实的名字，举报者就会尽量避免说谎或侵犯他人隐私
b 实名举报比匿名举报能更有效地鼓励人们举报贪污者
c 匿名举报不会冤枉好人
d 政府更喜欢匿名举报

5 对划线成语“网开一面”的理解应该是：

a 政府只允许说一个问题的一个方面
b 在反腐问题上，政府绝对不允许老百姓讨论
c 在网络上讨论腐败，会让政府没有面子
d 在反腐问题上，政府让网民有一定的言论自由

II Reread the passage. Circle useful words in the text, then write down their definitions (in Chinese or English), drawing on either the context or a dictionary.

Vocabulary	Meaning

III Underline challenging sentences in the text. Then discuss their meaning and function with your classmates or teacher.

IV Summarize the main idea of each paragraph in one sentence:

1 ______

2 ______

3 ______

4 ______

V With a partner or in a small group, hold a conversation based on the following prompts:

1 说说网络反腐的优点和弊端。

2 结合第七课课文，说说中国政府应该怎样利用网络进行政治改革，促进社会发展。

3 讲一个在美国发生的网络反腐的故事。

第八课
Lesson 8

三十年来中美关系的变与不变

王缉思

SELECTED BY CHIH-P'ING CHOU
EDITED AND PREPARED BY YONGTAO ZHANG AND YUNJUN ZHOU

背景简介
Background Information

王缉思

王缉思，1948 年生于广州，1978 年考入北京大学国际政治系。1983 年获硕士学位后，在北京大学国际政治系任教，1993 年至 2005 年担任中国社会科学院美国研究所所长，2005 年至 2014 年任北京大学国际关系学院院长。他是中国著名的美国问题学者，中国国际政治学家，中美关系研究专家，2011-2012 年聘为普林斯顿大学全球学者（Princeton Global Scholar）。

中美关系毫无疑问是当今世界最重要的双边关系之一。中美关系如何发展不仅影响中美两国的切身利益，也会影响到亚太地区乃至全世界的和平与稳定。自从 1972 年尼克松访华以来，中美关系经历了几十年的曲折发展。作者回顾了中美关系过去 30 年的发展历史，从历史的角度作出判断和预测：中美两国未来不会成为对方的敌人；台湾问题将一直是中美关系发展的障碍。

作者同时也指出：经过改革开放 30 年的发展，中美两国的经济差距大大缩小，不少美国人把中国视为潜在的对手。但两国之间的经贸关系和社会交往的不断扩大，将有利于化解中美之间的矛盾和摩擦。

三十年来中美关系的变与不变

王缉思

预习提示

Preview Questions

- 这篇文章对于中国政府制定对美外交政策有什么参考价值？
- 中美两国在经济贸易关系上出现问题的原因有哪些？

（一）

自从1972年尼克松访华以来，中美关系经历了30多年的曲折发展。中美建交之初确立的一些基本原则，特别是一个中国的原则，和平共处的原则，以及反对任何国家在亚太地区谋求霸权的原则，仍然是今天发展中美关系应当遵循的规范。另一方面，30年来的世界政治格局和两国国内政治，都发生了巨大变化，中美关系的内容和处理方式，也随之发生了深刻变化。

30年来中美关系的“变”与“不变”，为我们提供一个观察中美关系的角度。当然，“变”与“不变”是相对概念，而且经常相互转换。我们首先论述“不变”的两个主要方面。

一、30年来中美从来没有互为主要敌手。

冷战时期，从新中国成立到60年代末，中国一直视美国为主要的战略敌人；美国则在60年代中后期把掌握了核武器的中国看作比苏联更大的威胁。

尼克松	*Níkèsōng*	p.n.	Richard Milhous Nixon (1913–1994)
曲折	*qūzhé*	adj.	twisting and turning, tumultuous, complicated; 道路 / 过程 / 情节＋～
建交	*jiànjiāo*	v.	to establish diplomatic relations; X（与）Y ～
确立	*quèlì*	v.	to establish, to institute; ～＋原则 / 关系 / 方向
原则	*yuánzé*	n.	principle, standard, precept
和平共处	*hépíng gòngchǔ*	idm.	peaceful coexistence; X 与 Y ～ （处：相处）
亚太	*Yàtài*	p.n.	Asia-Pacific（亚太：亚洲和太平洋）
地区	*dìqū*	n.	region, area
谋求	*móuqiú*	v.	to seek, to strive for; ～＋发展 / 霸权 / 利益
霸权	*bàquán*	n.	hegemony, supremacy
应当	*yīngdāng*	v.	should, shall（应当：应该）
遵循	*zūnxún*	v.	to follow, to abide by; ～＋原则 / 规律
规范	*guīfàn*	n.	standard, norm
格局	*géjú*	n.	structure, pattern, arrangement; 世界 / 政治＋～
处理	*chǔlǐ*	v.	to handle, to deal with, to manage; ～＋问题 / 事情 / 公务
随之	*suízhī*	adv.	accordingly
深刻	*shēnkè*	adj./adv.	deep, profound; deeply; ～＋思想 / 思考 / 内容 / 矛盾
提供	*tígōng*	v.	to provide, to bring, to contribute
观察	*guānchá*	v./n.	to observe; observation
角度	*jiǎodù*	n.	angle, perspective, point of view
相对	*xiāngduì*	adj.	relative, compared to
概念	*gàiniàn*	n.	concept, notion
转换	*zhuǎnhuàn*	v.	to switch, to change; ～＋概念 / 思路 / 角色
论述	*lùnshù*	v.	to expound, to illustrate; ～＋看法 / 主张
互为	*hùwéi*	v.	inter-, to interact as（互为：互相是对方的…）
敌手	*díshǒu*	n.	opponent, adversary, antagonist, enemy （敌手：敌人与对手）
冷战	*Lěngzhàn*	p.n.	Cold War
- 末	*mò*	n.	end, last stage (e.g. 20 世纪末 /80 年代末 / 期末 / 月末)
视…为…	*shì . . . wéi . . .*	phr.	to regard . . . as . . .
战略	*zhànlüè*	n.	strategy; ～＋原则 / 部署 / 敌人
敌人	*dírén*	n.	enemy
掌握	*zhǎngwò*	v.	to master, to control; ～＋方法 / 知识
核武器	*héwǔqì*	n.	nuclear weapon
苏联	*Sūlián*	p.n.	Soviet Union (1922–1991)
威胁	*wēixié*	n./v.	threat, intimidation; to threaten; ～＋世界 / 和平 / 中国

70年代初，国际格局发生了深刻变化。《中美上海公报》[1]正式结束了双方互为主要敌人的状态，而同时视推行扩张政策的苏联为主要对手。

从80年代中期开始，苏联的威胁下降乃至消失。美苏的冷战结束了，中美之间会不会出现一场"新冷战"呢？十几年来，关于中美"新冷战"的议论不断浮现。1990年前后有人提出，美国在把苏联搞垮后，要把主要矛头对准中国。1995至1996年，中美关系因台湾总统李登辉访美[2]而严重恶化，关于中美将要走向全面对抗道路的议论又一次增加。到了世纪之交，科索沃战争、北约轰炸中国驻南斯拉夫使馆[3]、中美军机相撞[4]等事件，都引起人们对美国霸权的反感和忧虑。近年来，美台军事关系升级，"中国威胁论"在美国抬头，美国一些政策报告建议"战略重点应当转移到亚太地区"，美国

[1]《中美上海公报》（Joint Communiqué of the United States of America and the People's Republic of China, also known as the Shanghai Communiqué）是1972年2月28日美国总统尼克松与中国总理周恩来在上海签署的，该公报主张中美关系正常化，两国互相尊重主权、互不干涉内政，反对任何国家在亚洲建立霸权，在台湾问题上坚持一个中国。该公报的签署，缓和了中美关系，为中美正式建立外交关系打下基础。

[2] 1995年5月，美国政府决定允许台湾总统李登辉以"私人访问"的形式访问美国。1995年6月，李登辉访问母校康奈尔大学（Cornell University），成为中华民国及台湾第一位访美的在任国家元首。李的访问引起了中美之间的外交冲突及两岸关系紧张。

[3] 美国轰炸中国驻南斯拉夫使馆事件（bombing of the Chinese embassy in Belgrade by the United States）是指1999年5月7日夜晚，北约美军以三枚精确制导导弹（JDAM）袭击中国驻南斯拉夫大使馆，造成三名记者死亡、十多人受伤，使馆建筑被严重破坏。该事件引起中国政府和民众强烈抗议，导致中美关系紧张。

[4] 中美撞机事件（Hainan Island incident）是指2001年4月1日，美军飞机与中国军机在海南岛附近的中国海域上空相撞事件。中国飞机坠毁，飞行员失踪（死亡）；美国飞机受损后，被迫降落在中国海南岛，受损飞机和美国飞行员遭到中方扣留。该事件导致中美紧张关系再度升级。

公报	*gōngbào*	n.	bulletin
状态	*zhuàngtài*	n.	status, state
扩张	*kuòzhāng*	v.	to expand; ～＋领土 / 势力
对手	*duìshǒu*	n.	opponent, adversary; 竞争～
乃至	*nǎizhì*	conj.	and even, or even
议论	*yìlùn*	v./n.	to discuss, to talk about; comment
浮现	*fúxiàn*	v.	to emerge, to raise; 在 sb. ＋眼前 / 脑海里＋～
搞垮	*gǎokuǎ*	v.-c.	to break down, to bring about the collapse of
矛头	*máotóu*	n.	target, (lit.) spearhead
对准	*duìzhǔn*	v.	to aim at; 把＋矛头 / 枪口＋～＋ sb./ 中国
李登辉	*Lǐ Dēnghuī*	p.n.	Lee Teng-hui (a Taiwanese politician and president of the Republic of China from 1988–2000)
访美	*fǎngměi*	v.-o.	to visit the U.S. （访：访问；美：美国）
恶化	*èhuà*	v.	to worsen, to deteriorate; 病情 / 关系 / 环境＋～
对抗	*duìkàng*	n./v.	confrontation; to oppose; X 跟 Y ～
世纪之交	*shìjì zhījiāo*	idm.	turn of the century
科索沃战争	*Kēsuǒwò Zhànzhēng*	p.n.	Kosovo War (a war between the Federal Republic of Yugoslavia and NATO, 1998–1999)
北约	*Běiyuē*	p.n.	NATO (North Atlantic Treaty Organization)
轰炸	*hōngzhà*	n.	to bomb; ～＋ place/ 敌人 / 大使馆
驻	*zhù*	v.	to be based at, to be stationed in; ～＋ place ＋大使馆 / 军队
南斯拉夫	*Nánsīlāfū*	p.n.	Yugoslavia
使馆	*shǐguǎn*	n.	embassy; 驻＋美 / 日本 / 北京＋～
军机	*jūnjī*	n.	military aircraft
相撞	*xiāngzhuàng*	v.	to collide, to bump against; X 与 Y 相撞
反感	*fǎngǎn*	n./v.	antipathy; to dislike; 对…＋～
忧虑	*yōulǜ*	n./adj.	worry; anxious; 感到～
军事	*jūnshì*	adj./n.	military; military
升级	*shēngjí*	v.	to upgrade, to promote; 关系 / 矛盾 / 系统＋～
抬头	*táitóu*	v.	to emerge (often undesirably), (lit.) to raise one's head; 势力 / 威胁论＋～
转移	*zhuǎnyí*	v.	to transfer, to shift, to divert; ～＋目标 / 注意力 / 焦点

右翼保守势力在政坛占据主导地位，美俄就削减核武器等问题达成重大妥协、美国在中国周边增加军事部署等。这些事态的发展重新激发了人们关于中美之间是否会发生战略对抗的思考。

应当看到，中美之间出现“新冷战”的因素确实存在，但避免两国互为主要敌手的因素更多，更具有决定性。

首先，冷战时期那样的意识形态对立以及两大阵营对抗的历史条件不复存在，经济全球化的潮流不可逆转。30年来的中美交往，形成了在磕磕绊绊中维持正常国家关系的共识，以及一套相应的制度安排。在李登辉访美、撞机等事件发生之后的一段短暂的时期内，中美关系显得相当脆弱，但不久便恢复了在斗争中有合作、在合作中有斗争的常态。历史已经证明，中美互不为敌符合两国的长远利益。

右翼	*yòuyì*	n.	the right, right-wing politics
保守	*bǎoshǒu*	adj.	conservative; ～＋党 / 势力 / 派 / 的人
势力	*shìlì*	n.	force, power; 敌对 / 反动 / 保守＋～
占据	*zhànjù*	v.	to occupy; ～＋主导 / 重要 / 统治＋地位
主导	*zhǔdǎo*	adj./v.	dominant; to dominate; ～＋作用 / 地位
俄	*É*	p.n.	Russia（俄：俄国 / 俄罗斯）
削减	*xuējiǎn*	v.	to cut (down), to reduce; ～＋开支 / 成本 / 预算 / 力量
妥协	*tuǒxié*	n./v.	compromise; to come to terms; 向…＋～; 达成＋～
周边	*zhōubiān*	n.	periphery, surroundings; ～＋国家 / 地区
部署	*bùshǔ*	n./v.	deployment; to deploy, to arrange; 军事 / 人员 / 战略＋～; ～军队
事态	*shìtài*	n.	state of affairs, situation; ～＋发展 / 扩大
激发	*jīfā*	v.	to arouse, to stimulate; ～＋思考 / 兴趣 / 想象力
因素	*yīnsù*	n.	element, factor
避免	*bìmiǎn*	v.	to avoid, to shun, to eschew
决定性	*juédìng xìng*	adj.	conclusive, decisive; ～＋影响 / 因素
意识形态	*yìshí xíngtài*	n.	ideology
阵营	*zhènyíng*	n.	camp
条件	*tiáojiàn*	n.	condition, situation, circumstance
不复存在	*búfù cúnzài*	idm.	no longer in existence
全球化	*quánqiúhuà*	n.	globalization
潮流	*cháoliú*	n.	trend, direction
不可逆转	*bùkě nìzhuǎn*	idm.	irreversible, to not be turned back; 潮流 / 趋势＋～
磕磕绊绊	*kēkē bànbàn*	idm.	to stumble and trip, to walk with difficulty
维持	*wéichí*	v.	to keep, to maintain; ～＋生活 / 和平 / 关系 / 状态
共识	*gòngshí*	n.	consensus, common understanding; 达成～
相应	*xiāngyìng*	adj.	corresponding; ～＋政策 / 改变 / 调整
短暂	*duǎnzàn*	adj.	short, brief (time or period); 时间 / 生命＋～
脆弱	*cuìruò*	adj.	fragile, weak; 关系 / 性格＋～
恢复	*huīfù*	v.	to recover; ～＋关系 / 体力 / 健康
斗争	*dòuzhēng*	v./n.	to struggle, to fight against; struggle
合作	*hézuò*	v./n.	to collaborate, to cooperate; cooperation
常态	*chángtài*	n.	normality, ordinary state
长远	*chángyuǎn*	adj.	long-term; ～＋利益 / 规划 / 计划 / 目光
利益	*lìyì*	n.	benefit, profit; 个人 / 集体 / 长远 / 眼前＋～

从中国方面看，我们集中精力抓国内建设，无意与美国为敌，无意同美国在亚洲或世界其他地区争夺势力范围，也无意通过转移核武器技术和导弹技术损害美国的安全利益，更没有支持国际恐怖活动。中国的反霸思想和战略，是自卫型的。中国的政治影响力、经济水平、军事实力，都远远没有达到威胁美国切身利益的程度。也就是说，从主观和客观两方面看，中国都不具备成为美国主要战略敌手的条件。

从美国方面看，冷战结束后，美国的任何正式官方文件都没有把中国或任何其他大国确定为敌对国家。9·11以前，美国一直把大规模毁灭性武器（主要指核武器、战略导弹、生化武器）的扩散视为主要的安全威胁，同时把企图获得这些武器的伊拉克、伊朗、朝鲜等国称为“无赖国家”。9·11之后，则将本·拉登为代表的国际恐怖主义势力视为头号大敌。最近，布什政府在“支持恐怖主义”的国家的“黑名单”上，

集中	*jízhōng*	v.	to concentrate, to focus; ～＋精神 / 精力 / 力量
精力	*jīnglì*	n.	energy, vitality
抓	*zhuā*	v.	to emphasize, to pay special attention to; ～＋生产 / 建设
无意	*wúyì*	v.	to have no intention (of doing sth.); ～＋ V.P.
与…为敌	*yǔ...wéidí*	phr.	to make an enemy of sb.
争夺	*zhēngduó*	v.	to fight for; ～＋市场 / 权力 / 冠军 / 势力范围
势力范围	*shìlì fànwéi*	n.	sphere of influence
导弹	*dǎodàn*	n.	guided missile
损害	*sǔnhài*	v.	to harm, to damage; ～＋利益 / 健康
恐怖活动	*kǒngbù huódòng*	n.	terrorist activity
反霸	*fǎnbà*	v.-o.	to oppose hegemony（反霸：反对霸权主义）
自卫	*zìwèi*	n.	self-defense; ～＋行为 / 措施 / 反击
-型	*xíng*	suffix.	type, form; 大 / 中 / 小 / 巨 / 经济 / 自卫＋～
实力	*shílì*	n.	power, strength; 经济 / 军事＋～
切身	*qièshēn*	adj.	of immediate concern to oneself; ～＋利益 / 感受
主观	*zhǔguān*	adj.	subjective, based on inner experience rather than fact; ～＋看法 / 态度 / 感受 / 条件
客观	*kèguān*	adj.	objective, fair, impartial; ～＋事实 / 条件 / 描述
任何	*rènhé*	prop.	any
官方	*guānfāng*	adj.	official; ～＋文件 / 态度 / 代表 / 消息 / 人士
规模	*guīmó*	n.	scale, size; 经济 / 市场 / 生产＋～
毁灭性武器	*huǐmièxìng wǔqì*	n.	destructive weapon, weapon of mass destruction
生化武器	*shēnghuàwǔqì*	n.	chemical and biological weapons
扩散	*kuòsàn*	n./v.	diffusion; to spread, to scatter; 武器 / 病毒＋～
企图	*qǐtú*	v./n.	to attempt; attempt (derogatory)
伊拉克	*Yīlākè*	p.n.	Iraq
伊朗	*Yīlǎng*	p.n.	Iran
朝鲜	*Cháoxiǎn*	p.n.	North Korea
无赖	*wúlài*	adj./n.	roguish; rogue; ～＋国家 / 政府
本·拉登	*Běn Lādēng*	p.n.	Bin Laden
头号	*tóuhào*	adj.	number one, first, top; ～＋敌人 / 对手
布什	*Bùshí*	p.n.	George W. Bush (president of the U.S. from 2001–2009)
黑名单	*hēimíngdān*	n.	blacklist; 把…列入～

列出了伊拉克、伊朗、朝鲜、古巴、利比亚、苏丹、叙利亚七个国家。美国最担心的是，有朝一日像本·拉登那样的人既掌握高新武器技术，又掌握国家政权，会直接威胁到美国的生存。因此，反恐和防扩散必须相结合，成为美国国家安全战略的核心。

不言而喻的是，美国眼中的恐怖主义威胁基本上来自于伊斯兰极端势力。"文明的冲突[5]"已经不只是一个理论，而且是一种现实。然而，以伊斯兰教历史之悠久，伊斯兰世界之广大，信徒人口之众多(美国也有五百万至一千万穆斯林)，信仰之虔诚，美国是不能以任何形式公开将伊斯兰与恐怖主义挂钩的。于是美国把朝鲜、古巴也列入恐怖主义黑名单中，多少有用这两个非伊斯兰国家来掩人耳目的意图，以避免造成美国要与伊斯兰为敌的印象。

如果美国在过去30年里都没有视中国为主要敌手，9·11后它又围绕反恐调整了全球战略，那么就没有充分理由判断它在可预见的未来会视中国为主要战略打击对象。中美长期对抗是应当而且可以避免的。

二、台湾问题一直是发展中美关系的主要障碍。

从中美关系缓和到1979年正式建交，争论的主要焦点是台湾问题。直至今天，中美关系发展的主要障碍仍然是台湾问题，可能引发中美军事对抗的几乎唯一的问题也是台湾问题。

[5] 文明冲突论（Clash of Civilizations）是美国哈佛大学教授亨廷顿（Samuel Huntington）1993年提出的理论。他指出当前与未来世界的战争和冲突模式主要是在不同文明（印度文明、伊斯兰教文明、东正教文明、中华文明、日本文明、西方文明）之间产生。

古巴	*Gǔbā*	p.n.	Cuba
利比亚	*Lìbǐyà*	p.n.	Libya
苏丹	*Sūdān*	p.n.	Sudan
叙利亚	*Xùlìyà*	p.n.	Syria
有朝一日	*yǒuzhāoyírì*	idm.	someday, sooner or later
生存	*shēngcún*	v.	to survive
反恐	*fǎnkǒng*	v.	to combat terrorism（反恐：反恐怖主义）
结合	*jiéhé*	v.	to combine, to merge; X 与 Y（相）～
核心	*héxīn*	n.	core, key; ～＋利益 / 问题
不言而喻	*bùyán éryù*	idm.	it goes without saying, self-evident
伊斯兰	*Yīsīlán*	p.n.	Islam
极端势力	*jíduānshìlì*	n.	extremist forces
冲突	*chōngtū*	n.	conflict, collision, clash
理论	*lǐlùn*	n.	theory
悠久	*yōujiǔ*	adj.	long, prolonged, enduring; 历史 / 文化 / 传统＋～
信徒	*xìntú*	n.	believer
穆斯林	*Mùsīlín*	p.n.	Muslim
信仰	*xìnyǎng*	n./v.	faith, belief; to believe in; 坚持 / 失去＋～；宗教～；～虔诚
虔诚	*qiánchéng*	adj.	pious, devout; ～＋人 / 信徒 / 基督徒
公开	*gōngkāi*	adj./v.	public, open, overt; to make public, to disclose
与…挂钩	*yǔ. . .guàgōu*	phr.	to be linked to; 将 / 把 X 与 Y 挂钩
掩人耳目	*yǎnrén ěrmù*	idm.	to deceive the public
意图	*yìtú*	n.	intention, purpose; 有…＋～
围绕	*wéirào*	v.	to encircle, to revolve, to center on
充分	*chōngfèn*	adj./adv.	ample, sufficient; fully; ～＋准备 / 发挥 / 了解 / 利用
判断	*pànduàn*	v./n.	to judge; judgment; ～＋是非 / 对错 /clause
预见	*yùjiàn*	v.	to foresee
打击	*dǎjī*	v./n.	to strike, to attack; crackdown; ～＋犯罪分子 / 势力
对象	*duìxiàng*	n.	object, target; 教育 / 结婚 / 攻击＋～
障碍	*zhàng'ài*	n.	obstacle, barrier
缓和	*huǎnhé*	v.	to relax, to ease up, to alleviate; 关系 / 矛盾＋～
焦点	*jiāodiǎn*	n.	focus, focal point
唯一	*wéiyī*	adj.	one and only, sole; ～＋办法 / 标准 / 选择

在台湾问题上，30 年来中美双方的基本立场都没有发生变化。中国的目标是实现和平统一，而美国口头上一直坚持一个中国的立场，不支持台湾独立，同时反对武力解决。在此期间变化最大的，是台湾当局的立场，从坚持一个中国和国家统一，逐渐演化到今天的"渐进式台独"，执政党也完成了政党轮换，从具有中国情结的国民党转变为一贯坚持"台独"主张的民进党。

1972 年以来的美国对台政策一直从属于对华政策的战略考虑，而不是一项单独的政策。美国对台政策的调整，是根据中美关系的变化来定位的，而不是对华关系以对台关系为转移。这是全球和亚洲的地缘政治所决定的。中国大陆毕竟比台湾的战略地位重要得多。

当前美国对台政策要在三个方面服务于对华政策。

首先，对台政策要着眼于稳定对华关系。如果中美关系因台湾问题而起伏不定乃至持续恶化，美国的经济利益和安全利益都要遭受重大损失。50 年代到 70 年代初，美国曾策划"两个中国"，将两岸分裂状态从国际法的意义上固定化。但今天如果公开搞"两个中国"，改变台湾作为中国领土一部分的法律地位，给美国带来的麻烦将会大大多于好处。几乎唯一能使中美关系脱轨的，

立场	*lìchǎng*	n.	position, stance
口头上	*kǒutóu shang*	adv.	verbally, paying lip service to; ～＋承认 / 许诺 / 表示
独立	*dúlì*	adj./v.	independent; to be on one's own
武力	*wǔlì*	n.	force
当局	*dāngjú*	n.	the authorities, local authorities; 台湾 / 行政＋～
演化	*yǎnhuà*	v.	to evolve; 由 X ～为 Y
渐进式	*jiànjìnshì*	adj.	gradual, incremental; ～＋改革 / 台独
台独	*táidú*	n.	Taiwanese independence
执政党	*zhízhèngdǎng*	n.	ruling party
轮换	*lúnhuàn*	n./v.	rotation; to take turns; X 与 Y ～; 政党～
情结	*qíngjié*	n.	complex, complexity; 故乡 / 中国＋～
国民党	*Guómíndǎng*	p.n.	Kuomintang*
一贯	*yíguàn*	adv./adj.	always, all along; consistent; ～＋支持 / 坚守; ～＋作风 / 想法
民进党	*Mínjìndǎng*	p.n.	Democratic Progressive Party**
从属	*cóngshǔ*	v.	to subordinate; X ～于 Y
单独	*dāndú*	adv.	by oneself, alone
定位	*dìngwèi*	v.-o./n.	to position; positioning
地缘政治	*dìyuán zhèngzhì*	n.	geopolitics
毕竟	*bìjìng*	adv.	after all
着眼于	*zhuóyǎnyú*	v.	to focus on, to keep in mind; ～＋ V.P.
起伏不定	*qǐfú búdìng*	v.	to undulate, to fluctuate; 心情 / 情绪 / 关系＋～
遭受	*zāoshòu*	v.	to suffer; ～＋损失 / 打击 / 批评 / 挫折
损失	*sǔnshī*	v./n.	to lose; loss; ～钱财; 造成 / 遭受 / 减少＋～
策划	*cèhuà*	v.	to plan, to scheme; ～＋活动 / 项目
分裂	*fēnliè*	v./n.	to split; division, fission, separation; 国家 / 族群 / 领土＋～
国际法	*guójìfǎ*	n.	international law
固定	*gùdìng*	v./adj.	to fix, to set; fixed; ～＋时间 / 收入
领土	*lǐngtǔ*	n.	territory
麻烦	*máfan*	n.	trouble, concern, disturbance; 添 / 造成＋～
脱轨	*tuōguǐ*	v.-o.	to derail

* A political party founded in China under Sun Yat-sen in 1912, the Kuomintang was led by Chiang Kai-shek from 1925. After holding power from 1928 until the Communist Party took power in 1949, it subsequently formed the central administration of Taiwan.

** A major political party in the Republic of China (Taiwan), the Democratic Progressive Party is linked with the pan-green coalition and the Taiwan independence movement.

是台海两岸发生军事对抗的局面。因此，美国不会为了支持台湾当局铤而走险，公开打出支持“台独”的旗帜。

其次，维持两岸“不战不统”的状态，对中国国力发展和对外影响的扩大，起着长久的牵制作用，符合美国对华战略的需要。

再次，美国要促进中国大陆的“和平演变”，必然要利用台湾所谓的“民主经验”做文章，以影响大陆的政治进程。

因此，当中美关系出现危机或者台湾领导人企图闹独立的时候，所谓同情台湾的美国决策者，其实决不会让台湾当局牵着美国的鼻子走，仍会坚持一个中国和不支持“台独”的立场。

同时我们必须看到台湾问题严峻的一面。“对台湾安全承担义务”，是30年来美国历届政府的一贯政策，也是美国朝野的一项共识。有人认为，美国在台湾没有生命攸关的利益，因而按照“理性选择”的原理，在海峡两岸爆发军事冲突时，美国会置身事外，避免直接同人民解放军作战。这种论点的缺陷在于忽视了美国

局面	*júmiàn*	n.	situation, circumstance; 形成／造成／打破+～
铤而走险	*tǐng'érzǒuxiǎn*	idm.	to make a reckless move, to rush into danger; sb. +～
旗帜	*qízhì*	n.	flag, (fig.) standpoint, position; 打出／高举+…～
不战不统	*búzhàn bùtǒng*	phr.	without war there is no unification
国力	*guólì*	n.	national power; 增强～
扩大	*kuòdà*	v.	to expand; ～+经营／生产／影响／范围
长久	*chángjiǔ*	adj.	long (of a term, time, or period)
牵制	*qiānzhì*	v.	to contain, to restrain; ～+ sb./ 敌军
促进	*cùjìn*	v.	to promote, to boost, to foster; ～+发展／了解／生长
和平演变	*hépíngyǎnbiàn*	n.	peaceful evolution (from socialism to capitalism)
所谓的	*suǒwèide*	adj.	so-called
做文章	*zuò wénzhāng*	v.-o.	to make an issue of, (lit.) to write an essay (e.g. 利用…+～; 在…上+～)
进程	*jìnchéng*	n.	process, course; 民主／历史／工作+～
危机	*wēijī*	n.	crisis; 经济／政治／能源／石油／信任+～
闹	*nào*	v.	to raise havoc, to disturb, to upset; ～+离婚／事／独立
决策者	*juécèzhě*	n.	decisionmaker (决策: to make a decision)
牵着… 鼻子走	*qiānzhe . . .* *bízi zǒu*	idm.	to lead by coercion, (lit.) to lead by the nose 牵着 sb. 的鼻子走；让／被 sb. 牵着鼻子走
严峻	*yánjùn*	adj.	severe, serious, difficult; ～+问题／形势／挑战
承担	*chéngdān*	v.	to bear, to assume, to undertake (a responsibility, consequence, or liability); ～+责任／义务／任务
义务	*yìwù*	n.	obligation
历届	*lìjiè*	adj.	all the previous; (e.g. 历届+政府／学生／会议) (届: term; session; e.g. 2016 届毕业生)
朝野	*cháoyě*	n.	the government and the public
生命攸关	*shēngmìng yōuguān*	idm.	vitally important, life or death
原理	*yuánlǐ*	n.	principle
海峡	*hǎixiá*	n.	strait (海峡两岸: 中国大陆和台湾)
爆发	*bàofā*	v.	to break out; ～+战争／冲突
置身事外	*zhìshēn shìwài*	idm.	to keep out of an affair; sb. +～
人民 解放军	*Rénmín* *Jiěfàngjūn*	p.n.	People's Liberation Army (PLA)
作战	*zuòzhàn*	v.	to fight, to combat (e.g. X 与／同 Y 作战)
缺陷	*quēxiàn*	n.	flaw, defect; 生理／身体／制度+～
忽视	*hūshì*	v.	to ignore, to neglect, to overlook

通过《与台湾关系法》[6]，承诺了维护台湾安全的义务，使台湾问题不仅是美国外交问题，而且成为对任何一届美国政府都有约束力的法律问题，该法律在美国政界无人反对。美国通过对台军售、技术转让、提供情报等方式加强台湾对抗大陆的军事能力。中美撞机事件之后，布什政府扩大对台军售和提升对台关系的做法越走越远。台湾当局同美国的勾结日益密切，“台独”的支持者已从国会扩展到行政当局。美台军事关系发展到不公开的军事同盟，底线划在不搞联合军事演习。对于台海一旦发生军事冲突美国是否介入的问题，美已从战略模糊转为战略清晰，模糊的只是介入的方式和规模。

为遏制“台独”，防止这颗“不定时炸弹”爆炸，中国将进一步加强对台湾的政治影响力、经济凝聚力和军事威慑力，同时加强对美方的工作。稳定中美关系是稳定台海局势、争取国家统一的重要前提。

[6]《与台湾关系法》是美国1979年制定并通过的国内法。1979年，在中美建交、美台断交的同时，美国为了维护台湾的安全和美台共同利益通过了该法律。该法律的主要目标是：维持台海现状，反对任何一方武力改变两岸现状；为台湾提供防卫性武器以防大陆的军事攻击；在无外交关系的情况下，维持美台间经贸关系。

承诺	*chéngnuò*	v./n.	to promise; promise, commitment
维护	*wéihù*	v.	to safeguard, to defend, to maintain, to preserve
约束力	*yuēshùlì*	n.	binding effect
政界	*zhèngjiè*	n.	political circles (- 界: circles, e.g. 商 / 学 / 教育+~)
军售	*jūnshòu*	n.	arms sale (军售：军事设备销售)
转让	*zhuǎnràng*	n./v.	transfer; to transfer; ~+技术 / 房屋 / 商铺
情报	*qíngbào*	n.	intelligence information/report; 提供 / 搜集+~
提升	*tíshēng*	v.	to promote, to raise, to elevate, to foster; ~+能力 / 水平
越走越远	*yuèzǒu yuèyuǎn*	phr.	further and further away, out of control
勾结	*gōujié*	v.	collusion; to collude with (derogatory); X 跟 Y ~
日益	*rìyì*	adv.	increasingly, with each passing day; ~+增加 / 减少
密切	*mìqiè*	adv./adj.	closely, intimately (related/tied); close, intimate; 关系~; ~+关注 / 联系 / 注意
扩展	*kuòzhǎn*	v.	to extend; ~+市场 / 业务 / 范围
行政	*xíngzhèng*	n./v.	administration; to administer; ~+机构 / 事务 / 权力 (行政当局：executive authority)
同盟	*tóngméng*	n.	alliance, league; 军事 / 战略+~
底线	*dǐxiàn*	n.	baseline, bottom line; 做人 / 道德+~
划	*huà*	v.	to delimit, to mark (a boundary or line); ~+线 / 范围
联合	*liánhé*	v.	to unite
演习	*yǎnxí*	n.	maneuver, exercise, practice; 军事 / 消防+~
介入	*jièrù*	v.	to intervene; ~+问题 / 冲突 / 争论
模糊	*móhu*	adj.	vague, blurry, obscure
清晰	*qīngxī*	adj.	clear
遏制	*èzhì*	v.	to restrain; ~+力量 / 发展
定时炸弹	*dìngshízhàdàn*	n.	time bomb
爆炸	*bàozhà*	v.	to explode
凝聚力	*níngjùlì*	n.	cohesion, cohesive force
威慑力	*wēishèlì*	n.	deterrence, intimidation
局势	*júshì*	n.	situation; 政治 / 世界+~
争取	*zhēngqǔ*	v.	to strive for, to fight for, to try to gain; ~+独立 / 平等 /自由
前提	*qiántí*	n.	premise; X 是 Y 的~

（二）

30 年来中美关系的最大变化，体现在以下三个方面。

第一，战略力量对比的变化。

冷战结束以来，国际格局最显著的变化，是中国和美国的国际地位同时上升。

虽然在国际舆论界不时出现"中国分裂论"、"中国崩溃论"等悲观论调，但大多数战略分析家的预测是中国正在迅速崛起，成为世界强国只是时间问题。美国中央情报局估计，中国的国民生产总值按购买力计算现在已经是世界第二，相当于美国的一半左右。一方面，我们有理由为中国改革开放以来综合国力和世界地位的迅速提高感到自豪。另一方面，也应清醒地看到，中美之间力量和地位的差距仍然是巨大的。如果按照汇率计算，目前中国的国民生产总值只有美国的九分之一，人均收入则只有美国的四十分之一。

30 年来，特别是冷战结束后，美国的实力地位也呈现上升趋势。1970 年，美国的国民生产总值是 1 万亿美元左右，到 1990 年已达 5.5 万亿美元，到 2000 年增长到约 10 万亿美元。现在美国的国民生产总值占世界总产值的 29-30%，军费占世界的 40% 以上，相当于在它之后的 8 个国家军费的总和。美国在经济、科技上同日本和欧洲的差距不是在缩小，而是在拉大。9·11 以后，美国的经济受到冲击，国内安全感下降，但是政府控制力和民族凝聚力却在上升。在阿富汗战争中得手之后，美国的地缘政治优势得以强化，从政治、军事、经济上都挤进了它

体现	*tǐxiàn*	v.	to reflect, to embody; ～＋精神 / 态度 / 观点
对比	*duìbǐ*	v./n.	to contrast; contrast
显著	*xiǎnzhù*	adj.	remarkable, notable; ～＋成果 / 变化 / 功效
舆论界	*yúlùnjiè*	n.	the media, public opinion
崩溃	*bēngkuì*	v.	to break down, to collapse; 精神 / 信心 / 体制 / 国家＋～
悲观	*bēiguān*	adj.	pessimistic; ～＋态度 / 看法 / 情绪
论调	*lùndiào*	n.	view, argument (derogatory)
预测	*yùcè*	v.	to forecast, to predict
崛起	*juéqǐ*	v.	to rise abruptly; 军事 / 经济 / 国家＋～
中央情报局	*Zhōngyāng Qíngbàojú*	p.n.	CIA (Central Intelligence Agency)
估计	*gūjì*	v.	to estimate, to evaluate, to appraise; ～＋ clause
国民生产总值	*guómín shēngchǎn zǒngzhí*	n.	gross national product (GNP)
购买力	*gòumǎilì*	n.	purchasing power
计算	*jìsuàn*	v.	to calculate
综合国力	*zōnghé guólì*	n.	comprehensive national strength
自豪	*zìháo*	adj.	be proud of, take pride in; 感到～；为…而～
清醒	*qīngxǐng*	adj.	sober, clear-headed; ～＋态度 / 头脑
差距	*chājù*	n.	disparity, discrepancy
汇率	*huìlǜ*	n.	exchange rate
呈现	*chéngxiàn*	v.	to present, to appear, to show; ～＋趋势 / 局面
趋势	*qūshì*	n.	trend, tendency
约	*yuē*	adv.	about, approximately（约：大约）
军费	*jūnfèi*	n.	military expenditure
总和	*zǒnghé*	n.	sum, total
缩小	*suōxiǎo*	v.	to narrow (a gap), to reduce (in scope)
拉大	*lādà*	v.-c.	to enlarge
冲击	*chōngjī*	v.	to impact; 受到…的～
阿富汗	*Āfùhàn*	p.n.	Afghanistan
得手	*déshǒu*	v.	to carry out one's plan as one wishes, to achieve one's goal (derogatory)
优势	*yōushì*	n.	advantage
挤进	*jǐjìn*	v.-c.	to edge in, to elbow, to wedge; ～＋ place/ 圈子 / 商店 / 地铁

一直想挤进的中亚等地区，同时还增强了它在东南亚等地区的军事存在。

在过去的30年里，其他国家和国家集团的实力地位也有变化，但是没有一个国家的国际地位上升幅度能同中国和美国相比。苏联力量从70年代后期开始衰落，最终解体。作为其国力主要继承者的俄罗斯，战略核力量虽然仅次于美国，常规武器也很先进，但是由于经济实力下降，以及国内诸多社会政治问题的困扰，使它不得不退出世界一流强国地位的角逐。日本在过去的十多年时间里，经济增长缓慢，体制改革滞后，近年来保守势力上升，执政集团不稳定并且丑闻不断，缺乏长远的国际战略构想。因此，未来的日本也很难在国际舞台上占据中心位置。德国统一之后实力增强，但国际影响还需要通过欧盟来发挥。英国和法国的国际地位基本相当。欧盟作为一个整体在世界政治事务中发挥作用尚需时日。亚洲金融危机对东盟的冲击很大，作为东盟“领头羊”的印尼内乱不止，不能在地区事务中起主导作用。印度、巴西等发展中大国的影响，很难超越本地区。

作为在过去30年里国际战略格局中实力地位上升最快的两个大国，中美矛盾在当今世界上大国关系中

中亚	*Zhōngyà*	p.n.	Central Asia
东南亚	*Dōngnányà*	p.n.	Southeast Asia
集团	*jítuán*	n.	group, clique; 军事 / 企业 / 教育+～
幅度	*fúdù*	n.	range; 上升 / 下降 / 增长+～
衰落	*shuāiluò*	v.	to decline, to decay; 国势 / 家境 / 经济+～
最终	*zuìzhōng*	adv.	finally, ultimately
解体	*jiětǐ*	v.	to disintegrate; 国家 / 公司 / 同盟+～
继承	*jìchéng*	v.	to inherit (an estate, culture, or tradition); ～+传统 / 财产
俄罗斯	*Éluósī*	p.n.	Russia
仅次于	*jǐncìyú*	phr.	to be next/secondary only to; X 仅次于 Y
常规武器	*chángguī wǔqì*	n.	conventional weapon
诸多	*zhūduō*	adj.	a lot of, many (formal); ～+国家 / 因素 / 问题 / 借口
困扰	*kùnrǎo*	v.	to trouble, to puzzle, to perplex; 感到～; ～+ sb.
退出	*tuìchū*	v.	to leave, to quit, to withdraw, to sign out; ～+比赛 / 组织
角逐	*juézhú*	v.	to contest, to compete against
缓慢	*huǎnmàn*	adj.	slow; ～+发展 / 进展
体制	*tǐzhì*	n.	(economic/political/managerial) system, structure
滞后	*zhìhòu*	v.	to lag; 发展 / 改革+～
丑闻	*chǒuwén*	n.	scandal; 传出 / 揭露+～
构想	*gòuxiǎng*	n.	conception; 战略 / 未来 / 长远+～
舞台	*wǔtái*	n.	stage; 政治 / 国际 / 历史+～
德国	*Déguó*	p.n.	Germany
欧盟	*Ōuméng*	p.n.	European Union (EU)
发挥	*fāhuī*	v.	to bring into play, to exert; ～+影响 / 实力 / 作用
相当	*xiāngdāng*	adj.	equivalent; X 与 Y ～
整体	*zhěngtǐ*	n.	whole, entirety
尚	*shàng*	adv.	still, yet e.g. ～+需 / 未
金融	*jīnróng*	n.	finance, financials; ～+业 / 专业 / 政策 / 危机
东盟	*Dōngméng*	p.n.	ASEAN (Association of Southeast Asian Nations)
领头羊	*lǐngtóuyáng*	n.	leader of the pack or herd
印尼	*Yìnní*	p.n.	Indonesia
内乱不止	*nèiluàn bùzhǐ*	phr.	neverending/incessant civil strife （不止：不停止）
巴西	*Bāxī*	p.n.	Brazil
超越	*chāoyuè*	v.	to surpass

成为最突出的一对矛盾。按照西方一种传统的国际政治理论，一个维护现存国际秩序的大国（如第一次世界大战前的英国）与一个国力迅速发展、对现存秩序不满的大国（如当时的德国），迟早要发生战略碰撞。于是一些美国人认为，"一山不容二虎"，中国在政治制度和意识形态上与美国截然不同，中国越强大，就越会成为美国的心头大患。

毋庸讳言，中美对冷战后国际秩序的看法存在着根本分歧。美国坚持要"领导世界"，而中国主张国际政治多极化。在军备控制、人权等问题上，中美双方的立场也有不容回避的差异。台湾问题则一直是中美关系中最为敏感、最容易引起冲突的问题。但是，中美两国在实力对比上的巨大差距，以及中国对本身实力的清醒估计，决定了中国不会像一战前德国挑战英国那样，去同美国对抗；而中国日益增长的国力，也决定了我们不会屈服于美国的压力，不会为了改善中美关系而牺牲国家的根本利益，或者改变国内的基本政治制度。

第二，两国国内政治的变化。

30 年来，中美两国的国内政治都发生了巨大的变化。中国从文化大革命的阴影里走出，经历了 20 多年的改革开放，党的政治路线、指导思想、领导方式与时俱进。同毛泽东、周恩来[7]与尼克松、基辛格打交道的时代相比，中国对美政策的国内决策环境大大复杂化了。当年对美政策的调整幅度很大，但决策过程却比较简单。当年"秘密外交"要互遣特使，如今首脑之间有"热线电话"；当年外交工作基

[7] 周恩来 (1898-1976)，生于江苏，中国革命家、政治家、军事家、外交家，中国共产党和中华人民共和国的主要领导人，建国后长期担任国务院总理兼外交部长。在中共第一代领导人中，其威望和实际影响力仅次于毛泽东。

突出	*tūchū*	adj.	outstanding, remarkable; 问题 / 矛盾 / 表现＋～
现存	*xiàncún*	adj.	existing; ～＋货物 / 秩序 / 体制
秩序	*zhìxù*	n.	order; 世界 / 公共 / 社会＋～
第一次世界大战	*Dìyīcì Shìjiè Dàzhàn*	p.n.	First World War (1914–1918)
不满	*bùmǎn*	adj.	dissatisfied; 对…不满
迟早	*chízǎo*	adv.	sooner or later; ～会＋解决 / 明白 / 想通 / 同意
碰撞	*pèngzhuàng*	v.	to collide, to run afoul of; 发生 / 产生＋～
一山不容二虎	*yìshān bùróng èrhǔ*	prov.	(lit.) two tigers cannot live on the same mountain
截然不同	*jiérán bùtóng*	idm.	entirely different; X 与 Y ～
心头大患	*xīntóu dàhuàn*	idm.	the biggest concern; …是 / 成为＋～
毋庸讳言	*wúyōnghuìyán*	idm.	to speak up frankly/candidly (毋庸：不用, no need to; 讳言：隐瞒不说, to conceal the truth)
根本	*gēnběn*	adj.	basic, fundamental
分歧	*fēnqí*	n.	divergence, difference; 产生 / 发生 / 存在＋～
多极化	*duōjíhuà*	n.	multi-polarization
军备	*jūnbèi*	n.	armament; ～＋控制 / 竞赛 ; 加强 / 削减＋～
人权	*rénquán*	n.	human rights
不容回避	*bùróng huíbì*	idm.	cannot be avoided; ～＋问题 / 矛盾 / 事实
差异	*chāyì*	n.	difference
敏感	*mǐngǎn*	adj.	sensitive, delicate, perceptive; ～＋问题 / 话题 / 内容
屈服	*qūfú*	v.	to surrender, to yield; 向…＋～ ; ～于…
牺牲	*xīshēng*	v./n.	to sacrifice; sacrifice; ～＋生命 / 利益 / 时间
阴影	*yīnyǐng*	n.	shadow; 产生 / 走出＋～
路线	*lùxiàn*	n.	route, itinerary, course
指导	*zhǐdǎo*	v./n.	to guide; guidance
与时俱进	*yǔshíjùjìn*	idm.	advance with the times
周恩来	*Zhōu Ēnlái*	p.n.	Zhou Enlai (first premier of the People's Republic of China, 1898–1976)
基辛格	*Jīxīngé*	p.n.	Henry Kissinger* (1923–)
打交道	*dǎjiāodào*	v.-o.	to contact, to deal with; X 跟 Y ～
互遣	*hùqiǎn*	v.	to each dispatch to; ～＋特使 (互遣：互相派遣)
特使	*tèshǐ*	n.	special envoy
首脑	*shǒunǎo*	n.	head, leader (of the central government); 政府 / 行政＋～
热线	*rèxiàn*	n.	hotline

* Henry Kissinger is a political scientist and former American diplomat who served as secretary of state during the Nixon and Ford administrations.

本上是外交部等极少数政府部门的事，如今对美关系涉及到的政府部门有几十个，地方政府也参与其中；当年公众对中美关系即使关心也无从了解，不能评论，如今中美关系已经成为电视节目和街头巷尾的热门话题之一；当年公众对美国毫无感性知识，如今每年访问美国的中国人有几十万人次。

在今天的国内外环境下，各个政府部门、社会团体、研究单位和个人，都会从自己的工作范围和特殊角度去认识美国和对美关系，形成不同的观点是正常的，社会上有关中国对美政策的议论很多也是正常的。但是，宏观的对美政策只能有一个，外交工作的种种考虑和运作过程，毕竟不能都向社会公开。准确地分析和把握国际形势的变化，客观而不过分情绪化地报道国际事务，正确引导社会上的爱国主义感情，加强政府各部门之间在涉外工作中的协调，是处理好对美关系的关键。

美国的政治经济制度、意识形态和外交路线是基本稳定的。但是，30 年来美国政治的变化也值得注意。美国社会的一个显著变化是族群人口比例的改变和新移民的急剧增加。1970 年，美国白人在总人口中占 87.5%，到 2000 年降低到 82.2%。30 年间，白人的人口增加了 27%，而非白人增加了近一倍。华人血统的美国人，从1980年的80万增加到今天的200万。20世纪60年代以争取种族平等为主要内容的美国民权运动，对传统的美国意识形态形成极大冲击。以民权运动和种族构成变化为基础的美国多元文化，正在与白人基督教文化一争高低。同时，美国的保守、排外势力，特别是宗教右翼，一直企图卷土重来。此外，贫

极少数	*jíshǎoshù*	adj.	very few, rare
涉及	*shèjí*	v.	to involve, to cover, to affect
参与	*cānyù*	v.	to participate in, to take part in; ～＋讨论 / 决策
公众	*gōngzhòng*	n.	the public
无从	*wúcóng*	adv.	having no way (of doing sth.); ～＋了解 / 知道
评论	*pínglùn*	v./n.	to comment on; comment, review
街头巷尾	*jiētóuxiàngwěi*	idm.	streets and lanes, everywhere in the town
热门	*rèmén*	adj.	hot, popular; ～＋话题 / 专业
感性	*gǎnxìng*	adj.	perceptual, sensible; ～＋认识 / 的人 ; sb. ＋很～
团体	*tuántǐ*	n.	organization, group; 民间 / 学术 / 宗教＋～
宏观	*hóngguān*	adj.	macroscopic, macro; ～＋看法 / 经济 / 决策 / 调控
运作	*yùnzuò*	n./v.	operation; to operate; 公司 / 政府 / 机构 / 组织＋～
准确	*zhǔnquè*	adj.	accurate; 发音 / 消息 / 回答＋～
把握	*bǎwò*	v.	to grasp, to seize; ～＋方向 / 机会
情绪化	*qíngxùhuà*	adj.	emotional, sentimental
引导	*yǐndǎo*	v.	to guide; ～＋舆论 / 人民 / 青少年 /V.P.
爱国主义	*àiguó zhǔyì*	n.	patriotism
涉外	*shèwài*	v.-o.	to concern foreign affairs or foreign nationals; ～＋组织 / 工作 / 活动 / 机构
协调	*xiétiáo*	v./adj.	to coordinate, to harmonize; harmonious
族群	*zúqún*	n.	ethnic group; ～＋关系 / 矛盾
急剧	*jíjù*	adv.	sharply, rapidly; ～＋增加 / 下降 / 变化
血统	*xuètǒng*	n.	descent, blood lineage; 贵族 / 中国 / 美国＋～
种族	*zhǒngzú*	n.	race; ～＋问题 / 歧视 / 隔离
民权运动	*Mínquán Yùndòng*	p.n.	Civil Rights Movement
种族构成	*zhǒngzú gòuchéng*	n.	racial demographics
多元	*duōyuán*	adj.	pluralistic
基督教	*Jīdūjiào*	p.n.	Christianity
一争高低	*yìzhēng gāodī*	idm.	to stack up against, to battle, to compete; X 与 Y ～
排外	*páiwài*	adj.	exclusive, anti-foreign, xenophobic; ～＋思想 / 心理 / 情绪 / 政策 / 势力
宗教	*zōngjiào*	n.	religion (e.g. 佛教 / 道教 / 基督教 / 天主教 / 伊斯兰教)
卷土重来	*juǎntǔchónglái*	idm.	to stage a comeback

富悬殊和社会结构的变化，使美国国内利益更加多元化，各类非政府组织应运而生，并在美国政治生活中发挥着日益重要的作用。9·11之后，美国大大强化了它的国家机器，政府与社会的关系又发生了新的变化，穆斯林和其他一些少数族群受到歧视的现象大量增加，以反对恐怖主义、维护国内治安为由而侵害公民权利的行为引起社会关注，多元文化主义、自由主义的思想受到压制。凡此种种，都给美国的对外关系和国际战略增加了复杂因素，也对美国对华政策造成了直接或间接的影响。

在美国政界和舆论界，许多人意识到中美的共同利益十分广泛，中国的经济繁荣对美国有利，而中国的经济发展有赖于政治稳定。但也有人在人权、宗教等问题上大做文章，对中国施加政治压力。还有为数不多的一些人反对同中国发展正常关系，把中国视为头号威胁，主张利用台湾问题在军事上牵制中国。这些人对中国知之甚少，能量却颇大，经常发出刺耳的声音，制造耸人听闻的反华故事。这些不同的主张背后都受到利益驱动，而美国对华政策是这些不同利益的产物。

第三，以经贸关系为主的社会交往不断扩大。

30年来中美关系中最大的变化，莫过于以经济关系为主要推动力的社会交往的扩大。尽管双边政治关系大大小小的风波不断，经贸领域也经常受到政治问题的干扰，但互惠的经济合作以及在教育、

悬殊	*xuánshū*	n.	great disparity, wide gap; 差距／实力／贫富＋～
非政府组织	*fēizhèngfǔ zǔzhī*	n.	non-governmental organization (NGO)
应运而生	*yìngyùn érshēng*	idm.	to emerge as the times require; sth. ＋～
国家机器	*guójiā jīqì*	n.	state apparatus/machine/system
歧视	*qíshì*	v./n.	to discriminate; discrimination
现象	*xiànxiàng*	n.	phenomenon (e.g. 社会／天文／自然＋～, social/astronomical/natural phenomenon)
治安	*zhì'ān*	n.	public security; 加强／维持＋～
侵害	*qīnhài*	v.	to hurt, to violate (a right or privacy); ～＋权利／利益／隐私
压制	*yāzhì*	v.	to suppress, to stifle; 受到～
凡此种种	*fáncǐ zhǒngzhǒng*	idm.	everything like this, all these
间接	*jiànjiē*	adj./adv.	indirect; indirectly ; ～＋作用／方法／影响
广泛	*guǎngfàn*	adj.	broad, extensive; ～＋宣传／流行／接受
繁荣	*fánróng*	v./adj.	to prosper, to boost; flourishing, prosperous; 经济＋～
有赖于	*yǒulàiyú*	phr.	to depend on, to be dependent upon; ～＋ V.P.
为数不多	*wéishù bùduō*	idm.	not many, only a small number
知之甚少	*zhīzhī shènshǎo*	idm.	to know little about; 对…＋～
能量	*néngliàng*	n.	energy, influence, power
颇	*pō*	adv.	quite, rather, considerably; ～＋ monosyllabic adj./v. （颇：很，used in formal expressions）
刺耳	*cìěr*	adj.	piercing, harsh, (lit.) prick the ear; 声音～
耸人听闻	*sǒngrén tīngwén*	idm.	sensational, to exaggerate deliberately to create a sensation; 消息／新闻／报导＋～
驱动	*qūdòng*	v.	to drive; 在＋金钱／利益的～下 ; 受到…的～
产物	*chǎnwù*	n.	product; …是智慧／科技发展／政策／历史的＋～
经贸	*jīngmào*	n.	economy and trade （经贸：经济贸易）
莫过于	*mòguòyú*	phr.	nothing is more . . . than
推动力	*tuīdònglì*	n.	impetus, pushing force
风波	*fēngbō*	n.	disturbance, (lit.) wind and waves; 政治／外交＋～
领域	*lǐngyù*	n.	field, realm; 经济／政治／外交＋～
干扰	*gānrǎo*	v.	to interfere, to disturb; ～＋工作／学习／休息
互惠	*hùhuì*	adj.	reciprocal; ～＋关系／待遇

文化、科技、能源、环保、卫生、法律等领域的合作却一直在蓬勃发展。

据统计，美国现在已经超过日本，成为中国最大的贸易伙伴，中美贸易额近年来占到中国国民生产总值的8%-10%。美国对华的直接投资将继续高居国外在华投资的首位。由于日本经济不景气等原因，美国成为中国最大经济合作对象的前景是明确的。中国加入世贸组织以后，美国的金融业、保险业和信息产业等将以更大的步伐进入中国市场。尽管我国经济主要靠内需推动，但对美经济关系的巨大潜力仍然必须充分利用。在此过程中，掺杂着政治因素的经济摩擦将有增无减，而我国经济受美国经济波动的影响也将更加直接，这是我们积极参与经济全球化进程中必然出现的现象。

中美经济相互依存的现象是不对称的。中国大陆是美国第四大贸易伙伴，当前中美贸易额仅占美国对外贸易总额的5%左右，在华投资仅占美国海外投资的3%左右。中国向美出口的产品中，尽管电器、机械设备、自动数据处理设备等技术含量较高的产品正在增加，但鞋类、服装、玩具等劳动密集型产品仍然占据主导地位；美国对华出口则以飞机、化工、机械设

能源	*néngyuán*	n.	energy resource
卫生	*wèishēng*	n./adj.	hygiene; clean, sanitary (referring to public health services or medical treatment); ～部门; 公共～
蓬勃	*péngbó*	adv./adj.	vigorously, flourishingly; vigorous, flourishing; ～+发展 / 向上 ; 朝气～
伙伴	*huǒbàn*	n.	partner, cohort, companion; 贸易 / 战略+～
- 额	*é*	suffix	a specified number or amount; 贸易 / 出口 / 总+～
高居	*gāojū*	v.	to stand above, to be in the leading position; ～首位
首位	*shǒuwèi*	n.	first place (首位: 第一位)
景气	*jǐngqì*	adj.	prosperous; 市场 / 经济+很 / 不～
前景	*qiánjǐng*	n.	prospect, future; ～+光明 / 暗淡
明确	*míngquè*	v./adj.	to make clear, to clarify; clear
世贸组织	*Shìmào Zǔzhī*	p.n.	WTO (World Trade Organization, 世界贸易组织)
保险	*bǎoxiǎn*	n.	insurance
信息	*xìnxī*	n.	information
产业	*chǎnyè*	n.	industry; 金融 / 保险 / 信息+～
步伐	*bùfá*	n.	pace; 改革 / 前进 / 发展+～
内需	*nèixū*	n.	domestic demand; 拉大 / 扩大+～
潜力	*qiánlì*	n.	potential; 开发 / 挖掘+～
掺杂	*chānzá*	v.	to mix; ～+因素 / 化学物质
摩擦	*mócā*	n.	friction, conflict; 发生 / 产生 / 减少+～
有增无减	*yǒuzēng wújiǎn*	idm.	to increase with no decrease
波动	*bōdòng*	n./v.	fluctuation; to fluctuate; 经济 / 价格 / 情绪+～
相互依存	*xiànghù yīcún*	phr.	interdependence; X 与 Y ～
对称	*duìchèn*	adj.	symmetric; X 与 Y (不) ～
出口	*chūkǒu*	v./n.	to export (a good, commodity, or service); export
机械	*jīxiè*	n.	machinery, mechanical
设备	*shèbèi*	n.	equipment, device, facility; 通讯 / 生产 / 消防+～
自动	*zìdòng*	adj./adv.	automatic; automatically
数据	*shùjù*	n.	data
含量	*hánliàng*	n.	content; 技术 / 知识 / 维生素+～
玩具	*wánjù*	n.	toy
劳动密集型	*láodòng mìjíxíng*	adj.	labor intensive; ～产业
化工	*huàgōng*	n.	chemical engineering

备、电子产品等高新技术产品为主。这也从一个侧面反映了中美两国经济发展水平的差距和相互依存程度的差别。

从这30年来的连续性与变化中，可以对其现状与未来做出几点估计。

首先，在过去十几年里，美国一直是我国外交和战略上的主要对手，对我国的政治稳定和国家安全构成威胁，同时美国也加深了对中国的战略防范。但是，中国一直不是美国的主要敌手，9·11以后美国更没有把中国视为主要的安全威胁。因此，虽然美国的单边主义在发展，霸权地位稳固，但我国面临的国际环境仍然是机遇大于挑战。正如邓小平[8]同志所说，"世界上矛盾多得很，大得很，一些深刻的矛盾刚刚暴露出来。我们可利用的矛盾存在着，对我们有利的条件存在着，问题是要善于把握。"

其次，在对美关系中可利用的矛盾和有利条件很多。美国同其他大国和发展中国家的矛盾牵制着它对中国的政治压力和战略图谋，中国有很大的战略回旋空间。同时，应当看到，像冷战时期那样美

[8] 邓小平（1904-1997）：生于四川，中国共产党早期领导人之一，也是继毛泽东之后中国第二代领导人的核心。在他执政期间，中国开始实行改革开放的政策。他也为解决台湾、香港、澳门问题提出了"一个国家，两种制度"的构想。

侧面	*cèmiàn*	n.	side, profile
连续性	*liánxùxìng*	n.	continuity, continuousness
现状	*xiànzhuàng*	n.	current situation
加深	*jiāshēn*	v.	to deepen (an impression, understanding, or conflict)
防范	*fángfàn*	n./v.	precaution; to be on guard
单边主义	*dānbiān zhǔyì*	n.	unilateralism
稳固	*wěngù*	adj.	steady, stable; 权力 / 地位 / 关系＋～
机遇	*jīyù*	n.	opportunity; 抓住 / 等待＋～
邓小平	*Dèng Xiǎopíng*	p.n.	Deng Xiaoping (1904–1997)*
同志	*tóngzhì*	n.	comrade
暴露	*bàolù*	v.	to expose; ～＋信息 / 秘密 / 问题 / 目标 / 身份 / 真面目
图谋	*túmóu*	v.	to plot, to scheme (derogatory)
回旋	*huíxuán*	v.	to maneuver, to negotiate, (lit.) to circle, to go around; 有 / 没有＋～的空间 / 余地

* Deng Xiaoping was the paramount leader of China from 1978–1989.

苏矛盾大于中美矛盾的局面不会再出现，中国同俄罗斯、日本、印度或其它国家结成反美同盟的可能性也极小。中国改善同周边国家的关系，加强同欧洲和伊斯兰国家以及其它发展中国家的交往与合作，实际上是对美国霸权图谋的制约。

第三，对美关系中最大的有利条件是同美国经贸合作和社会交往的不断扩大。我们有不少经济牌、社会牌、文化牌可打，可以将我国的影响扩展到多元化的美国社会，影响美国外交的决策环境和决策过程。对美工作的重心，可以而且应当逐渐转移到美国国内。

最后，面对复杂多变的国际政治环境和曲折起伏的中美关系，我们必须把思想统一到中央做出的基本判断和重大决策上来，冷静观察，趋利避害，沉着应对。紧紧抓住经济建设的中心不放，集中精力把我们自己的事情办好，把综合国力搞上去，是保持有利的国际环境、稳定中美关系、最终完成祖国统一大业最重要的条件。

原载于《中国党政干部论坛》

2002 年第 7 期

制约	*zhìyuē*	v.	to restrict
牌	*pái*	n.	card; 好～；打 / 出＋～ (打牌: to play cards)
重心	*zhòngxīn*	n.	core, focus; 工作 / 经济 / 发展＋～
中央	*zhōngyāng*	n.	center, center of power (referring to the central government/central committee of the Party, 中央政府 / 党中央)
冷静	*lěngjìng*	adj.	calm; ～＋观察 / 思考 / 分析
趋利避害	*qūlìbìhài*	idm.	to draw on advantages and avoid disadvantages
沉着	*chénzhuó*	adj.	composed, calm; ～＋应对 / 应付
应对	*yìngduì*	v.	to cope with, to deal with; ～＋挑战 / 突发事件
大业	*dàyè*	n.	great undertaking; 统一～

重要语言点

Essential Structures and Patterns

1 视…为…

to regard . . . as . . .

◆ 从新中国成立到60年代末，中国一直视美国为主要的战略敌人。

◇ 许多发展中国家视环境问题为新的挑战。

◇ 中美能够在上世纪70年代建立外交关系的重要原因是：两国都视苏联为主要对手。

2 乃至

and even

◆ 从80年代中期开始，苏联的威胁下降乃至消失。

◇ 五四时期，从知识分子到普通学生，乃至没有受过教育的老人和妇女，都纷纷走上街头，抗议政府的卖国行为。

◇ 中国对亚太地区乃至全世界的重要性都是毋庸置疑的。

3 X与/以Y为敌

X and Y are enemies

◆ 从中国方面看，我们集中精力抓国内建设，无意与美国为敌。

◇ 如果人类不注意保护环境，处处与大自然为敌，一定会遭到自然的惩罚。

◇ 以人民为敌的政府最终会被人民推翻。

4 在可预见的未来

in the foreseeable future

◆ 没有充分理由判断美国在可预见的未来会视中国为主要战略打击对象。

◇ 在可预见的未来，石油仍将是世界上的主要能源，对全球经济的发展仍然极为重要。

◇ 中国的经济总量在可预见的未来将会超过美国。

5 **…以…为转移**

…change(s) depending on…

◆ 美国对台政策的调整，是根据中美关系的变化来定位的，而不是对华关系以对台关系为转移。

◇ 自然规律是不以人的意志为转移的，如果我们不尊重自然规律，破坏大自然，一定会遭到大自然的报复。

◇ 产品设计要以消费者的需求和偏好为转移，因为任何产品的最终服务对象还是消费者。

6 **牵着(somebody)的鼻子走**

to lead (somebody) by coercion/(lit.) to lead (somebody) by the nose

◆ 当中美关系出现危机或者台湾领导人企图闹独立的时候，所谓同情台湾的美国决策者，其实决不会让台湾当局牵着美国的鼻子走。

◇ 依赖父母的子女是没有出息的，孩子不应该总是让父母牵着鼻子走。

◇ 我有自己的看法和做法，不愿被别人牵着鼻子走。

7 **X是Y的前提**

X is the premise/prerequisite for Y

◆ 稳定中美关系是稳定台海局势、争取国家统一的重要前提。

◇ 拥有充足的资金是开办新公司，进行创业的前提。

◇ 坚持"一个中国"原则是中国与其他国家建立外交关系的前提。

8 **呈现…（的）趋势**

to show a…trend

◆ 美国的实力地位也呈现上升趋势。

◇ 自改革开放以来，中国的经济呈现快速增长的趋势。

◇ 随着经济的发展，中国的环境污染呈现逐步恶化的趋势。

9 尚

still/yet

◆ 欧盟作为一个整体在世界政治事务中发挥作用尚需时日。

◇ 中国社会现今还存在许多尚未解决的问题。

◇ 中国尚在发展之中，现在绝不能以“全球领袖”自居。

10 X与Y截然不同

completely different

◆ 中国在政治制度和意识形态上与美国截然不同。

◇ 他沉默、内向的性格，与她开朗、外向的性格截然不同，没想到这两个人竟然谈起恋爱来了。

◇ 怎么发展与中国大陆的关系，台湾两个主要政党的态度截然不同。

11 无从＋了解/下手/谈起

no way to not know (e.g. 无从谈起 , to not know where to begin [talking about something] and 无从下手 , to not know where to start [doing something])

◆ 当年公众对中美关系即使关心也无从了解、不能评论，如今中美关系已经成为电视节目和街头巷尾的热门话题之一。

◇ 如果没有健全的法律制度，那么自由、民主甚至连个人安全都无从谈起。

◇ 有些事情看起来很复杂很难，似乎无从下手，但只要认真分析，就会找到解决办法。

12 X与Y一争高低

to compete

◆ 以民权运动和种族构成变化为基础的美国多元文化，正在与白人基督教文化一争高低。

◇ 他建立了自己的公司，要与前老板的公司一争高低。

◇ 这次乒乓球比赛的目标是与日本这样强大的对手一争高低。

13 以…为由/借口 + V.P.

to use ... as an excuse to V.P.

◆ 以反对恐怖主义、维护国内治安为由而侵害公民权利的行为引起社会关注。

◇ 法律规定女性享有与男性平等的就业权利。在录用新员工时，任何公司不得以性别为由拒绝录用女性应聘者或者提高对女性的录用标准。

◇ 她想去非洲工作，父母却以安全为由，让她留在身边。

14 X、Y、Z…，凡此种种，都…

X, Y, Z, ..., all of these ...

◆ 9·11之后，穆斯林受到歧视的现象大量增加，侵害公民权利的行为引起社会关注，多元文化主义、自由主义的思想受到压制。凡此种种，都给美国的对外关系和国际战略增加了复杂因素。

◇ 有心理问题的儿童往往表现为无法与人沟通，无法充分表达自己的愿望和情感，过分依赖父母等。凡此种种，都会影响人际关系的良好发展。

◇ 这家报纸的新闻都是老百姓关注的话题，从医疗到就业，从住房到教育。凡此种种，都与老百姓的衣食住行密切相关。

15 有赖于…

to depend on ...

◆ 中国的经济发展有赖于政治稳定。

◇ 国民素质的提高有赖于教育的全面发展。

◇ 中国的环境能否彻底改善有赖于环保政策是否能有效落实。

16 在…上（大）做文章

to make an issue of (something)/to seize upon an incident to exaggerate matters

◆ 有人在人权、宗教等问题上大做文章，对中国施加政治压力。

◇ 媒体总是喜欢在明星的感情生活上大做文章，以此来吸引读者的注意力。

◇ 美国总统候选人在竞选时，总喜欢在对方的道德问题上做文章，攻击对手，以提高自己的支持率。

17 对/向…施加＋压力/影响

to impose, to put (pressure/influence) on . . .

◆ 有人在人权、宗教等问题上大做文章，对中国施加政治压力。

◇ 民主运动往往会在一定程度上对政府施加压力，促使政府改革。

◇ 在孩子做出选择的时候，父母不应该对孩子施加过大的影响。

18 颇＋monosyllabic adjective/verb

quite（颇：很, used in formal expressions）

◆ 这些人对中国知之甚少，能量却颇大，经常发出刺耳的声音。

◇ 这种菜的味道虽然有些奇怪，但在当地却颇受欢迎。

◇ 俄罗斯的实力虽然远不如当年的苏联，但在国际舞台上仍颇具影响力。

19 受到…驱动

to be driven by . . .

◆ 这些不同的主张背后都受到利益驱动，而美国对华政策是这些不同利益的产物。

◇ 消费主义时代的特点是：人们努力工作是因为受到了金钱和欲望的驱动。

◇ 在利益的驱动下，有些商人竟不顾消费者的安全和健康，制造出质量不合格的产品。

20 **最…莫过于…**

nothing is more . . . than . . .

◆ 30年来中美双边关系中最大的变化，莫过于以经济关系为主要推动力的社会交往的扩大。

◇ 北京的美食，最有名的莫过于北京烤鸭。

◇ 在传统观念中，最不孝顺的事儿莫过于不生孩子、不能传宗接代。

21 **有…牌可以打**

to play the . . . card/to make use of (something) (to attain one's objective)

◆ 我们有不少的经济牌、社会牌、文化牌可打，可以将我国的影响扩展到多元化的美国社会，影响美国外交的决策环境和决策过程。

◇ 与公立医院竞争，许多私立医院只有服务牌可以打，推出各种各样的优质服务，以吸引更多的病人。

◇ 要想提高产品的销量，除了打价格牌以外，还可以打设计牌和流行牌，让消费者可以尽早买到时髦、流行的产品。

词汇练习
Vocabulary Exercises

I Provide an appropriate noun to make a meaningful verb-object phrase, then make a sentence with each of the expanded verb-object phrases:

谋求______	掌握______	削减______	维持______
恢复______	遏制______	发挥______	面临______
遵循______	推行______	激发______	损害______
揭露______	引导______		

II Using the underlined expressions in each sentence, make new sentences:

1 从新中国成立到60年代末，中国一直视美国为主要的战略敌人。

2 从80年代中期开始，苏联的威胁下降乃至消失。

3 经济全球化的潮流不可逆转。

4 如果美国在过去的30年里都没有视中国为主要敌手，9·11后它又围绕反恐调整了全球战略，那么就没有充分理由判断它在可预见的未来会将中国视为主要战略打击对象。

5 美国对台政策的调整，是根据中美关系的变化来定位的，而不是对华关系以对台关系为转移。

6 当中美关系出现危机或者台湾领导人企图闹独立的时候，所谓同情台湾的美国决策者，其实决不会让台湾当局牵着美国的鼻子走。

7 稳定中美关系是稳定台海局势、争取国家统一的重要前提。

8 美国最担心的是，有朝一日像本·拉登那样的人既掌握高新武器技术，又掌握国家政权，会直接威胁到美国的生存。

9 美国不会为了支持台湾当局铤而走险，公开打出"台独"旗帜。

10 在海峡两岸爆发军事冲突时，美国会置身事外，避免直接同人民解放军作战。

11 美国的实力地位也呈上升趋势。

12 中国在政治制度和意识形态上与美国截然不同。

13 欧盟作为一个整体在世界政治事务中发挥作用尚需时日。

14 美国多元文化主义，正在与白人基督教文化一争高低。

15 以反对恐怖主义、维护国内治安为由而侵害公民权利的行为引起社会关注。

16 有人在人权、宗教等问题上大做文章，对中国施加政治压力。

17 中国的经济繁荣对美国有利，而中国的经济发展有赖于政治稳定。

18 这些人对中国知之甚少，却经常制造耸人听闻的反华故事。

19 这些不同的主张背后都受到利益驱动，而美国对华政策是这些不同利益的产物。

20 30 年来中美双边关系中最大的变化，莫过于以经济关系为主要推动力的社会交往的扩大。

III Answer the following questions. In your response, incorporate at least three of the expressions provided; feel free to use more if possible.

1 近 30 年来，中美关系有怎样的变化？ 原因是什么？
（曲折；视…为…；遵循；蓬勃发展；和平共处）

2 中国加入世界贸易组织（WTO），对中国、世界经济有什么影响？
（长远利益；不言而喻；在可预见的将来；前景＋光明 / 暗淡；具有…潜力）

3 美国对恐怖主义的态度是什么？
（抬头；扩张；X 跟 Y 对抗；引起…忧虑；不容＋ disyllabic verb；向…屈服）

4 美国的经济力量与其国际影响力有怎样的关系？
（随之；发挥；决定性；综合国力）

5 世界上有很多不稳定的国家和地区，请选择一个说说那儿的情况。
（存在 / 产生＋分歧；心头大患；矛盾 / 问题＋突出；内乱不止；严峻）

6 A：你天天跟我吵架，我们的婚姻还能继续维持下去吗？
B：……（心情 / 关系＋起伏不定；崩溃；把…搞垮了；磕磕绊绊；情绪波动；对…不满；遭受；牵着…的鼻子走；恶化；反感；清醒地认识到…）

7 总统有了丑闻，美国政界和媒体舆论一般会持怎样的态度？
（街头巷尾；热门话题；受到…困扰；利用 / 拿…做文章；企图；最终…）

8 面对中国的崛起、中东问题和恐怖主义，美国政府应该怎么办？
（集中精力＋ V.P.；工作 / 发展＋重心；仅仅抓住…不放；冷静；趋利避害；沉着应对；贸易 / 战略＋伙伴；对…防范）

问题讨论

Discussion Topics

Fill in the blanks according to the text, then answer the questions that follow.

<table>
<tr><td rowspan="14">“不变”</td><td rowspan="8">1 从未互为敌手</td><td rowspan="6">主要事件</td><td>60年代：冷战</td></tr>
<tr><td>70年代：</td></tr>
<tr><td>80年代：</td></tr>
<tr><td>90年代：李登辉访美</td></tr>
<tr><td>世纪之交：</td></tr>
<tr><td>最近：“中国威胁论”抬头</td></tr>
<tr><td rowspan="2">原因</td><td>中国方面：抓紧经济建设，无意与美国为敌</td></tr>
<tr><td>美国方面：</td></tr>
<tr><td rowspan="6">2 台湾问题是主要障碍</td><td colspan="2">中国的立场：实现和平统一</td></tr>
<tr><td colspan="2">台湾的立场：</td></tr>
<tr><td colspan="2">美国的立场：口头上坚持“一个中国”，反对武力解决问题</td></tr>
<tr><td rowspan="3">原因</td><td>a 维护美国的经济利益和安全利益</td></tr>
<tr><td>b</td></tr>
<tr><td>c 利用台湾的“民主经验”影响大陆政治</td></tr>
<tr><td colspan="2">严峻的问题：美国承诺维护台湾安全，加强台湾的军事能力</td></tr>
</table>

<table>
<tr><td rowspan="9">“变”</td><td rowspan="3">1 战略力量</td><td colspan="2">中国：综合国力、世界地位迅速提高</td></tr>
<tr><td colspan="2">美国：</td></tr>
<tr><td colspan="2">其他国家：</td></tr>
<tr><td rowspan="4">2 国内政治</td><td rowspan="2">中国</td><td>以前：</td></tr>
<tr><td>现在：决策过程、决策环境复杂化</td></tr>
<tr><td rowspan="2">美国</td><td>以前：</td></tr>
<tr><td>现在：</td></tr>
<tr><td rowspan="2">3 经贸关系</td><td colspan="2">a 经济合作蓬勃发展：美国已成为中国最大的贸易伙伴</td></tr>
<tr><td colspan="2">b 依存关系不对称：</td></tr>
</table>

<table>
<tr><td rowspan="4">预测</td><td>1 中国面临的国际环境：机遇大于挑战</td></tr>
<tr><td>2</td></tr>
<tr><td>3</td></tr>
<tr><td>4 中国应以经济建设为中心，提高综合国力，以稳定中美关系</td></tr>
</table>

1 你觉得这是一篇政治宣传还是学术论文？ 作者写这篇文章的目的是什么？ 他希望中国政府制定怎样的对美外交政策？

2 作者对美国情况的分析是不是客观的？ 你觉得这篇文章的哪些地方会让美国人不高兴？ 如果美国政府看了这篇文章，可能会采取什么样的对策？

3 三十多年前中美两国建立外交关系的历史背景和原因是什么？ 跟三十年前比起来，中美关系变好了还是变坏了？“变”的是哪些方面？“不变”的是哪些方面？

4 苏联的存在与否对中美关系有什么样的影响？ 请简单描述冷战时期的中美关系。

5 有人认为美国选择与中国建立外交关系而抛弃台湾是没有政治道德的表现，你同意吗？

6 为什么说台湾问题是中美关系的核心问题？ 请举例说明台湾会怎样影响中美关系。

7 美国一方面承认一个中国，另一方面制定《与台湾关系法》，向台湾出售武器，你如何看待这种矛盾的做法？ 两岸若爆发军事冲突，美国会不会为了帮助台湾而卷入战争？ 为什么？ 你会支持美国采取军事行动吗？

8 中美两国在哪些方面有着共同的利益？ 在哪些方面有着竞争和矛盾？

9 作者为什么认为中国并不是美国的主要对手？ 你觉得美国面临的主要挑战是中国的崛起、俄罗斯的扩张、恐怖主义的泛滥、还是美国自身发展的问题？

10 简单总结冷战结束以后，世界主要国家和地区的发展情况，比如英国、德国、日本等。美国的“领头羊”地位会不会被中国所取代？为什么？

11 有人认为外交政策需要一定的秘密性，但跟三十年前比起来，媒体和老百姓现在对外交政策有了更大的影响力。你认为这是好事还是坏事？

12 在你看来什么事情老百姓有权知道，什么事情不应该让老百姓知道？为什么？

13 9·11 以来，美国政府的权力加强了，而美国公民的自由在一定程度上受到了损害。你如何看待国家安全与个人自由之间的矛盾？

14 简单描述中美之间经济贸易的特点。从哪些方面可以看出中美两国经济发展水平的差距？从经济的相互依存度来看，中国更需要美国，还是美国更需要中国？如果中美之间发生贸易战，对谁伤害更大？

15 面对中国逐渐增强的经济实力，美国应该采取什么样的措施来应对中国带来的挑战？你担心不担心中美之间会出现"新冷战"？

16 奥巴马当选总统以来，积极推行"转向亚洲（pivot to Asia）"战略，将美国的外交重心及军事力量向亚洲转移。有人认为这是因为亚洲发展较快，是世界经济的希望，有人认为这样的做法主要是为了应对中国崛起。你如何评价美国的"转向亚洲"战略？

17 习近平成为中国领导人之后，抛弃了相对保守的外交政策，转而采取更加积极的对外政策，在世界上积极争取国家利益，维护国家地位，但这也引起了周边国家和美国的担心。你如何评价习近平政府的外交政策？根据这篇文章，你认为作者支持不支持这样的外交政策？

18 中国南海问题（South China Sea disputes）是中美之间新的矛盾。你如何看待中国维护领土、领海主权的行为，以及美国增加在南海军事存在的做法？如果中国海军出现在美国附近的海域，美国人会作何感想？

研究与报告

Research and Reports

通过网络或其他资料，选择一个题目进行研究，总结和引用现有的看法和研究成果，并提出自己的见解，为大家做一个5分钟左右的报告。

Use the Internet or other resources to research one of the following topics. Summarize and reference current arguments and research findings, offer your own opinion and interpretation, and compile your findings into a five-minute presentation.

"文明的冲突"（Clash of Civilizations）是美国哈佛大学教授亨廷顿（Samuel Huntington）的看法。他认为世界上的主要矛盾和冲突是几大文明之间产生的，即印度文明、伊斯兰教文明(Islamic civilization)、以俄罗斯为代表的东正教文明(Orthodox civilization)、以中国为代表的中华文明(Sinic civilization)、日本文明（Japanese civilization）和西方文明。

1 从以上六种主要文明中选择一种，分析其特点。

2 尝试用具体的例子支持或反对亨廷顿的看法。

3 分析中美之间的矛盾是不是"文明的冲突"。

4 分析美国与恐怖主义之间的斗争是不是"文明的冲突"。

辩论

Debate

请老师组织学生进行辩论。辩论前，先请老师将学生分成正、反两方，请学生按要求准备辩论稿，并尽可能多利用课文的内容、生词和语法。辩论稿应包括你的观点、支持观点的例子、数据和其他材料。辩论过程分为陈述观点、自由辩论、总结陈词三个部分。每部分，正、反双方交替进行。自由辩论时，请各方仔细聆听、记录和分析对方观点，并进行反驳。

As a class, hold a debate. Before the debate, the teacher will assign each student to either the affirmative or the negative side. Students will be expected to prepare debate speeches accordingly, using the essays discussed and incorporating new vocabulary and grammar learned in class. The debate speech should cover the student's argument and provide supporting evidence in the form of examples, statistics, etc. Debates will consist of three sections—opening statements, free debate (rebuttals and Q&A), and closing statements. The affirmative and the negative sides will take turns in each section of the debate. During free debate, each side will listen, record, and carefully analyze the other side's argument to formulate rebuttals.

辩论题一

正方：中国会取代美国的国际地位

反方：中国不会取代美国的国际地位

辩论题二

正方：中国的发展对美国来说是一件好事

反方：中国的发展对美国来说是一件坏事

作文
Composition

1 你如何看待特朗普（Donald Trump）当选美国总统以后的对华政策以及中美关系？他的外交政策对美国、中国和全世界有何影响？

2 请你采访几位美国人，并总结美国普通民众对中国的印象，以及对中美关系的看法。

3 中美关系的历史非常久远。请选择一位美国总统，研究在他当总统的时代中美关系是如何发展的，总结并分析那个时代中美关系的特点，包括重大历史事件，两国政府、民间组织及人民之间的交流和往来，两国关系在国际格局中的重要性等。

泛读课文

Extensive Reading

Read the passage, then complete the tasks that follow.

蒲安臣与中美关系

张永涛

蒲安臣（Anson Burlingame）是中美关系史上特别有趣、也特别值得一提的人物。他1820年生于纽约州，1846年从哈佛大学毕业后担任律师，并积极投身政治活动。他也是美国共和党的创始人之一。作为林肯（Abraham Lincoln）的朋友，他坚定地站在反对黑人奴隶制度的一边。1861年林肯担任美国总统之后，任命蒲安臣为美国驻华公使，成为美国在中国的最高官方代表。

蒲安臣到达北京之后，积极与中国合作，提倡公平、公正的外交，反对西方各国的“武力外交”。他提出“永远不威胁中国的领土完整”。因此，相对于其他富有侵略性的俄国、德国和法国，蒲安臣和他所代表的美国赢得了清政府的好感与信任。

1867年，蒲安臣圆满完成了在华的工作，打算离职回国。当时，中国正处于向西方学习的潮流之中，清政府正准备派外交使团访问西方各国。由于缺乏合适的外交人才，清政府决定请蒲安臣这位友好人士担任中国首任外交使节，办理涉外事务。他代表中国政府进行了中国近代史上首次重大外交活动，出使美、英、法、普（Prussia）、俄等国。蒲安臣在与各国的谈判中，努力维护中国主权，竭力为中国争取利益。1870年2月16日，蒲安臣代表中国与俄国进行外交谈判。当时俄国与英国争当亚洲霸主，在会谈中，俄国政府竭力回避中俄领土纠纷，拒不归还所侵占的中国领土，这使得蒲安臣忧心忡忡。2月23日，他因感染肺炎病死在俄国。

在蒲安臣的葬礼（funeral）上，人们挂起了星条旗(flag of the United States）和黄龙旗，纪念他为中美关系的发展所作出的巨大贡献。作为外交官，蒲安臣不仅发展了中美关系，而且倡导和平与公正的理念，为维护中国的利益做出了巨大贡献。美国作家马克·吐温（Mark Twain）这样评价蒲安臣：“他的无私和仁爱，已经超越国界，使他成为一位伟大的世界公民。”

近现代中美关系大事年表

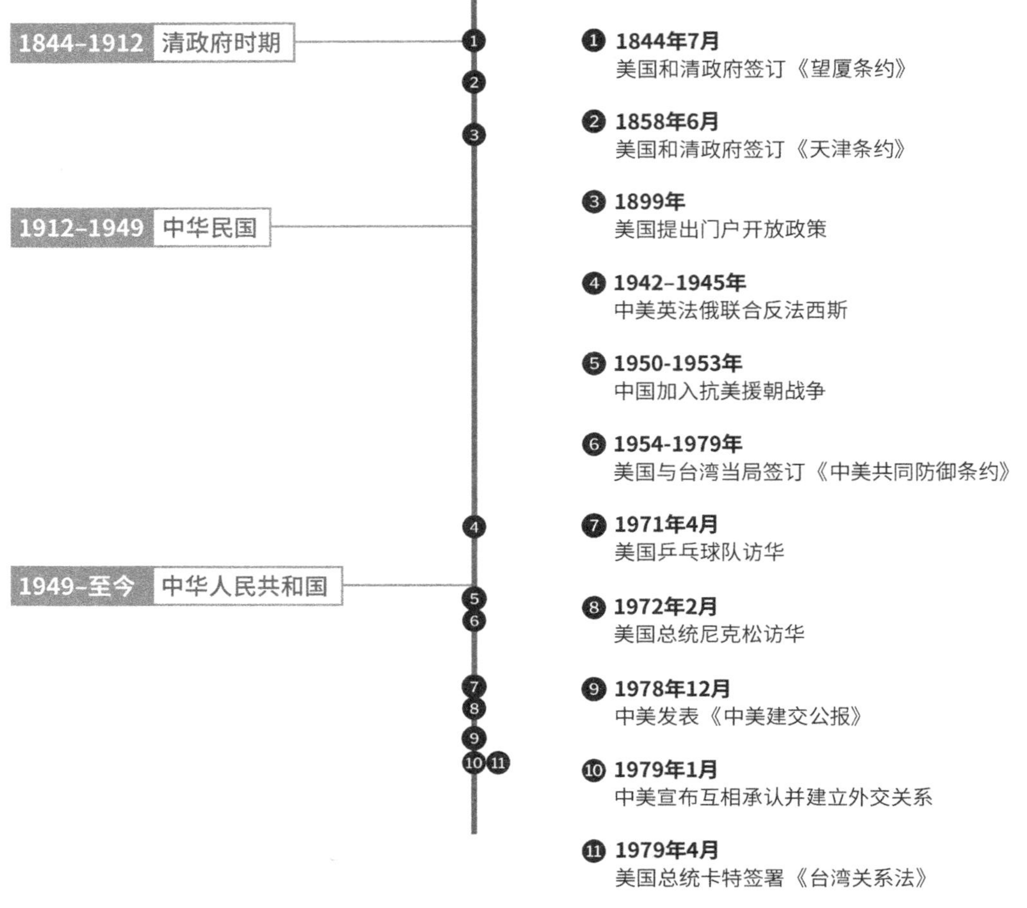

POST-READING ACTIVITIES

I Based on the passage, answer the following multiple-choice questions:

1 本文作者写这篇文章，是为了说明蒲安臣是一位：

a 职业律师

b 共和党领袖

c 维护俄国利益的外交官

d 伟大的世界公民

2 中国政府为什么信任蒲安臣？

a 他是林肯总统的朋友

b 他反对黑人奴隶制度

c 主张对华友好，反对侵占中国领土

d 他是俄国的敌人

3 关于蒲安臣所做的外交工作，理解正确的是：

a 他非常了解中国文化，因此被美国政府派往中国

b 中国缺乏外交人才，因此请他为中国工作

c 他提倡中国向西方学习，因此被美国终止了外交工作

d 他在为中国做外交工作时，时刻维护美国的国家利益

4 对划线成语“忧心忡忡”的理解应该是：

a 充满矛盾

b 暗地里高兴

c 非常愤怒

d 担心和忧虑

5 对划线词语“黄龙旗”的理解应该是：

a 俄国国旗

b 清国国旗

c 联合国旗

d 美国当时的外交旗帜

II Reread the passage. Circle useful words in the text, then write down their definitions (in Chinese or English), drawing on either the context or a dictionary.

Vocabulary	Meaning

III Underline challenging sentences in the text. Then discuss their meaning and function with your classmates or teacher.

IV Summarize the main idea of each paragraph in one sentence:

1 ______________________________

2 ______________________________

3 ______________________________

4 ______________________________

V With a partner or in a small group, hold a conversation based on the following prompts:

1 为什么说蒲安臣是个特别值得一提的人？ 通过阅读其他资料，讲一个关于蒲安臣的故事。

2 在当今世界还有没有像蒲安臣这样的人？ 你觉得在美国现今社会，这样的人会不会受欢迎？ 他们适不适合做外交官？

3 结合第八课的课文，说说美国方面怎么做才能推动中美关系继续发展。

4 如果你当上了美国驻华外交官，会希望通过什么方式增进中美友谊？

第三单元
Unit Three

文化与认同

Culture and Identity

第九课
Lesson 9

汉字是无辜的

周质平

PREPARED BY YONGTAO ZHANG AND YUNJUN ZHOU

背景简介
Background Information

繁体字与简体字之间的争议是两岸三地乃至整个华人世界都无可回避的问题。二者之间的关系，既反映了过去与现在的传承，也体现了情感与理性的斗争。

作者在这篇文章中，首先回顾了五四运动以来中国语言文字改革的历史，指出把中国落后挨打的责任推到汉字头上是毫无道理的。中国的复兴不取决于汉字的改革，但汉语汉字的复兴则有赖于中国的复兴。

另一方面，就汉字的发展历史而言，“由繁到简”是文字改革与发展的大方向。文字的工具性和“约定俗成”的特点决定了绝大多数中国人使用的“简体字”已是现行汉字的“正体”，而港、澳、台地区仍在使用的繁体字已成为二十世纪中期以前的“古体”。作者认为，港、澳、台同胞以及生活在海外的华人，在面对简体字时，与其抗拒和排斥，不如接受现实，顺应潮流。

汉字是无辜的

周质平

预习提示

Preview Questions

- 作者对繁体字的态度如何?
- 五四运动时期，为什么有人觉得汉字得为中国的落后负责任?
- 作者为什么说汉字是无辜的?

最近几年，汉语热成了学界的一个热门话题。鸦片战争[1]之后，只有中国人学外国话的份儿，哪儿有外国人学中文的事儿呢? 而今风水轮转，外国人居然也学起汉语来了。而五四运动[2]以来，被许多中国知识分子指为中国进步绊脚石的汉字，在经过近百年的批评、摧残、改造之后，居然屹立不倒，还在世界各地大出风头。这绝非当年主张废除汉字、提倡拉丁化的学者、专家所能梦到的。

1923年，钱玄同[3]发表的《汉字革命》长文，几乎把中国所有的落后、封闭、野蛮都怪罪于汉字。

[1] 鸦片战争（1840–1842）是指1839年中国禁止鸦片贸易之后，英国为打开中国大门发动的侵略战争。中国战败后，与英国签订《南京条约》，割地赔款，被迫向西方开放。鸦片战争被视为中国近代史的开端。

[2] 五四运动指1919年5月4日爆发的一系列反帝、反政府的游行示威活动。广义的五四运动还包括1919年前后的新文化运动，知识界试图以这场运动引导人民反思传统文化，引进科学、民主，探索强国之路。

[3] 钱玄同（1887–1939），浙江吴兴人。文字学家、思想家、文学家，五四新文化运动的倡导者。他曾主张废除汉字，提倡以世界语（Esperanto）取代汉语。

无辜	*wúgū*	adj.	innocent, blameless, guiltless; ～的人；sb. 是～的
-热	*rè*	suffix	craze; 英语 / 足球 / 出国 / 留学＋～
热门	*rèmén*	adj.	hot, popular; ～＋专业 / 话题
鸦片战争	*Yāpiàn Zhànzhēng*	p.n.	Opium Wars*
份儿	*fènr*	n.	share, qualification; 有 / 没有 sb. 的～
而今	*érjīn*	adv.	now, at the present time
风水轮转	*fēngshuǐ lúnzhuàn*	idm.	the wheel of fortune will swing round again（风水轮转：风水轮流转）
居然	*jūrán*	adv.	unexpectedly, to one's surprise; ～＋ V.P.
五四运动	*Wǔsì Yùndòng*	p.n.	May Fourth Movement (of 1919)**
知识分子	*zhīshífènzǐ*	n.	intellectual, scholar;（-分子： person [e.g. 犯罪分子 / 敌对分子]）
指	*zhǐ*	v.	to reproach, to criticize, to rebuke（指：指责）
绊脚石	*bànjiǎoshí*	n.	obstacle, barrier, (lit.) stumbling rock
摧残	*cuīcán*	v.	to destroy, to damage; X 被 Y ～
改造	*gǎizào*	v.	to remold, to reform, to transform; ～＋社会 / 思想
屹立不倒	*yìlì bùdǎo*	idm.	to stand firm, immovable; sth. ＋～
大出风头	*dàchūfēngtou*	idm.	to enjoy great popularity, to become a big hit; sb. ＋～
绝-	*jué*	adv.	definitely; ～＋非 / 不是 / 不能 / 无（绝：绝对）
绝非	*juéfēi*	v.	absolutely not, by no means
当年	*dāngnián*	n.	back in the day, (lit.) back in those years
主张	*zhǔzhāng*	v./n.	to advocate; assertion, proposition; ～＋ V.P.
废除	*fèichú*	v.	to abolish, to abrogate, to annul; ～＋法律 / 制度 / 政策
提倡	*tíchàng*	v.	to advocate, to promote, to encourage; ～＋ V.P.
拉丁化	*lādīnghuà*	n.	Latinization
专家	*zhuānjiā*	n.	expert, specialist
梦到	*mèngdào*	v.	to dream about
钱玄同	*Qián Xuántóng*	p.n.	Qian Xuantong (a Chinese linguist, 1887–1939)
发表	*fābiǎo*	v.	to publish, to voice; ～＋文章 / 看法 / 意见
封闭	*fēngbì*	adj.	closed, sealed; ～＋社会 / 空间 / 场所
野蛮	*yěmán*	adj.	uncivilized, uncultivated; ～＋社会 / 时代 / 人
怪罪	*guàizuì*	v.	to blame for; ～＋ sb./sth.

* The Opium Wars were a series of wars between the United Kingdom and the Qing Empire from 1840–1842 and 1856–1860.
** The May Fourth Movement of 1919 was an anti-imperialist, anti-feudal political and cultural movement.

汉字成了“千古罪人”。他断然指出：“汉字不革命，则教育绝不能普及，国语绝不能统一，国语的文学绝不能发展，全世界人共有的新道理、新学问、新知识绝不能便利、自由地用国语写出。何故？因汉字难识、难记、难写故；因僵死的汉字不足以表示活泼的国语故；因汉字不是表示语音的利器故；因有汉字作梗，则新学问、新理论的原字难以输入于国语故。”（《钱玄同文集》第3卷，62页，中国人民大学出版社，1999年）

在近一个世纪之后，回看钱玄同当年对汉字的指控，我们不得不说，汉字是无辜的。近百年来，中国的进步、发展是有目共睹的。无论是教育的普及、国语的统一、还是新知识的传播，都有可观的成绩。而汉字则除了稍减繁难之外，依然故我，

千古罪人	*qiāngǔ zuìrén*	idm.	criminal who has been condemned throughout the ages
断然	*duànrán*	adv.	affirmatively; ～+否认 / 拒绝
普及	*pǔjí*	v.	to popularize, to catch on, to disseminate
国语	*guóyǔ*	n.	national language
统一	*tǒngyī*	v./adj.	to unify; unified, united; ～+国家 / 语言
共有	*gòngyǒu*	adj.	owned by all, common, shared
学问	*xuéwèn*	n.	knowledge, learning
便利	*biànlì*	adj./adv.	convenient; easily, without much trouble
何故	*hégù*	adv.	wherefore, why (何故：什么原因)
因…故	*yīn . . . gù*	phr.	because, on account of
识	*shí*	v.	to know, to understand (识：识别)
记	*jì*	v.	to remember, to memorize (记：记住)
僵死	*jiāngsǐ*	adj.	lifeless, dead, ossified
活泼	*huópo*	adj.	active, lively; sb./ 性格+～
语音	*yǔyīn*	n.	pronunciation, speech sound
利器	*lìqì*	n.	efficient instrument, (lit.) sharp weapon
作梗	*zuògěng*	v.	to obstruct, to create difficulties, to hinder; 从中～
理论	*lǐlùn*	n.	theory
原字	*yuánzì*	n.	original character
输入	*shūrù*	v.	to import, to input
文集	*wénjí*	n.	collected works
卷	*juàn*	m.w.	volume
页	*yè*	m.w.	page
出版社	*chūbǎnshè*	n.	publisher, press
回看	*huíkàn*	v.	to look back, to reflect upon
指控	*zhǐkòng*	v.	to accuse, to charge, to indict
有目共睹	*yǒumù gòngdǔ*	idm.	to be obvious to all, (lit.) to be there for all to see
传播	*chuánbō*	v.	to transmit, to spread, to circulate; ～+知识 / 谣言 / 疾病
可观	*kěguān*	adj.	considerable, impressive; 数量 / 成绩 / 收入+～
稍	*shāo*	adv.	slightly, a little (稍：稍稍 / 稍微)
繁难	*fánnán*	adj.	hard to tackle, troublesome
依然故我	*yīrán gùwǒ*	phr.	to remain the same (故：以前的)

丝毫没有从图像象形 (graphic) 表义的基本结构转向字母拼音的迹象。显然，汉字并不是近代史上使中国停滞不前的元凶。

审视近百年来中国语文改革的历史，所有取代汉字的方案，诸如国语罗马字、世界语、拉丁化、汉语拼音等等，都未曾动得汉字分毫。热衷于革命的语文改革家，似乎都太小看了拥有十几亿使用者的汉语和数千年历史的汉字了。钱玄同在 1923 年，提出了“汉字革命”的口号之后，非常乐观地说：“我希望从 1932 年以后，入学的儿童不再吃汉字的苦头。”他以为十年之内，就可以让汉字“销声匿迹”了！这未免也错估得太离谱了。

丝毫	*sīháo*	adv.	the slightest amount or degree, a bit; ～＋不 / 没有…
表义	*biǎoyì*	n.	ideography; ～文字
结构	*jiégòu*	n.	composition, structure, format, framework
字母	*zìmǔ*	n.	alphabet, letter
拼音	*pīnyīn*	n.	phonetic transcription
迹象	*jìxiàng*	n.	sign, indication; 有 / 没有＋…的～
显然	*xiǎnrán*	adv./adj.	obviously, evidently; obvious, evident
停滞不前	*tíngzhì bùqián*	idm.	to remain stagnant, to be at a standstill; 生产 / 经济＋～
元凶	*yuánxiōng*	n.	prime culprit
审视	*shěnshì*	v.	to examine, to scrutinize
语文	*yǔwén*	n.	language and writing system（语文：语言文字）
取代	*qǔdài*	v.	to replace, to substitute; X 取代 Y
方案	*fāng'àn*	n.	scheme, plan
诸如	*zhūrú*	prep.	such as
国语罗马字	*Guóyǔ Luómǎzì*	p.n.	National Romanization
世界语	*Shìjièyǔ*	p.n.	Esperanto
未曾	*wèicéng*	adv.	have not, never; ～＋ V.P.
动	*dòng*	v.	to shake, to move, to waver（动：动摇 / 威胁 [地位]）
分毫	*fēnháo*	n.	fraction, to the slightest degree
热衷于	*rèzhōngyú*	phr.	to crave, to be full of enthusiasm about, to be mad/hot for, crazy about; ～＋环保事业 / 工作
似乎	*sìhū*	adv.	seemingly, it seems that
小看	*xiǎokàn*	v.	to look down upon, to underestimate; ～＋ sb./sth.
亿	*yì*	num.	hundred million
口号	*kǒuhào*	n.	slogan, catchphrase
乐观	*lèguān*	adj.	optimistic; ～＋态度 / 前景 ; sb. ＋～
入学	*rùxué*	v.-o.	to start school
儿童	*értóng*	n.	children
苦头	*kǔtou*	n.	suffering, hardship, adversity; 吃 / 受尽＋～
销声匿迹	*xiāoshēng nìjì*	idm.	to disappear from the scene （销：消除；匿：隐藏）
错估	*cuògū*	v.	to misestimate, to miscalculate （错估：错误地估计）
离谱	*lípǔ*	adj.	farfetched, outrageous, (lit.) far from the standard

套用一句黑格尔[4]的名言："存在即合理。"我们的祖先之所以没有走上拼音文字的道路，正是因为汉字是最能适应这个多方言国家的书写工具。汉字以图像表义的内涵可以超越方言的不同。换言之，汉字是汉语最佳搭档。

至于说，汉字一定比拼音文字难识、难记、难学，这也很难说服一个母语是汉语的人。任何人对自己的母语及其文字都有一种特殊的亲切感，觉得它是最合理、最容易的语文。五四时期的知识分子好做中英文的对比分析，所得出的结论往往是"中文不如英文合乎文法，表达精确"之类的似是而非的论调。我在美国生活工作了大半辈子，实在不能同意中文不如英文的说法。对我来说，中文永远是我表达最精确、运用最有效的语文。

[4] 黑格尔 Georg Wilhelm Friedrich Hegel（1770-1831）是德国 19 世纪唯心主义（idealism）哲学的代表人物之一。他的哲学观点对存在主义（Existentialism）和马克思主义（Marxism）产生了影响。

套用	*tàoyòng*	v.	to apply mechanically, to quote; ～＋格式 /sb. 的话
黑格尔	*Hēigé'ěr*	p.n.	Georg Wilhelm Friedrich Hegel (1770–1831)
名言	*míngyán*	n.	well-known saying, wise saying
即	*jí*	v.	to be (即：就是)
祖先	*zǔxiān*	n.	ancestor
适应	*shìyìng*	v.	to adapt, to accommodate; ～＋环境 / 生活 / 需求
书写	*shūxiě*	v.	to write (formal)
图像	*túxiàng*	n.	image, graphic
内涵	*nèihán*	n.	connotation, implication
超越	*chāoyuè*	v.	to surpass, to transcend; ～＋时代 / 界限 / 对手 / 极限
换言之	*huànyánzhī*	phr.	in other words (换言之：换句话说)
最佳	*zuìjiā*	adj.	best, optimal; ～＋搭档 / 方案 / 途径
搭档	*dādàng*	n.	partner; 老 / 工作 / 黄金 / 最佳＋～
说服	*shuōfú*	v.	to persuade, to convince; ～＋ sb. (＋ V.P.)
母语	*mǔyǔ*	n.	mother tongue, native language
及其	*jíqí*	phr.	and its (及：以及；其：它的)
亲切感	*qīnqiègǎn*	n.	cordial feeling
好	*hào*	v.	to like, to love, to be fond of; ～＋动 / 客 / 酒 / 色 / 出风头
对比	*duìbǐ*	v.	to compare, to contrast
分析	*fēnxī*	v.	to analyze; ～＋问题 / 情况 / 形势
结论	*jiélùn*	n.	conclusion
合乎	*héhū*	v.	to correspond to, to accord with; ～＋规定 / 要求
文法	*wénfǎ*	n.	grammar
表达	*biǎodá*	v.	to express; ～＋意见 / 看法 / 感情
精确	*jīngquè*	adj.	accurate, exact; ～＋数据 / 计算
似是而非	*sìshìérfēi*	idm.	superficially plausible, apparently true but in fact wrong; 看法 / 说法 / 观点＋～
论调	*lùndiào*	n.	argument, view, opinion (derogatory)
大半辈子	*dàbànbèizi*	n.	more than half of one's lifetime, most of one's lifetime
永远	*yǒngyuǎn*	adv.	always, forever
运用	*yùnyòng*	v.	to apply, to utilize; ～＋语言 / 工具 / 知识 / 技术 / 理论

五四时期知识分子敢于批判自己的文化，如鲁迅在小说、杂文中指出中国人的愚昧、冷漠、无知，吴稚晖[5]要中国人把线装书丢进茅厕，胡适说:“中国不亡，是无天理。”这种勇于自我批判的精神，都起到“揭出病毒”，并引起“疗救注意”的功效。唯独“废除汉字”这一点，是个诬告，让汉字蒙受了近百年的“不白之冤”。

汉语、汉字之所以由冷门变成热门，绝非因为汉语、汉字的内在结构起了根本的变化，而是中国已经从一个被列强瓜分的半殖民地，崛起为屹立在东方的大国。当今世界，中国无论在经济、军事、政治、外交等各方面，都有了举足轻重的地位。

[5] 吴稚晖（1865–1953），又名吴敬恒，江苏人，中国近现代革命家、思想家、政治家，积极从事新文化运动，提倡国语注音和国语运动，竭力宣传和推广世界语（Esperanto）。

批判	*pīpàn*	v.	to criticize, to chide, to denounce
鲁迅	*Lǔ Xùn*	p.n.	Lu Xun (a leading figure of modern Chinese literature, 1881–1936)
小说	*xiǎoshuō*	n.	novel, fiction
杂文	*záwén*	n.	essay
指出	*zhǐchū*	v.	to point out, to indicate; ～＋缺点 / 错误
愚昧	*yúmèi*	adj.	ignorant, fatuous; sb. ＋～
冷漠	*lěngmò*	adj.	indifferent; sb. ＋～；态度～
无知	*wúzhī*	adj.	ignorant, lacking common sense; sb. ＋～
吴稚晖	*Wú Zhìhuī*	p.n.	Wu Zhihui (a Chinese linguist and philosopher, 1865–1953)
线装书	*xiànzhuāngshū*	n.	threadbound book, (fig.) ancient book（古书）
茅厕	*máocè*	n.	latrine, toilet
胡适	*Hú Shì*	p.n.	Hu Shih (a Chinese philosopher, essayist, and diplomat, 1891–1962)
中国不亡，是无天理	*Zhōngguó bùwáng, shìwú tiānlǐ*		there's no justice if China doesn't die（亡：灭亡；是：这）
勇于	*yǒngyú*	phr.	to be brave in, to have the courage to; ～＋承认错误 / 承担责任 / 克服困难 / 自我批评
自我	*zìwǒ*	n.	oneself, self; ～＋批评 / 反省 / 介绍 / 意识
揭出	*jiēchū*	v.-c.	to uncover, to reveal
病毒	*bìngdú*	n.	virus
疗救	*liáojiù*	v.	to treat and cure
功效	*gōngxiào*	n.	effect, efficacy
唯独	*wéidú*	adv.	only, alone（唯独：只有）
诬告	*wūgào*	v./n.	to make a false accusation; false charge; ～＋ sb.
蒙受	*méngshòu*	v.	to suffer, to sustain; ～＋不白之冤 / 灾难 / 损失
不白之冤	*bùbái zhīyuān*	idm.	an unaddressed injustice;（蒙受不白之冤：to suffer from a gross injustice）
冷门	*lěngmén*	adj.	unpopular (trade, subject, etc.)；～＋语言 / 专业
列强	*lièqiáng*	n.	big power (typically, a capitalist power)
瓜分	*guāfēn*	v.	to carve up, to divide up, to partition; ～＋领土 / 钱财
殖民地	*zhímíndì*	n.	colony
崛起	*juéqǐ*	v.	to emerge, to rise to prominence; 国家 / 经济 / 军事＋～
军事	*jūnshì*	n.	military affairs
外交	*wàijiāo*	n.	diplomacy, foreign affairs
举足轻重	*jǔzúqīngzhòng*	idm.	to play a decisive role, to carry weight; ～＋作用 / 地位

汉语、汉字成了洋人了解中国必不可少的工具。五四时代的知识分子常有因果倒置的论断，以为中国的复兴有赖于汉字的革命，而不知汉语、汉字的复兴实有赖于中国的复兴。

2006年3月24日，联合国发布了一条新闻：2008年以后，联合国在汉字的使用上，只用简体字，不再繁简两体并用了。这条新闻说明了国际社会对汉字提出了“书同文”的要求。

这条新闻发布后，网上出现了“反对联合国废止繁体中文”的呼吁，据说签字支持的人颇多。他们在英文的说明中提到，一旦废止繁体字，将危及中国历史文化的传承。这种提法危言耸听，没有半点新意，徒见主张者对汉字的演进缺乏历史的观察。

中国文字从殷商的甲骨文到现行的简化汉字，三千多年来，在字形和字体上一直都在改变，中国文化和传统并没有因为文字字形的改变而断绝。

洋人	*yángrén*	n.	foreigner (typically, a Westerner)
必不可少	*bìbùkěshǎo*	idm.	indispensable, necessary; ～的 n.; sth. 是～的
因果倒置	*yīnguǒ dàozhì*	idm.	to reverse cause and effect
论断	*lùnduàn*	n.	inference, conclusion
复兴	*fùxīng*	n./v.	revitalization; to revive, to rejuvenate; 国家 / 民族＋～
实	*shí*	adv.	in fact, actually（实：实际上）
联合国	*Liánhéguó*	p.n.	United Nations
发布	*fābù*	v.	to issue, to release; ～＋新闻 / 信息 / 消息 / 图片
新闻	*xīnwén*	n.	news
简体字	*jiǎntǐzì*	n.	simplified character
体	*tǐ*	n.	style, form （e.g. 简体 / 繁体）
并用	*bìngyòng*	v.	to use simultaneously （并：并列 / 同时）
书同文	*shūtóngwén*	phr.	to unify the writing system
废止	*fèizhǐ*	v.	to abolish, to abrogate, to annul; ～＋合同 / 协议 / 法律
呼吁	*hūyù*	v.	to appeal, to call for, to urge; ～＋ clause
签字	*qiānzì*	v.-o.	to sign, to set one's signature to
颇	*pō*	adv.	quite, rather, considerably（颇：很 / 非常）
将	*jiāng*	v.	to be about to, will
危及	*wēijí*	v.	to endanger, to imperil; ～＋地位 / 安全
传承	*chuánchéng*	v./n.	to inherit; heritage, legacy; ～＋文化 / 文明
提法	*tífǎ*	n.	wording, saying
危言耸听	*wēiyán sǒngtīng*	idm.	to say frightening things just to cause alarm, to exaggerate to scare; 说法 / 提法＋～
新意	*xīnyì*	n.	new idea, creativity
徒见	*tújiàn*	v.	just to show . . . ; ～＋ sb. 的无知 / 愚昧 ; ～＋ clause
演进	*yǎnjìn*	n./v.	evolution; to develop gradually; 历史 / 文化＋～
观察	*guānchá*	v./n.	to observe; observation
殷商	*Yīnshāng*	p.n.	Shang dynasty (ca. 1600–1046 BCE)
甲骨文	*jiǎgǔwén*	n.	oracle-bone script (inscriptions on bones or tortoise shells dating to the Shang dynasty)
简化	*jiǎnhuà*	v./n.	to simplify; simplification; ～＋汉字 / 手续 / 步骤
字形	*zìxíng*	n.	font, character form
字体	*zìtǐ*	n.	typeface, style of calligraphy
断绝	*duànjué*	v.	to cut off, to sever; 文化～

要知道，先秦的诸子百家之书绝不是用现在的繁体字书写的。然而，我们至今还能看《论语》、《孟子》、《老子》、《庄子》。看不懂古书，和字形的改变是没有什么关系的。一个看不懂《诗经》[6]“关关雎鸠，在河之洲”的人，用简化汉字写，固然看不懂，用繁体就能懂了吗？我们今日之所以能懂“关关”是鸟鸣的声音、“雎鸠”是一种鸟，而“洲”则是河中的小岛，并不是依赖古今字形的一致，而是靠历代许多学者做了文字、声韵、训诂等各方面的研究，他们为《诗经》作了注疏。换句话说，是通过前人的解释，我们才了解古书的含义。没有这些学者的努力，即使把《诗经》刻成小篆甚至大篆，我们依旧是看不懂的。

至于说字形一旦改变，文化就将断绝，那更是荒唐的谬论。韩国废除了汉字，韩国文化历史并不曾中断；汉字由甲骨文、大篆、小篆、隶书、

[6]《诗经》(Book of Songs)，原名为《诗》，共有诗歌305首，是中国最早的诗歌总集。《诗经》中最早的作品大约形成于西周（1059–771 BCE）初年，最晚作品成于春秋（770– 476 BCE）中期，前后跨越大约600年。

先秦	*Xiān Qín*	p.n.	the pre-Qin period (2100–221 BCE)
诸子百家	*Zhūzǐ Bǎijiā*	p.n.	the Hundred Schools of Thought and their exponents (during the period from the sixth century to 221 BCE)
论语	*Lúnyǔ*	p.n.	*The Analects of Confucius* (a collection of sayings and ideas of Confucius [551–479 BCE])
孟子	*Mèngzǐ*	p.n.	*Mencius* (a collection of anecdotes and conversations of Mencius [372–289 BCE]) on topics in moral and political philosophy); Mencius (an ancient Chinese philosopher)
老子	*Lǎozǐ*	p.n.	*Laozi* or *Daodejing* (a classic Chinese text); Laozi (an ancient Chinese philosopher)
庄子	*Zhuāngzǐ*	p.n.	*Zhuangzi* (an ancient Chinese text); Zhuangzi (an ancient Chinese philosopher)
古书	*gǔshū*	n.	ancient books
诗经	*Shījīng*	p.n.	*The Book of Songs* (the earliest collection of Chinese poems and songs)
关关雎鸠，在河之洲	*guānguān jūjiū, zàihé zhīzhōu*		(image of) the fish hawks crying on sandbars in the river (one of the most famous lines from *The Book of Songs*)
鸟鸣	*niǎomíng*	v./n.	to warble; chirping
河	*hé*	n.	river
岛	*dǎo*	n.	island
依赖	*yīlài*	v.	to rely on, to depend on
一致	*yízhì*	adj.	identical, same, in accordance with; X 与 Y ～
靠	*kào*	v.	to rely, to depend
历代	*lìdài*	n.	all previous generations
声韵	*shēngyùn*	n.	phonology
训诂	*xùngǔ*	n.	Chinese exegetics (which studies the meanings of characters and words in classical Chinese), critical interpretation of ancient texts
注疏	*zhùshū*	n.	commentary on earlier authoritative commentary, notes on commentary
前人	*qiánrén*	n.	forefather, predecessor
解释	*jiěshì*	n./v.	explanation; to explain; ～＋原因／现象／意思
含义	*hányì*	n.	implication
刻	*kè*	v.	to carve
小篆	*xiǎozhuàn*	n.	small-seal style (evolved from big-seal style)
大篆	*dàzhuàn*	n.	big-seal style (evolved into small-seal style)
依旧	*yījiù*	adv.	as before, still
荒唐	*huāngtang*	adj.	absurd, ridiculous
谬论	*miùlùn*	n.	fallacy, false theory
不曾	*bùcéng*	adv.	have not, never before; ～＋ V.P.
中断	*zhōngduàn*	v.	to break off, to discontinue, to interrupt; 会议／关系＋～
隶书	*lìshū*	n.	ancient style of calligraphy used in the Han dynasty (206 BCE–220 CE)

楷书，一路变来，中国文化依然生机勃勃，绝不是像汉字卫道者所说的那么脆弱。倒是如果中国人至今还写甲骨文，中国文化可能已不在人世间了。中国几千年的历史，已经为文化的继绝并不依靠汉字字形的不变作出了最有力的说明。

随着汉语、汉字在国际上的日益通行，国际社会对汉字书同文的要求也与日俱增。联合国用简体字，不但有象征意义，也有实质意义。就象征意义来说，20世纪50年代的中国文字改革，得到了国际社会的承认，简体字由异体字取得了正体字的地位。从此，适用于20世纪中期以前的繁体字，正慢慢走进历史，成了古体。这一改变，让所有视繁体字为正体字的人，必须从观念上进行调整。即所谓“正体”只是一个相对的概念，而非绝对的。大篆曾经是中国文字的正体，但被小篆取代之后，大篆就成了古体，而小篆则成了正体。同样的，隶书取代小篆之后，小篆成了古体，而隶书则成了正体。楷书取代隶书之后，楷书是正体，而隶书又不得不退居为古体。而今，简化汉字取代了20世纪中期以前的繁体字，那么，繁体字成为古体，而简体字成为正体，已是不容置疑的事实了。

楷书	*kǎishū*	n.	regular script, standard handwriting script
生机勃勃	*shēngjī bóbó*	idm.	full of life/vigor/vitality
卫道者	*wèidàozhě*	n.	defender of traditional moral principles, apologist (derogatory)
脆弱	*cuìruò*	adj.	fragile, weak; 感情 / 关系 / 性格+～
人世间	*rénshìjiān*	n.	the human world, society
继绝	*jìjué*	n.	continuation and discontinuation/extinction（继：继续，延续；绝：断绝，灭绝）
有力	*yǒulì*	adj./adv.	powerful, forceful, strong; powerfully, convincingly (of an explanation, refusal, criticism, evidence, or proof; e.g. ～的+证据 / 证明；～+说明 / 反驳 / 批评)
日益	*rìyì*	adv.	increasingly, with each passing day; ～+增长 / 发展 / 减少 / 提高
通行	*tōngxíng*	adj.	current (practice), general, in common use
与日俱增	*yǔrì jùzēng*	idm.	to grow or increase with each passing day; 影响力 / 需求+～
象征	*xiàngzhēng*	n./v.	symbol; to symbolize
实质	*shízhì*	n.	substance, essence
承认	*chéngrèn*	v.	to acknowledge, to admit; ～+错误 /clause
异体字	*yìtǐzì*	n.	variant form of a Chinese character
正体字	*zhèngtǐzì*	n.	standard form of a Chinese character
适用	*shìyòng*	v.	to suit, to apply to
中期	*zhōngqī*	n.	mid- (e.g. 20 世纪中期： mid-twentieth century)
古体	*gǔtǐ*	n.	ancient-style
视…为…	*shì . . . wéi . . .*	phr.	regard . . . as. . .
观念	*guānniàn*	n.	concept, idea
调整	*tiáozhěng*	v./n.	to adjust; adjustment; ～+计划 / 物价 / 观念 / 作息时间
所谓	*suǒwèi*	adj.	so-called
相对	*xiāngduì*	adj./adv.	relative; comparatively; ～+增加 / 减少 / 概念
概念	*gàiniàn*	n.	concept, notion, idea
非	*fēi*	v.	be not（非：不是）
绝对	*juéduì*	adj./adv.	absolute; definitely
退居	*tuìjū*	v.	to retire, step down, take a back seat; ～+幕后 / 二线
不容置疑	*bùróng zhìyí*	idm.	to leave no room for doubt, to allow no doubt, no question about; ～+事实 / 结论
事实	*shìshí*	n.	fact, truth

繁、简所反映的不仅是笔画的多少，也是个古今的问题。能有这样的态度，才能比较心平气和地来面对语文的问题。《荀子·正名》篇中所说的“约定俗成”，是语文变迁的最高原则，而这个原则所体现的实质意义是：语文的问题只是个“是什么”的问题，而不是一个“应该是什么”的问题。所有坚持写繁体字的人往往是只看到“应然”而看不到“已然”。说某字应该怎么写，至少都应该上溯到小篆。汉字卫道者何不在今日捧着《说文解字》，提倡写小篆呢？那岂不是更能符合中国传统吗？

就实质意义来说，国际社会使用简化汉字，使目前仍坚持使用繁体字的港台和海外少数华人，不得不进行严肃的思考，在语言文字上做所谓“中流砥柱”，除了孤立自己以外，还有什么其他积极的意义？语言文字是交流的工具，跟着多数人走，是给别人方便，也是给自己方便。坚持用一种已经不为国际社会所承认的古体汉字，而仍沾沾自喜，奉为“正体”，这是许多港台汉字卫道者的心理写照。

反映	*fǎnyìng*	v.	to reflect, to inform, to show
笔画	*bǐhuà*	n.	stroke (of a Chinese character)
心平气和	*xīnpíng qìhé*	idm.	to be even-tempered and good-humored, to be in a calm mood; ～＋交流／讨论／商量
荀子	*Xúnzǐ*	p.n.	*Xunzi* (an ancient Chinese collection of the philosophical writings of Xunzi [313–238 BCE])
正名	*zhèngmíng*	v.-o.	*Rectification of Names* (a famous chapter from *Xunzi*)
篇	*piān*	n./m.w.	passage, a piece of writing; measure word for paper, articles, etc.
约定俗成	*yuēdìng súchéng*	idm.	accepted through common practice, established by usage; ～＋说法／用法／习惯；…是～的
变迁	*biànqiān*	n./v.	transition, change; to change; 时代／社会／历史＋～
原则	*yuánzé*	n.	principle, standard
体现	*tǐxiàn*	v.	to reflect, to reveal, to suggest
应然	*yīngrán*	adj.	should be like this (应然：应该这样)
已然	*yǐrán*	adj.	be already so (已然：已经这样)
某	*mǒu*	adj.	some, a certain; ～＋年／月／人／地
上溯	*shàngsù*	v.	to trace back, to date back to, (lit.) to go upstream, to sail upstream; ～到＋ place/time
何不	*hébù*	phr.	why not (何不：为何不／为什么不)
捧	*pěng*	v.	to hold sth. in one's hands; ～着＋ sth.
说文解字	*Shuōwénjiězì*	p.n.	*Explaining Graphs and Analyzing Characters* (an early Chinese dictionary from the Eastern-Han Dynasty [25–220])
岂不是	*qǐbúshì*	q.w.	isn't it . . . ? (used in a rhetorical question) (岂不是…：难道不是…？)
符合	*fúhé*	v.	to accord with, to conform to, to meet the standard
目前	*mùqián*	n.	at present, currently
仍	*réng*	adv.	still (仍：仍然)
港台	*Gǎng Tái*	p.n.	Hong Kong and Taiwan (港：香港；台：台湾)
海外	*hǎiwài*	adj.	overseas
华人	*Huárén*	p.n.	ethnic Chinese
严肃	*yánsù*	adj.	serious, solemn; ～＋话题／态度／表情／气氛／批评
思考	*sīkǎo*	v.	to think deeply, to consider, to ponder
中流砥柱	*zhōngliúdǐzhù*	idm.	to stand firmly as a rock in midstream, mainstay
孤立	*gūlì*	v./adj.	to isolate; solitary, alone; ～＋ sb.
积极	*jījí*	adj.	positive, proactive; ～＋意义／态度／准备／参与
沾沾自喜	*zhānzhān zìxǐ*	idm.	to be self-satisfied, to pat oneself on the back; sb. ＋～
奉为	*fèngwéi*	phr.	to hold up as, to look upon as
心理	*xīnlǐ*	n.	psychology, mentality
写照	*xiězhào*	n.	portrayal, description, representation

在汉字漫长的演进历史上，有些改变是由政府主导的，如秦代的“书同文”，有些是老百姓自发的，但由繁趋简的大方向却是一致的。在文字演变的过程中，偶尔也有繁化的现象：如“它”字，原来是“蛇”的象形字，但在“它”字另有“它用”之后，另加“虫”的部首，而有了“蛇”字；又如“燃烧”的“燃”字，是在原已从“火”的“然”字上，另加一“火”字。但这种繁化的例子是极少的，在中国文字的历史沿革上不能视为通则。

此刻，我们不妨重温一下秦始皇[7]统一文字的历史，这或许对坚持用繁体字的人，有一定的参考意义。许慎在《说文解字》序中，对这次中国历史上大规模的文字改革有较为详细的说明，指出了其目的在于“减其繁重，改其怪奇”。因此，秦始皇所推行的“书同文”，也

[7] 秦始皇（260–210 BCE）中国第一位皇帝。他统一中国后，政治上实行君主制和中央集权，统一文字、度量衡。他所建立的各项制度对后世的影响极其深远。

漫长	*màncháng*	adj.	very long, endless; ～+路 / 历史 / 过程 / 等待
主导	*zhǔdǎo*	v./adj.	to dominate, to lead; leading, dominant
秦代	*Qíndài*	p.n.	Qin dynasty (221–206 BCE)
自发	*zìfā*	adj.	spontaneous; ～+产生 / 形成 / 调节
由繁趋简	*yóufán qūjiǎn*	idm.	to simplify; simplification (由：从；趋：趋于 / 到)
大方向	*dàfāngxiàng*	n.	main trend, mainstream
演变	*yǎnbiàn*	v./n.	to evolve; evolution; 社会 / 历史 / 文字+～
偶尔	*ǒu'ěr*	adv.	once in a while, occasionally; ～+发生 / 碰到 / 会 / 有
繁化	*fánhuà*	v.	to make complicated
现象	*xiànxiàng*	n.	phenomenon
它	*tā*	pron.	it
蛇	*shé*	n.	snake
象形	*xiàngxíng*	adj.	graphic, pictographic character; ～文字
另有它用	*lìngyǒutāyòng*	idm.	to use for other purposes (另有：有别的；它：其他；用：用处 / 用法)
虫	*chóng*	n.	insect, worm
部首	*bùshǒu*	n.	radical (by which characters are arranged in traditional Chinese dictionaries)
燃烧	*ránshāo*	v.	to burn
从	*cóng*	v.	of/related to . . . in meaning (e.g., in X 从 Y, X is related to the semantics of Y; "然" 从 "火"："然" 字与 "火" 的意思相关)
沿革	*yángé*	n.	course of change and development; evolution
通则	*tōngzé*	n.	general rule (通则：通行的原则 / 规则)
此刻	*cǐkè*	n.	this moment, at present, just now
不妨	*bùfáng*	adv.	might as well, there is no harm in; ～+ suggestion
重温	*chóngwēn*	v.	to review, to go over; ～+往事 / 历史 / 旧情 / 旧梦
秦始皇	*Qínshǐhuáng*	p.n.	Ying Zheng (first emperor of the Qin dynasty, 260–210 BCE)
或许	*huòxǔ*	adv.	perhaps, maybe
参考	*cānkǎo*	v./n.	to refer to; reference; ～+意义 / 价值 / 资料
许慎	*Xǔ Shèn*	p.n.	Xu Shen (a philologist and the author of *Explaining Graphs and Analyzing Characters*, 58–147)
序	*xù*	n.	preface
规模	*guīmó*	n.	scale, dimensions
较为	*jiàowéi*	adv.	relatively, comparatively; ～+ disyllabic adj.
详细	*xiángxì*	adj.	detailed, specified, comprehensive; ～+说明 / 介绍
减其繁重，改其怪奇	*jiǎnqífánzhòng, gǎiqíguàiqí*	idm.	to simplify and change oddities (减：减少；繁重：复杂 / 繁难；改：改变)
推行	*tuīxíng*	v.	to carry out, to achieve, to execute; ～+汉字 / 制度 / 政策

无非就是一场简化字运动：将大篆简化为小篆，将小篆简化为隶书。而在这个简化的过程中，也一定有一段相当长的过渡时期。就如同50年代开始的文字改革，到今天依然存在着繁简并用的现象。而尤其值得注意的是，秦代文字改革之后"古文由此绝矣"的事实，并没有演变成"古文化由此绝矣"。为汉字或中国文化忧心的卫道者，看了这段历史之后，应该可以稍感宽心。

二十年前，我曾呼吁台湾在语文上要"随波逐流"，才能打破台湾在语文上的"孤岛现象"。而今，我们可以改"随波逐流"为"顺应潮流"了。在过去不到十年的时间里，汉语拼音已经基本上做到了统一。除了台湾，世界上所有的中文图书馆，几乎都已改用汉语拼音。至于中国的人名、地名，也都有了一致的拼法。所有有关汉学研究的著作，都在这短短几年之间改用了汉语拼音。

科技的发展是另一个要求趋同的力量。在互联网时代，人们所交流的信息铺天盖地，而今若还想自外于简体字，构建一个绝缘的繁体字社会，已是绝无可能的了。有些台湾人可能会把使用简化汉字视为向大陆屈服，而有一定的抵触心理。然而，就现在的趋势看来，使用简化汉字，与其说是中国化，不如说是国际化了。

无非	*wúfēi*	adv.	nothing but, no more than (无非：只不过 / 不外乎)
场	*chǎng*	m.w.	measure word for movements, complaints, sports, and recreational activities (e.g. films, ballgames, and concerts)
将	*jiāng*	part.	pre-object marker (将：把)
过程	*guòchéng*	n.	process, course
段	*duàn*	m.w.	segment, part (measure word for distances or periods of time); 一段＋时间 / 路程
过渡	*guòdù*	n./v.	transition; to transit
如同	*rútóng*	v.	to be like, to be similar to (如同：就像)
尤其	*yóuqí*	adv.	especially; particularly
由此绝矣	*yóucǐ juéyǐ*	phr.	to die from this (绝：灭绝，to become extinct, to vanish) (矣：了，used at the end of a sentence like 了 to indicate the completion of an action)
忧心	*yōuxīn*	v.	to worry, to bother, to disturb
稍感	*shāogǎn*	v.	to feel slightly (稍：稍微 / 稍稍；感：感到)
宽心	*kuānxīn*	v.	to feel relieved
呼吁	*hūyù*	v.	to appeal, to call on; ～＋ clause
随波逐流	*suíbō zhúliú*	idm.	to go with the flow, to be carried along by the tide, to follow the crowd blindly (derogatory)
孤岛	*gūdǎo*	n.	islet, island
顺应	*shùnyìng*	v.	to comply with, to conform to; ～＋潮流 / 形势
潮流	*cháoliú*	n.	trend, tide, current
拼法	*pīnfǎ*	n.	spelling
汉学	*Hànxué*	p.n.	Sinology
著作	*zhùzuò*	n.	famous work/book/writing; 古代 / 经典 / 学术＋～
趋同	*qūtóng*	v.	to tend to converge
力量	*lìliang*	n.	(physical) strength, force, efficacy
互联网	*hùliánwǎng*	n.	Internet
铺天盖地	*pūtiān gàidì*	idm.	to flood in, (lit.) to blot out the sky and cover up the earth; 信息 / 消息 / 广告＋～
若	*ruò*	conj.	if (若：如果)
自外于	*zìwàiyú*	v.	to put oneself outside of, to be exempt from
构建	*gòujiàn*	v.	to build, to construct; ～＋社会 / 体系 / 理论
绝缘	*juéyuán*	adj.	isolated, insulated, cut off/distanced; ～＋材料 / 体
屈服	*qūfú*	v.	to surrender, to submit to; 向…屈服
抵触	*dǐchù*	v.	to contradict, to resist; ～＋心理 / 情绪
趋势	*qūshì*	n.	trend, tendency
国际化	*guójìhuà*	v./adj.	to internationalize; international

重要语言点

Essential Structures and Patterns

1 绝非

absolutely not/by no means

◆ 这绝非当年主张废除汉字、提倡拉丁化的学者、专家所能梦到的。

◇ 要完成这样一项艰巨的任务，绝非一个人可以做到的。

◇ 现在的中国绝非鸦片战争时期的中国，不再随意被人侵略了。

2 无论…，都…

No matter (circumstances) . . . , (inevitable result) . . .

◆ 近百年来，中国的进步发展是有目共睹的，无论是教育的普及、国语的统一、还是新知识的传播，都有可观的成绩。

◇ 无论明天的天气怎么样，我们的计划都不改变。

◇ 现在留学美国的中国学生，无论是在生活方式上，还是在思想上，都在一定程度上“美国化”了。

3 热衷于

to be full of enthusiasm about . . .

◆ 热衷于革命的语文改革家似乎都太小看了拥有十几亿使用者的汉语和数千年历史的汉字了。

◇ 一些学者热衷于参加学术会议，其目的并不是为了学术研究，而是为了交朋友，搞关系。

◇ 很多富人热衷于捐献钱财，帮助穷人，这是值得我们学习和思考的。

4 未免

rather too/unavoidably/rather (mild and euphemistic in tone)

◆ 这未免也错估得太离谱了。

◇ 让孩子的所有成绩都拿第一，你对孩子的要求未免太高了。

◇ 第一次见女朋友的父母，未免会觉得有点儿紧张。

5 …，至于（说）…，…

…, as to/concerning …, … (used at the beginning of a second sentence or paragraph to introduce another topic with a new comment or perspective)

◆ 我们的祖先之所以没有走上拼音文字的道路，正是因为汉字是最能适应这个多方言国家的书写工具。至于说，汉字一定比拼音文字难识、难记、难学，这也很难说服一个母语是汉语的人。

◇ 下次会议的时间、地点已经定了，至于说会议的具体内容还得等明天通知。

◇ 他的工作能力非常好，至于说性格，我觉得是有一些小问题。

6 唯独

only/merely

◆ 唯独"废除汉字"这一点，是个诬告，让汉字蒙受了近百年"不白之冤"。

◇ 中国的很多城市建设得很现代化，设施也很齐全，就是唯独没有图书馆。

◇ 在他申请的十几份工作中，唯独这家公司给了他面试机会，所以他得全力以赴，好好准备。

7 固然…，（但）…

admittedly/of course …, (but) …

◆ 一个看不懂《诗经》"关关雎鸠，在河之洲"的人，用简化汉字写，固然看不懂，用繁体就能懂了吗？

◇ 成绩固然重要，但不能为了成绩而不照顾自己的身体。

◇ 民主固然是个好东西，但西方民主制度并不一定适合每一个国家。

8 倒是

on the contrary (indicating a transition)

◆ 中国文化依然生机勃勃，绝不是如汉字卫道者所说的那么脆弱。倒是如果中国人至今还写甲骨文，中国文化可能已不在人世间了。

◇ 这篇文章难倒是不难，可是读起来很没意思。

◇ 中国公司的品牌喜欢用"洋"名字，倒是西方的公司常常用带有中国味道的名字，比如说"宜家"、"可口可乐"等。

9 就…来说/而言，…

Concerning/as for ...,...

◆ 联合国用简体字，不但有象征的意义，也有实质的意义。就象征的意义来说，20 世纪 50 年代，中国的文字改革，得到了国际社会的承认，简体字由异体字取得了正体字的地位。

◇ 外国公司把工厂设在中国，能在商业竞争中占更大的优势。就人力资源而言，同样的劳动力在中国远比在欧美国家廉价。

◇ 最近几年，中国有了很大的发展和进步。就教育来说，农村地区儿童的入学率提高了 20%。

10 不妨

might as well/there's no harm (in doing something)
(used to make suggestions and give advice)

◆"不妨" 此刻，我们不妨重温一下秦始皇统一文字的历史。

◇ 他虽然不是专家，但对中国社会的情况还是很了解的，你不妨听听他的看法。

◇ 这个办法不一定会成功，但也不妨一试。

11 与其说是X，不如说是Y

it's more appropriate to say it is Y than to say it is X

◆ 然而，就现在的趋势看来，使用简化汉字，与其说是中国化，不如说是国际化了。

◇ 像你这么慢地散步，与其说是运动，不如说是休息。

◇ 有人认为，某些中国媒体的文章与其说是新闻，不如说是政府的宣传。

词汇练习

Vocabulary Exercises

I Provide an appropriate noun to make a meaningful phrase, then make a sentence with each of the expanded phrases:

废除______ 合乎______ 蒙受______ 调整______

提倡______ 表达______ 传承______ 发表______

指出______ 承认______

II Using the underlined expressions in each sentence, make new sentences:

1 这绝非当年主张废除汉字、提倡拉丁化的学者、专家所能梦到的。

2 近百年来，中国的进步发展是有目共睹的。

3 无论是教育的普及、国语的统一、还是新知识的传播，都有可观的成绩。

4 显然，汉字并不是近代史上使中国停滞不前的元凶。

5 热衷于革命的语文改革家似乎都太小看了拥有十几亿使用者的汉语和数千年历史的汉字了。

6 这未免也错估得太离谱了。

7 我们的祖先之所以没有走上拼音文字的道路，正是因为汉字是最能适应这个多方言国家的书写工具。至于说，汉字一定比拼音文字难识、难记、难学，这也很难说服一个母语是汉语的人。

8 中国无论在经济、军事、政治、外交上，都有了举足轻重的地位。

9 汉语、汉字成了洋人了解中国必不可少的工具。

10 一个看不懂《诗经》“关关雎鸠，在河之洲”的人，用简化汉字写，固然看不懂，用繁体就能懂了吗？

11 中国文化依然生机勃勃，绝不是如汉字卫道者所说的那么脆弱。倒是如果中国人至今还写甲骨文，中国文化可能已不在人世间了。

12 随着汉语、汉字在国际上的日益通行，国际社会对汉字书同文的要求也与日俱增。

13 联合国用简体字，不但有象征的意义，也有实质的意义。就象征的意义来说，20世纪50年代，中国的文字改革，得到了国际社会的承认，简体字由异体字取得了正体字的地位。

14 此刻，我们不妨重温一下秦始皇统一文字的历史，这或许对坚持用繁体字的人，有一定的参考意义。

15 然而，就现在的趋势看来，使用简化汉字，与其说是中国化，不如说是国际化了。

III Answer the following questions. In your response, incorporate at least three of the expressions provided; feel free to use more if possible.

1 推行“世界语”为什么不会成功？
（普及；取代；适用；母语；精确；荒唐）

2 近年来中国取得了怎样的进步和发展？为什么学汉语的外国人与日俱增？
（崛起；有目共睹；可观；超越；举足轻重；必不可少）

3 有些父母认为，孩子犯了错应该受到严厉的惩罚，才能避免再犯同样的错误。你同意吗？
（脆弱；心平气和；解释；绝不；无论…，都…；调整观念）

问题讨论
Discussion Topics

1 作者对汉字、汉语的态度是保守的还是激进的？从哪些地方可以看出来？

2 最近几年，"汉语"为什么会成为一种"热门"语言？据你了解，外国人学中文一般有哪些原因和目的？

3 二十世纪初，中国的知识分子对汉字持怎样的态度？你觉得当时中国的落后和封闭，跟语言文字有没有关系？简化汉字是否有利于教育的普及、知识的传播、文学的发展？

4 近百年来，中国在语言文字方面尝试过哪些改革？这些改革取得了怎样的效果？遇到了什么问题？你觉得哪些改革是有必要的，哪些是没有必要的？为什么？

5 黑格尔曾说过一句名言："存在即合理。"你怎么看这句话？一种语言的存在与消失跟它本身的"合理"不"合理"有关系吗？

6 作者为什么认为，汉字是汉语最佳的搭档？

7 你认为汉语、汉字有什么缺点？你判断的依据是什么？

8 多方言国家存在什么问题？你觉得各地的方言有没有继续保留的价值？

9 五四时期的知识分子，对中国传统文化持怎样的态度？你怎么看他们的做法和态度？

10 联合国发布的"只用简体字，不再简繁并用"的新闻说明什么？国际社会对这条新闻的看法是什么？网民对这件事有怎样的看法？你的看法呢？

11 繁体汉字与中国传统文化存在怎样的关系？有人认为废除繁体字，会影响中国历史文化的传承，你同意吗？

12 有人认为繁体字更美观，你同意吗？你觉得汉字的美观更重要，还是方便更重要？

13 请你谈谈中国文字由古至今进化和演变的过程，并说明其演变的规律。

14 目前，香港、台湾和一些海外华人仍然坚持使用繁体字。你觉得他们为什么会坚持这样做？他们这样做有没有道理？各有哪些利弊？

15 为什么说使用简化汉字，“与其说是中国化，不如说是国际化”？你同意吗？

研究与报告

Research and Reports

通过网络或其他资料，选择一个题目进行研究，总结和引用现有的看法和研究成果，并提出自己的见解，为大家做一个 5 分钟左右的报告。

Use the Internet or other resources to research one of the following topics. Summarize and reference current arguments and research findings, offer your own opinion and interpretation, and compile your findings in a five-minute presentation.

1 鸦片战争的起因、经过、结果及其给中国带来的影响。

2 五四运动的背景、过程及其给中国带来的影响。

3 调查几位学习和使用繁体字的朋友，研究他们学习使用繁体字的原因，以及对简体字的态度。

辩论

Debate

请老师组织学生进行辩论。辩论前，先请老师将学生分成正、反两方，请学生按要求准备辩论稿，并尽可能多利用课文的内容、生词和语法。辩论稿应包括你的观点、支持观点的例子、数据和其他材料。辩论过程分为陈述观点、自由辩论、总结陈词三个部分。每部分，正、反双方交替进行。自由辩论时，请各方仔细聆听、记录和分析对方观点，并进行反驳。

As a class, hold a debate. Before the debate, the teacher will assign each student to either the affirmative or the negative side. Students will be expected to prepare debate speeches accordingly, using the essays discussed and incorporating new vocabulary and grammar learned in class. The debate speech should cover the student's argument and provide supporting evidence in the form of examples, statistics, etc. Debates will consist of three sections—opening statements, free debate (rebuttals and Q&A), and closing statements. The affirmative and the negative sides will take turns in each section of the debate. During free debate, each side will listen, record, and carefully analyze the other side's argument to formulate rebuttals.

正方：我支持简体字

反方：我支持繁体字

作文

Composition

1 说说简体字和繁体字各自的优势和劣势，并谈谈语言文字改革与文化传承的关系。

2 任何语言、文字中都有不合理的部分，你觉得语言文字应不应该改革？你怎么看语言文字改革与使用者习惯之间的矛盾？

3 以英语或你的母语为研究对象，指出该语言的优点和缺点。你觉得政府有没有权利干涉语言的发展，制定语言政策和规范？如果你是语言政策的制定者，你会如何进行对这一语言和文字的改革？说说你改革的理由、原则和方向。

Extensive Reading

Read the passage, then complete the tasks that follow.

世界语的兴起与衰落

张永涛

据《圣经》(the Bible) 记载，早期的人类有共同的语言，他们联合起来，希望建一座通天的高塔来彰显自我的伟大。为了阻止狂妄的人类，上帝让他们有了不同的语言和口音，使其相互之间不能沟通，建塔计划因此失败，人类从此各散东西。这就是巴别塔 (Tower of Babel) 的故事。

人类有共同语言，不仅是古老传说中的神话故事，这一理想还存在于现实社会之中。

为了增进不同国家和民族之间的交流、理解与和平，1887 年波兰的眼科医生柴门霍夫 (L. L. Zamenhof, 1859-1917) 创制了世界语 (Esperanto)。世界语的语法规则相对简单，词汇的构成方式也容易理解，发音系统的设计也借鉴了欧洲主要语言中的现有元素。对大部分欧美人士而言，学会世界语比学会其他外语要快得多，可以节省大量的时间和精力。

柴门霍夫创制世界语，本来的目的只是为了让其成为辅助交际的第二语言，并不是要取代任何一种现有的民族语言。然而一些世界语的爱好者们并不甘心仅仅如此，他们希望有一天世界语能够取代民族语，通行全世界。

20 世纪初期，中国知识分子急于使中国融入世界，尽快实现现代化，开始强烈反思并批判中国的传统文化。在这股激流涌动的西化潮流中，汉语和汉字也难以幸免。一些知识分子主张彻底废除汉字，用世界语取代汉语汉字。然而，语言的使用习惯可谓根深蒂固，任何企图以世界语取代民族语言的想法，都无异于要重新建立起一座“巴别塔”，这样的“建塔计划”不顾语言使用的现实，最终只不过是空中楼阁罢了。

世界语被创制出来之后，并没有广泛流行开来。这不并是因为其设计不合理，而是缺乏以其为母语的使用人群。再加上世界语“生不逢时”，在其创立之初，正值全球化潮流兴起，随着大英帝国势力在全球的扩张和美国的崛起，英语在世界范围内被广泛接受，成为名副其实的世界语。

全球化并不意味着文化的“一元化”。绝大多数人认为，多元世界是人类文明前进的大方向，试图以世界语统一语言的愿望与多元文化的发展方向相违背。人们更希望继续保留语言的多样性，在坚持使用母语的同时，不得已时，才用最有沟通效力的英语，这就叫做“和而不同”，或者叫做“求同存异”。如此看来，“巴别塔”的故事结局并不是悲剧性的，人类语言多样性的存在，与其说是上帝的惩罚，不如说是上帝的恩赐。

POST-READING ACTIVITIES

I Based on the passage, answer the following multiple-choice questions:

1 文章第一段，作者引用《圣经》中巴别塔的故事是为了：

a 解释现代的人类社会为什么会有不同的口音和语言

b 批判人类的狂妄无知，骄傲自大

c 引出现实社会中也有人希望人类有共同语言

d 赞扬人类的聪明才智和伟大

2 以下哪一个不是世界语的特点？

a 语法规则比较简单

b 词汇的构成方式易于理解

c 对欧洲人来说不难学会

d 发音系统与亚洲语言相近

3 20 世纪初期，一些激进中国知识分子对世界语的看法和态度是：

a 世界语只能成为辅助交际的第二语言，不会取代现有的民族语言

b 强烈主张尽快以世界语彻底取代汉字和汉语

c 世界语只会在欧美地区通行，中国不会受其影响

d 强烈反对推行世界语，认为这是对传统文化的破坏

4 世界语难以流行开来，是由哪些方面的原因造成的？
(Select all that apply)

a 发音系统的设计很不合理

b 世界上并没有以世界语为母语的人

c 大英帝国的不断扩张让英语开始大范围流行

d 美国的发展促使英语在世界范围内被广泛使用

5 关于语言的多样性，作者的看法是：

a 有利于世界文化的多元化发展

b 促进了人与人之间的沟通和交流

c 是由于人类早期所犯下的过错而造成的

d 增加了学习外语的难度，导致浪费大量的时间和精力

II Reread the passage. Circle useful words in the text, then write down their definitions (in Chinese or English), drawing on either the context or a dictionary.

Vocabulary	Meaning

III Underline challenging sentences in the text. Then discuss their meaning and function with your classmates or teacher.

IV Summarize the main idea of each paragraph in one sentence:

1 ______________________________

2 ______________________________

3 ______________________________

4 ______________________________

5 ______________________________

6 ______________________________

7 ______________________________

V With a partner or in a small group, hold a conversation based on the following prompts:

1 请你总结世界语不能成功的原因。

2 你希望不希望英语成为“世界语”？ 为什么？

3 结合所学课文，谈谈在全球化的时代，急于实现现代化的中国，应该如何看待自己的传统文化。

第十课
Lesson 10

美国华侨与中国文化

余英时

SELECTED BY CHIH-P'ING CHOU
PREPARED BY YONGTAO ZHANG AND YUNJUN ZHOU

背景简介
Background Information

余英时

余英时，安徽人，1930年生于天津，中国当代著名史学家，中央研究院院士、美国哲学会院士。1955年入哈佛大学，1962年获博士学位。曾任哈佛大学中国史学教授、耶鲁大学讲座教授、康奈尔大学（Cornell University）首任胡适讲座访问教授，及普林斯顿大学讲座教授。2006年获克鲁格人文与社会科学终身成就奖(Kluge Prize)，2014年获首届唐奖(Tang Prize)汉学奖。

本文简单地介绍了美国华侨的历史，以1949年中华人民共和国成立为界，比较了这之前和这以后美国华侨的状况：从“落叶归根，回到故国”到“就地扎根，融入美国”。作者对当前美国华侨的“中国取向”持谨慎态度，希望他们一方面能够超越“中国取向”融入主流社会，另一方面要减少政治上的矛盾和分歧，凝成一体，为自己的族群争取更多的权利。作者希望美国华侨能够建立并维持民族文化的共同意识，而这有赖于华人自身加强对固有文化传统的了解与研究。

作者期待中国文化能在美国有新的发展，这既有利于提升在美华人的地位与形象，也能够对中国本土文化有所贡献。

美国华侨与中国文化

余英时

预习提示

Preview Questions

- 作者认为中国文化如何才能在美国扎根？华侨的责任是什么？
- 在作者看来，美国的犹太人在哪些方面值得华人学习？

（一）

中国文化能不能随着华人社会在美国的发展而**激**出新的**火花**？这是今天**海外**中国人所**共同**关心的一大问题。这个问题的出现，事实上是近三四十年来的事。所以我们首先应该提到中国人**北**美**移民**史上一个重要的**转折点**。这个转折点当然**便是**1949年中国**局势**的**突变**了[1]。

中国人在1949年以前，一般而言，是很少愿意在美国**定居**的。华侨在美国虽然已经有一百多年的历史，但他们在1949年以前仍然**抱有浓厚**的"**落叶归根**"的**观念**。他们在美国**辛勤**工作，主要是为了**积蓄**一点钱，最后可以**回乡养老**。至于他们在美国的**事业**，则由下一代**继承**下去，**如此代代相传**。华侨在美国永远只是**暂时寄居**，他们的家乡还是在中国。即使他们回不去，也仍然**心系故国**。社会学家研究移民，**指出**有一种"暂时居住"(sojourn)的**形态**，华侨正是属于

[1] 二战后的中国陷入了以蒋介石(Chiang Kai-shek, 1887–1975)为首的国民党军队和以毛泽东为首的共产党军队之间的内战。1949年毛泽东领导的中国共产党打败国民党，建立中华人民共和国，中华民国政府败退台湾，中国形成了分裂局面并一直持续至今。

华侨	*huáqiáo*	n.	Chinese residing abroad, overseas Chinese
激出	*jīchū*	v.-c.	to stimulate, to excite; ～＋火花 / 水花
火花	*huǒhuā*	n.	spark, flare, sparkle
海外	*hǎiwài*	n.	overseas, abroad
共同	*gòngtóng*	adj.	common, mutual, shared
北美	*Běi Měi*	p.n.	North America
移民	*yímín*	n./v.	immigrant; to immigrate
转折点	*zhuǎnzhédiǎn*	n.	turning point, transition
便是	*biànshì*	v.	to be precisely（便是：就是）
局势	*júshì*	n.	situation, state of affairs
突变	*tūbiàn*	n.	sudden change; 情况 / 局势＋～
定居	*dìngjū*	v.	to settle down; 在 place ＋～ ; ～＋在 place
抱有	*bàoyǒu*	v.	to have, to possess; ～＋…观念 / 态度 / 心理 / 幻想
浓厚	*nónghòu*	adj.	strong, thick; ～＋观念 / 色彩 / 兴趣 / 氛围
落叶归根	*luòyè guīgēn*	idm.	to revert to one's origin, (lit.) fallen leaves return to their roots （归：回归 / 回到）
观念	*guānniàn*	n.	concept, notion, perception
辛勤	*xīnqín*	adv.	industriously, assiduously; ～＋工作 / 劳动
积蓄	*jīxù*	v./n.	to save, to accumulate; savings; ～＋钱财 / 力量
回乡	*huíxiāng*	v.	to return to one's home village（乡：故乡）
养老	*yǎnglǎo*	v.	to live out one's life in retirement
事业	*shìyè*	n.	career, undertaking, business
下一代	*xiàyídài*	n.	next generation
继承	*jìchéng*	v.	to carry on, to succeed; ～＋事业 / 财产
如此	*rúcǐ*	v.	such, so, like this（如此：像这样）
代代相传	*dàidài xiāngchuán*	idm.	to hand down from generation to generation; 精神 / 文化＋～
暂时	*zànshí*	adv./adj.	temporarily; temporary
寄居	*jìjū*	v.	to sojourn, to lodge, to stay temporarily
心系	*xīnxì*	v.	to care deeply about, (lit.) for one's heart to be tied to sth.
故国	*gùguó*	n.	homeland（故：以前的, e.g. 故友 / 故乡）
指出	*zhǐchū*	v.	to point out; ～＋ clause/ 问题 / 错误
形态	*xíngtài*	n.	form, pattern

这种类型。但是1949年以后，中国社会发生了前所未有的巨变，华侨顿时成了“无家可归”的人。从此以后，他们于无可奈何之中才不得不作久居之计。

一般华侨如此，留学生尤其如此。自容闳[2]以来，中国留美学生几乎没有人不是在学成之后便立即束装归国，希望以一己所学贡献于祖国。美国的研究环境和条件虽然远比中国优越，但是他们都不愿仅仅为了个人的学术成就和生活享受而永久留在异域他乡，因此以前根本不会发生所谓留学生一去不返的问题。甚至在1949年以后，许多中国学人寄居美国，他们还是不能心安理得地把美国当做归宿之地。已故萧公权[3]先生1949年受聘来美时，“没有久居海外的打算”。后来年复一年地住了下去，他的心理也不过是“且住为佳”而已。我们举此一例，即可

[2] 容闳 Yung Wing (1828–1912)，广东香山人，是中国近代史上第一位留学美国的学生，1850年考入耶鲁大学 (Yale College)，1854毕业，是第一位在美国大学毕业的中国人，被称为“中国留学生之父”。

[3] 萧公权 Kung-chuan Hsiao (1897–1981)，江西人，毕业于清华大学，后获康奈尔大学 (Cornell University) 哲学博士。1949年离开中国，担任西雅图华盛顿大学 (University of Washington, Seattle) 教授。著作有《政治多元论》、《中国政治思想史》、《中国乡村》、《康有为思想研究》等。

类型	*lèixíng*	n.	type, genre, style
前所未有	*qiánsuǒwèiyǒu*	idm.	unprecedented
巨变	*jùbiàn*	n.	drastic change
顿时	*dùnshí*	adv.	suddenly, abruptly, immediately
无家可归	*wújiākěguī*	idm.	to be homeless
于	*yú*	prep.	at (indicating a time or place)
无可奈何	*wúkě nàihé*	idm.	helpless, to have no other alternatives
作…之计	*zuò . . . zhījì*	phr.	to make a plan of; 作＋长远 / 久居＋之计
久居	*jiǔjū*	v.	to stay in the long run
容闳	*Róng Hóng*	p.n.	Yung Wing (the first Chinese student to graduate from a U.S. university [Yale, in 1854])
便	*biàn*	adv.	soon afterwards, then
束装	*shùzhuāng*	v.	to pack up（束装：收拾行装）
归国	*guīguó*	v.-o.	to return to one's country
一己	*yìjǐ*	adj.	one's own（e.g. ～＋之力 / 所学 / 之能）
贡献	*gòngxiàn*	v./n.	to contribute; contribution （e.g. 为…做贡献）
祖国	*zǔguó*	n.	native land, motherland
优越	*yōuyuè*	adj.	superior, favorable; ～＋条件 / 环境 / 生活
学术	*xuéshù*	n.	academic; ～＋界 / 机构 / 会议 / 价值 / 水平
成就	*chéngjiù*	n.	accomplishment, achievement
永久	*yǒngjiǔ*	adj.	permanent, lasting, enduring
异域他乡	*yìyùtāxiāng*	idm.	foreign land （异 / 他：不同的；域 / 乡：地方）
一去不返	*yíqù bùfǎn*	idm.	to be gone and never to return（返：返回）
学人	*xuérén*	n.	scholar
心安理得	*xīn'ān lǐdé*	idm.	be at ease, feel comfortable with sth.
归宿	*guīsù*	n.	home, refuge; 精神～
已故	*yǐgù*	adj.	deceased, late（已故：已经去世）
萧公权	*Xiāo Gōngquán*	p.n.	K. C. Hsiao (a Chinese scholar of Chinese political science and history, 1897–1981)
受聘	*shòupìn*	v.	to be offered a job; sb. ＋～于＋单位 / 机构 / 企业
年复一年	*niánfù yìnián*	idm.	year after year （复：再 / 又）
心理	*xīnlǐ*	n.	psychology, mentality
且住为佳	*qiězhù wéijiā*	idm.	better to stay (for the moment) （且：暂且）
举此一例	*jǔcǐyílì*	phr.	to cite (only) this one example
即可	*jíkě*	v.	Then (sb.) can . . .（即可：就可以）

作为绝大多数老一辈知识分子的中国情怀的一种写照。此中确实含有深沉的文化哀感。

由于华侨和知识分子一般都抱着“寄居”的心理，他们当然不会积极地考虑到如何在美国发扬中国文化的问题。因此，在1949年以前，中国人在美国的文化活动不但只限于自己的生活圈子之内，而且是以“中国取向”为其最主要的特色。一般而言，没有人想到怎样使中国文化在美国社会中扎根的问题。以出版界而言，无论是留学生所办的刊物或唐人街的报纸，所反映的主要还是中国人对于祖国以及一些切身问题的关心。他们虽然身在美国，但和美国社会文化似乎没有什么关系。华侨因为集中在唐人街，形成了一个自足而封闭的社区，这种情况尤其显著。美国中文报刊上的“中国取向”在政治态度上表现得最为突出。清末[4]的革命派与保守派之争、民国[5]初年的帝制与反帝制之争，以及北伐以来左派与右派之争，都在这些报刊

[4] 清朝（1644–1911）是中国最后一个王朝，清朝时期满族统治中国，并统一了蒙古、新疆和西藏。清朝政府对内实行文化专制，对外实行闭关锁国，不少学者认为这是导致近代中国落后的重要原因。清末变法失败之后，1911年被孙中山所领导的辛亥革命（Revolution of 1911）推翻，中国从此成为共和国。

[5] 民国全称中华民国，1911年辛亥革命之后建立，孙中山为第一任临时大总统。民国初期中国并未走向人们所想象的繁荣富强，而是陷入混乱。前期曾发生两次帝制复辟事件，后又陷入北洋军阀相互夺权的混战局面。1925年以国民党为首的国民政府在南方成立，并发起北伐，于1928年底大致统一全国，定都南京。1937–1945年领导抗日战争，1949年内战失败，退守台湾，形成今天海峡两岸分治局面。

老一辈	*lǎoyíbèi*	n.	older generation
情怀	*qínghuái*	n.	thoughts and feelings; 大中国／故乡／爱国＋～
写照	*xiězhào*	n.	portrayal, depiction, illustration; 心理／现实＋～
深沉	*shēnchén*	adj.	deep, intense; ～＋思考／感情／悲伤
哀感	*āigǎn*	n.	sadness, melancholy
积极	*jījí*	adv./adj.	actively; positive; ～＋准备／行动／态度
考虑	*kǎolǜ*	v.	to consider, to give thought to
发扬	*fāyáng*	v.	to promote, to advance, to boost; ～＋文化／精神
限于	*xiànyú*	v.	to be limited to, to be restricted to; 仅／不＋～…
圈子	*quānzi*	n.	(social) circle; 生活／工作／社交＋～
取向	*qǔxiàng*	n.	direction, orientation; 价值／性＋～
扎根	*zhāgēn*	v.	to take root; ～于＋ place; 在 place ＋～
出版界	*chūbǎn jiè*	n.	publishing industry
刊物	*kānwù*	n.	publication
唐人街	*Tángrén Jiē*	p.n.	Chinatown（唐人街：中国城）
切身	*qièshēn*	adj.	personal, of immediate concern to oneself; ～利益
集中	*jízhōng*	v./adj.	to focus, to concentrate; centralized; ～＋精神／力量
自足	*zìzú*	adj.	self-sufficient; 自给～
封闭	*fēngbì*	adj.	closed, isolated, sealed off; ～＋社区／空间
社区	*shèqū*	n.	community
显著	*xiǎnzhù*	adj.	notable, striking, significant; ～＋变化／功效／成果
报刊	*bàokān*	n.	newspapers and periodicals
突出	*tūchū*	adj.	obvious, outstanding, prominent; 问题／表现＋～
清末	*Qīngmò*	t.w.	late Qing dynasty
保守派	*bǎoshǒupài*	n.	conservative
…之争	*. . . zhīzhēng*	phr.	the battle of, a dispute between
民国初年	*Mínguóchūnián*	t.w.	early Republic of China
帝制	*dìzhì*	n.	monarchy
北伐	*Běifá*	p.n.	Northern Expedition*
左派	*zuǒpài*	n.	left wing
右派	*yòupài*	n.	right wing

* The Northern Expedition was a military campaign led by Chiang Kai-shek with the main objective of unifying China, i.e. 北伐战争, 1926–1928.

中占据了中心的位置。事实上，这一传统做法仍保留至今。

但是1949年以后，中国人对于留居美国在观念上已发生了根本的改变。中国本土不但不再是中国文化的根据地，反而成了销毁中国文化的熔炉。不愿失去原有生活方式的中国人逐渐把美国看做最理想的庇护之所。“逝将去汝，适彼乐国。”《诗经·硕鼠》这两句诗便是新移民心理的最好写照。

五十年代以后，中国人留居美国的人数大幅上升，其中知识分子的比例更是达到了前所未有的高度。这种趋势短期内恐怕不会改变。最近几年来由于大陆的开放和香港的不安定，在可预见的将来也许会有更多的中国人涌入美国。如果情况许可，他们都是要争取在美国入籍的。

以上只是事实的客观陈述，并不包含丝毫的价值判断。我的目的是指出1949年以来的一个新现象：中国人对于留居美国的问题已从“暂住”(sojourn)的心态改为“入籍定居”了。这样一来，在美的中国人便再也无法完全避开中国文化的问题。本文的中心论旨便在这里。

对人而言，文化事实上是他的第二层空气，没有空气固然会死亡，离开了文化也同样不能生存。

占据	*zhànjù*	v.	to occupy; ～＋中心位置／重要地位／领先地位
位置	*wèizhì*	n.	position, place
仍	*réng*	adv.	still (仍：仍然)
至今	*zhìjīn*	adv.	until now; so far (至今：直到今天)
留居	*liújū*	v.	to settle down in a place; ～＋ place
本土	*běntǔ*	n.	local, native land; ～＋文化／产品／企业
根据地	*gēnjùdì*	n.	base, stronghold
销毁	*xiāohuǐ*	v.	to destroy, to ruin; ～＋证据／武器／假冒产品
熔炉	*rónglú*	n.	melting pot, furnace, smelter; 文化／民族＋～
原有	*yuányǒu*	adj.	original (原有：原来拥有／具有)
庇护之所	*bìhù zhīsuǒ*	n.	shelter, refuge (之：的；所：地方)
逝将去汝，适彼乐国	*shìjiāng qùrǔ, shìbǐlèguó*	prov.	I will leave you, and go to that happy state (逝：离开；将：将要；去：离开；汝：你；适：去／到；彼：那；乐：令人快乐的)
诗经	*Shījīng*	p.n.	*The Book of Songs*
硕鼠	*Shuòshǔ*	p.n.	*Fat Rat* (name of a song in *The Book of Songs*)
大幅	*dàfú*	adv.	drastically, dramatically, significantly
比例	*bǐlì*	n.	proportion, ratio
安定	*āndìng*	adj.	stable (society or life)
可预见的	*kěyùjiànde*	adj.	foreseeable, predictable; ～＋未来／将来／结果
涌入	*yǒngrù*	v.	to swarm into; ～＋ place/ 美国／商场／地铁
许可	*xǔkě*	v.	to permit, to allow; 条件／情况＋～；未经／得到＋～
争取	*zhēngqǔ*	v.	to strive for, to fight for; ～＋独立／平等／自由
入籍	*rùjí*	v.-o.	to become a citizen, to acquire citizenship
客观	*kèguān*	adj.	objective, impartial; ～＋条件／事实／现实
陈述	*chénshù*	n.	statement, presentation; ～＋事实／情况
丝毫	*sīháo*	adj.	a thread of, a bit; ～＋不／没有
价值判断	*jiàzhípànduàn*	n.	value judgment
目的	*mùdì*	n.	purpose, objective, aim
避开	*bìkāi*	v.	to avoid; ～＋问题／矛盾
论旨	*lùnzhǐ*	n.	gist or point (of a topic)
生存	*shēngcún*	v.	to survive, to live; ～＋环境／条件

但是空气是普遍性的，而文化则在普遍性之外还具有特殊性。在物质层面上如衣食住行，在制度层面上如亲属、宗教、法律、政治、经济等，世界上各种文化不尽相同，但至少可以找到相同的功能。

在精神上，文化的个性却又是如此显著，每个人都只有生活在自己从小成长的文化环境中才会觉得自由自在。换一个文化环境，人便会发生适应的问题。尽管适应能力不免因人而异：有人容易，有人困难，但是没有人能够完全避开适应的过程。不但像中西方文化这样基本的差异必然引起无限的适应的困难，即使在同一大文化系统中，个人小环境的改变也往往会带来生活上甚至心理上的困扰。中国过去有“水土不服”的说法。这句话的内容，认真分析起来颇不简单，其中有物质的成分，也有精神的成分。例如江南人迁居北方，或四川人寄居福建，都可能发生水土不服的问题。其实，水土不服也可以理解为文化适应出现了种种不同的障碍。中国的“同乡会”之类的组织，其背后都有地方文化的浓厚色彩。换句话说，这一类组织也是因文化适应的需要而起的。现代研究者完全从社会经济史的角度去了解中国各地“会馆[6]”的意义，虽也有所发现，但毕竟是表面的、肤浅的。

人自出生之日起，文化便是他“无所逃于天地之间”的第二层空气。因此，有些思想家甚至把文化看成压迫人的负面东西。卢梭[7]在《社会契约论》

[6] 会馆是中国明清两代及民国初期同乡或者同行在城市中建立的居住、办公兼休闲场所，为来客提供客房、会议室、戏楼等。如北京湖广会馆是清朝北京的湖广同乡联谊场所，海外也有不少中国同乡会馆。

[7] 卢梭 (Jean-Jacques Rousseau, 1712–1778)，法国著名思想家、哲学家和政治理论家。主要著作有《科学和艺术的进步对改良风俗是否有益》、《论人类不平等的起源与基础》、《社会契约论》等。

普遍性	*pǔbiànxìng*	n.	universality
物质	*wùzhì*	n.	material
层面	*céngmiàn*	n.	level, aspect, field; 物质 / 精神 / 文化+～
衣食住行	*yīshízhùxíng*	n.	basic necessities of life, (lit.) clothes, food, housing, and transportation
亲属	*qīnshǔ*	n.	relatives
宗教	*zōngjiào*	n.	religion
不尽相同	*bújìn xiāngtóng*	idm.	not exactly the same; X 与 Y ～ (不尽：不完全)
功能	*gōngnéng*	n.	function
个性	*gèxìng*	n.	individuality, unique feature
成长	*chéngzhǎng*	v.	to grow, to mature, to develop
自由自在	*zìyóuzìzài*	idm.	free and easy, at ease; 感到～；(～地+生活)
适应	*shìyìng*	v.	to adapt, to fit in; ～+环境 / 社会 / 生活
不免	*bùmiǎn*	adv.	unavoidably, naturally
因人而异	*yīnrén éryì*	idm.	to vary according to the individual, to vary from person to person
无限	*wúxiàn*	adj.	limitless, infinite; ～+希望 / 力量
困扰	*kùnrǎo*	adj./v.	annoyed; to perplex, to disconcert
水土不服	*shuǐtǔbùfú*	idm.	unable to acclimate to a new environment, (lit.) not used to new water and soil conditions
颇	*pō*	adv.	rather, quite (颇：很)
成分	*chéngfèn*	n.	component, ingredient; 化学 / 营养 / 主要+～
江南	*Jiāngnán*	p.n.	Jiangnan (areas south of the Yangtze River)
迁居	*qiānjū*	v.	to move to another place; ～+ place
四川	*Sìchuān*	p.n.	Sichuan Province (in west central China)
福建	*Fújiàn*	p.n.	Fujian Province (in southeastern China)
种种	*zhǒng zhǒng*	adj.	all kinds of, a variety of; ～+问题 / 困难 / 障碍
障碍	*zhàng'ài*	n.	encumbrance, obstacle; 设置 / 碰到 / 清除+～
同乡会	*tóngxiānghuì*	n.	association of fellow provincials
色彩	*sècǎi*	n.	color, (fig.) tone, sentiment, flavor
会馆	*huìguǎn*	n.	(provincial or county) guild hall
肤浅	*fūqiǎn*	adj.	shallow, (lit.) skin deep; sb./ 想法 / 认识+～
无所逃于天地之间	*wúsuǒ táoyú tiāndì zhījiān*	idm.	cannot shun or ignore (a quote from *Zhuangzi*), (lit.) inescapable from the space between heaven and earth (无所：没有地方)
压迫	*yāpò*	v./n.	to oppress; oppression; ～+工人 / 农民
负面	*fùmiàn*	adj.	negative; ～+影响 / 情绪 / 作用
卢梭	*Lúsuō*	p.n.	Jean-Jacques Rousseau (a French philosopher, writer, and composer, 1712–1778)
社会契约论	*Shèhuì Qìyuē Lùn*	p.n.	*The Social Contract* (by Jean-Jacques Rousseau) (契约 / 合同：contract)

中开宗明义地说："人生而自由，却无往不在枷锁之中（Man is born free, and everywhere he is in chains）。"卢梭的话是针对当时政治文化而说的，政治文化出了严重的毛病自然会变成人的枷锁。现代另一个批判文化最有力的思想家是弗洛伊德[8]。他认定人的一切精神病态都是受文化过度压抑所致。弗洛伊德的心理分析触及了人性和文化之间的普遍关系的问题。总之，我并不认为文化对人永远有利而无害；文化中某些价值发生了偏差是会激起人的反抗的。然而我也要强调文化对人有"安身立命"的功能，个人想寻求精神的归宿非文化莫属，这在移民身上尤其看得清楚。移民不得已离开自己的文化本土，纵使在物质上一无所有，在精神上仍拥有丰富的文化资源。他们凭着这些文化资源才能在异域他乡重建基业。

[8] 弗洛伊德 (Sigmund Freud, 1856–1939)，生于奥地利，犹太人。精神分析学的创始人，著有《梦的解析》、《精神分析引论》。他的理论对哲学、美学、社会学、文学、流行文化等都有深刻的影响，被称为"精神分析之父"，是二十世纪最伟大的心理学家之一。

开宗明义	*kāizōng míngyì*	idm.	straight to the point from the very beginning
无往不在	*wúwǎng búzài*	idm.	omnipresent, ubiquitous, everywhere（i.e. 无处不在）
枷锁	*jiāsuǒ*	n.	chains, shackles
针对	*zhēnduì*	prep.	aimed at, directed to, in the light of
毛病	*máobìng*	n.	problem, trouble, fault, disease
批判	*pīpàn*	v.	to criticize, to critique
弗洛伊德	*Fúluòyīdé*	p.n.	Sigmund Freud (an Austrian neurologist and psychotherapist, 1856-1939)
认定	*rèndìng*	v.	to firmly believe, to affirm
病态	*bìngtài*	n.	morbidity, abnormal state
过度	*guòdù*	adv.	excessively, overly, ～＋紧张 / 压抑
压抑	*yāyì*	v.	to repress, to oppress; ～＋本能 / 人性；感到～
所致	*suǒzhì*	v.	to be caused by （e.g. sth. 是 / 由＋ cause ＋所致）
触及	*chùjí*	v.	to touch (upon a topic, one's heart, etc.)
人性	*rénxìng*	n.	human nature
总之	*zǒngzhī*	adv.	in short, to sum up
无害	*wúhài*	adj.	harmless, innocuous
偏差	*piānchā*	n.	bias, deviation
激起	*jīqǐ*	v.	to arouse, to evoke; ～＋反抗 / 矛盾 / 仇恨 / 愤怒
反抗	*fǎnkàng*	v./n.	to resist, to revolt; resistance; ～＋政府 / 压迫
强调	*qiángdiào*	v.	to emphasize, to stress, to highlight
安身立命	*ānshēn lìmìng*	idm.	to settle down and get on with one's pursuit
寻求	*xúnqiú*	v.	to seek; ～＋帮助 / 理解 / 满足 / 幸福 / 真理
非…莫属	*fēi . . . mòshǔ*	phr.	none other than, without exception
不得已	*bùdéyǐ*	adv.	have no choice but to, be forced to, have to; ～ V.P.
纵使	*zòngshǐ*	conj.	even if, even though（纵使：即使）
一无所有	*yìwú suǒyǒu*	idm.	have nothing at all
丰富	*fēngfù*	adj./v.	rich (in resources, knowledge, imagination, etc.); to enrich (in terms of life, experience, etc.); ～＋资料 / 活动 / 营养
资源	*zīyuán*	n.	resource; 人力 / 自然 / 矿产＋～
凭	*píng*	prep.	resort to, by means of, depend on（凭：凭借）
重建	*chóngjiàn*	v.	rebuild; ～＋基业 / 家园 / 国家
基业	*jīyè*	n.	foundation, family estate

犹太人流落世界各地显然以其宗教文化为凭借。最早期的英国清教徒殖民北美更是有赖于新教精神的支持。华侨也是如此，华侨移民东南亚或美洲而获得不同程度的成功，除了与当地的客观条件有关以外，还是靠他们从中国文化中所带来的勤俭美德。更进一步则有上面所提到亲属、乡党种种相互提携的人际关系。以宗教而言，民间流行的儒释道三教都是支持他们的精神力量。

早期华侨虽然已经将中国文化带到美国，但是他们的“中国取向”则阻碍了中国文化和美国社会的交流。他们只是依赖中国文化为精神资源以暂时应付新环境，最后还是要落叶归根，回到故国的。因此，在很长的时期中，中国文化在美国仅仅存在于几个“孤岛”上，即大城市中的唐人街。这些孤岛和外界几乎是完全隔绝的。不用说，这里的中国文化已与本土的原型颇有不同，华侨带到海外各地的中国文化大致都是经过筛选的，虽然是不自觉的。只有那些特别有助于他们在异乡谋生的文化成分才能长期地在海外的华侨社会中流传下去。美国的华侨当然也不会是例外。这些特别的文化成分一百多年来，一直未曾离开过唐人街。一般美国人最多只对唐人街的异国情调抱有一点游客的好奇心，但是并不了解其中所藏的古老文化究竟属于何种性质。

犹太人	*Yóutàirén*	p.n.	Jewish people
流落	*liúluò*	v.	to wander and settle, (lit.) to flow and fall; ～＋街头 / 世界各地 / 他乡
清教徒	*Qīngjiàotú*	p.n.	Puritan
殖民	*zhímín*	v.	to colonize
有赖于	*yǒulàiyú*	v.	to rely on, to depend on; …～＋ N.P.
新教	*Xīnjiào*	p.n.	Protestantism
东南亚	*Dōngnányà*	p.n.	Southeast Asia
勤俭	*qínjiǎn*	adj.	hardworking and thrifty
美德	*měidé*	n.	virtue
乡党	*xiāngdǎng*	n.	fellow villager （乡党：同乡）
提携	*tíxié*	v.	to guide and support; 互相 / 领导＋～
人际关系	*rénjìguānxì*	n.	interpersonal relationship
儒释道	*Rú Shì Dào*	p.n.	Confucianism, Buddhism, Taoism
三教	*sānjiào*	n.	three religions (i.e. 儒、释、道)
阻碍	*zǔài*	v.	to prevent, to impede; ～＋交流 / 发展 / 交通
依赖	*yīlài*	v.	to be dependent/reliant on
应付	*yìngfù*	v.	to deal with, to cope with; ～＋情况 / 问题
孤岛	*gūdǎo*	n.	islet, lonely island
即	*jí*	v.	that is, namely (即：就是)
隔绝	*géjué*	v.	to isolate; 与世～
原型	*yuánxíng*	n.	archetype, prototype
筛选	*shāixuǎn*	v.	to sift, to filter (筛：筛子 ; sieve, sifter)
不自觉	*búzìjué*	adv.	unconsciously, unintentionally, intuitively
有助于	*yǒuzhùyú*	phr.	contribute to, be conductive to
异乡	*yìxiāng*	n.	foreign land
谋生	*móushēng*	v.	to make a living; ～＋手段 / 技巧
流传	*liúchuán*	v.	to spread, to hand down, to pass down; ～＋下来 / 出去
未曾	*wèicéng*	adv.	have not ever; ～＋ V.P.
异国情调	*yìguó qíngdiào*	idm.	exoticism, exotic atmosphere
好奇心	*hàoqíxīn*	n.	curiosity
藏	*cáng*	v.	to hide, to harbor
何种	*hézhǒng*	q.w.	which type (何种：哪一种)
性质	*xìngzhì*	n.	nature, the inherent features of sth.

（二）

今天在美国的中国人已进入了超越“中国取向”的新阶段，中国文化怎样在美国发展的问题必须提到讨论的日程上来。前面已指出，今天在美国取得永久居留权或公民权的中国人，事实上已准备世世代代在美国落地生根了。另一方面，很多唐人街华侨的子女也已读书就业，进入美国生活的主流。和三四十年前不同，现在华侨和在美国的中国知识分子之间的严格界线已不复存在。今天所谓“美籍华人”已广布在美国社会的各行各业之中，包括企业界、科技界、教育界、学术界、医学界、法律界、新闻界、建筑界以及政界等。其中不少人更是在美国出生和成长的第二代甚至第三代。无论是属于第一代或第二代，今天的“美籍华人”几乎普遍地有强烈的“文化认同”的要求。这一点和美国近数十年来的社会和文化变迁是分不开的。

美国人过去一向相信他们的社会是一个“大熔炉”，任何种族的人到了这个熔炉之中迟早都会被熔化的。

超越	*chāoyuè*	v.	to transcend, to surpass; ～＋对手 / 极限 / 自我
阶段	*jiēduàn*	n.	stage, phase
日程	*rìchéng*	n.	schedule, agenda, itinerary; 把···提上～
永久居留权	*yǒngjiǔ jūliúquán*	n.	permanent residency
公民权	*gōngmínquán*	n.	citizenship
世世代代	*shìshì dàidài*	idm.	generation after generation
落地生根	*luòdì shēnggēn*	idm.	take root on the spot, take root locally
就业	*jiùyè*	v.	to find a job
主流	*zhǔliú*	n.	mainstream; ～＋文化 / 价值 / 思想
严格	*yángé*	adj.	strict, rigorous (discipline or requirements)
界线	*jièxiàn*	n.	boundary, line
不复存在	*búfù cúnzài*	idm.	cease to exist; sth. ＋～ (复: 再)
美籍	*měijí*	adj.	of American nationality; ～＋华人 / 作家
广布	*guǎngbù*	v.	to disperse, to disseminate （广布: 广泛分布）
各行各业	*gèhánggèyè*	idm.	all walks of life, each and every industry
企业	*qǐyè*	n.	enterprise, business
建筑	*jiànzhù*	n.	architecture, building
强烈	*qiángliè*	adj./adv.	strong (support or opposition); intensely; ～＋支持 / 反对 / 要求
文化认同	*wénhuà rèntóng*	n.	cultural identity
变迁	*biànqiān*	n.	change, vicissitude; 社会 / 文化 / 历史＋～
一向	*yíxiàng*	adv.	consistently, all along
种族	*zhǒngzú*	n.	race, ethnic group
迟早	*chízǎo*	adv.	sooner or later
熔化	*rónghuà*	v.	to melt

其实这种说法是一厢情愿的人造神话，这个神话是建立在一种未经检验的假设之上，即美国社会已整合得相当成功，一切支流都可容纳到主流之中。“熔炉说”的影响力在五十年代到六十年代初期达到了最高峰，但是六十年代末期，反越战的动乱惊破了一场美梦。七十年代以来，美国各个种族普遍地产生了文化觉醒，开始积极地寻求自己的种族文化之“根”。寻根运动当然也波及亚洲后裔，包括中国人在内。所以今天各大学的亚裔学生无不要求成立自己的组织，要求拥有独立活动的场所。以我个人的教学经历来看，我发现最近十几年来，华裔学生无论学工、理、医或其他科技，几乎都对中国语文、历史、哲学的课程有一种出乎内心的渴求倾向。

一厢情愿	*yìxiāng qíngyuàn*	idm.	wishful thinking, one-sided wish
人造	*rénzào*	adj.	artificial, manmade
神话	*shénhuà*	n.	myth, fairytale
未经	*wèijīng*	v.	have not yet; ～＋许可 / 同意 / 批准 (i.e. 没有经过)
检验	*jiǎnyàn*	v.	to examine, to test
假设	*jiǎshè*	n.	hypothetical, conjecture
整合	*zhěnghé*	v.	to reorganize and consolidate; ～＋资源 / 组织结构
支流	*zhīliú*	n.	tributary, branch
容纳	*róngnà*	v.	to hold, to accommodate, to tolerate
- 说	*shuō*	suffix	theory, doctrine; 学 / 邪＋～
高峰	*gāofēng*	n.	peak, summit; 科学 / 事业 / 人生＋～
越战	*Yuè Zhàn*	p.n.	Vietnam War (1955–1975)
动乱	*dòngluàn*	n.	turmoil, upheaval; 社会 / 政治＋～ ; 制造 / 平息＋～
惊破	*jīngpò*	v.-c.	to be startled and damaged, to be exposed; ～＋美梦
场	*chǎng*	m.w.	measure word for events; 一场＋大雨 / 暴雪 / 病 / 梦
美梦	*měimèng*	n.	sweet dream, beautiful dream
觉醒	*juéxǐng*	n.	awakening; 文化 / 自我 / 民族意识＋～
根	*gēn*	n.	root, origin, source
波及	*bōjí*	v.	to affect, to involve; ～＋ sb./place
后裔	*hòuyì*	n.	descendant, offspring
亚裔	*yàyì*	n.	Asian (裔: descendant, 亚裔 / 华裔 / 拉美裔)
无不 -	*wúbù*	adv.	invariably, all without exception; ～＋盼望 / 觉得 / 认为 (无不: 都, 没有一个不)
独立	*dúlì*	adj.	independent, self-reliant
场所	*chǎngsuǒ*	n.	place; 学习 / 活动 / 公共 / 娱乐＋～
经历	*jīnglì*	v./n.	to experience, to go through; experience
华裔	*huáyì*	n.	ethnic Chinese (- 裔: descendant, 亚裔 / 拉美裔)
工	*gōng*	n.	engineering (工: 工科)
理	*lǐ*	n.	science (理: 理科)
医	*yī*	n.	medicine (医: 医科)
哲学	*zhéxué*	n.	philosophy
出乎	*chūhū*	v.	to be out of, to be actuated (出乎: 出于)
渴求	*kěqiú*	v.	to be eager for; ～＋知识 / 爱情
倾向	*qīngxiàng*	n.	inclination, tendency

在美国的中国人已到了不能不正视中国文化的时候了。即使中年以上的中国父母仍然放不下“中国取向”的包袱，他们也必须为子女文化认同的危机而重新考虑这个问题了。否则两代之间不仅会发生一般性的“代沟”，而且更会发展出严重的“文化代沟”，因为第二代以后的中国人虽有中国文化认同的要求，但是却不可能走上前一代人那条“中国取向”的道路。

近二十年来，美国的民权运动有相当大的进步，一般社会人士的种族偏见至少表面上也颇为收敛，美国政府更鼓励各种族研究自己的文化。美国是一个种族多元的社会，其中虽以盎格鲁—撒克逊的白种人文化为主流，但其他少数民族的文化也同样可以并行不悖，并和主流相互沟通。美国同时又是一个自由竞争的社会，任何一个少数种族要想提高自己的地位，便必须通过竞争的方法，不但与主流文化竞争，而且还要与其他少数种族的文化竞争。犹太人在美国的成功便是一个最显著的例子。他们的影响力简直和人口数量不成比例。一般而言，移民在异邦立足，不仅得依靠个人的努力，而且更需要集体的支持。由于宗教传统影响深厚，家族关系非常密切等原因，犹太民族的文化认同感特别强烈，他们所表现的团结合作的精神是多数民族所不能比的。无论在政治、经济、教育或新闻界，他们在美国都是一股不容忽视的力量。犹太人亡国两千年之后而终能复国，不能不归功于他们持续不绝的文化意识。

正视	*zhèngshì*	v.	to face up to, to treat seriously; ～＋问题 / 困难 / 危机
包袱	*bāofu*	n.	burden, strain, (lit.) a bundle wrapped in cloth
危机	*wēijī*	n.	crisis; 政治 / 经济 / 能源 / 石油＋～
代沟	*dàigōu*	n.	generation gap
民权运动	*Mínquán Yùndòng*	p.n.	Civil Rights Movement
人士	*rénshì*	n.	personage, public figure; 权威 / 知名＋～
偏见	*piānjiàn*	n.	prejudice, bias
收敛	*shōuliǎn*	v.	to restrain
鼓励	*gǔlì*	v./n.	to encourage; encouragement
多元	*duōyuán*	adj.	diverse, multivariate; ～＋社会 / 文化
盎格鲁—撒克逊	*Ànggélǔ-Sàkèxùn*	p.n.	Anglo-Saxons
白种人	*báizhǒngrén*	n.	white people (race)
并行不悖	*bìngxíng búbèi*	idm.	to run parallel without going against something, agreeable and without conflict (悖：冲突 / 违背)
竞争	*jìngzhēng*	v./n.	to compete; competition
地位	*dìwèi*	n.	status, rank, standing; 国际 / 学术 / 政治＋～
不成比例	*bùchéngbǐlì*	v.	disproportionate; X 跟 Y ～
异邦	*yìbāng*	n.	a foreign country/land （异：不同的；邦：国）
立足	*lìzú*	v.	to gain a foothold, to survive (in society), to establish oneself; 在 place ＋～
集体	*jítǐ*	n.	collective, group
深厚	*shēnhòu*	adj.	deep, profound; ～＋感情 / 友谊 / 情谊
密切	*mìqiè*	adj.	close; ～＋关系 / 联系
团结	*tuánjié*	v./adj.	to unite; united (people)
合作	*hézuò*	v./n.	to cooperate; cooperation; X 跟 Y ～
股	*gǔ*	m.w.	ply, strand; 一股＋力量 / 势力 / 潮流
不容 -	*bùróng*	v.	to disallow, ～＋忽视 / 怀疑 / 辩解
忽视	*hūshì*	v.	to ignore, to neglect, to disregard, to underestimate
亡国	*wángguó*	v.	a nation to perish
终	*zhōng*	adv.	finally (终：最终 / 终于)
复国	*fùguó*	v.-o.	to recover the country
归功于	*guīgōng yú*	phr.	give credit to
持续不绝	*chíxù bùjué*	phr.	continuously (绝：断绝)
意识	*yìshí*	n.	consciousness

在美国的犹太人并不靠以色列来为他们壮胆撑腰，相反，以色列之所以能在强敌环伺之下屹立不倒，在相当大的程度上倒是靠美国犹太人的全力支持。文化的力量大于国家的力量，移民能够反馈祖国，犹太人的例子对于美籍华人，特别是“中国取向”的华人，是最具有启示性的。

个别的中国人在美国各界取得显著成绩者甚多，华裔子弟因学业卓越而受到表扬者近来更时有所闻。这种成就当然与个人的才能和努力有关，但也不能不归功于中国文化的背景。记得两年前美国《时代》周刊在报道华裔青年获得“总统奖学金”时，便特别提到中国儒家的教育传统。但是中国人作为一个集体来说，他们在美国社会中似乎仍处于相当边缘的位置。

美籍华人的人口现在大约是一百万左右，自然不算多，不过如果紧密地团结起来，并与其他亚裔美国人取得合作，也未尝不能产生相当可观的影响力。由于中国人和犹太人不同，缺乏有组织的宗教传统，“各人自扫门前雪”、“一盘散沙”至今仍是中国人性格上的特点。中国人在参与美国政治事务上一向较为冷漠，便是这一性格的具体表现。由此可见，中国文化怎样才能适应美国的社会并有新的发展，其中的确涉及相当复杂的问题。

以色列	*Yǐsèliè*	p.n.	Israel
壮胆	*zhuàngdǎn*	v.-o.	to boost sb.'s courage, to embolden; X 给 Y ～
撑腰	*chēngyāo*	v.-o.	to support, to back up; X 给 Y ～
强敌环伺	*qiángdí huánsì*	idm.	to be surrounded by a formidable enemy
屹立不倒	*yìlìbùdǎo*	idm.	to stand tall and stay strong
倒是	*dàoshì*	adv.	conversely (indicating unexpectedness or contrast)
全力	*quánlì*	adv.	sparing no effort, with all one's strength or might; ～＋支持 / 解决 / 配合
反馈	*fǎnkuì*	v./n.	to give back to; feedback; ～意见
启示性	*qǐshìxìng*	n.	revelation, inspiration
个别	*gèbié*	adj.	very few, rare
各界	*gèjiè*	n.	all circles/industries/fields; ～＋代表 / 人士
甚	*shèn*	adv.	pretty, extremely
子弟	*zǐdì*	n.	children; 富家 / 职工 / 农民＋～
学业	*xuéyè*	n.	study, education; 完成 / 荒废＋～
卓越	*zhuóyuè*	adj.	outstanding, remarkable, exceptional; ～＋贡献 / 成就 / 才华 / 品质
表扬	*biǎoyáng*	v.	to praise, to commend; ～＋ sb.
时有所闻	*shíyǒu suǒwén*	idm.	frequently heard
才能	*cáinéng*	n.	talent, ability
背景	*bèijǐng*	n.	background
时代	*Shídài*	n.	*Time* magazine
周刊	*zhōukān*	n.	weekly publication
奖学金	*jiǎngxuéjīn*	n.	scholarship
儒家	*Rújiā*	p.n.	Confucianism
边缘	*biānyuán*	n.	edge, verge, margin
大约	*dàyuē*	adv.	approximately, about
自然	*zìrán*	adv.	naturally, of course (自然：当然)
紧密	*jǐnmì*	adj.	close together, inseparable; ～＋结合 / 团结 / 联系
可观	*kěguān*	adj.	considerable, significant; ～＋收入 / 利润
各人自扫门前雪	*gèrénzìsǎo ménqiánxuě*	prov.	do not mind anyone else's business, (lit.) shovel snow in front of one's own door
一盘散沙	*yìpán sǎnshā*	idm.	a tray of loose sand, lacking cooperation, disunited
冷漠	*lěngmò*	adj.	unconcerned, indifferent, aloof; 对…＋～
涉及	*shèjí*	v.	to involve, to relate to; ～＋问题 / 范围 / 隐私
复杂	*fùzá*	adj.	complex, complicated

前面已指出，以往华侨和留学生虽曾把中国文化中的某些成分传入美国，但是其选择过程则是不自觉的，也没有经过系统地考虑，今天则已到了必须改弦易辙的时候了。

我相信中国文化在美国的前途首先在于它是否真能落地生根，其关键是“中国取向”必须从主导地位转为从属地位。“中国取向”最初本是华侨和留学生爱国精神的一种表现，在当时也是十分自然的，但是其前提必须是以美国为暂且寄居之地。美籍华人如果仍然继续以此为最高的行动原则，他们将永远自外于美国文化和社会的主流。这不但大有碍于他们在美国的发展，而且也和“中国取向”的本来目的背道而驰。因为今天的形势已十分明显：美籍华人只有在美国建立起坚固的独立地位，才可能真正对祖国有实质的贡献。犹太人便是一个最成功的范例。美国犹太人口不过六百万，在比例上真可谓微不足道，但他们的声音则几乎无所不在。这主要是由于他们不仅在各界都有杰出的成就，而且他们始终能保持其文化认同，并不断地以现代观点把他们的文化传统向美国社会作系统地阐述。他们这种工作是雅俗并进的，从高深研究到电视节目，无孔不入。美籍华人今后似乎也应该多注意怎样使中国文化在美国扎根。这是超越，而不是抛弃“中国取向”。事实上，只有超越“中国取向”，才能实现“中国取向”的意愿。

以往	*yǐwǎng*	adv.	previously, in the past
改弦易辙	*gǎixián yìzhé*	idm.	to change one's direction, to dance to another tune
前途	*qiántú*	n.	future, prospect; ～＋光明 / 暗淡
主导	*zhǔdǎo*	adj.	leading, dominant; ～＋思想 / 因素 / 作用 / 地位
从属	*cóngshǔ*	adj.	subordinate, dependent; X 从属于 Y
最初	*zuìchū*	adv.	initially, at the beginning
本	*běn*	adv.	originally, formerly（本：本来）
前提	*qiántí*	n.	premise, prerequisite; 在…的～下
行动	*xíngdòng*	v./n.	to take action; movement, action
原则	*yuánzé*	n.	principle; 坚持 / 违背＋～；以…为原则
自外于	*zìwàiyú*	v.	to put oneself outside of, to be exempt from
有碍于	*yǒuàiyú*	phr.	go against, be bad for; ～＋ N.P.
背道而驰	*bèidào érchí*	idm.	to run counter to, to go against; X 与 Y ～
形势	*xíngshì*	n.	trend, direction; 政治 / 经济 / 国内 / 国际＋～
明显	*míngxiǎn*	adj.	obvious, distinct; ～＋优势 / 进步 / 差异
坚固	*jiāngù*	adj.	firm, solidified; 城墙 / 堡垒＋～
实质	*shízhì*	n.	essence, substance
范例	*fànlì*	n.	example
微不足道	*wēibù zúdào*	idm.	insignificant, not worth mentioning; ～＋ sth. （微：小；不足：不值得；道：说 / 提起）
声音	*shēngyīn*	n.	voice, sound
无所不在	*wúsuǒ búzài*	idm.	ubiquitous, omnipresent; sth. ＋～
杰出	*jiéchū*	adj.	outstanding, distinguished, exceptional; ～＋成就 / 贡献 / 人才
始终	*shǐzhōng*	adv.	from beginning to end, from start to finish, throughout (the entire process)
阐述	*chǎnshù*	v.	to elaborate, to expound; ～＋观点 / 看法 / 主张
雅	*yǎ*	adj.	elegant（雅：高雅）
俗	*sú*	adj.	vulgar（俗：通俗的 / 民间的 / 低俗的）
- 并进	*bìngjìn*	idm.	to advance together, to do two or more things at once
高深	*gāoshēn*	adj.	profound, advanced (learning or skill)
无孔不入	*wúkǒng búrù*	idm.	all-pervasive, (lit.) to leave no holes unfilled; sth. ＋～
抛弃	*pāoqì*	v.	to abandon (a home, wealth, or a friend)
实现	*shíxiàn*	v.	to realize; ～＋愿望 / 目标 / 梦想 / 理想
意愿	*yìyuàn*	n.	wish, desire

“中国取向”之所以必须超越，还有一层更重要的理由。上文已指出，“中国取向”在政治态度上表现得最为突出。中国国内的政治冲突在美国华人社会中总是有非常敏感的反应，这种倾向在今天似乎仍然有增无减。政治上的左或右，在现代民主社会中是极其正常的现象，个人可根据其政治信仰而做选择。凡是具有相当程度的民主修养而又不失理性的人，大体上都能一方面“固执己见”，另一方面尊重反对派的人格及其权利。但是由于中国的历史背景不同，容忍异己的风度尚有待养成。党争或政治斗争从来不是民主运作或理性化的产物，其结果往往因为过分的情绪化而造成各派之间势不两立。政治化的“中国取向”不可避免地导致美国华人社会的分裂。美籍华人的政治兴趣不在居住国而在祖国，他们的

理由	lǐyóu	n.	reason
上文	shàngwén	n.	preceding text, above-mentioned
冲突	chōngtū	n.	conflict, clash
敏感	mǐngǎn	adj.	sensitive; ～＋问题 / 话题；对…＋～
反应	fǎnyìng	n.	reaction, response
有增无减	yǒuzēng wújiǎn	idm.	to increase with no decrease; sth. ＋～
极其 -	jíqí	adv.	extremely; 极其＋ disyllabic v./adj. (e.g. ～＋重视 / 艰巨 / 深刻 / 奢华 / 痛苦)
信仰	xìnyǎng	n.	faith, belief, conviction; 政治 / 宗教＋～
修养	xiūyǎng	n.	self-cultivation, training, upbringing; 有 / 没有＋艺术 / 文学 / 文化＋～
不失	bùshī	v.	do not lose, still have
理性	lǐxìng	n.	rationality, reason
大体上	dàtǐshàng	adv.	in general, in the main, mostly
固执己见	gùzhí jǐjiàn	idm.	cling stubbornly to one's own opinions; sb. ＋～
尊重	zūnzhòng	v.	to respect, to value; ～＋ sb./ 看法 / 意见 / 文化
反对派	fǎnduìpài	n.	opposition faction
人格	réngé	n.	character, moral quality
容忍	róngrěn	v.	to tolerate, to put up with, to endure; ～＋异己/反对党
异己	yìjǐ	n.	dissident（异：不同）
风度	fēngdù	n.	grace, demeanor; sb. ＋有 / 没有＋～
尚	shàng	adv.	still, yet
有待	yǒudài	phr.	subject to, awaiting, yet to be; ～＋建立 / 发展 / 提高
养成	yǎngchéng	v.	to form, to develop, to cultivate (a habit)
党争	dǎng zhēng	n.	factional political struggle, factionalism
斗争	dòuzhēng	n.	struggle, battle
运作	yùnzuò	n./v.	operation; to operate; 机构 / 组织 / 市场＋～
产物	chǎnwù	n.	product, outcome; 社会 / 历史 / 政策 / 智慧＋～
情绪化	qíngxùhuà	adj.	emotional, sentimental
派	pài	n.	(political) faction; 保守 / 反对 / 左 / 右＋～
势不两立	shìbù liǎnglì	idm.	to be irreconcilable with; X 与 Y ～
不可避免	bùkěbìmiǎn	idm.	inevitable, unavoidably
导致	dǎozhì	v.	to cause, to trigger; ～＋ undesirable results
分裂	fēnliè	n./v.	fragmentation, disintegration; to disintegrate

纷争只是中国本土政治冲突在美国的延伸。从长远的发展而言，这个倾向对于他们是有百害而无一利的，更不能对他们所希望的“中国全面现代化”产生任何正面的作用。我不想在这里涉及中国政治的是非。我只想指出，政治在整个文化中仅占据一个角落，而且是变幻无常的。如果政治在中国本土仍然处于首要位置，那恰好说明中国本土社会的反常。事实上，我们可以用“政治比重”的大小来判断一个社会的性质：政治比重越大，其社会必然离正常与合理更远，身居美国的中国人应该超越中国本土的政治。“超越”并不是“不关心”或“无主见”，而是不以政治立场为辨别“敌我”的最终根据或最高标准。

海内外中国人大概无不盼望中国成为一个经济发达、社会公平、人权有保障以及生活和思想自由的现代国家。但在这些人类共同的理想之外，中国人还必须依靠一个特有的精神纽带把他们维系起来，即文化认同。“中国人”这个名词自从正式出现在春秋时代以来，便是一个文化概念，而不是政治概念。对中国人而言，文化才是第一位的观念，国家则是第二位的观念。文化一方面永远在变化之中，另一方面又万变不离其宗。中国文化的价值系统当然必须经过调整才能推陈出新，以适应今天中国人的需要。但无论怎样调整，我相信中国价值系统的核心仍然是会存在下去的。

纷争	*fēnzhēng*	n.	dispute, discord; 政治 / 家庭＋～；引起 / 调解＋～
延伸	*yánshēn*	n./v.	extension; to extend; ～到＋ place
有百害而无一利	*yǒubǎihài ér wúyílì*	idm.	to be utterly harmful without a single benefit; sth./ 行为 / 做法＋～
是非	*shìfēi*	n.	right and wrong; 明辨 / 混淆 / 分清＋～
角落	*jiǎoluò*	n.	corner
变幻无常	*biànhuàn wúcháng*	idm.	changing all the time, constantly and irregularly changing; 世事 / 政局 / 情绪 / 天气＋～
首要	*shǒuyào*	adj.	first, chief; ～＋位置 / 问题 / 原因 / 任务
恰好	*qiàhǎo*	adv.	just right, exactly right, as luck would have it
反常	*fǎncháng*	adj.	unusual, abnormal
比重	*bǐzhòng*	n.	proportion
主见	*zhǔjiàn*	n.	one's own opinion/perspective; sb. ＋有 / 没有＋～
立场	*lìchǎng*	n.	standpoint, position
辨别	*biànbié*	v.	to distinguish, to differentiate; ～＋是非 / 真假
敌我	*díwǒ*	n.	the enemy and us; 分清 / 不分＋～
标准	*biāozhǔn*	adj./n.	standard; guideline
盼望	*pànwàng*	v.	to expect, to hope for; ～＋ N.P./clause
保障	*bǎozhàng*	v./n.	to guarantee, to ensure, to protect, to safeguard; security; ～＋安全 / 权益；生活 / 社会＋～
特有	*tèyǒu*	adj.	peculiar, specific; ～＋标志 / 性质 / 风格 / 风味
纽带	*niǔdài*	n.	link, tie, bond, connection; 精神 / 感情 / 家庭＋～
维系	*wéixì*	v.	to maintain; ～＋感情 / 关系
名词	*míngcí*	n.	noun
春秋	*Chūnqiū*	p.n.	Spring and Autumn period (771–476 BCE)
概念	*gàiniàn*	n.	concept, notion
第一位	*dìyīwèi*	adj.	first, priority, prime, primary
万变不离其宗	*wànbiàn bùlí qízōng*	idm.	to change millions of times without departing from the original aim（变：变化；宗：宗旨 / 目的）
调整	*tiáozhěng*	v./n.	to adjust; adjustment, modification
推陈出新	*tuīchén chūxīn*	idm.	weed out the old to bring forth the new （陈：旧的）
核心	*héxīn*	n.	core, nucleus

在美国的中国人无论在政治层面上有怎样的分歧，都没有理由不在文化的最高层面上互相沟通。文化是超越政治的有效保证。如果海外的中国人继续加深政治裂痕，而不能在共同的文化意识之下凝成一体，那么我敢断言，中国本土不但绝无统一的希望，中国文化还会有更多的分裂出现。

文化的统一才是自然而不能勉强的，政治统一则必然是强制性的，即所谓“不是东风压倒西风，就是西风压倒东风[9]”。因为政治统一往往是自上而下的整齐划一，而文化统一则只能是由下而上的“和而不同”。远离本土政治的海外中国人最具备实现文化统一的条件。这是他们的神圣使命。

中国人要想在美国建立并维持民族文化认同（ethnic-cultural identity），则必须自觉、严肃、系统地研究中国文化传统，并进而更新这个传统，使它具有丰富的现代内容。这是一项极其艰巨的任务，需要从多方面来进行。高深的研究和普及化的工作缺一不可。在普及化方面，华人社群应该发展各种有组织的文化活动，而华文报刊更应该在这一方面多作一些贡献。今天在美国出版的华文报刊大体上仍在“中国取向”的笼罩之下，各自代表本土的某种政治观点。这种态度本是无可厚非的，但是中国文化要在美国扎根，则共同的文化关怀比政治化的“中国取向”似乎更值得大家重视。

以高深的研究而言，中国人在美国还没有一个专门研究中国文化的中心机构。1979年，我有机

[9] 这句话出自《红楼梦》第八十二回：“但凡家庭之事，不是东风压了西风，就是西风压了东风。”“东风”、“西风”比喻两种势力。作者在本文的意思是：两种政治力量在斗争过程中互有胜负。

分歧	*fēnqí*	v./n.	to diverge; divergence
保证	*bǎozhèng*	n./v.	assurance, pledge; to promise; ～＋ clause
加深	*jiāshēn*	v.	to deepen; ～＋理解／认识／记忆／矛盾／裂痕
裂痕	*lièhén*	n.	crack, rift
凝成一体	*níngchéngyìtǐ*	phr.	to merge into an integral whole（凝：to congeal; coagulate）
断言	*duànyán*	v.	to assert, to say with certainty; sb. ～＋ clause
绝无	*juéwú*	v.	definitely not; ～＋可能／希望（绝无：绝对没有）
勉强	*miǎnqiǎng*	v.	to force/push for when reluctant; ～＋ sb. (＋ V.P.)
强制性	*qiángzhìxìng*	n.	compulsoriness
压倒	*yādǎo*	v.	to prevail over, to overpower;
自上而下	*zìshàng'érxià*	phr.	top-down (management, structure, or approach)
整齐划一	*zhěngqí huàyī*	idm.	neat and uniform
和而不同	*hé'ér bùtóng*	idm.	advocating harmony without uniformity
具备	*jùbèi*	v.	to possess, to have; ～＋能力／资格／条件
神圣	*shénshèng*	adj.	sacred, holy; ～＋使命／职责／事业／领土
使命	*shǐmìng*	n.	mission, calling
维持	*wéichí*	v.	to preserve, to maintain; ～＋和平／生活／现状／秩序
自觉	*zìjué*	adv.	consciously, conscientiously
严肃	*yánsù*	adj.	serious, somber, humorless
进而	*jìn'ér*	conj.	and then, proceed to the next step
更新	*gēngxīn*	v.	to update, to upgrade, to renew; ～＋设备／系统
项	*xiàng*	m.w.	item; 一项＋任务／工作／原则
艰巨	*jiānjù*	adj.	arduous, onerous; ～＋任务／工程
进行	*jìnxíng*	v.	to proceed, to conduct, to carry out; ～调查／改革／试验
普及化	*pǔjíhuà*	n.	universalization, to make sth. common
缺一不可	*quēyī bùkě*	idm.	crucial, (lit.) not a single one can be omitted; not one is dispensable（缺：缺少）
社群	*shèqún*	n.	community, social group
华文	*huáwén*	n.	Chinese language; ～＋报刊／节目
笼罩	*lǒngzhào*	v.	to envelop, to shroud, to cage
无可厚非	*wúkě hòufēi*	idm.	no ground for blame, give no cause for much criticism（厚：过多的；非：指责／批评）
关怀	*guānhuái*	n.	concern, attention; 人文／文化／历史＋～
机构	*jīgòu*	n.	organization, institution

会到俄亥俄州辛辛那提的犹太宗教研究所（Jewish Institute of Religion）去做短期访问和演讲，亲眼所见该研究所规模之大、研究设计之精、藏书之丰富和研究人员水准之高，我才体会到犹太文化为什么能在美国产生如此巨大的影响。近三四十年来，美国汉学界虽然也出版了大量有关中国传统和现代化的论著，但是这些纯学院式的作品未必都适合我们的特殊需要。我们所需要的是有系统兼有切身关怀的研究成果。有了大批的这一类的英文论著，我们才能一方面教育华裔后代，另一方面使一般美国人也能认识中国文化的真面目。中国人在美国的公开形象（如电影和电视上所见的）一向是一个令人感到困扰和愤怒的问题。追根溯源，这和系统的研究工作不足有关。文化普及是无法离开高深研究的，后者是前者的源头活水。

俄亥俄州	*Éhàiézhōu*	p.n.	state of Ohio
辛辛那提	*Xīnxīnnàtí*	p.n.	Cincinnati (a city in southwestern Ohio)
短期	*duǎnqī*	n.	short-term; ～＋计划 / 目标 / 培训 / 访问
访问	*fǎngwèn*	v.	to visit (a country, city, or institute)
演讲	*yǎnjiǎng*	v./n.	to give a lecture, to deliver a speech; lecture, speech
亲眼所见	*qīnyǎnsuǒjiàn*	phr.	to see with one's own eyes
规模	*guīmó*	n.	scope, scale; 经营 / 市场 / 生产＋～
之	*zhī*	aux.	used between the subject and the predicate to turn the original structure into a nominal phrase (e.g. 影响之深远，速度之快 [之：的])
精	*jīng*	adj.	excellent, superb, exquisite
藏书	*cángshū*	n.	collection of books
水准	*shuǐzhǔn*	n.	standard, level; 高 / 专业 / 国际＋～
体会	*tǐhuì*	v./n.	to experience, to realize; understanding; ～到＋ clause; 深刻 / 切身～
巨大	*jùdà*	adj.	huge, enormous; ～＋工程 / 影响 / 胜利
汉学	*hànxué*	n.	Sinology
论著	*lùnzhù*	n.	(academic) work, treatise, thesis, book
纯	*chún*	adv./adj.	purely; pure
学院式	*xuéyuàn shì*	adj.	academic
兼	*jiān*	conj.	and
大批	*dàpī*	adj.	a large batch of, a legion of, many; ～＋农民 / 工人 / 学生
后代	*hòudài*	n.	offspring, descendant
真面目	*zhēn miànmù*	n.	one's true self, true color
公开形象	*gōngkāi xíngxiàng*	n.	public image
愤怒	*fènnù*	adj.	angry, raging, wrathful
追根溯源	*zhuīgēnsùyuán*	idm.	trace to its source (根：根本；源：源头)
不足	*bùzú*	adj.	insufficient, lacking, inadequate
后者	*hòuzhě*	pron.	the latter
前者	*qiánzhě*	pron.	the former
源头活水	*yuántóuhuóshuǐ*	n.	headstream, source

新加坡政府近年来为了提倡儒家的伦理教育，迅速地筹募了一千万美元以上的基金，建立了“东亚哲学研究所”。这是因为他们深刻地认识到系统研究和文化传播之间的辩证关系。在美国的中国人不是没有力量创办这样一个研究中心，不过目前也许还没有这样的认识。中国家长一般总是鼓励子女选择医、理、工、科技等易于谋生的学科，这是今天的常态，无可厚非。但是我也希望华裔后代中能不断地产生一些人文社会科学的人才。他们的人数不必太多，然而从长远的眼光来看，他们对美国华人社会，甚至对中国本土文化的贡献，都是不容低估的。

节选自中信出版社出版的《中国文化的重建》

2011 年

新加坡	*Xīnjiāpō*	p.n.	Singapore
提倡	*tíchàng*	v.	to advocate, to promote
伦理	*lúnlǐ*	n.	ethic, moral
筹募	*chóumù*	v.	to collect, to fundraise; ～＋基金 / 款项
基金	*jījīn*	n.	fund
深刻	*shēnkè*	adj./adv.	profound (lesson, influence, or understanding); deeply; ～＋教训 / 影响 / 理解；～＋反省 / 意识到…
认识	*rènshí*	v./n.	to realize, to know; awareness, knowledge
传播	*chuánbō*	n./v.	dissemination, distribution; to disseminate
辩证关系	*biànzhèngguānxì*	n.	dialectical/analytic/argumentative relationship
创办	*chuàngbàn*	v.	to establish, to found; ～＋组织 / 机构 / 学校
家长	*jiāzhǎng*	n.	parent
易于	*yìyú*	v.	to be easy to; ～＋理解 / 接受
学科	*xuékē*	n.	subject, branch of knowledge/learning
常态	*chángtài*	n.	normal behavior or conditions
人文社会科学	*rénwénshèhuì kēxué*	n.	humanities and social sciences
人才	*réncái*	n.	talented person
眼光	*yǎnguāng*	n.	sight, view, perspective; 长远 / 短浅 / 历史＋～
低估	*dīgū*	v.	to underestimate; ～＋问题 / 困难 / 能力 / 对手 /sb.

重要语言点
Essential Structures and Patterns

1 随着…，…

as …, …

◆ 中国文化能不能随着华人社会在美国的发展而激出新的火花？

◇ 随着中国经济的快速发展，环境污染问题也越来越严重了。

◇ 中国留美学生的数量随着中国人均收入的提高而增加。

2 不但不…，反而…

not only do(es) not …, instead …

◆ 中国本土不但不再是中国文化的根据地，反而成为销毁中国文化的熔炉。

◇ 她对音乐很感兴趣，可是她父母不但不支持她追求自己的梦想，反而强迫她改学医学专业。

◇ 他偷窃的行为被发现了以后，不但不承认自己的错误，反而指责举报他的人多管闲事。

3 不免

unavoidably/inevitably …

◆ 适应能力不免因人而异，有人容易，有人困难。

◇ 没考上心中理想的大学，他不免感到失落。

◇ 他和她已经二十五年没有见面了，这次见面，不免有些陌生。

4 …因…而起

… happen(s) because of …

◆ “同乡会”这一类的组织也是因“文化适应”的需要而起的。

◇ 世间的纷扰与斗争，都因金钱与爱情的矛盾而起。

◇ 这次暴力事件因国内政治情况而起，与国际恐怖主义无关。

5 …（是/由）…所致

…is caused by…

◆ 人的一切精神病态都是受文化过度压抑所致。

◇ 经调查，这起事故由工作人员严重违反操作规定所致。

◇ 物价水平上升主要是能源价格上涨所致。

6 非…莫属

none other than/without exception

◆ 文化对人有“安身立命”的功能，个人想寻求精神的归宿非文化莫属。

◇ 在我眼中，最伟大的美国总统非林肯(Abraham Lincoln)莫属。

◇ 无论软实力还是硬实力，这个世界上最强大的国家非美国莫属。

7 有助于

to contribute to/to be helpful for

◆ 只有那些特别有助于他们在异乡谋生的文化成分才能长期地在海外的华侨社会中流传下去。

◇ 运动有助于减肥。

◇ 大量中国学生留学美国，有助于增进中美人民之间的互相理解。

8 归功于

to give credit to/to attribute to

◆ 犹太人亡国两千年之后而终能复国，不能不归功于他们持续不绝的文化意识。

◇ 中国在经济上所取得的发展成就，应该归功于改革开放政策。

◇ 他的成功归功于他所受到的良好教育。

9 未尝不

might be, perhaps . . . /(lit.) not necessarily not

◆ 美籍华人的人口现在大约是一百万左右，自然不算多，不过如果紧密地团结起来，并与其他亚裔美国人取得合作，也未尝不能产生相当可观的影响力。

◇ 由于高中生处于青春期，有恋爱的想法和行为也未尝不可，关键是不耽误正常的学习。

◇ 输了这场比赛，对他来说未尝不是一件好事，他得学会面对挫折和失败。

10 进而

and then/furthermore

◆ 中国人要想在美国建立并维持民族文化认同，必须自觉、严肃、系统地研究中国文化传统，并进而更新这个传统，使它具有丰富的现代内容。

◇ 不良情绪直接影响人的饮食和睡眠，进而影响身体健康状况。

◇ 先掌握这些字和词的意思，进而讨论文章的内容，是学习语言的好办法。

词汇练习

Vocabulary Exercises

I Provide an appropriate noun to make a meaningful phrase, then make a sentence with each of the expanded phrases:

抱有______	压抑______	检验______	维持______
继承______	触及______	涉及______	筹募______
发扬______	激起______	阐述______	创办______

II Using the underlined expressions in each sentence, make new sentences:

1 中国文化能不能随着华人社会在美国的发展而激出新的火花?

2 1949 年以后，中国社会发生了前所未有的巨变，华侨无可奈何才不得不作久居之计。

3 中国本土不但不再是中国文化的根据地，反而成为销毁中国文化的熔炉。

4 文化的个性又是如此显著，每个人都只有生活在自己从小成长的文化环境中才会觉得自由自在。

5 适应能力不免因人而异，有人容易，有人困难。

6 人的一切精神病态都是受文化过度压抑所致。

7 文化对人有“安身立命”的功能，个人想寻求精神的归宿，非文化莫属。

8 最早期的英国清教徒殖民北美，更是有赖于新教精神的支持。

9 这些特别的文化成分一百多年来，一直未曾离开过唐人街。

10 和三四十年前不同，现在华侨和在美国的中国知识分子之间的严格界线已不复存在。

III Answer the following questions. In your response, incorporate at least three of the expressions provided; feel free to use more if possible.

1 中国政府总是强调以经济建设为中心。你觉得这样做有没有道理?
(缺一不可；首要；无可厚非；归功于；艰巨；有赖于)

2 据你的观察，美国文化对中国的影响大不大?
(低估；以至；无所不在；无孔不入；切身体会)

3 中国当前有不少学者批评简体字，支持繁体字。你对此的看法是什么?
(分歧；紧密；固执己见；追根溯源)

4 老百姓对食品安全的一般看法是什么?
(愤怒；进而；严肃；盼望；无不)

5 据你所知，一个农民工变成北京人容易不容易?
(立足；扎根；涌入；安身立命；勤俭；容纳；流落)

问题讨论
Discussion Topics

1 美国华裔或其他少数族裔在大众媒体上的形象和评价如何？你认为这其中是否存在刻板印象？

2 早期的美国华侨和当时的中国留美学生对移居美国持怎样的态度？为什么？

3 当时美国的研究环境和生活条件远比中国优越，一些华侨却愿意放弃个人的学术成就和生活享受而回国。这是不是一种无私、伟大的做法？你觉得他们这样做值得不值得？

4 1949 年以后，海外华侨的观念发生了什么变化？为什么会发生这样的变化？从"寄居"到"久居"的心理，你觉得是一种进步，还是退步？为什么？这对华侨在美国发扬中国文化有什么影响？

5 说说你对唐人街的印象。你觉得美国华侨都聚居在唐人街，有什么好处和坏处？作者为什么说他们的文化活动都是"中国取向"的？这些活动有什么特点？

6 美国的中文刊物和报纸是怎样的？作者认为，这些报刊是否利于发扬中国文化？为什么？你觉得他们需要做出改变吗？

7 五十年代以后，留居美国的中国人在数量上发生了怎样的变化？造成这种变化的原因是什么？他们跟以前的中国移民有何不同？

8 文化对人而言，有什么影响和意义？为什么作者说，文化事实上是人的"第二层空气"？它跟空气有什么相同点和不同点？

9 什么是"水土不服"问题？你遇到过这样的问题吗？你觉得怎样才可以尽快适应一个新环境？

10 文化对人造成的影响有哪些？为什么有些思想家会把文化看成负面的东西？作者同意他们的看法吗？你同意吗？为什么？你觉得文化对人的影响是利大于弊、还是弊大于利？

11 文化对流落世界各地的犹太人、早期的英国清教徒殖民者、以及移民东南亚或美洲的华侨有什么影响？这些影响都是正面的吗？

12 现在的“美籍华人”所从事的职业与五十年代有什么不同？他们对“文化认同”的需求一样吗？为什么会存在这些差异？“文化代沟”指的是什么？“超越中国取向的新阶段”指的又是什么？

13 美国社会是一个“大熔炉”吗？它是否可以完全熔掉其他文化？少数族裔怎样才可以在融入美国主流文化的同时，保留自己的文化特色？

14 美籍华人的政治兴趣有什么特点？这对他们的文化统一以及文化认同有怎样的影响？

15 根据你的了解，说说目前美国华人的生活、教育、工作等情况，他们有没有文化认同的问题，他们又是如何克服困难的。

研究与报告
Research and Reports

通过网络或其他资料，选择一个题目进行研究，总结和引用现有的看法和研究成果，并提出自己的见解，为大家做一个5分钟左右的报告。

Use the Internet or other resources to research one of the following topics. Summarize and reference current arguments and research findings, offer your own opinion and interpretation, and compile your findings into a five-minute presentation.

1 选择美国历史上的一位著名华人，比如容闳（Yung Wing）、李小龙（Bruce Lee）、崔琦（Daniel Tsui）、赵小兰（Elaine Chao）、邓文迪（Wendi Deng）、林书豪（Jeremy Lin）等，研究他/她的人生经历、成功经验、文化认同观念等。

2 选择一个民族，比如爱尔兰人、犹太人、日本人、韩国人等，研究其在美国的发展历史与现状。

作文
Composition

1 你觉得华裔应该保留自己的文化特性，加强华人的身份认同，还是应该更加积极、主动地融入美国主流社会，淡化华人的文化背景？为什么？

2 美国移民对美国发展做出了怎样的贡献？新移民面临什么样的问题？

Read the passage, then complete the tasks that follow.

普通话、简体字与香港人

张永涛

曾作为英国殖民地的香港，在1997年回归中国。1997年以来，中国虽然恢复了在香港的主权，但却没有使香港人建立起对中国的认同感。

香港研究机构每年都会进行香港人身份认同调查，2012年以来，对"香港人"的认同日益高于对"中国人"的认同。然而，香港中文大学2016年4月的一次电话调查却引起了新的思考。在接受调查的700多人当中，85%的受访者赞成在中小学课堂上教普通话，表示反对的只有10.4%。然而，50.8%的受访者不赞成在中小学课堂上学习简体字，赞成者只有40.1%。许多人觉得这一调查结果令人疑惑不解：日益排斥"中国人"身份认同的香港人，为何绝大多数人赞成教孩子普通话呢?既然接受普通话，又为何比较排斥简体字呢?

要回答这两个问题，我们不得不回顾普通话与简体字的历史，再观察当前香港社会的现实情况。以北京话为基础的普通话，在中国作为官方通用语言已经有相当长的历史。清朝中期以后，北京话逐渐成为通行的官话，在民国时期更是取得了"国语"地位。新中国成立后，政府继续不遗余力地全面推行普通话。时至今日，普通话或者国语不仅有着合法的"官方身份"，而且借着广播电视等媒体的力量，在中国大陆、台湾以及海外华人世界取得了主导地位。改革开放以后，香港与内地的经济联系也越来越紧密。因此，香港人接受普通话，与其说是认同中国文化，不如说是一种"向多数人靠齐"的实用主义的选择。

至于现行通用的简体字是20世纪50年代才开始推广的。简体字虽然在中国大陆通行，却在一定程度上遭到澳门、台湾和部分海外华人地区的排斥。在一些人看来，使用简体字就是破坏传统文化，而说普通话或国语绝不会担上破坏传统文化和支持中国共产党的罪名。此外，简体字在某种程度上还被贴上了意识形态标签，被认为是共产主义“创造”出来的产物，因此，支持简体字就多少有点儿支持共产党的意味。

在网络时代，电脑打字日益取代执笔书写，打繁体字和简体字的时间成本相差无几，因此书写的重要性在下降，而认读的重要性在上升。不少学者认为，无论是书写还是认读，“从繁到简”比“由简到繁”要容易得多。香港人大概并不担心学会了繁体字的孩子，在识别简体字上会有太大的困难。因此香港人选择繁体字，除了习惯使然之外，也有相当的合理性。

香港人对中国的认同感日益减弱，原因是多方面的：既有大陆游客大量涌入，造成社会资源紧张的原因；也有对“一国两制，港人治港”产生怀疑的原因。我们不能简单地认为，香港人愿意学习普通话说明了他们对中国的认同，因为随着中国经济实力和国际地位的增强，学习普通话也越来越成为外国学生的优先选择。

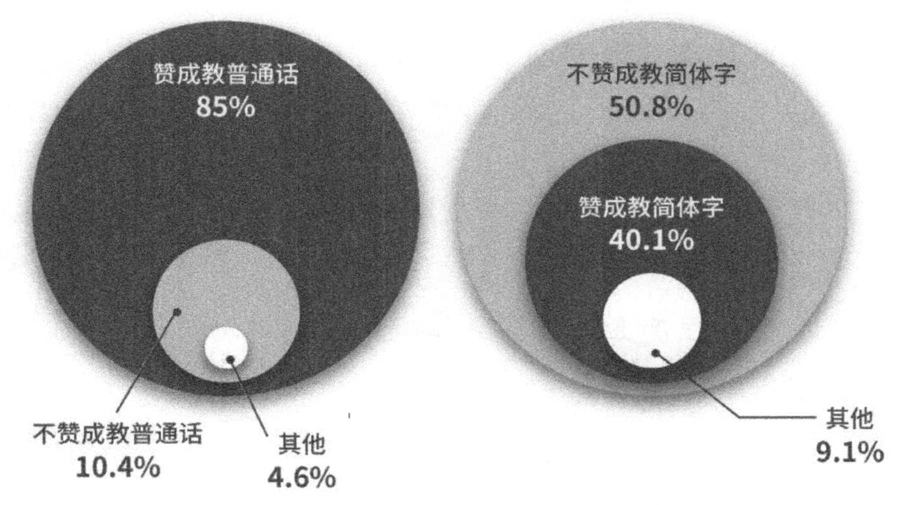

POST-READING ACTIVITIES

I Based on the passage, answer the following multiple-choice questions:

1 根据文章内容，以下哪一个说法是正确的？

a 香港曾经是英国的殖民地，因此对中国没有认同感

b 香港在1997年回归中国，香港人从此改学普通话

c 1997年以来，中国恢复在香港行使主权

d 香港回归以后，香港人对中国的认同感日益增加

2 香港中文大学 2016 年的调查发现，香港人对普通话和简体字的态度是：

a 虽然赞成学习普通话，但反对学习简体字
b 反对学习普通话，但赞成学习简体字
c 不但赞成学习普通话，而且赞成学习简体字
d 既反对学习普通话，又反对学习简体字

3 文章第二段，"疑惑不解"的意思是：

a 突然明白了以前一直没想通的问题
b 觉得奇怪，很难理解为什么会这样
c 认为不足为奇，没什么大不了的
d 觉得很惊讶，之前完全没想到

4 关于普通话的历史和现状，以下描述正确的是：

a 普通话是以南方的民间方言为基础的
b 新中国成立以后，普通话才成为中国官方的通用语言
c 民国时期，普通话曾一度失去合法"官方身份"
d 如今普通话在中国大陆、台湾、以及海外华人世界占据重要地位

5 根据这篇文章，香港、澳门、台湾，以及部分海外华人地区排斥简体字，是因为他们认为：(Select all that apply)

a 在某种程度上，支持简体字等于支持共产党
b 越简单的东西越不漂亮，而繁体字更美观
c 使用简体字是对传统文化的破坏
d 学习简体字会对识别、认读、书写繁体字造成障碍

6 文章第五段，"相差无几"的意思是：

a 很不一样
b 基本上没有差别
c 有很大关系
d 完全没有关系

7 对文章最后一段内容理解<u>正确</u>的是：

a 外国学生学习普通话，主要是因为他们热爱中国文化

b 大量大陆游客赴港旅游，给香港社会造成压力

c 香港人对“一国两制”的政策表示肯定，对未来充满信心

d 香港人愿意学习普通话，说明他们对中国产生了认同感

II Reread the passage. Circle useful words in the text, then write down their definitions (in Chinese or English), drawing on either the context or a dictionary.

Vocabulary	Meaning

III Underline challenging sentences in the text. Then discuss their meaning and function with your classmates or teacher.

IV Summarize the main idea of each paragraph in one sentence:

1 ______________________________

2 ______________________________

3 ______________________________

4 ______________________________

5 ______________________________

6 ______________________________

V With a partner or in a small group, hold a conversation based on the following prompts:

1 说说为什么香港人对中国的认同感降低了。

2 结合所学课文，谈一谈要想增强全世界华人对中国的认同感，中国政府应该做什么，普通中国人的责任是什么，以及海外的华侨可以为此做出哪些贡献。

第十一课
Lesson 11

台湾的认同与定位
余英时

SELECTED BY CHIH-P'ING CHOU
PREPARED BY YONGTAO ZHANG AND YUNJUN ZHOU

背景简介
Background Information

一谈到台湾问题，我们想到的无非是"独立与统一"、"中美关系"等问题。然而作者把台湾问题放在"几千年的中国史"当中，用历史的眼光来看待今天的台湾所处的特殊境况。

作者指出，历史上的中国通常是政治中心在北，经济中心在南，这可以看作是农业取向的"内陆中国"和商业取向的"海洋中国"之间的背离。在作者看来，商业经济体系是现代化的重要标志，在内陆农业基础上发展出来的政治体制阻碍了"海洋中国"的发展，而台湾则是"海洋中国"的代表，台湾的定位应该是"海洋世界"的一部分。因此，台湾应该毫不犹豫地走民主政治的道路。

有人认为民主化就是台湾的本土化。针对这一观点作者指出，台湾的成功是新旧移民共同创造出来的，地方意识与民主的原则不能长期共存。他希望台湾不应该过分强调所谓的"本土化"，甚至用"本土化"代替民主。如果台湾的"民主化"只是"本土化"的同义语，那么，台湾民主的前途则将是相当暗淡的。

台湾的认同与定位

余英时

预习提示
Preview Questions

- 在作者看来，台湾在经济和民主建设上发展较快的原因是什么？
- 作者对台湾的“本土化”持什么样的态度？

今天对台湾的中国人造成最大**困扰**的大概**莫过**于怎样**建立**自我认同，怎样**确定**在世界上的地位的问题了。认同与定位是一个问题的两面，在实际上不可分，但在**概念**上则是有**区别**的。**大体上说**，认同是**属于**过去**取向**（past-oriented）的问题，定位则是属于未来取向（future-oriented）的问题。只有**认清**今天的“我”**从何而来**、又是如何形成的，真正的认同才能建立起来。只有确定了自己的**时空**位置，我们才能判断究竟应该**向何处去**，以及是否可能**到达**我们的**目的地**。

毫无疑问，认同和定位都是**极具争议性**的问题，每个人都可以**根据**自己对于**现实**的不同认识和判断而得出不同的**结论**。我在这篇短论中所能提出的当然也只是我自己的看法。我没有理由，也没有**意图**，**勉强**别人接受我的看法。如果说本文有什么特别值得注意的**立场**，那便是它所采取的历史的观点。我不想过分**贴近眼前**的现实，因为历史的观点比较能使我们**超越**个人和**团体**的现实**利害**，**不至于纠缠一时**的

认同	*rèntóng*	n./v.	self-identity; to identify, to agree with; 文化／身份＋～
定位	*dìngwèi*	n./v.	positioning; to orient; ～＋于／在···
困扰	*kùnrǎo*	n./v.	perplexity; to disconcert, to bewilder; 感到／造成～
莫过于	*mòguòyú*	phr.	nothing is more . . . than; 最···莫过于···
建立	*jiànlì*	v.	to establish, to build, to form; ～＋机构／联系／家庭
确定	*quèdìng*	v./adj.	to determine, to decide; certain
概念	*gàiniàn*	n.	concept, notion
区别	*qūbié*	n./v.	difference, discrepancy; to differentiate; ～ X 跟 Y
大体上说	*dàtǐshàngshuō*	phr.	generally speaking
属于	*shǔyú*	v.	to belong to, to be part of; X 属于 Y
取向	*qǔxiàng*	n.	orientation, tendency, trend; 价值／审美／性＋～
认清	*rènqīng*	v.-c.	to clearly recognize/identify/acknowledge
从何而来	*cónghé érlái*	phr.	where it originated from
时空	*shíkōng*	n.	space and time（时空：时间和空间）
向何处去	*xiànghéchùqù*	phr.	where to go （向：toward；何：which/what；处：place；去：to go）
到达	*dàodá*	v.	to arrive (at a place)
目的地	*mùdìdì*	n.	destination
毫无疑问	*háowúyíwèn*	idm.	without doubt（毫无：without the slightest, without any at all, 毫无＋办法／道理／根据／疑问）
极具	*jíjù*	v.	very; ～＋影响力／挑战性／艺术性／震撼力
争议	*zhēngyì*	n.	controversy; 引起＋～；有～的人物／话题
-性	*xìng*	suffix	-ity, -ness, in nature（e.g. 争议～／可行～／可能～）
根据	*gēnjù*	adv./n.	on the basis of, according to; foundation, grounds
现实	*xiànshí*	n.	reality
结论	*jiélùn*	n.	conclusion; 下／得出＋～
意图	*yìtú*	n.	intention; 作者／领导／sb. 的＋～
勉强	*miǎnqiǎng*	v.	to force, to push (in the face of reluctance)
立场	*lìchǎng*	n.	standpoint, perspective; 站在···的～上＋ V.P.
贴近	*tiējìn*	v.-c.	press close to; ～＋现实／生活／群众
眼前	*yǎnqián*	adj.	immediate, (lit.) before one's eyes
超越	*chāoyuè*	v.	to transcend, to surpass
团体	*tuántǐ*	n.	group, association; 民间／学术／宗教＋～
利害	*lìhài*	n.	advantages and disadvantages; ～＋关系／冲突
不至于	*búzhìyú*	phr.	not to the extent of; ～＋ V.P.
纠缠	*jiūchán*	v.	to get in a tangle; X 跟 Y ＋～不清／在一起
一时	*yìshí*	adj.	temporary, a short period of time, a short while

得失。研究台湾问题，虽然不必涉及几千年的中国史，但是几百年的眼光还是不可少的，否则我们将无法了解今天的台湾为什么会处在这样一个难以确定的特殊境况。

从经济和文化的角度看，中国的重心在地理上一直有从西北向东南移动的趋势。中国自古是一个农业社会，历代王朝大致也都采取“重农轻商”的政策，但是农业的发展到明代[1]已达到饱和点，商业的比重在中国经济系统中则越来越高。明代和清代前期官方虽采取闭关自守的政策，而民间的海上贸易则仍在私下进行，十五、十六世纪更有了海外移民运动的兴起。据明代记载，福建沿海的老百姓有的已是“半年生计在田，半年生计在海”。中国人最初移民台湾便是在这一大趋势下发生的。

鸦片战争之后，中国东南沿海的对外贸易获得空前发展，台湾在国际经济贸易上的地位也随之迅

[1] 明代（1368–1644）是中国历史上最后一个由汉人所建立的王朝。它结束了元朝 Yuan (1271–1368) 蒙古人的统治，后又为清朝 (1644–1912) 所取代。

得失	*déshī*	n.	gains and losses; 利弊／成败／个人+～
涉及	*shèjí*	v.	to involve; ～+方面／内容／范围／问题
眼光	*yǎnguāng*	n.	insight, vision, perspective; 长远／短浅／历史+～
境况	*jìngkuàng*	n.	circumstance, situation (境况：处境和状况)
重心	*zhòngxīn*	n.	focus, emphasis, core; 工作／生活／经济+～
地理	*dìlǐ*	n.	geography
移动	*yídòng*	v.	to move
趋势	*qūshì*	n.	trend, tendency
历代	*lìdài*	n.	past dynasties; ～+王朝／皇帝
王朝	*wángcháo*	n.	dynasty, imperial court
大致	*dàzhì*	adv.	on the whole, in general; ～+记得／明白／同意
重农轻商	*zhòngnóng qīngshāng*	phr.	to emphasize agriculture and belittle commerce, to encourage agriculture rather than trade
明代	*Míngdài*	p.n.	Ming dynasty (1368–1644)
饱和点	*bǎohédiǎn*	n.	saturation point; 达到～
比重	*bǐzhòng*	n.	proportion, ratio; ～+大／小／高／低
清代	*Qīngdài*	p.n.	Qing dynasty (1644–1912)
官方	*guānfāng*	n.	authority, official; ～+消息／数据／代表
闭关自守	*bìguān zìshǒu*	idm.	to close the country to the rest of the world
民间	*mínjiān*	n.	among the people, civilian; ～+组织／社团／艺术
贸易	*màoyì*	n.	trade, business, commerce
私下	*sīxià*	adv.	privately; ～+议论／解决／告诉
兴起	*xīngqǐ*	v.	to rise, to spring up; 运动／思想／潮流+～
记载	*jìzǎi*	v.	to record, to document; 历史／文字／如实+～
福建	*Fújiàn*	p.n.	Fujian Province (in southeastern China)
沿海	*yánhǎi*	adj.	coastal; ～+地区／城市
老百姓	*lǎobǎixìng*	n.	common people, the masses
生计	*shēngjì*	n.	livelihood, means of living; 维持～
田	*tián*	n.	soil, field, farmland
鸦片战争	*Yāpiàn Zhànzhēng*	p.n.	Opium Wars
空前	*kōngqián*	adj./adv.	unprecedented; unprecedentedly; ～+发展／提高／繁荣
随之	*suízhī*	adv.	thereupon, therewith

速上升。据专家统计，在1868年至1894年之间，台湾对外贸易的增长速度，还在中国大陆之上。更值得注意的是，台湾华商在和外商的竞争中往往能占上风，因为他们不但勤俭，并且善于学习外商的经营、组织方式。

上述这一段早期的历史背景是很重要的。我们可以说，至少从十六、十七世纪以来，一个东南沿海的商业中国，或者简称为"海洋中国"在逐渐成长，而台湾越到后来则越成为这一发展的最前哨。

但是中国的政治史则与经济史越来越脱节。自秦汉[2]以来，中国地广人多，经济基础在农业而不在商业。今天大陆的农民还占全国人口的80%左右。如果农村不能安定，政治秩序便随时有陷于混乱以至于崩溃的危险。所以历代王朝都不得不把主要的精力放在怎样稳定农村秩序上。均田、均税是王朝政策的中心所在，因为"不患寡而患不均，不患贫而患不安"是传统政治的指导原则。这一原则在帝国

[2] 秦汉指秦代（221–206 BCE）和汉代（202 BCE–220 CE）。秦始皇统一中国后所建立的一系列典章制度多为稍后的汉代所继承，对后世影响极为深远。

专家	*zhuānjiā*	n.	expert, specialist
统计	*tǒngjì*	v.	to calculate, to count, to do statistics
华商	*huáshāng*	n.	Chinese merchant
外商	*wàishāng*	n.	foreign businessman（外商：外国商人）
占上风	*zhànshàngfēng*	phr.	to have the upper hand, advantaged
勤俭	*qínjiǎn*	adj.	hardworking/industrious and frugal
善于	*shànyú*	v.	to be good at; ～＋学习 / 思考 / 交际 /V.P.
经营	*jīngyíng*	v.	to operate, to manage, to plan and organize; ～公司
上述	*shàngshù*	adj.	aforementioned
简称	*jiǎnchēng*	v./n.	to abbreviate; abbreviation; X 简称 Y
海洋	*hǎiyáng*	n.	ocean
成长	*chéngzhǎng*	v.	to grow up, to mature, to develop
前哨	*qiánshào*	n.	outpost, frontline
脱节	*tuōjié*	v.-o.	to be disjointed, to be dissociated; X 与 Y ～
秦汉	*Qín Hàn*	p.n.	Qin (221–206 BCE) and Han (202 BCE–220 CE) dynasties（秦汉：秦代和汉代）
地广人多	*dìguǎng rénduō*	idm.	vast territory with a large population
基础	*jīchǔ*	n.	foundation, basics
占	*zhàn*	v.	to occupy, to constitute (of a proportion); ～＋多数 / 少数
安定	*āndìng*	adj.	stable, settled; 社会 / 生活＋～
秩序	*zhìxù*	n.	order, sequence; 世界 / 社会 / 公共＋～
陷于	*xiànyú*	v.	to sink into; ～＋混乱 / 困境 / 被动
混乱	*hùnluàn*	n.	chaos, disorder
以至于	*yǐzhìyú*	conj.	to such an extent that, so that; ～＋ V.P.
崩溃	*bēngkuì*	v.	to collapse, to break down, to fall apart; 精神 / 情绪 / 国家 / 经济 / 政权＋～
精力	*jīnglì*	n.	energy, vitality
稳定	*wěndìng*	adj.	stable, steady
均田	*jūntián*	v.-o.	land-equalization policy (均 : to share out equally, to divide equally)
均税	*jūnshuì*	v.-o.	tax-equalization policy
所在	*suǒzài*	n.	place, the essence of sth.; 关键 / 问题 / 原因＋～
不患寡而患不均不患贫而患不安	*búhuàn guǎ érhuàn bùjūn búhuàn pín érhuàn bùān*	prov.	It is inequality, not scarcity, that troubles the government; it is anarchy, not poverty, that haunts the government（患：担心；寡：少；不均：贫富不均 / 分配不均；贫：贫穷；不安：不安定）
指导原则	*zhǐdǎoyuánzé*	n.	guiding principle

时代的前期是无可非议的，但是不利于商业财富的积累则显而易见。还有一个重要的因素影响着中国的政治形态，即中国自秦汉以后的外患都来自北方。匈奴、契丹、蒙古、满洲等外族先后征服了中国的一部或全部。这些外族在文化上都远逊于汉族，而在武力上则远胜于汉族。他们每征服一次，中国的经济、文化中心便南移一次。这在中国史上被称为"南渡"。"南渡"虽然为经济发展提供了新机会，但却扩大了政治和经济之间的距离。总之，以政治传统而言，中国在过去两千年中基本上是内陆农村取向的。所以，历代统一王朝的首都全在西北或北方，只有明初一段短暂时期是例外。政治中心在北，经济文化中心在南，这也可以看做内陆中国和海洋中国之间的紧张的一种象征。

我在这里虽然指出了内陆中国和海洋中国的区别，但是并不蕴含价值判断，中国文化建立在内陆农村的基础上是一个无可争辩的历史事实，我的主

无可非议	*wúkěfēiyì*	idm.	beyond reproach/blame
财富	*cáifù*	n.	wealth
积累	*jīlěi*	v.	to accumulate; accumulation; ～＋知识／经验／财富
显而易见	*xiǎn'ér yìjiàn*	idm.	obvious, apparent
因素	*yīnsù*	n.	factor, element
形态	*xíngtài*	n.	form, shape, morphology
外患	*wàihuàn*	n.	foreign aggression
匈奴	*Xiōngnú*	p.n.	Xiongnu (ancient nomads of Central Asia)
契丹	*Qìdān*	p.n.	Khitan*
蒙古	*Měnggǔ*	p.n.	Mongolia
满洲	*Mǎnzhōu*	p.n.	Manchuria
外族	*wàizú*	n.	people of a different clan, other nationalities/ethnicities
征服	*zhēngfú*	v.	to conquer, to win over; ～＋民族／世界／观众 /sb.
一部	*yíbù*	n.	part (of a whole) (一部：一部分)
远逊于	*yuǎnxùnyú*	v.	to be far inferior to （逊：inferior; ）; X 远逊于 Y
汉族	*Hànzú*	p.n.	Han (the predominant ethnic group in China)
武力	*wǔlì*	n.	force
远胜于	*yuǎnshèngyú*	v.	to be far superior/better than; （胜：to surpass; to be superior to ）X 远胜于 Y
移	*yí*	v.	to move (e.g. 南移：向南移动)
南渡	*Nándù*	p.n.	Southward Movement
提供	*tígōng*	v.	to provide, to offer, ～＋帮助／便利／服务／信息
扩大	*kuòdà*	v.	to expand, to broaden; ～＋规模／生产／影响力
内陆	*nèilù*	n.	inland, interior; ～＋地区／城市／国家
首都	*shǒudū*	n.	capital
明初	*Míngchū*	n.	early Ming dynasty
短暂	*duǎnzàn*	adj.	brief, short (period of time); ～＋停留／访问／时间
例外	*lìwài*	n.	exception
紧张	*jǐnzhāng*	adj.	tense; 关系／局势／气氛＋～
象征	*xiàngzhēng*	n./v.	symbol; to symbolize; X 象征着 Y
指出	*zhǐchū*	v.	to point out; ～＋问题／错误 /clause
蕴含	*yùnhán*	v.	to contain, to imply; ～＋智慧／哲理／价值判断
价值判断	*jiàzhí pànduàn*	phr.	value judgment, valuation
无可争辩	*wúkě zhēngbiàn*	idm.	inarguable, (lit.) there is nothing to argue about; ～的事实

* The Khitan were Mongols who ruled Manchuria and part of northern China from the tenth to the early twelfth centuries under the Liao dynasty.

要意思是要说明中国文化本身早已透露出海洋中国和商业发展的趋势，海洋中国并不是近代和西方接触以后才开始的。海洋中国是内陆中国扩张至极点以后的自然发展，前面引用“半年生计在田，半年生计在海”的话可作为证明，而且中国的内陆文化所提炼出来的一些精神成分，如勤俭、家族的合力、乡党亲戚的互助等，都曾在中国人海外殖民的历程中发生过积极的作用，研究台湾移民史的学者当然更容易证实这一点。

按照亚当·斯密[3]的说法，商业经济的体系是比较现代化的。中国经济的现代化也同样离不开怎样把不断增加的农村人口转移到工商业，台湾的经济奇迹在一定程度上归功于这一转移的成功。对在内陆农业基础上所发展出来的中国文化，我并不想完全否定。但是，阻碍海洋中国发展的主要是内陆中国僵化的政治体制。

现在我们要进一步谈到最近四十年来的台湾的发展。1949 年前后，国民政府迁至台湾，随之而来的大陆人民大约在一两百万之间。这是中国现代史上的一次“南渡”。从政治上说，这是国民党[4]政府在大陆彻底失败的结果，但是也像历史上历次“南渡”

[3] 亚当·斯密 Adam Smith (1723–1790)，英国著名哲学家和经济学家，他的《国富论》(The Wealth of Nations) 为现代经济学奠基之作。他提倡被“看不见的手”所指引的自由市场，他也是自由贸易的倡导者。

[4] 国民党 (Kuomintang)，其前身“兴中会”成立于 1894 年，1919 年经孙中山 (Sun Yat-sen, 1866–1925) 改组后更名为“中国国民党”。国民党是中华民国的建立者，也是抗日战争的领导者。1949 年国共内战失败，国民政府南渡台湾。国民党和民进党 (Democratic Progressive Party) 是当今台湾的两大主要政党。

透露	*tòulù*	v.	to disclose, to reveal; ～＋信息 / 消息
接触	*jiēchù*	v.	to contact, to interact; ～ sth.; X 跟 Y ～
扩张	*kuòzhāng*	v.	to expand; ～＋领土 / 势力范围
至	*zhì*	v.	to reach (a place or time) (至：到)
极点	*jídiǎn*	n.	the limit of, the extreme; 兴奋 / 忍耐 / 坏＋到～
引用	*yǐnyòng*	v.	to quote; ～＋文献 / 资料 / 说法 /sb. 的话
证明	*zhèngmíng*	n./v.	certification; to prove, to testify
提炼	*tíliàn*	v.	to extract, to refine; ～＋物质 / 成分 / 精华
成分	*chéngfèn*	n.	component, composition, ingredient; 营养 / 化学＋～
家族	*jiāzú*	n.	family, clan; ～＋企业 / 势力
合力	*hélì*	adv.	collaboratively, jointly (of work); ～＋ V.P.
乡党	*xiāngdǎng*	n.	person from one's town or village (乡党：老乡)
亲戚	*qīnqi*	n.	relative
互助	*hùzhù*	v.	to help each other, to provide mutual assistance; X 跟 Y ＋～
殖民	*zhímín*	v.	to colonize
历程	*lìchéng*	n.	course, process
积极	*jījí*	adj.	positive, active, constructive; ～＋作用 / 影响
学者	*xuézhě*	n.	scholar
证实	*zhèngshí*	v.	to authenticate, to corroborate; 得到 / 被＋～
亚当·斯密	*Yàdāng Sīmì*	p.n.	Adam Smith (a Scottish moral philosopher and pioneer in the study of political economy, 1723–1790)
体系	*tǐxì*	n.	system; 工作 / 理论 / 哲学＋～
转移	*zhuǎnyí*	v.	to transfer, to shift, to divert; ～＋视线 / 目标 / 注意力
奇迹	*qíjì*	n.	miracle
归功于	*guīgōngyú*	v.	to attribute to, to give credit to, to thank, to owe to
否定	*fǒudìng*	v.	to negate, to deny, to refute
阻碍	*zǔài*	v.	to hinder; ～＋发展 / 交通 / 进步
僵化	*jiānghuà*	adj.	rigid, ossified; ～＋思想 / 体制 / 制度
体制	*tǐzhì*	n.	structure, system; 管理 / 经济 / 政治＋～
迁	*qiān*	v.	to move, to relocate (迁：迁移)
国民党	*Guómíndǎng*	p.n.	Kuomintang*
彻底	*chèdǐ*	adv.	thoroughly, completely; ～＋解决 / 失败 / 消灭 / 摧毁
失败	*shībài*	v./n.	to fail; failure

* The Kuomintang was a nationalist party founded in China under Sun Yat-sen that held power from 1928 until the Communist Party took power in 1949, and subsequently formed the central administration of Taiwan.

一样，它再度为中国的经济发展提供了机会。这一发展的背后存在着许多复杂的历史因素，这里只能举其较重要者略作说明。

第一、前面已指出，台湾在近代已越来越成为海洋中国的前哨。1949 年的大规模的移民把中国东南沿海的无数经济、文化人才都集中到台湾一地。新移民和旧移民的汇合使海洋中国得到了充分发展的机会。（香港的经济奇迹在很大程度上也是由于这一因素造成的。）

第二、国民政府迁都台湾是国民党在政治上的大失败，然而却成为台湾在经济上的意外收获。1949 年以前，台湾不过是中华民国东南沿海的一个省。海洋中国则包括江苏、浙江、福建、广东等许多地区。在广大的内陆中国统治之下，整个东南沿海以及临近省份的经济发展势必是缓慢的。台湾虽处于前哨，也不可能单独突飞猛进。1949 年以后中华民国和台湾事实上已经等同起来了。中华民国使台湾一岛获得了国际承认的主权国家的地位。这一合法的国家身份无疑为台湾在国际上的发展提供了无数便利。70 年代以后，中华民

再度	*zàidù*	adv.	once again/more; ～＋ V.P. (再度：再一次)
存在	*cúnzài*	v./n.	to exist; existence; ～＋问题／困难／现象／因素
复杂	*fùzá*	adj.	complex, complicated; ～＋因素／结构／原因／感情
举	*jǔ*	v.	to enumerate, to raise (举：举例)
较	*jiào*	adv.	quite, relatively (较：比较)
略	*lüè*	adv.	briefly, slightly (略：简略)
大规模	*dàguīmó*	adj./adv.	large-scale; on a large scale, massively
无数	*wúshù*	adj.	innumerable, countless
集中	*jízhōng*	v.	to concentrate, to focus; ～＋精力／力量／资源
汇合	*huìhé*	n./v.	confluence; to converge, to assemble
充分	*chōngfèn*	adv./adj.	to the fullest; ample, abundant; ～＋利用／准备／理由
迁都	*qiāndū*	v.-o.	to move the capital; ～＋ place
意外	*yìwài*	adj./n.	unexpected; accident; ～＋收获／情况／事故
收获	*shōuhuò*	n./v.	harvest, result, gain, reward; to harvest
中华民国	*Zhōnghuá Mínguó*	p.n.	Republic of China
江苏	*Jiāngsū*	p.n.	Jiangsu Province (in eastern China)
浙江	*Zhèjiāng*	p.n.	Zhejiang Province (in eastern China)
广东	*Guǎngdōng*	p.n.	Guangdong Province (in southern China)
统治	*tǒngzhì*	v.	to rule, to reign, to govern
临近	*línjìn*	adj.	be near, close to, approaching; ～＋ time/place
省份	*shěngfèn*	n.	province
势必	*shìbì*	adv.	inevitably, certainly, be bound to; ～＋会／要＋ V.P.
缓慢	*huǎnmàn*	adj./adv.	slow; slowly; ～＋过程／节奏; ～＋发展／增长
单独	*dāndú*	adv.	alone, by oneself; ～＋ V.P.
突飞猛进	*tūfēi měngjìn*	idm.	to advance by leaps and bounds, to improve enormously; 发展／进步／水平＋～
等同	*děngtóng*	v.	to equate
岛	*dǎo*	n.	island
承认	*chéngrèn*	v.	to admit, to acknowledge; ～＋ clause
主权	*zhǔquán*	n.	sovereignty
合法	*héfǎ*	adj.	legal, lawful, legitimate
无疑	*wúyí*	adv.	undoubtedly; ～＋会／是…
便利	*biànlì*	n./adj.	convenience; convenient

国的国际地位和外交虽遭受重大挫折[5]，但主要是名义上的。由于台湾已具有强大的经济实力，它的国际存在和实质上的独立并未受到严重的影响。

第三、中华民国和台湾的互相依存保证了海洋中国的成长和扩张。台湾是中国的一部分是波茨坦公告和开罗会议所公开承认的，到今天为止还是国际上共同接受的原则。前面说过，海洋中国是从中国文化内部逐步发展出来的，因此它有一个自然演变的过程。而且，如历史所昭示，这一发展在开始时必须凭借原有的文化资源。过去 40 年中，台湾是中国文化保存得最为完整的地区；台湾之所以能够基本上完成从内陆中国向海洋中国的转化，不能不归功于这一文化基础。尽管台湾的中国文化也随着海洋中国的发展而发生了重大的改变，但是这种改变的过程是自然的，不是人为摧残的结果。不可否认的是，中华民国的继续存在保全了台湾的中华文化，使它免于中共暴力的毁灭。海洋中国因此才获得了成长的生机。这一点则和国共两党的本质不同有关。共产党在形式上虽由苏联移植而来，但本质上是中国的内陆政治传统的现代化身。中共发迹于西北农村，夺得政权后则完全采取闭关政策，这都

[5] 70 年代，中美、中日之间建立外交关系。与此同时，日、美等国与台湾断交。1971 年，台湾在联合国的席位被中国取代，中华人民共和国成为国际上中国的唯一合法代表。

外交	*wàijiāo*	n.	diplomacy, foreign affairs
遭受	*zāoshòu*	v.	to suffer; ～＋挫折 / 打击 / 损失 / 折磨
挫折	*cuòzhé*	n.	setback, disappointment, hindrance
名义	*míngyì*	n.	in name, nominal; reputation; ～上；以··的～
实质上	*shízhìshàng*	adv.	essentially, in reality
独立	*dúlì*	adj.	independent
互相依存	*hùxiāng yīcún*	idm.	to depend on each other to exist, interdependent
保证	*bǎozhèng*	v./n.	to ensure, to guarantee; assurance, pledge
波茨坦公告	*Bōcítǎn Gōnggào*	p.n.	Potsdam Declaration*
开罗会议	*Kāiluó Huìyì*	p.n.	Cairo Conference**
逐步	*zhúbù*	adv.	gradually, step by step; ～＋ V.P.
演变	*yǎnbiàn*	v.	to evolve; 社会 / 历史 / 自然＋～；(由··) ～＋为 / 成··
昭示	*zhāoshì*	v.	to show, to declare (formal)
凭借	*píngjiè*	v.	to rely on, by means of; ～＋ N.P. ＋（来）V.P.
资源	*zīyuán*	n.	resource; 自然 / 矿产 / 人力＋～
保存	*bǎocún*	v.	to preserve; ～＋ sth.
完整	*wánzhěng*	adj.	intact, complete
转化	*zhuǎnhuà*	v.	to change, to turn X into Y; 把 / 将 X 转化为 Y
人为	*rénwéi*	adv.	artificially; ～＋摧残 / 破坏 / 造成 / 因素
摧残	*cuīcán*	v.	to destroy, to devastate; ～＋文化 / 身心
保全	*bǎoquán*	v.	to preserve to keep in good/intact condition
免于	*miǎnyú*	v.	to be exempt from, to be immune from; ～＋ N.P.
中共	*Zhōnggòng*	p.n.	Communist Party of China （中共：中国共产党）
毁灭	*huǐmiè*	v.	to exterminate, to destroy
生机	*shēngjī*	n.	vitality, livelihood; ～勃勃；充满～
国共两党	*Guógòng Liǎngdǎng*	p.n.	the Kuomintang and the Chinese Communist Party （国共两党：国民党和共产党）
本质	*běnzhì*	n.	essence, intrinsic/fundamental characteristic
苏联	*Sūlián*	p.n.	Soviet Union (1922–1991)
移植	*yízhí*	v.	to transplant; 心脏 / 器官＋～；从 X 移植到 Y
化身	*huàshēn*	n.	embodiment, incarnation; X 是 Y 的～
发迹	*fājì*	v.	to rise to power, to gain fame and fortune
夺得	*duódé*	v.	to seize, to take by force; ～＋政权 / 胜利

* The Potsdam Declaration was a statement that set forth the terms of surrender for the Japanese armed forces during World War II.

** The Cairo Conference was a conference in 1943 that outlined the Allied position against Japan during World War II and at which decisions about postwar Asia were set forth

是内陆取向的明证。相反，国民党则发展于海外、立足于东南沿海城市，其海洋取向，极为明显。国民党在大陆的失败，主要原因之一便是它无能力解决中国内陆的农村问题。但是国民党到台湾以后，其海洋取向恰好与海洋中国的前哨相呼应，反而能弃其所短，用其所长，所以它的措施也以财政、经济方面表现得最为出色。

以上三点在我看来是比较重要的，可以说明台湾怎样在最近四十年中，走完了三四百年前已经开始的海洋中国的发展历程。

如果我的历史观察不是完全没有根据的，我们大致已找到关于台湾认同和定位问题的初步答案。台湾绝不能仅仅被理解为中国东海上的一个孤岛，它代表着海洋中国的最尖端。由于特殊的历史原因，虽然它暂时和内陆中国分开了，但是台湾的文化根源仍在中国。在整个内陆中国没有基本上转化为海洋中国以前，台湾的现代化便不可能真正完成。因为现在的中国大陆政权仍控制在内陆取向的集团手中，台湾的现代化建设随时都有被摧毁的危险。

代表海洋中国的台湾今天已成为海洋世界的一部分。海洋世界的政治传统是建立在自由与开放的基础之上的，如亚当·斯密所说的，这正是商业经济体系所需要的。由于其他种种历史因素，自由与开放的政治最后发展为现代西方的民主。西方民主在起源时确与资产阶级的兴起有关，但是民主本身后来又提升为一种文化或生活方式，而文化则是有超越性的，不再为某一阶级所独有。民主也许不是最理想的政治制度，然而迄今为止，我们还未能设计出一套比民主更完善、更合理的政治原则。台湾作

明证	*míngzhèng*	n.	clear evidence (明证：明显的证据 / 证明)
立足	*lìzú*	v.-o.	to gain a foothold; ～于＋ place; 在＋ place ＋～
极为	*jíwéi*	adv.	extremely, tremendously, immensely; ～＋明显 / 落后 / 高兴 /disyllabic adj./emotional v.
恰好	*qiàhǎo*	adv.	exactly, precisely, just right
呼应	*hūyìng*	v.	to echo; X 跟 Y ～
弃其所短用其所长	*qìqísuǒduǎn yòngqísuǒcháng*	prov.	to foster strengths and forego weaknesses (弃：抛弃；其：它的；短：短处 / 缺点；长：长处)
措施	*cuòshī*	n.	measure, action; 采取＋～；行政 / 管理 / 安全＋～
财政	*cáizhèng*	n.	finance; ～＋管理 / 问题 / 政策
出色	*chūsè*	adj.	remarkable, outstanding; 表现 / 发挥＋～
观察	*guānchá*	v.	to observe; ～＋ sb./sth.
初步	*chūbù*	adj.	preliminary, tentative; ～＋估计 / 方案 / 设想
东海	*Dōng Hǎi*	p.n.	East China Sea
孤岛	*gūdǎo*	n.	isolated island
尖端	*jiānduān*	n.	cutting-edge, frontier; ～＋科技 / 技术 / 产品
暂时	*zànshí*	adv.	temporarily, momentarily
根源	*gēnyuán*	n.	root, origin; 文化 / 问题＋～
整个	*zhěnggè*	adj.	whole, entire; ～＋国家 / 世界 / 上午 / 晚上
集团	*jítuán*	n.	group, clique; 军事 / 统治 / 报业＋～
摧毁	*cuīhuǐ*	v.	to destroy, to demolish, to devastate; ～＋城市 / 文化
起源	*qǐyuán*	v.	to originate; …～于 place
确	*què*	adv.	indeed (确：的确 / 确实)
提升	*tíshēng*	v.	to advance, to elevate, to bolster; ～＋层次 / 地位
超越性	*chāoyuèxìng*	n.	transcendence
某一	*mǒuyī*	prop.	one of the . . . ; ～＋方面 / 时期 / 群体
阶级	*jiējí*	n.	(social) class; 中产 / 工人 / 统治＋～
独有	*dúyǒu*	adj.	sole, exclusive; ～＋风格 / 特色
迄今为止	*qìjīn wéizhǐ*	idm.	thus far, to this day
设计	*shèjì*	v./n.	to design; design
完善	*wánshàn*	adj.	perfect; ～＋制度 / 法律 / 法规

为海洋世界的一环，必须一心一意追求民主政治的实现，这是不用多说的。如果我们认识到民主是一种文化，那么仅仅具备多党制和选举的形式仍然未必符合民主的基本要求，民主还需要一种文化精神，如容忍异己、尊重政敌人格、接受失败的雅量，而这些都需要长期的培养和实践。

台湾的定位既然是海洋世界的一部分，这条民主政治的路是非走出来不可的。但是以目前的情形来说，这条路恐怕还是相当遥远的，因为台湾在经济上虽已进入海洋中国的阶段，但在政治上仍未摆脱内陆传统的影响。我们常常听说，民主化便是台湾本土化。以反对党自居的政客几乎是清一色的"本省人[6]"，执政党也常常以本土化沾沾自喜，甚至

[6] "本省人"是指第二次世界大战结束（1945 年）之前已移居台湾的族群和原居民。"外省人"是二战后，特别是 1949 年国民政府迁台前后，与国民党政府一同从中国大陆来到台湾的新居民。在政治上，一般来说，本省人是民进党 (Democratic Progressive Party) 的支持者，而外省人是国民党的支持者。

环	*huán*	n.	link, (lit.) ring
一心一意	*yìxīnyíyì*	idm.	wholeheartedly, to devote one's heart and soul to
追求	*zhuīqiú*	v.	to pursue, to seek, to chase; ～＋目标 / 理想 / 梦想 /sb.
实现	*shíxiàn*	v.	to realize; ～＋目标 / 理想 / 梦想
具备	*jùbèi*	v.	to possess, to have; ～＋条件 / 资格 / 能力
多党制	*duōdǎngzhì*	n.	multi-party system
选举	*xuǎnjǔ*	n.	election
符合	*fúhé*	v.	to accord with (a standard, rule, or regulation), to meet (a requirement), to correspond to (a fact); ～＋标准 / 规则 / 规定 / 要求 / 条件 / 事实
容忍	*róngrěn*	v.	to tolerate, to endure; ～＋错误 / 态度 / 行为 / 异己 /sb.
异己	*yìjǐ*	n.	dissident
政敌	*zhèngdí*	n.	political opponent
人格	*réngé*	n.	personality, human dignity; 高尚 / 健全＋～; 尊重 / 侮辱＋～
雅量	*yǎliàng*	n.	generosity, magnanimity, benevolence; 有 / 没有＋～
长期	*chángqī*	adj.	long-term; ～＋目标 / 规划 / 计划
培养	*péiyǎng*	v.	to cultivate (elegance or sophistication)
实践	*shíjiàn*	n./v.	practice; to put into practice
非…不可	*fēi . . . bùkě*	phr.	have to, must
情形	*qíngxíng*	n.	situation, circumstance
相当	*xiāngdāng*	adv.	quite, rather, very; ～＋成功 / 漂亮 / 困难
遥远	*yáoyuǎn*	adj.	distant, remote, faraway; ～＋道路 / 地方 / 将来
阶段	*jiēduàn*	n.	stage, phrase
摆脱	*bǎituō*	v.	to get rid of, to extricate oneself from; ～＋影响 / 困扰 / 束缚
本土化	*běntǔhuà*	n.	localization
以…自居	*yǐ . . . zìjū*	v.	to pose as . . . (derogatory)
反对党	*fǎnduìdǎng*	n.	opposition party
政客	*zhèngkè*	n.	politician
清一色	*qīngyísè*	adj.	uniform, identical, (lit.) of the same color
本省人	*běnshěngrén*	n.	local, resident (refers to Taiwan natives and those that moved to Taiwan before World War II [i.e. 1945])
执政党	*zhízhèngdǎng*	n.	ruling party
沾沾自喜	*zhānzhān zìxǐ*	idm.	to be complacent, to be pleased with oneself; sb. ＋～

连政府的人事安排，也刻意在“本省人”与“外省人”的比例上费尽心机。作为暂时迁就现实的政治策略，我们对此是能够理解的，但是我们必须了解，地方意识根本便是内陆政治传统的残余，它和民主原则是不能长期共存的。依照上面的论证，代表海洋中国的台湾，是新旧移民汇合而共同创造出来的，而且以后也不能保证没有更新的移民来参加这一创造。在民主社会中，只有公民与非公民之别，权利的多少也依此而判断。而且“本土”与“非本土”的概念，只能适用于外来移民与土著在种族、语言、文化各方面都截然不同的情况。以台湾而言，只有极少数的原始土著才有资格谈“本土”与“非本土”的问题。

台湾的认同与定位都无法容纳“本土化”的观念。我们希望这一观念的流行，只是过渡时期的现象。如果“本土化”竟然提升为一项基本原则，而且可以和民主互相代替，那么我敢断言，民主在台湾的远景将是十分暗淡的。

节选自《民主与两岸动向》

1990年2月10日

人事	*rénshì*	n.	personnel; ～＋安排 / 变动 / 部门
安排	*ānpái*	n./v.	arrangement; to arrange, to plan
刻意	*kèyì*	adv.	deliberately, intentionally; ～＋ V.P.
外省人	*wàishěngrén*	n.	Mainlander*
费尽心机	*fèijìnxīnjī*	idm.	to rack one's brains, to exhaust all mental efforts
迁就	*qiānjiù*	v.	to accommodate, to indulge, to yield to; ～＋ sb.
策略	*cèlüè*	n.	tactic, strategy; 政治 / 军事 / 营销 / 经营＋～
地方意识	*dìfāng yìshí*	n.	localism, sense of place
残余	*cányú*	n.	remnant; sth. ＋～
共存	*gòngcún*	v.	to coexist; X 与 Y ～
依照	*yīzhào*	v.	according to (依照：根据)
论证	*lùnzhèng*	n./v.	argument; to expound and prove
创造	*chuàngzào*	v.	to create
公民	*gōngmín*	n.	citizen
别	*bié*	n.	difference (别：差别 / 区别)
依	*yī*	prep.	according to (依：依照 / 按照)
适用	*shìyòng*	v.	to be applicable, to suit
土著	*tǔzhù*	n.	aborigine, native, original inhabitant
种族	*zhǒngzú*	n.	race, ethnicity
截然不同	*jiérán bùtóng*	idm.	completely different; X 与 Y ～
原始	*yuánshǐ*	adj.	original, primitive; ～＋森林 / 部落 / 社会 / 状态
资格	*zīgé*	n.	qualification; 有 / 没有～＋ V.P.
容纳	*róngnà*	v.	to hold, to tolerate; ～＋人口 / 观念 / 不同意见
过渡时期	*guòdùshíqī*	n.	transition period
代替	*dàitì*	v.	to replace, to substitute; X 代替 Y
敢	*gǎn*	adv.	dare to, be brave enough to; 敢 / 不敢＋ V.P.
断言	*duànyán*	v.	to assert; sb. ～＋ clause
远景	*yuǎnjǐng*	n.	long-range prospect; ～＋暗淡 / 光明 / 美好
暗淡	*àndàn*	adj.	dim, gloomy, bleak; 前途 / 远景＋～

* This term refers to those that moved to Taiwan with the Kuomintang after 1949; 本省人 are typically supporters of the Democratic Progressive Party, while 外省人 are typically supporters of the Kuomintang.

重要语言点

Essential Structures and Patterns

1 最…的莫过于…

nothing is more . . . than . . .

◆ 今天对台湾的中国人造成最大困扰的大概莫过于怎样建立自我认同、怎样确定自己在世界上的地位的问题了。

◇ 对我影响最大的人，莫过于我的父亲。

◇ 一个国家要想发展，从长远看，最有效的办法莫过于提高人民的教育水平。

2 涉及（到）

involve

◆ 研究台湾问题，虽然不必涉及几千年的中国史，但是几百年的眼光还是不可少的。

◇ 这本书的内容涉及政治、经济、社会、历史、外交、文化、教育和科技等各个方面。

◇ 由于心理学的问题涉及到许多因素，往往需要从多种学科的角度进行研究。

3 X…，Y随之…

X . . . , then Y . . . (follows/as a result of X . . .)

◆ 鸦片战争之后，中国东南沿海的对外贸易获得空前发展，台湾在国际经济贸易上的地位也随之迅速上升。

◇ 苹果手机的价格下降了，购买苹果手机的消费者人数随之上升了。

◇ 最近几十年，经济、科技迅速发展，社会的产业结构、职业结构等也随之发生变化。

4 X与Y脱节

X is divorced/dissociated from Y

◆ 中国的政治史则与经济史越来越脱节。

◇ 口号与标语到处都是，可是有几条我们能做到呢？这就是说与做脱节的最好例子。

◇ 只学书本知识，不参加社会活动，会造成理论与现实的脱节。

5 以至于

to such an extent that

◆ 如果农村不能安定，政治秩序便随时有陷于混乱以至于崩溃的危险。

◇ 我跟他很长时间没有往来，以至于把他的名字都忘了。

◇ 一些农民的收入过少，以至于不能满足基本的生活需求。

6 X远逊于Y

X is far inferior to Y

◆ 这些外族在文化上都远逊于汉族，而在武力上则远胜于汉族。

◇ 大部分发展中国家的教育水平和科技创新能力仍然远逊于发达国家。

◇ 这个国家生产的产品，在数量上和质量上还远逊于日本和西方国家。

7 归功于

owe to/give credit to

◆ 台湾的经济奇迹在一定程度上归功于这一转移的成功。

◇ 许多企业的成功，在很大程度上应归功于他们更好地认识到了消费者的真正需求以及用户体验的重要性。

◇ 当孩子表现优秀时，不要只把它归功于孩子的聪明，而忽视了孩子的努力。

8 X与Y互相依存

X and Y depend on each other

◆ 中华民国和台湾的互相依存保证了海洋中国的成长和扩张。

◇ 房地产行业与银行业互相依存，一旦房子卖不出去，银行也会陷入困境。

◇ 人类与其生存环境有着互相依存的关系，因此保护环境也是保护人类自身。

9 免于

to be exempted from

◆ 不可否认的是，中华民国的继续存在保全了台湾的中华文化，使它免于中共暴力的毁灭。

◇ 若想免于失败，必须努力奋斗。

◇ 人类应该拥有的四种最基本的自由是：言论自由、宗教信仰自由、免于贫困的自由和免于恐惧的自由。

10 形式上/表面上…，（但）本质上…

Superficially, . . . , actually . . .

◆ 共产党在形式上虽由苏联移植而来，但本质上是中国的内陆政治传统的现代化身。

◇ 这本书表面上是写他在城市打工的经历和感受，本质上是在批评中国严重的城乡差距和贫富不均。

◇ 有人认为，美国的民主选举在形式上是一人一票，但本质上只是有钱人的游戏。

11 极为+disyllabic adjective/emotional verb

extremely/exceedingly

◆ 相反，国民党则发展于海外、立足于东南沿海城市，其海洋取向，极为明显。

◇ 普通话对促进各地人民的交流有着极为重要的作用。

◇ 恐怖主义对世界和平的危害极为严重。

12 非…不可

must/have to

◆ 台湾的定位既然是海洋世界的一部分，这条民主政治的路是非走出来不可的。

◇ 他的病太严重了，非做手术不可。

◇ 我很爱她，非跟她结婚不可！

13 以…自居

to pose as . . . (derogatory)

◆ 以反对党自居的政客几乎是清一色的"本省人"，执政党也常常以本土化沾沾自喜，甚至连政府的人事安排，也刻意在"本省人"与"外省人"的比例上费尽心机。

◇ 虽然只学过短短一年的经济学，他在电视节目上竟敢以经济学家自居。

◇ 古代的皇帝把自己看作神的代表，以"天子"自居。

14 适用于

can be applied to

◆"本土"与"非本土"的概念，只能适用于外来移民与土著在种族、语言、文化各方面都截然不同的情况。

◇ 有专家指出，户口制度早已不适用于现代社会。

◇ 一国两制意味着中国大陆的法律一般并不适用于香港和澳门。

15 X与Y截然相反/不同

completely opposite/different

◆"本土"与"非本土"的概念，只能适用于外来移民与土著在种族、语言、文化各方面都截然不同的情况。

◇ 在政府是否应该加强互联网管制的问题上，中国政府与西方国家的立场截然不同。

◇ 在是否保留死刑（death penalty）问题上，专家形成了"保留论"和"废除论"两种截然相反的观点。

词汇练习

Vocabulary Exercises

I Provide an appropriate noun to make a meaningful phrase, then make a sentence with each of the expanded phrases:

贴近______	阻碍______	夺得______	摆脱______
陷于______	扩张______	提升______	透露______
毁灭______	追求______		

II Using the underlined expressions in each sentence, make new sentences:

1 今天对台湾的中国人造成最大困扰的大概莫过于怎样建立自我认同、怎样确定自己在世界上的地位的问题了。

2 研究台湾问题，虽然不必涉及几千年的中国史，但是几百年的眼光还是不可少的。

3 中国的政治史则与经济史越来越脱节。

4 如果农村不能安定，政治秩序便随时有陷于混乱以至于崩溃的危险。

5 “不患寡而患不均，不患贫而患不安”这一传统政治指导原则在帝国时代的前期是无可非议的，但是不利于商业财富的积累则显而易见。

6 这些外族在文化上都远逊于汉族，而在武力上则远胜于汉族。

7 中华民国和台湾的互相依存保证了海洋中国的成长和扩张。

8 台湾之所以能够基本上完成从内陆中国向海洋中国的转化，不能不归功于这一文化基础。

9 台湾虽处于前哨，也不可能单独突飞猛进。

10 不可否认的是，中华民国的继续存在保全了台湾的中华文化，使它免于中共暴力的毁灭。

11 共产党在形式上虽由苏联移植而来，但本质上是中国的内陆政治传统的现代化身。

12 相反，国民党则发展于海外、立足于东南沿海城市，其海洋取向极为明显。

13 执政党也常常以本土化沾沾自喜，甚至连政府的人事安排，也刻意在“本省人”与“外省人”的比例上费尽心机。

14 “本土”与“非本土”的概念，只能适用于外来移民与土著在种族、语言、文化各方面都截然不同的情况。

15 民主也许不是最理想的政治制度，然而迄今为止，我们还未能设计出一套比民主更完善、更合理的政治原则。

16 台湾作为海洋世界的一环，必须一心一意追求民主政治的实现，这是不用多说的。

III Answer the following questions. In your response, incorporate at least three of the expressions provided; feel free to use more if possible.

1 请谈谈中国维持农村秩序稳定的重要性。
（自…以来；不患寡而患不均，不患贫而患不安；安定；混乱；陷于；崩溃；以至于…；显而易见）

2 来自中国的移民有哪些特点？
（勤俭；家族；合力；互助；善于…）

3 作者为什么说台湾是中国文化保存得最为完整的地区？
（免于…；摧残；成长；生机；出色）

问题讨论

Discussion Topics

1 你觉得中国政府对这篇文章可能会是什么态度？ 为什么？

2 读完这篇文章，你觉得作者支持台湾独立吗？ 说说你的理由。

3 说说古代中国为什么重视农业。古代中国统一的时候，首都为什么总是在北方？

4 在作者看来，“内陆中国”和“海洋中国”有什么不同？ 它们各自代表什么？

5 为什么作者认为中国的政治与经济脱节？ 这是由什么因素造成的？

6 你怎么看“不患寡而患不均，不患贫而患不安”这句话？ 邓小平曾经提出，“要让一部分人先富起来”，你怎么看这两句话的矛盾？

7 作者认为中国的内陆文化有哪些特点？ 这对中国人海外殖民的历程有哪些影响？ 这带来哪些积极作用，会造成什么问题？

8 作者提到台湾的发展突飞猛进，这是由哪些因素造成的？ 台湾的文化资源在这个过程中起到了怎样的作用？ 近年来，台湾经济发展放缓，各种社会问题丛生，你如何理解这一现象背后的原因？

9 说说国民党在中国大陆失败的原因，以及在台湾成功的原因。

10 为什么作者认为台湾民主政治的道路还相当遥远？ 台湾的民主化进程还面临着哪些问题和挑战？ 应该怎样克服这困难？

11 台湾的本土化和地方意识为什么会阻碍台湾的发展？ 在美国或其他国家有没有地方意识？

12 台湾的民主化对中国大陆会有怎样的影响？

13 “内陆中国”是几千年的传统，当“内陆中国”变成“海洋中国”的时候，还是不是真正的中国？

14 有人认为，台湾的本土化倾向近年来日趋明显，中国认同日趋减弱，你觉得这对台湾和大陆会造成什么样的影响？

15 这篇文章写于1990年，你觉得这篇文章对我们了解当今的台湾问题有何意义？ 你认为文中描述的现象发生了哪些变化？

研究与报告

Research and Reports

通过网络或其他资料，选择一个题目进行研究，总结和引用现有的看法和研究成果，并提出自己的见解，为大家做一个5分钟左右的报告。

Use the Internet or other resources to research one of the following topics. Summarize and reference current arguments and research findings, offer your own opinion and interpretation, and compile your findings into a five-minute presentation.

比较台湾目前的两个主要政党：中国国民党（Chinese Nationalist Party）和民主进步党（Democratic Progressive Party）。

1 介绍两党的简史和重要领导成员。

2 比较两党不同的政治立场和所代表的人民群体。

3 比较两党不同的外交政策，特别是两岸政策。

4 调查普通的中国大陆民众对这两个政党看法。

辩论

Debate

请老师组织学生进行辩论。辩论前，先请老师为学生分配角色，请学生按要求准备辩论稿，并尽可能多利用课文的内容、生词和语法。辩论稿应包括你的观点、支持观点的例子、数据和其他材料。辩论过程分为陈述观点、自由辩论、总结陈词三个部分。每部分，各方交替进行。自由辩论时，请各方仔细聆听、记录和分析对方观点，并进行反驳。

As a class, hold a debate. Before the debate, the teacher will assign each student his or her role. Students will be expected to prepare debate speeches accordingly, using the essays discussed and incorporating new vocabulary and grammar learned in class. The debate speech should cover the student's argument and provide supporting evidence in the form of examples, statistics, etc. Debates will consist of three sections—opening statements, free debate (rebuttals and Q&A), and closing statements. The affirmative and the negative sides will take turns in each section of the debate. During free debate, each side will listen, record, and carefully analyze the other side's argument to formulate rebuttals.

模拟联合国（Model United Nations）

台湾的邦交国海地（Republic of Haiti）于 2030 年 10 月向联合国大会提案：支持中华民国以台湾的名义加入联合国，并希望台湾成为联合国的正式成员国。请你从下列国家中选一个，并作为其驻联合国的代表，就该提案进行询问和辩论。老师作为大会主席，主持辩论。最后各国代表进行投票表决。

辩论发言时，请你充分考虑你所代表国家的实际情况(如国内有无分裂势力、老百姓及各党派是否支持等)、国家利益，以及与中国的外交关系、经济关系等。

A 中国	B 美国	C 海地	D 台湾代表
E 英国	F 俄国	G 西班牙	H 印度
I 日本	J 巴基斯坦	K 朝鲜	L 加拿大

作文
Composition

1 你如何看待台湾问题？你觉得美国或其他国家的政府和人民会支持台湾独立吗？请你预测大陆和台湾是否会走向统一，其时间和条件是什么？

2 中国的经济迅速发展之后，是否会走上民主的道路？请谈谈中国民主化的前景如何。

泛读课文

Extensive Reading

Read the following passage, then complete the tasks that follow.

台湾社会的族群对立

张永涛

台湾社会有一个奇特的现象，就是二元对立。国民党与民进党对立，蓝营支持者与绿营支持者对立，本省人与外省人对立。一般来说，国民党、蓝营支持者、外省人是一条战线的；而民进党、绿营支持者、本省人是另一个阵营的。

政党之间的对立是现代民主国家的常态，像美国的共和党与民主党，英国的保守党和工党。在民主国家，不同的政党代表不同阶层和团体的利益，有不同的政策和主张，正常而且合理。而国民党与民进党在台湾的对立，却不是阶层利益的对立，而是族群之间的对立。之所以用“族群”，而不用“种族”，是因为除了极少数台湾原住民以外，绝大多数的台湾人及其祖先都是先后从中国大陆迁移而去的汉族人，他们在肤色上、宗教上、文化上都具有高度的一致性。

台湾的族群，简而言之，可划分为本省人和外省人。本省与外省之分，本来是个地域概念，而在台湾却是个时间概念。台湾自古以来就居住着原住民，明末清初时汉族人才开始大量迁入台湾，从而使台湾原住民变成了“少数民族”。中日甲午战争（1894–1895）之后，战败的清朝把台湾割让给日本，日本统治台湾直至二战结束。本省人指的就是二战结束以前的台湾居民以及他们的后代。从1945年日本投降到1949年国民政府败退台湾，大量新移民随国民党军队一起从大陆撤退到台湾，使台湾的总人口增加了三成。这一批人就是所谓的“外省人”，他们的后代被称为“外省人第二代”。由此可见，台湾的族群划分的标准，既非民族，也非地域，更与宗教和文化无关；不同族群之间，只是一个“先来”与“后到”的时间关系。

台湾进入民主时代以后，两个政党及其背后的族群之间，本应把政争的焦点放在与国计民生有关的政策上，然而两个阵营却过于强调是否应该实行“本土化”或者“去中国化”。族群的分裂与激烈的对抗时有发生，比如国民党推行“国语运动”，民进党则倾向于支持“台语”和“台语文学”。国民党时代的“中华邮政”，被执政后的民进党改为“台湾邮政”。台湾的“中国医药大学”、“中国文化大学”、“中华大学”也被民进党要求改名，但因学校抵制而没有成功。

本土化不是解决台湾社会现有问题和未来发展的关键，过于强调本土化，不利于台湾社会的民主发展和走向成熟，只会加深族群之间的裂痕。民粹式的本土意识也会使台湾人自我封闭在狭小的“孤岛”之内，不肯放眼世界。台湾应该强调文化多元性和政治包容性，珍惜台湾这片土地上特有的事物，不论是语言、文化还是族群，都应该以开放的态度加以尊重和接纳。这样才有助于台湾人重新理性而冷静地思考，自己从何处来，向何处去。

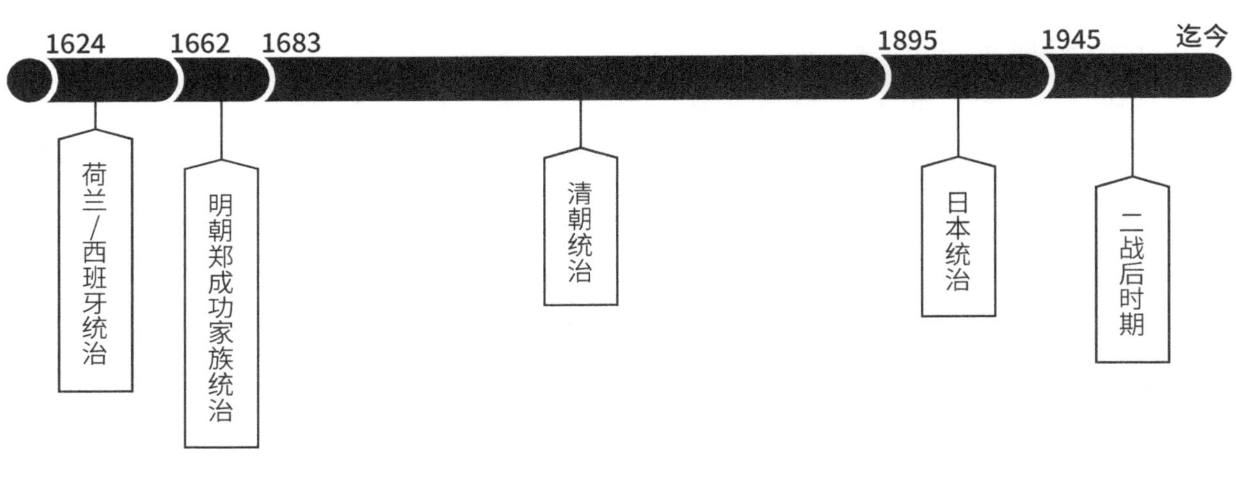

POST-READING ACTIVITIES

I Based on the passage, answer the following multiple-choice questions:

1 关于台湾政党对立的现象，以下哪一个说法是正确的？

a 对立的两党代表不同经济阶层，经济政策是他们争论的核心

b 两党争论的焦点主要是与国计民生有关的政策

c 台湾的对立现象正常而且合理

d 两党争论的议题包括台湾应采取怎样的语言政策

2 在作者看来，台湾的“族群”划分最主要的标准是：

a 民族、种族

b 地域差异

c 宗教和文化

d 赴台时间

3 以下哪些族群属于“外省人”？（Select all that apply）

a 自古以来就住在台湾的原住民

b 明末清初时期涌入台湾的汉族人

c 二战结束后迁入台湾的大陆人

d 二十世纪五十年代随国民政府撤退到台湾的新移民的子女

4 作者提到台湾的几所大学被要求改名，是为了：

a 赞扬国民党推行的“国语运动”

b 指出民进党不应该将主要精力放在“去中国化”上

c 说明台湾的大学校名已经过时落伍

d 强调“本土化”对台湾的重要性

5 作者认为，台湾的本土化和本土意识：

a 会使台湾人越来越自我封闭

b 是解决台湾社会现有问题的最佳方案

c 对台湾社会的民主发展不会有太大影响

d 是台湾人理性、冷静思考的结果

II Reread the passage. Circle useful words in the text, then write down their definitions (in Chinese or English), drawing on either the context or a dictionary.

Vocabulary	Meaning

III Underline challenging sentences in the text. Then discuss their meaning and function with your classmates or teacher.

IV Summarize the main idea of each paragraph in one sentence:

1 ______________________________

2 ______________________________

3 ______________________________

4 ______________________________

5 ______________________________

V With a partner or in a small group, hold a conversation based on the following prompts:

1 根据文章，简单描述台湾的移民史，说说“外省人”这个称呼好不好？

2 你认为“本土化”对台湾的未来有何影响？

3 根据所学课文，指出余英时先生与本文作者看法的相似之处和不同之处。

第四单元
Unit Four

民主问题
Democracy Issues

第十二课
Lesson 12

民主是个好东西

俞可平

SELECTED, EDITED, AND PREPARED BY YONGTAO ZHANG

背景简介
Background Information

俞可平

俞可平，学者、政治学家，1959年生于浙江，1987年获北京大学国际政治学博士学位，曾任北京大学、清华大学、人民大学教授。2003年任中共中央编译局 (Central Compilation and Translation Bureau) 副局长。中央编译局是为中国最高领导人提供政策咨询的机构，俞可平也被认为是当时中国最高领导人胡锦涛的重要智囊 (a leading member of Hu's brain trust)。他长期参与中央重大决策调研，并负责多项国家重大研究课题。2015年起，任北京大学政府管理学院院长兼北京大学政治学研究中心主任。

胡锦涛出任中国最高领导人之后，人们把政治改革的希望寄托在新一届政府身上。2007年，俞可平在《学习时报》发表《民主是个好东西》之后，引起了人们对中国政府即将进行政治改革的无限遐想。一般推测这篇文章预示着胡锦涛政府会开启中国政治改革的大门。

也有学者指出，早在20世纪初的五四运动 (May Fourth Movement) 时期，"民主"和"科学"早已为世人所接受。一百年后的今天，中国人还停留在"民主是不是好东西"的层面进行讨论，这是值得我们深思的现象。

民主是个好东西

俞可平

预习提示

Preview Questions

- 关于在中国实行民主制度，作者持什么态度？
- 在作者看来，民主制度的不足是什么？

民主是个好东西，不是对个别的人而言的，也不是对一些官员而言的；而是对整个国家和民族而言的，是对广大人民群众而言的。坦率地说，对于那些以自我利益为重的官员而言，民主不但不是一个好东西，还是一个麻烦的东西，甚至是一个坏东西。试想，在民主政治条件下，官员要通过公民选举产生，要得到多数人的拥护与支持；其权力要受到公民的制约，不能为所欲为，还要与老百姓平起平坐、讨价还价。单这两点，很多人就不会喜欢。因此，民主政治不会自发运转，它需要人民自己和代表人民利益的政府官员去推动和实践。

民主是个好东西，不是说民主什么都好。民主绝不是十全十美的，它有许多内在的不足。民主确实会使公民走上街头，举行集会，从而可能引发政局的不稳定；民主使一些在非民主条件下很简单的

个别	*gèbié*	adj.	individual; ～＋人 / 情况 / 现象 / 问题
民族	*mínzú*	n.	ethnic group, nation
广大	*guǎngdà*	adj.	enormous, vast, large; ～＋人民 / 群众 / 干部
群众	*qúnzhòng*	n.	the masses, the public
坦率	*tǎnshuài*	adv./adj.	frankly; frank; 坦率地说，⋯; sb. 很～
以⋯为重	*yǐ . . . wéizhòng*	v.	to attach the greatest importance to . . . , to value . . . highly; 以＋身体 / 事业 / 家庭＋为重
麻烦	*máfan*	adj./n.	troublesome; trouble, problem
试想	*shìxiǎng*	v.	to imagine, (lit.) to try to think; 试想，⋯
公民	*gōngmín*	n.	citizen
选举	*xuǎnjǔ*	n.	election
产生	*chǎnshēng*	v.	to produce, to form; ～＋兴趣 / 影响 / 感情 / 错觉 / 分歧
拥护	*yōnghù*	v.	to support, to advocate; ～＋政策 / 制度 / 党
支持	*zhīchí*	v.	to support; ～＋ sb. (＋ V.P.), ～＋ sb. 的看法 / 意见
其	*qí*	pron.	its, their
制约	*zhìyuē*	v.	to restrict, to restrain; X 受到 Y＋～; ～＋权力 / 发展
为所欲为	*wéisuǒyùwéi*	idm.	to do as one pleases (derogatory); sb. ＋～
平起平坐	*píngqǐpíngzuò*	idm.	equal footing; X 跟 Y ～
讨价还价	*tǎojiàhuánjià*	v.	to bargain; X 跟 Y ～
单	*dān*	adv.	only, solely
自发	*zìfā*	adv.	spontaneously; ～＋成立 / 形成 / 组织
运转	*yùnzhuǎn*	v.	to revolve, to operate, to run; 机器 / 政府 / 制度＋～
利益	*lìyì*	n.	interest; 个人 / 集体 / 国家 / 公司＋～
推动	*tuīdòng*	v.	to push forward, to promote; ～＋发展 / 进步 / 建立
实践	*shíjiàn*	v.	to practice; 社会＋～
十全十美	*shíquán shíměi*	adj.	perfect, flawless; sth. 是～的
内在	*nèizài*	adj.	inherent, inner; ～＋条件 / 因素 / 问题
不足	*bùzú*	n.	weakness, limitation, insufficiency
街头	*jiētóu*	n.	street
集会	*jíhuì*	n.	assembly, rally
引发	*yǐnfā*	v.	to cause, to trigger; ～＋动乱 / 战争 / 火灾
政局	*zhèngjú*	adj.	political situation (政局：政治局势)
稳定	*wěndìng*	adj.	stable; 情绪 / 社会 / 收入 / 工作 / 物价＋～

事务变得相对复杂和烦琐，从而增加政治和行政的成本；民主往往需要反反复复的协商和讨论，常常会使一些本来应当及时做出的决定，变得悬而未决，从而降低了行政效率；民主还会使一些夸夸其谈的政治骗子有机可乘，成为其蒙蔽人民的工具，如此等等。但是，在人类迄今发明和推行的所有政治制度中，民主是弊端最少的一种。也就是说，相对而言，民主是人类迄今为止最好的政治制度。

民主是个好东西，不是说民主可以解决一切问题。民主是保障主权在民的政治制度，它只是人类众多制度中的一种，主要用来规范人们的政治生活，而不能取代其他制度去规范人类的全部生活。民主有内在的局限性，不是万灵药，不可能解决人类的所有问题。但民主保证人们的基本人权，给人们提供平等的机会，它本身就是人类的基本价值。民主不仅是解决人们生计的手段，更是人类发展的目标；

事务	*shìwù*	n.	affair; 日常 / 家庭 / 国际 / 外交 / 内部＋～
复杂	*fùzá*	adj.	complex, complicated
烦琐	*fánsuǒ*	adj.	tedious, complicated, troublesome; 事务 / 手续＋～
行政	*xíngzhèng*	adj.	administrative; ～＋部门 / 机构 / 效率
成本	*chéngběn*	n.	cost; 增加 / 降低＋～
反反复复	*fǎnfǎn fùfù*	adj./adv.	repeated; repeatedly; ～＋讨论 / 出现 /V.P.
协商	*xiéshāng*	v.	to negotiate
及时	*jíshí*	adv.	in time, promptly; ～＋赶到 / 解决 /V.P.
悬而未决	*xuán'ér wèijué*	idm.	pending, in suspense, unsettled; 问题～
降低	*jiàngdī*	v.	to reduce, to lower; ～＋成本 / 价格 / 要求 / 效率
效率	*xiàolǜ*	n.	efficiency; 提高 / 降低＋～；有 / 没有＋～
夸夸其谈	*kuākuā qítán*	idm.	boastful (derogatory); sb. ＋～
骗子	*piànzi*	n.	liar, perjurer, deceiver
有机可乘	*yǒujīkěchéng*	idm.	to take advantage of a loophole; 让 sb. ＋～
蒙蔽	*méngbì*	v.	to deceive; ～＋群众 / 百姓
如此	*rúcǐ*	pron.	like that, in this way (如此：像这样)
迄今	*qìjīn*	adv.	so far, until now; ～为止
发明	*fāmíng*	v./n.	to invent; invention
推行	*tuīxíng*	v.	to execute, to carry out; ～＋政策 / 制度
弊端	*bìduān*	n.	shortcoming; 社会 / 制度 / 产生＋～
相对而言	*xiāngduì éryán*	adv.	relatively speaking
迄今为止	*qìjīnwéizhǐ*	idm.	so far (迄：到；迄今为止：到现在为止)
一切	*yíqiè*	pron.	all, everything
保障	*bǎozhàng*	v./n.	to guarantee; assurance; ～＋权利 / 自由
主权	*zhǔquán*	n.	sovereignty
众多	*zhòngduō*	adj.	numerous, copious; ～＋游客；人口 / 支持者＋～
规范	*guīfàn*	v./n.	to regulate; standard
取代	*qǔdài*	v.	to replace; X ～ Y; Y 被 X ～
局限性	*júxiànxìng*	n.	limitation
万灵药	*wànlíngyào*	n.	elixir, cure-all, panacea
人权	*rénquán*	n.	human rights
生计	*shēngjì*	n.	livelihood; 维持 / 迫于 / 谋＋～
手段	*shǒuduàn*	n.	means, measure
目标	*mùbiāo*	n.	target, goal

不仅是实现其他目标的工具，更符合人类自身固有的本性。即使有最好的衣食住行，如果没有民主权利，人类的人格就是不完整的。

民主是个好东西，不是说民主就没有痛苦的代价。民主可能破坏法制，导致社会政治秩序的一时失控，在一定的时期内甚至会阻碍社会经济的增长；民主也可能破坏国家的稳定，造成国内的政治分裂；民主的程序也可能把少数专制独裁者送上政治舞台。所有这些，都已经在人类的现实生活中出现过，并且还可能不断再现。因此，有时民主的代价太高，甚至难以承受。然而，从根本上说，这不是民主本身的过错，而是政治家或者政客的过错。一些政治家不了解民主政治的客观规律，不顾社会历史条件，超越社会历史发展阶段，不切实际地推行民主，结果往往会适得其反。一些政客则把民主当作其夺取权力的工具，以“民主”的名义，哗众取宠，欺骗人

固有	*gùyǒu*	adj.	inherent, intrinsic; ～＋思想 / 观念 / 习惯 / 模式
本性	*běnxìng*	n.	inherent quality, natural behavior
衣食住行	*yīshízhùxíng*	idm.	basic necessities, (lit.) clothing, food, housing, and transportation
人格	*réngé*	n.	personality; ～＋健全 / 高尚；尊重 / 侮辱＋～
完整	*wánzhěng*	adj.	intact, complete; 结构 / 领土＋～
痛苦	*tòngkǔ*	adj./n.	painful, excruciating; pain; ～＋生活 / 表情；感到＋～
代价	*dàijià*	n.	cost, consequence; 巨大 / 沉重 / 惨痛＋～；付出～
破坏	*pòhuài*	v.	to destroy, to undermine, to harm; ～＋环境 / 家庭 / 设施
法制	*fǎzhì*	n.	legal system
秩序	*zhìxù*	n.	order; 政治 / 社会 / 交通 / 课堂＋～
一时	*yìshí*	adj./adv.	temporary; temporarily for a while; ～＋方便 / 利益 / 得失 / 失控
失控	*shīkòng*	v.	to be out of control; 局势 / 情况 / 情绪＋～
阻碍	*zǔ'ài*	v./n.	to hinder, to impede; ～＋发展 / 进步 / 进程
分裂	*fēnliè*	v.	to split, to divide; 国家 / 民族 / 精神 / 人格＋～
程序	*chéngxù*	n.	procedure
专制	*zhuānzhì*	adj.	autocratic, dictatorial, domineering
独裁	*dúcái*	adj.	dictatorial
舞台	*wǔtái*	n.	stage; 世界 / 历史＋～
再现	*zàixiàn*	v.	to reappear; sth. ＋～ （再现：再次出现）
承受	*chéngshòu*	v.	to bear, to endure, to stand; ～＋压力 / 打击
本身	*běnshēn*	pron.	itself; 问题 / 制度 / 方法＋～
过错	*guòcuò*	n.	fault, mistake
政客	*zhèngkè*	n.	politician (derogatory)
客观规律	*kèguān guīlǜ*	n.	objective laws
不顾	*búgù*	v.	to disregard, to be heedless of; ～＋后果 / 一切 / 个人安危
超越	*chāoyuè*	v.	to surpass, to transcend; ～＋ sb./ 对手 / 自我 / 极限
不切实际	*búqièshíjì*	adj.	unrealistic; ～＋想法 / 政策
适得其反	*shìdéqífǎn*	idm.	to run counter to one's desire, to be just the opposite of what one wished; 结果 / 效果 / 作用＋～
夺取	*duóqǔ*	v.	to take by force; ～＋权力 / 政权 / 胜利
以…名义	*yǐ . . . míngyì*	phr.	in the name of; ～＋ V.P.
哗众取宠	*huázhòng qǔchǒng*	idm.	to seek popularity by doing sth., to curry favor (derogatory); sb. ＋～
欺骗	*qīpiàn*	v.	to deceive, to cheat; ～＋ sb./ 大众 / 人民

民。在他们那里，民主是名，独裁是实；民主是幌子，权力是实质。

民主是个好东西，不是说民主是无条件的。实现民主需要具备相应的经济、文化和政治条件，不顾条件而推行民主，会给国家和人民带来灾难性的后果。政治民主是历史潮流，不断走向民主是世界各国的必然趋势。但是，推行民主的时机和速度，选择民主的方式和制度，则是有条件的。一种理想的民主政治，不仅与社会的经济制度、经济发展水平和国际环境相关，而且与国家的政治文化传统、政治人物和国民的素质、公民的生活习惯等密切相关。如何以最小的政治和社会代价，换取最大的民主效益，需要政治家和民众的智慧。从这个意义上说，民主政治也是一种政治艺术。推进民主政治，在制度上需要精心的设计，在实施上需要高超的技巧。

民主是个好东西，不是说有民主就可以强迫人民做什么。民主最实质性的意义是人民的统治，人民的选择。尽管民主是个好东西，但任何人或任何政治组织，都无权以“民主的化身”自居，在民主的名义下强迫人民做什么和不做什么。民主需要启蒙，

名	*míng*	n.	name
实	*shí*	n.	reality, object
幌子	*huǎngzi*	n.	cloak, guise; 打着···的～；以··为～
实质	*shízhì*	n.	substance, essence
无条件	*wútiáojiàn*	adj./adv.	unconditional; unconditionally; ～＋投降／停战／接受／服从／帮助
具备	*jùbèi*	v.	to possess, to be equipped with; ～＋资格／能力／条件
相应	*xiāngyìng*	adj./adv.	corresponding; correspondingly; ～＋措施／改变／调整
灾难	*zāinàn*	n.	calamity, disaster
后果	*hòuguǒ*	n.	consequence, aftermath
潮流	*cháoliú*	n.	trend, current; 发展／时代／社会＋～
必然	*bìrán*	adj./adv.	inevitable; inevitably; ～＋结果／趋势／导致
趋势	*qūshì*	n.	trend, tendency; 发展／变化／增长／下跌＋～
时机	*shíjī*	n.	opportunity, chance; 抓住／把握＋～
速度	*sùdù*	n.	speed
方式	*fāngshì*	n.	mode, method, way; 生活／工作／思考／经营／付款＋～
素质	*sùzhì*	n.	quality; 心理／民族／文化＋～
密切	*mìqiè*	adv./adj.	closely, intently; intimate; ～＋相关／结合／联系
换取	*huànqǔ*	v.	to exchange for, to get in return; 以／靠／用＋X～Y
效益	*xiàoyì*	n.	effectiveness, benefit; 经济／社会／生产＋～
智慧	*zhìhuì*	n.	wisdom
精心	*jīngxīn*	adj./adv.	elaborate; meticulously, elaborately; ～＋准备／设计
高超	*gāochāo*	adj.	excellent, superb; ～＋技巧／技艺／医术
技巧	*jìqiǎo*	n.	skill, technique; 写作／演讲／面试＋～
强迫	*qiǎngpò*	v.	to force, to coerce; ～＋sb.（＋V.P.)
统治	*tǒngzhì*	n./v.	governance; to rule, to govern
无权	*wúquán*	adv.	have no right; ～＋干涉／过问
以···自居	*yǐ . . . zìjū*	phr.	to consider oneself to be, to pose as (derogatory)
化身	*huàshēn*	n.	incarnation, embodiment
启蒙	*qǐméng*	n./v.	enlightenment; to enlighten; ～＋思想／老师

需要**法治**，需要**权威**，也需要**暴力**来**维护**正常的秩序。但是，推行民主的基本手段不应当靠国家**强制**实行，而应当**征得**人民的同意。民主既然是人民的统治，就应当尊重人民自己的选择。从国内政治**层面**说，如果政府用强制手段，让人民接受不是他们自己选择的制度，那就是国内的政治专制，是国内的**暴政**；从国际层面说，如果一个国家用强制的手段，让其他国家的人民也接受自己所谓的民主制度，那就是国际的政治专制，是国际的暴政。无论是国内专制还是国际专制，都与民主的本质**背道而驰**。

我们正在建设中国特色的社会主义现代化**强国**，对于我们来说，民主更是一个好东西，也更加**必不可少**。邓小平**同志**说过，没有民主，就没有社会主义。最近**胡锦涛**[1]**主席**又进一步指出，没有民主，就没有现代化。当然，我们正在建设的，是具有中国特色的社会主义民主政治。一方面，我们要充分**吸收**人类政治**文明**的**一切优秀成果**，包括民主政治方面的优秀成果；但另一方面，我们不**照搬**国外的政治**模式**。我们的民主政治建设，必须密切**结合**我国的历史文化传统和社会现实条件。只有这样，中国人民才能真正**享受**民主政治的**甜蜜果实**。

原载于《民主是个好东西：俞可平访谈录》

2006 年 10 月

[1] 胡锦涛（1942–）：生于安徽，1964 年毕业于清华大学，2003 至 2012 年为中国最高领导人。在他执政的十年间，中国经济高速发展，成为世界第一贸易大国，GDP 位居世界第二，并且成功举办了 2008 年北京奥运会。

法治	*fǎzhì*	n./v.	governance by law; to rule by law, to govern by law
权威	*quánwēi*	n.	authority; ～＋机构／人士／著作；政府／学术／医学＋～
暴力	*bàolì*	n.	violence
维护	*wéihù*	v.	to maintain; ～＋统治／秩序／利益／稳定／国家安全
强制	*qiángzhì*	adv./adj.	forcibly, compulsorily, mandatorily; coercive; ～＋执行／实行／执法；～＋手段／措施
征得	*zhēngdé*	v.	to seek approval, to obtain consent; ～＋(sb. 的) 同意； (征得：征求得到)
层面	*céngmiàn*	n.	level, perspective; 精神／心理／文化／理论＋～
暴政	*bàozhèng*	n.	tyranny
背道而驰	*bèidàoérchí*	idm.	to run in opposite directions; X 与 Y ～
强国	*qiángguó*	n.	strong nation; 体育／工业／军事／经济＋～
必不可少	*bìbùkěshǎo*	idm.	indispensable, essential
同志	*tóngzhì*	n.	comrade
胡锦涛	*Hú Jǐntāo*	p.n.	Hu Jintao (president of China from 2003–2013)
主席	*zhǔxí*	n.	chairperson, president
吸收	*xīshōu*	v.	to absorb; ～＋营养／水分／知识／新思想
文明	*wénmíng*	n./adj.	civilization; civilized
优秀	*yōuxiù*	adj.	excellent, outstanding; ～＋人才／作品／成绩
成果	*chéngguǒ*	n.	achievement, accomplishment; 工作／研究＋～
照搬	*zhàobān*	v.	to indiscriminately imitate, to copy (derogatory); ～＋经验／模式
模式	*móshì*	n.	model, pattern; 生产／管理／教学＋～
结合	*jiéhé*	v.	to combine, to merge, to incorporate; 把 X 跟 Y ＋～起来
享受	*xiǎngshòu*	v.	to enjoy; ～＋生活／权利／待遇
甜蜜	*tiánmì*	adj.	sweet, appealing, delightful; ～＋爱情／微笑／生活
果实	*guǒshí*	n.	achievement, fruit; 劳动／胜利＋～

重要语言点
Essential Structures and Patterns

1 对…而言

for …

◆ 民主是个好东西，不是对个别的人而言的，也不是对一些官员而言的。

◇ 参加军队对国家而言是一种需要，对个人而言是一种责任。

◇ 对美国而言，中美关系是最重要的外交关系之一。

2 从而

thereby/thus

◆ 民主确实会使公民走上街头，举行集会，从而可能引发政局的不稳定。

◇ 科技进步促进了经济发展，从而使人民的生活水平得到了提高。

◇ 通过学好中文，从而进一步了解中国文化是他这次来中国的目的。

3 相对而言

relatively/comparatively

◆ 相对而言，民主是人类迄今为止最好的政治制度。

◇ 这次考试相对而言要容易一些。

◇ 富裕不富裕是相对而言的，跟富豪比，他算不上是有钱人，可是跟他大部分的同龄人比，他可以算得上是富翁了。

4 从根本上说

fundamentally/ultimately

◆ 从根本上说，这不是民主本身的过错，而是政治家或政客的过错。

◇ 贪污腐败从根本上说是制度不完善造成的。

◇ 从根本上说，爱国主义其实是政治家统治和欺骗人民的手段。

5 **既然…，就…**

Since/Now that . . . , then . . . (should) . . .

◆ 民主既然是人民的统治，就应当尊重人民自己的选择。

◇ 既然大家都来了，我们就出发吧。

◇ 既然来了北京，就应该多住几天，我们可以一起去长城看看。

6 **没有…，就没有…**

Without . . . , there would be no . . .

◆ 邓小平同志说过，没有民主，就没有社会主义。

◇ 没有调查就没有发言权；没有数据就没有说服力。

◇ 没有大家的共同努力，就没有今天的成就。

词汇练习

Vocabulary Exercises

I Provide an appropriate noun to make a meaningful verb-object phrase, then make a sentence with each of the expanded verb-object phrases:

拥护______	推动______	具备______	照搬______
制约______	引发______	吸收______	阻碍______

II Using the underlined expressions in each sentence, make new sentences:

1 民主会使公民走上街头，举行集会，从而可能引发政局的不稳定。

2 相对而言，民主是人类迄今为止最好的政治制度。

3 不切实际地推行民主，结果只会适得其反。

4 一些政客则把民主当作其夺取权力的工具，以“民主”的名义，哗众取宠，欺骗人民。

5 任何人或任何政治组织，都无权以“民主的化身”自居，在民主的名义下强迫人民做什么和不做什么。

6 无论是国内专制还是国际专制，都与民主的本质背道而驰。

7 邓小平同志说过，没有民主，就没有社会主义。

III Answer the following questions. In your response, incorporate at least three of the expressions provided; feel free to use more if possible.

1 有人说，中国很快就会超越美国，你相信吗？
（坦率地说…；平起平坐；必然；趋势；不切实际）

2 中国政府认为，中国现在的制度是最适合中国国情的，你怎么看？
（十全十美；局限性；试想；照搬；阻碍；弊端；从根本上说…）

3 请描述美国或其他国家不同党派的国会议员在讨论问题时的情况和表现。
（协商；讨价还价；悬而未决；效率；夸夸其谈；失控；哗众取宠）

问题讨论
Discussion Topics

1 为什么对某些官员而言，民主并不是一个好东西？美国或者其他国家的政府官员喜不喜欢民主？为什么？在民主问题上，老百姓和政府的看法是一致的吗？

2 民主制度是最完美的制度吗？为什么？作者说民主不是万灵药，你同意吗？民主可以解决哪些问题，不能解决哪些问题？

3 你觉得美国或其他发达国家目前的政治制度好不好？有没有可以改进的地方？请举例说明。

4 几乎所有的国家，甚至连朝鲜都强调自己是民主国家，这说明什么？你觉得什么是真正的民主？民主的标准是什么？

5 推行民主的过程中会遇到什么问题？实现民主需要怎么样的经济、文化和政治条件？对国民的素质有什么要求？

6 有人说，中国目前的情况还不适合推行民主制度，你同意吗？

7 中国领导人对民主的态度是什么？中国应该怎样实现民主？完全按照美国或其他发达国家的模式进行民主改革是不是好办法？

8 在民主被认为是普世价值的情况下，作者却还在讨论"民主是不是一个好东西"，对中国而言，这究竟是一种进步，还是一种倒退？

研究与报告

Research and Reports

通过网络或其他资料，选择一个题目进行研究，总结和引用现有的看法和研究成果，并提出自己的见解，为大家做一个5分钟左右的报告。

Use the Internet or other resources to research one of the following topics. Summarize and reference current arguments and research findings, offer your own opinion and interpretation, and compile your findings into a five-minute presentation.

1 请介绍一下美国或其他国家的民主选举制度。

2 请通过网络或其他资料，了解一下邓小平，以及他对中国社会的影响。

作文

Composition

1 你如何看待美国向全世界输出和推广民主价值和民主制度？美国这么做是为了自己的利益，还是为了其他国家人民的利益？谈谈美国这样做的利与弊。

2 老百姓一般认为民主就是一人一票。然而，民主选举也可能选出不太受大众欢迎的总统，比如受到一些美国民众质疑的总统——唐纳德·特朗普(Donald Trump)。再如，英国2016年的公投(referendum)使英国脱离了欧盟（European Union），而西班牙加泰罗尼亚地区(Catalonia)通过公投选择了独立，但却没有得到世界上任何国家的支持。你如何评价靠大多数人做出的决定？请根据西方的这三个例子，谈谈民主制度的利与弊。

泛读课文

Extensive Reading

Read the passage, then complete the tasks that follow.

多数人暴政与少数人权利

张永涛

民主是相对于专制而言的，专制是少数人统治大众，民主是老百姓自己当家做主。自己能做主当然是一件好事情，这样的制度应该是人人赞成的。然而，丘吉尔(Winston Churchill) 说过，“民主是最不坏的制度”(“Democracy is the worst form of government, except for all those other forms that have been tried from time to time,” 1947)，他的话有两层意思，一是民主制度还不够好，二是其他政治制度比民主制度更糟糕。

说民主制度不够好，那么，民主制度到底会造成什么问题呢？第一个就是“多数人能暴政”。按照民主的原则，应该是一人一票，少数服从多数。可有句话叫做“①<u>真理掌握在少数人手里</u>”。比如说，一个地方要不要修桥，应该听桥梁设计师和地质专家的意见，总不能让大家一起投票决定吧，要是将来这座桥坍塌了，谁来负责呢？再比如，一个国家外交政策的制定，常常涉及国家机密，也不好让全国人民都参与进来。法国的心理学家勒庞 (Gustave Le Bon, 1841–1931) 认为，在群体之中，个体的人性就会湮没，独立的思考能力也会丧失，群体的精神会取代个体的精神。为什么希特勒赢得了选举？为什么那么多人在文革的群众大会上遭到群体的迫害？这些都说明靠多数人来决定不仅不可靠，有时候甚至很可怕。因此，多数人的决定并不一定明智，所有的事情都靠多数人来决定也并不可行。

民主制度可能会造成的第二个问题是，忽视少数人的权利。这一点和上文谈到的“多数人暴政”有很大的关系。如果在一个国家内部，不同的种族、民族、宗教信仰、性取向之间的人数对比有多寡之分，那么多数人的决定很可能会忽视少数人的权利。美国的印第安人、黑人在民主制度下同样遭受不平等待遇。即使现在，很多民主国家的同性恋者仍然受到歧视。这些都是少数人权利被侵害的明证。

总而言之，“多数人”并不一定都是聪明人，即使他们都很聪明，但在群体里或者情绪化的群体之中很可能做出错误的选择。即使他们的选择是非情绪化的，而且也符合绝大多数人的利益，他们还是很有可能侵害少数人的权益。这也是民主制度的隐患。

有什么办法可以解决这个问题呢？法制在一定程度上可以弥补民主制度的不足。人们常常将民主与法制两个概念放在一起是有道理的。民主国家通常以法律，特别是宪法，来保障所有人权利的平等，这当然包括少数人的权利。因此，一个民主和法制都很健全的社会是很理想的，比如欧美发达国家；有民主没法制的社会，民主是虚幻的；没有民主，却有健全的法制是第二等的，像香港和新加坡；民主和法制尚不健全的威权体制国家是更次一等，比如俄罗斯；但这要比朝鲜这样的无民主、无法制的独裁专制国家好得多。最可怕的是无政府国家和乌托邦，如果连有效的政府组织和警察、监狱等暴力机构都没有，人性的恶就会被唤醒，这样的社会一定是盗匪横行的丛林社会。

然而，既可以保障民主，又可以保障人权的法律并不是本来就有的，而是随着人们道德水平的提高和理性的发展才逐步制定出来的。一方面，人类的道德认识和道德水平在提高，人们不仅认识到应该尊重少数人和弱势群体的权利，甚至还注意到了动物的权利。另一方面，人们通过对历史进行冷静的思考和理性的总结发现，多数人在特定的条件下很容易变成少数人，如果不重视少数人的权利，人们总有一天会<u>自食其果</u>。希特勒今天打击的是工会，明天迫害的是犹太人，后天呢，可能就轮到你我了。在文革的批斗会中，今天台下的“人民群众”很可能明天就变成台上的“阶级敌人”。当少数派被消灭后，多数人的群体中一定会再分化出新的“少数人”，只有重视少数人的权利，在法律之下人人平等，才能避免出现上述的人道主义灾难。

权利不应该靠赐予，而应该靠争取。单靠人类的道德进步和理性的发展是非常消极的，要避免“多数人暴政”，使少数人权利得到保障，更需要少数人及其团体以及同情和支持他们的人的积极抗争。当今美国，黑人权利越来越受到重视，越来越多州的同性恋者可以合法结婚，这些都是他们在漫长的历史中，通过各种民权运动，甚至流血抗争才取得的成果。

I Based on the passage, answer the following multiple-choice questions:

1 文章第一段，作者引用丘吉尔的话，是为了说明：

a 民主制度并不是完美的

b 由少数人统治大众是好事

c 其他政治制度优于民主制度

d 老百姓自己当家做主不会造成任何问题

2 文章第二段，划线句子“①”的意思是：

a “少数服从多数”的原则是完全合理的

b 人数越多，则越有可能掌握真理

c 只有很少的一部分人能作出正确的判断

d 在群体之中，人们更容易作出理性、明智的决定

3 作者认为，有民主、没法制的社会：

a 出现多数人的暴政，忽视少数人的权利的情况

b 变成专制社会

c 不需要警察、监狱等暴力机构

d 唤醒人性的恶，变成盗匪横行的丛林社会

4 根据作者的看法，“民主”与“法制”的关系是：

a 民主比法制重要得多

b 法制比民主更重要

c 法制有利于保障民主社会弱势群体的权利

d 民主制度有利于保障弱势群体的权利

5 文章第六段，“自食其果”的意思是：

a 每个人都能得到应有的利益

b 只要努力，就会取得成果

c 跟自己预料的情况果然一样

d 做了坏事，自己承担后果

6 根据文章内容，以下哪一个说法是<u>正确</u>的？

a 单靠人类的道德进步和理性的发展就可以实现民主

b 民主权利需要靠主动争取，而非被动等待

c “多数人”不会变成“少数人”

d 民权运动不需要付出流血的代价

II Reread the passage. Circle useful words in the text, then write down their definitions (in Chinese or English), drawing on either the context or a dictionary.

Vocabulary	Meaning

III Underline challenging sentences in the text. Then discuss their meaning and function with your classmates or teacher.

IV Summarize the main idea of each paragraph in one sentence:

1 ____

2 ____

3 ____

4 ____

5 ____

6 ____

7 ____

V With a partner or in a small group, hold a conversation based on the following prompts:

1 说说为什么应该保护少数人的权利，以及如何才能保护好他们的权利。

2 请举例说明，现代社会“多数人暴政”的现象。

3 结合所学课文，谈谈俞可平的看法与作者看法的相同之处和不同之处。

第十三课
Lesson 13

眼前世界文化的趋向

胡适

SELECTED BY CHIH-P'ING CHOU
PREPARED BY YONGTAO ZHANG

背景简介
Background Information

胡适

胡适 (1891–1962)，现代中国著名的学者、思想家、政论家、外交家，自由民主和人权的斗士。生在上海，死在台北。

在中国现代化的过程中，胡适是一个中心人物。从提倡白话文到批判旧礼教，从"整理国故"到"全盘西化"，他不但是提倡者，也是总结成果的人。就学术研究而言，胡适的影响及于中国哲学、史学、文学各个方面。甚至于近代中国语法研究，胡适也是少数先驱之一。就社会改革而言，从丧礼改革到妇女解放，从个人主义到"好人政治"，这些运动和口号都是和胡适分不开的。他几乎成了二十世纪初期，中国新思潮的总汇；因此，新文化运动所引起的种种结果，都或多或少地归结到了胡适身上。在胡适的著作中，虽不乏对中国文化严厉的批评，和对西洋文明的热烈赞扬，但这种种都丝毫不影响他对中国文化的依恋和爱护。他一生的终极关怀始终是中国文化的重建和再造。胡适思想在今日依旧是所有独裁和暴力的死敌。我们深信：只要中国人对自由、民主、理性、科学的追求不死，胡适思想就有它不死的时代意义。

这篇演说发表在 1947 年——共产党即将取得政权前夕，胡适仍然坚信民主自由是"眼前世界文化的趋向"，而专制和独裁不过是小小的波折。

眼前世界文化的趋向

胡适

预习提示

Preview Questions

- 科技的发展和不同文化之间的接触与融合，给世界带来了哪些变化？
- 作者为何说民主是世界文化的发展趋向？你同意这个说法吗？

今天我讲的题目，**发表**出来是“眼前文化的趋向”。后来我想了想，恐怕要把题目**修改**几个字，叫做“眼前世界文化的趋向”。这个趋向有它自然的方向，也有它理想的方向。**依着**自然的趋向，世界文化渐渐**朝混合统一**的方向发展。但从这混合统一的趋向中，也可以看出共同的理想目标。现在我先谈谈自然的统一趋向。

自从**轮船**与火车**发明**之后，世界上的**距离**一天天**缩短**，**地球**一天天**缩小**，人类一天天**接近**。70 年前，有**部**小说叫做《**环游**世界八十天》(Around the World in Eighty Days)，这在当时是一种理想。**诸位**还记得，今年六月，19 位美国**报界领袖**坐了一**架**新造的飞机，6 月 17 日从纽约**起飞**，**绕**了地球一周，6 月 30 日飞回纽约，**共计** 13 天，飞了两万多**英里**，而其中飞行时间才不过一百小时，等于四天零几小时。

眼前	*yǎnqián*	adj.	present, current, (lit.) in front of one's eyes
趋向	*qūxiàng*	n.	trend, tendency toward; (趋向：趋势) 文化 / 经济 / 社会＋发展～
发表	*fābiǎo*	v.	to publish (a thesis or article), to voice (one's opinion), to deliver (a speech); ～＋文章 / 看法 / 讲话
修改	*xiūgǎi*	v.	to revise, to amend, to modify; ～＋文章 / 题目
依	*yī*	prep.	according to, in accordance with
朝	*cháo*	prep.	towards; ～着＋方向＋努力 / 发展 / 前进
混合	*hùnhé*	v.	to mix, to merge; 把 X 和 Y ～在一起
统一	*tǒngyī*	adj./v.	unified; to unify; ～＋思想 / 意见 / 祖国
轮船	*lúnchuán*	n.	steamship
发明	*fāmíng*	n./v.	invention; to invent; ～＋新科技 / 新技术 / 电话
距离	*jùlí*	n.	distance
缩短	*suōduǎn*	v.	to shorten; ～＋距离 / 时间
地球	*dìqiú*	n.	the Earth
缩小	*suōxiǎo*	v.	to narrow, to reduce; ～差距
接近	*jiējìn*	v.	to approach, to advance toward; ～＋ sb./sth.
部	*bù*	m.w.	measure word for books, films, etc.; 一部＋小说 / 电影
环游	*huányóu*	v.	to orbit, to travel around; ～世界
诸位	*zhūwèi*	n.	all of you, everybody (used in addressing a group of people); ～＋同事 / 先生 / 女士 / 朋友 (诸位：各位)
报界	*bàojiè*	n.	the press
领袖	*lǐngxiù*	n.	leader; 商界 / 政界 / 革命 / 工会＋～
架	*jià*	m.w.	measure word for mechanical things (e.g. planes, pianos, etc.); 一架＋飞机 / 钢琴
起飞	*qǐfēi*	v.	to take off; 飞机～
绕	*rào*	v.	to go around, to circle around
共计	*gòngjì*	v.	to amount to, to total
英里	*yīnglǐ*	m.w.	mile
零	*líng*	num.	zero, and (to connect two numbers); e.g. 108: 一百零八

更重要的是，传播消息，传播新闻，传播语言文字，传播思想，电报的发明是第一步，海底电线的成功是第二步，电话的发明是第三步，无线电报与无线电话的成功是第四步。

有了无线电报和无线电话，高山也挡不住消息，大海也隔不断新闻，战争的炮火也截不断消息的流通。我们从前看过小说《封神榜》，诸位总记得“千里眼，顺风耳”的故事。现在北平可以和南京通电话，上海可以同纽约通电话。人与人可以隔着太平洋谈话，可以和五大洲通电报。人类的交流与沟通已远远超过小说里“千里眼，顺风耳”的神话世界了！人类进步到了这个程度，文化的接触，文化的交流，文化的混合，就更有可能了，就更有机会了。

所以我们说，一百四十年的轮船，一百二十年的火车，一百年的电报，五十年的汽车，四十年的飞机，三十年的无线电报，这些重要的工具，在区区一百年之内，把距离缩短了，把种种的自然阻隔都打破了，使各地的货物可以流通，使东西南北的人可以往来，使各种各样的风俗习惯、信仰、思想，都可以彼此接触，彼此了解，彼此交换。一百多年来，各民族文化交流的结果，已经渐渐形成了一种混合统一的世界文化。

以我们中国来说，无论在都市、乡村，都免不了受到这种世界文化的影响。电灯、电话、电报、电影、无线广播、公路上的汽车、铁路上的火车、空中飞来飞去的飞机，都是世界文化的一部分；

传播	*chuánbō*	v.	to spread, to transmit; ～＋消息／信息／疾病／知识
消息	*xiāoxi*	n.	news, information; 好／坏＋～
电报	*diànbào*	n.	telegram
海底	*hǎidǐ*	n.	seabed
电线	*diànxiàn*	n.	electric wire
无线	*wúxiàn*	adj.	wireless
挡不住	*dǎngbúzhù*	phr.	unable to ward off/keep off; 挡住＋诱惑／进攻／敌人
隔不断	*gébúduàn*	phr.	unable to obstruct/cut off; 隔断＋联系／往来／交通
炮火	*pàohuǒ*	n.	gunfire
截不断	*jiébúduàn*	phr.	unable to stop/intercept; 截断＋河流／退路
流通	*liútōng*	v.	to circulate; circulation; 货币／美元／消息＋～
封神榜	*Fēngshénbǎng*	p.n.	*Investiture of the Gods* (a sixteenth-century Chinese novel)
千里眼	*qiānlǐyǎn*	n.	far-seeing person, (lit.) person with eyes that can see thousands of miles (a mythical character)
顺风耳	*shùnfēng'ěr*	n.	well-informed person, (lit.) person with superb hearing (a mythical character)
北平	*Běipíng*	p.n.	Beiping (a former name of Beijing)
南京	*Nánjīng*	p.n.	Nanjing (the capital of Jiangsu Province)
同	*tóng*	conj.	along with（同：跟／与／和）
太平洋	*Tàipíngyáng*	p.n.	Pacific (Ocean)
洲	*zhōu*	n.	continent; 亚／欧／非／美／澳＋～
超过	*chāoguò*	v.	to surpass, to outperform; ～＋数量／标准／水平／sb.
神话	*shénhuà*	n.	mythology, myth; ～＋故事／传说
接触	*jiēchù*	v.	to contact, to touch; ～＋ sb./sth., 跟＋ sb./sth ～
区区	*qūqū*	adj.	just, no more than, trifling, trivial; ～＋十块钱／小国
阻隔	*zǔgé*	v.	to separate, to block, to obstruct
货物	*huòwù*	n.	goods, cargo
往来	*wǎnglái*	v.	to communicate, to interconnect; 贸易～; X 与 Y ～
风俗	*fēngsú*	n.	custom, 当地／传统／社会＋～
信仰	*xìnyǎng*	n./v.	belief, faith; to believe in; 宗教～; ～＋上帝／…主义
彼此	*bǐcǐ*	adv.	mutually; ～＋接触／相爱／理解／帮助
交换	*jiāohuàn*	v.	to exchange; ～＋ sth.
都市	*dūshì*	n.	metropolis, big city
免不了	*miǎnbùliǎo*	adj.	unavoidable, inevitable; ～＋ V.P.
飞来飞去	*fēiláifēiqù*	phr.	to fly around; 飞机／小鸟／蚊子＋～

烟草、毛巾、计算时间的钟表，也都是世界文化的一部分；甚至连我们自己园地里的大豆、玉米，也都是世界文化的一部分。大豆本来是中国的特产，现在已成为世界上最有用的一种植物了。玉米是美洲的特产，在过去四五百年中，早已传遍了全世界，成为世界公用品，现在很少人知道它是从北美来的。

反过来看，在世界其他角落里，在欧洲、美洲的都市与乡村，我们也可以随处看见许多中国的东西变成了世界文化的一部分。中国的瓷器、铜器、雕刻、丝绸、刺绣和中国画，也是随处可见的。茶叶是中国去的，橘子、菊花也是中国去的，桐油更是全世界工业必不可少的。中国春天最早开的迎春花，现在已成了西方都市与乡村最常见的花了。西方女人最喜欢的白菊花、栀子花，都是从中国去的。他们的花园里、公园里，常见的藤萝花、牡丹花、丁香花、玉兰花，也都是从中国去的。

烟草	*yāncǎo*	n.	tobacco
毛巾	*máojīn*	n.	towel
计算	*jìsuàn*	v.	to calculate, to count
钟表	*zhōngbiǎo*	n.	timepiece
园地	*yuándì*	n.	garden area/plot, farmland
大豆	*dàdòu*	n.	soybean
玉米	*yùmǐ*	n.	corn
特产	*tèchǎn*	n.	local specialty, local products; place ＋～
植物	*zhíwù*	n.	plants
美洲	*Měizhōu*	p.n.	the Americas
传遍	*chuánbiàn*	v.	to spread all over the place, to distribute everywhere; (- 遍: all over, all around, e.g. 传 / 走 / 游＋遍＋ place)
北美	*Běi Měi*	p.n.	North America (continent)
角落	*jiǎoluò*	n.	corner; 教室 / 世界 /place ＋～
随处	*suíchù*	adj.	everywhere, anywhere; ～可见
瓷器	*cíqì*	n.	porcelain, china
铜器	*tóngqì*	n.	copperware, bronze containers
雕刻	*diāokè*	n./v.	carving, statue; to carve
丝绸	*sīchóu*	n.	silk
刺绣	*cìxiù*	n.	embroidery
随处可见	*suíchùkějiàn*	phr.	very common, (lit.) it can be seen everywhere
茶叶	*cháyè*	n.	tea leaves
橘子	*júzi*	n.	tangerine, mandarin orange
菊花	*júhuā*	n.	chrysanthemum
桐油	*tóngyóu*	n.	tung oil (drying oil obtained from the tung tree)
必不可少	*bìbùkěshǎo*	adj.	indispensable, essential
迎春花	*yíngchūn huā*	n.	winter jasmine
栀子花	*zhīzihuā*	n.	gardenia
藤萝花	*téngluó huā*	n.	Chinese wisteria
牡丹花	*mǔdān huā*	n.	peony
丁香花	*dīngxiāng huā*	n.	lilac
玉兰花	*yùlánhuā*	n.	Yulan magnolia

文化的交流都是自由选择的。这里面有一个大原则，就是“以其所有，易其所无，交易而退，各得其所。”翻译成白话是“我要什么，我挑什么来，他要什么，他挑什么去。”玉米现在传遍世界，难道是洋枪大炮逼我们种的么？桐油、茶叶传遍了世界，也不是洋枪大炮来抢去的。小到一朵花、一颗豆，大到经济、政治、学术思想，都逃不了这个文化的自由选择、自由流通的大趋向。三四百年的世界交流，使各种各样的文化有互相接触的机会。互相接触了，才可以自由选择，自由采用。

今日的世界文化就是这样自然形成的，这是我要说的第一句话。我要说的第二句话是，眼前的世界文化在刚才说过的自然选择的趋向之下，还可以看出几个共同的大趋向，有几个共同的理想目标。这些理想目标，是世界上许多圣人提倡的、改造世界的大方向。经过几百年的努力，几百年的宣传，现在差不多成了文明国家共同努力的目标了。这些目标总括起来共有三个：

第一、用科学成果解除人类的痛苦，增进人类的幸福；

第二、用社会化的经济制度来改善人类的生活，提高人类的生活水平；

第三、用民主的政治制度来解放人类的思想，发展人类的能力，造就自由独立的人格。

先说第一个理想，用科学成果来增进幸福，减少痛苦。世界文化最重要的组成部分是三四百年来的科学成果。有些悲观的人，看了两次世界大战，

以其所有 易其所无 交易而退 各得其所	*yǐqísuǒyǒu* *yìqísuǒwú* *jiāoyì'értuì* *gèdéqísuǒ*	phr.	use what one has (以：用，所有：所拥有的东西) to exchange for what one does not have (易：交换)， trading/exchanging and then retreating (退：回去) everyone gains what they wanted (其所：所想要的东西)
翻译	*fānyì*	v.	to translate; 把…～成…
白话	*báihuà*	n.	colloquial Chinese, modern Chinese
挑	*tiāo*	v.	to choose, to pick out (挑：挑选)
洋枪大炮	*yángqiāngdàpào*	n.	weapons and arms, (lit.) foreign guns and cannons
逼	*bī*	v.	to force; ～＋ sb. (＋ V.P.)
种	*zhòng*	v.	to plant, to grow; ～＋花 / 草 / 树 / 植物
抢	*qiǎng*	v.	to snatch, to rob, to grab; ～＋ sth.
朵	*duǒ*	m.w.	measure word for flowers, clouds, etc.
颗	*kē*	m.w.	measure word for small, round things (e.g. teeth, seeds, and bullets); 一～牙 / 豆 / 种子 / 宝石 / 子弹
逃	*táo*	v.	to escape, to run away; 从 place ＋逃走 / 逃跑
采用	*cǎiyòng*	v.	to use, to adopt; ～＋武力 / 新材料 / 先进技术
句	*jù*	m.w.	measure word for sentences, e.g. 一句话
圣人	*shèngrén*	n.	sage, wise man
提倡	*tíchàng*	v.	to advocate, to promote; ～＋科学 / 改革 / 说普通话
改造	*gǎizào*	v.	to reform, to remold, to transform; ～＋社会 / 自然 / 思想
努力	*nǔlì*	v.	to make an effort, to work hard; ～＋工作 / 学习
宣传	*xuānchuán*	n./v.	propaganda; to publicize
总括	*zǒngkuò*	v.	to sum up, to summarize
成果	*chéngguǒ*	n.	achievement, fruit (of labor); 科研 / 研究 / 劳动＋～
解除	*jiěchú*	v.	to relieve, to get rid of; ～＋合同 / 管制 / 痛苦
痛苦	*tòngkǔ*	n./adj.	pain, suffering; painful; ～＋生活 / 回忆 / 经历
增进	*zēngjìn*	v.	to enhance, to strengthen; ～＋感情 / 友谊 / 交流
幸福	*xìngfú*	n.	happiness, well-being; 生活 / 家庭 / 婚姻＋～
社会化	*shèhuìhuà*	v./adj.	to socialize; socialized
改善	*gǎishàn*	v.	to improve; ～＋环境 / 生活 / 条件 / 关系 / 状况
解放	*jiěfàng*	v.	to liberate, to emancipate; ～＋思想 / 妇女 / 奴隶
造就	*zàojiù*	v.	to train, to bring up, to create; ～＋人才 / 英雄 / 辉煌
人格	*réngé*	n.	personality, character; 独立 / 高尚 / 健全＋～
悲观	*bēiguān*	adj.	pessimistic, disheartened; ～＋态度 / 看法

尤其是看了最近几年的第二次世界大战，常常说科学是杀人的利器，是毁灭世界文化的大魔王。他们听到原子弹毁灭了日本两个大都市，杀了十几万人，就想象将来的世界大战一定会把整个世界文明都毁灭掉，所以他们害怕科学，咒骂科学。这种议论是错误的。在战争时期，为了国家的生存，为了保护人类文明，为了缩短战争过程，科学不能不尽最大的努力发明先进的武器，如第二次世界大战，双方发明了种种可怕的武器。但这种战时工作，不是科学的常态，更不是科学的本意。科学的使命是充分运用人的聪明才智来追求真理和探索自然界的规律，要使人类能够利用这些真理和规律来掌握自然界的力量。譬如叫电力给我们赶车，叫电波给我们送信。这才是科学的本分，这才是利用科学的成果来增进人类的幸福。

利器	*lìqì*	n.	sharp weapon, efficient tool; …是 V.P. 的～
毁灭	*huǐmiè*	v.	to destroy, to ruin; ～＋证据 / 城市 / 世界
魔王	*mówáng*	n.	devil, monster
原子弹	*yuánzǐdàn*	n.	atomic bomb
想象	*xiǎngxiàng*	v./n.	to imagine; imagination; ＋～未来 /clause
咒骂	*zhòumà*	v.	to curse; ～＋ sb.
议论	*yìlùn*	n./v.	discussion, comment; to discuss
错误	*cuòwù*	n.	mistake, error, fault
生存	*shēngcún*	v.	to survive, to live
尽	*jìn*	v.	to exhaust (all one's strength); ～＋心 / 力；尽其所能
武器	*wǔqì*	n.	weapon
如	*rú*	v.	for example, such as
双方	*shuāngfāng*	n.	both sides; 夫妻 / 师生 / 中美＋～
战时	*zhànshí*	n.	wartime
常态	*chángtài*	n.	normalcy, normal state; 保持 / 恢复＋～
本意	*běnyì*	n.	original intention
使命	*shǐmìng*	n.	mission; sb. 的～；光荣～
充分	*chōngfèn*	adv./adj.	fully, completely; abundant; ～＋利用 / 说明 / 发挥
运用	*yùnyòng*	v.	to utilize, to apply, to employ; ～＋技术 / 理论
聪明才智	*cōngmíngcáizhì*	n.	intelligence and wisdom
追求	*zhuīqiú*	v.	to pursue, to seek, to chase; ～＋幸福 / 平等 / 自由 / 理想 /sb.
真理	*zhēnlǐ*	n.	truth
探索	*tànsuǒ*	v.	to explore, to grope for; ～＋大自然 / 世界 / 新方法
规律	*guīlǜ*	n.	law (of nature), norm; 自然 / 发展 / 客观＋～
掌握	*zhǎngwò*	v.	to command, to govern, to control; ～＋技巧 / 语言
譬如	*pìrú*	v.	for example
电力	*diànlì*	n.	electric
赶车	*gǎnchē*	v.-o.	to drive a cart
电波	*diànbō*	n.	radio wave
送信	*sòngxìn*	v.-o.	to deliver a letter; 给 sb. ＋～
本分	*běnfèn*	n.	one's duty, one's role; 尽 / 守＋～

这几百年来的科学成果，都是朝着这个方向去的。无数聪明的人，抱着追求真理的决心，终身埋头在科学实验室里，一点一滴地研究，一步一步地前进。经过几百年持续不断的努力，发明了无数新事物、新理论，创造了人类历史上空前的科学新世界。在这个新世界里，人类的痛苦减少了，人类的传染病在文明国家差不多被消灭了，平均寿命延长了几十年。科学的成果应用到工业技术上，造出了种种代替人工的机器，使人们可以减少体力劳动，提高工作效率，享受“机器奴隶”的服侍。总而言之，科学文明的成果使人类的痛苦减少，寿命延长，使人类的生产增加，生活改善。

因此，现代世界文化的第一个理想目标是充分发展科学，充分利用科学。近代科学虽然是欧洲产生的，在最近的三十年中，科学的领导地位已经渐渐从欧洲转移到美国了，但科学是没有国界的，科学是世界公有的。只要有人努力，总可以取得成绩。所以新发展起来的国家，如日本、苏俄、印度和中国，有一分的努力，总可以有一分科学成绩。

其次，谈到第二个理想，用社会化的经济制度来提高生活水平。我特别用“社会化的经济制度”这个名词，因为我要避开“社会主义”这个名词。

无数	*wúshù*	adj.	countless, numerous
抱	*bào*	v.	to hold, (lit.) to carry in one's arms; ～+希望/幻想/…决心
决心	*juéxīn*	n.	determination; 下～;(下)～+ V.P.
终身	*zhōngshēn*	adv./adj.	all one's life; lifelong; ～+教育/教授/大事/不嫁/学习/受益
埋头	*máitóu*	v.-o.	to immerse oneself in, to engross oneself in; ～+工作/读书
实验室	*shíyànshì*	n.	lab
一点一滴	*yìdiǎn yìdī*	idm.	every little bit, gradually; ～+积累/学习
前进	*qiánjìn*	v.	to advance, to march, to progress
事物	*shìwù*	n.	thing, object
空前	*kōngqián*	adj./adv.	unprecedented; never before; ～+繁荣/严重/灾难
传染病	*chuánrǎnbìng*	n.	infectious disease
消灭	*xiāomiè*	v.	to eliminate, to wipe out; ～+害虫/敌人/奴隶制度
寿命	*shòumìng*	n.	lifespan, longevity; ～+长/短
延长	*yáncháng*	v.	to prolong, to extend; ～+寿命/时间/time duration
应用	*yìngyòng*	v.	to apply; ～+知识/技术;把…～于/到…
代替	*dàitì*	v.	to substitute for; X 代替 Y
人工	*réngōng*	n.	human labor, manual work
机器	*jīqì*	n.	machine
体力	*tǐlì*	n.	physical strength/power
效率	*xiàolǜ*	n.	efficiency; 提高/很有+～
奴隶	*núlì*	n.	slave
服侍	*fúshì*	v.	to serve, to attend to, to take care of; ～+ sb./主人/皇帝
总而言之	*zǒng'éryánzhī*	phr.	to summarize, in brief
转移	*zhuǎnyí*	v.	to shift, to divert; ～+目标/注意力/资产/资金
国界	*guójiè*	n.	border, national boundary
公有	*gōngyǒu*	adj.	communal, shared, publicly owned
苏俄	*Sū É*	p.n.	Soviet Russia
一分	*yìfēn*	num.+ m.w.	one unit of an abstraction (e.g. 一分耕耘一分收获: no pain, no gain, [lit.] one unit of cultivation, one unit of harvest; 一分钱一分货: you get what you pay for)
名词	*míngcí*	n.	noun, concept
避开	*bìkāi*	v.-c.	to avoid, to shun, to keep away from; ～+问题/困难/矛盾
社会主义	*shèhuì zhǔyì*	n.	socialism

"社会化的经济制度"就是要照顾到大多数人利益的经济制度。最近几十年，世界历史的一个很明显的方向，就是无论在社会主义国家，还是在资本主义国家，社会大多数人的利益是一切经济制度的基本条件。美国、英国号称资本主义国家，但他们都有累进税率的所得税制度和遗产税制度。四年前英国的所得税，每年收入一万英镑的人，税率为80%；而每年收入在250英镑以下的人，税率只有3%。同年，美国单身成年人每年收入一千美元的，税率为10%；每年收入一百万美元的，税率约为90%。这样的经济制度，一方面并不废除私有财产和自由企业，另一方面征收的所得税服务于全社会，同时还可以缩小贫富差距，这样的经济制度可以称为"社会化的"。此外，规定最低工资，限制工作时间，保护工会组织，用国家收入来救济失业者，这些都是"社会化"的方法。英国殖民在各地建立的自治国家，如澳洲、新西兰等，近年来都是工党执政，都倾向于社会化的经济政策。英国本身在工党执政之下，也是很明显地在推行经济制度社会化。美国在罗斯福总统十

照顾	*zhàogù*	v.	to look after, to take into consideration; ～＋ sb./ 病人
利益	*lìyì*	n.	interest, benefit
资本主义	*zīběn zhǔyì*	n.	capitalism
号称	*hàochēng*	v.	to be known as, to claim to be; X 号称 Y
累进税率	*lěijìn shuìlǜ*	n.	progressive tax rate (i.e. the tax rate increases with the taxable amount)
所得税	*suǒdé shuì*	n.	income tax
遗产税	*yíchǎn shuì*	n.	inheritance tax
英镑	*Yīngbàng*	p.n.	British pound (UK currency)
税率	*shuìlǜ*	n.	tax rate
同年	*tóngnián*	n.	same year
单身	*dānshēn*	adj.	single, unmarried
成年人	*chéngniánrén*	n.	adult, grownup
约	*yuē*	adv.	about, approximately (约：大约)
废除	*fèichú*	v.	to abolish, to abrogate; ～＋制度 / 政策 / 条约 / 法律
私有财产	*sīyǒu cáichǎn*	n.	private property
企业	*qǐyè*	n.	enterprise; 国有 / 集体 / 私营 / 跨国＋～
征收	*zhēngshōu*	v.	to levy; ～＋费用 / 税款
贫富差距	*pínfù chājù*	n.	the gap between rich and poor
规定	*guīdìng*	v./n.	to stipulate, to specify, to set; stipulation, regulation
最低工资	*zuìdīgōngzī*	n.	minimum wage
限制	*xiànzhì*	v.	to restrict, to limit; ～＋时间 / 物价 / 自由 / 行动
工会组织	*gōnghuì zǔzhī*	n.	labor union
救济	*jiùjì*	v.	to relieve, to remedy; ～＋穷人 / 失业者 / 难民
失业者	*shīyèzhě*	n.	the unemployed (…者：…的人)
殖民	*zhímín*	n./v.	colonialist; to colonize; ～＋地 / 主义
自治	*zìzhì*	adj./v.	self-governing; to exercise autonomy; ～＋区 / 州 / 县
澳洲	*Àozhōu*	p.n.	Australia (澳洲：澳大利亚)
新西兰	*Xīnxīlán*	p.n.	New Zealand
工党	*Gōngdǎng*	p.n.	Labor Party
执政	*zhízhèng*	v.	to rule, to be in power; ～＋党 / 当局
倾向于	*qīngxiàngyú*	v.	to be inclined to, to tend to; ～＋ V.P.
推行	*tuīxíng*	v.	to promote, to advocate; ～＋计划 / 政策
罗斯福	*Luósīfú*	p.n.	Franklin Delano Roosevelt (thirty-second president of the United States, 1882–1945)

三年的领导之下，也推行了许多社会化的经济政策。至于北欧、西欧许多民主国家，如瑞典、丹麦、挪威等，都很早就实行了各种社会化政策。

这种经济制度的社会化，是世界文化的第二个共同的理想目标。我们中国本来就有“不患寡而患不均”的传统思想，我们更应该朝这个方向多多努力，才可以在世界文化中占一席之地。

最后，世界文化还有第三个共同的理想目标，就是民主的政治制度。有些人听了我这句话，也许要笑我说错了。他们说最近三十年，民主政治已不时髦了，时髦的政治制度是代表工农阶级的一党专制，铲除一切反对党，用强力来统治大多数的人民。个人自由是资本主义的遗产，是用不着的。阶级应该有自由，个人应该牺牲自由，来为阶级谋自由。这派理论在眼前世界里，代表着一个很有力量的大集团。而胡适之偏要说民主政治是文化的一个共同的理想目标，这不是大错特错吗？

我不认为这种批评是对的。我是学历史的，从历史的角度来看，世界文化的趋向都是民主自由的趋向。这是三四百年来一个最大的目标、最明确的方向。最近三十年集体专制反自由、反民主的潮流，不过是一个小小的波折、一个小小的逆流。我们不必因为中间这三十年的逆流，而抹杀三百年来民主的大潮流、大方向。

北欧	*Běi Ōu*	p.n.	Northern Europe
西欧	*Xī Ōu*	p.n.	Western Europe
瑞典	*Ruìdiǎn*	p.n.	Sweden
丹麦	*Dānmài*	p.n.	Denmark
挪威	*Nuówēi*	p.n.	Norway
实行	*shíxíng*	v.	to implement; ～＋计划 / 政策 / 措施
不患寡而患不均	*búhuànguǎ ér huànbùjūn*	prov.	it is inequality, not scarcity, that persecutes governors（患：担心；寡：少；均：平均）
一席之地	*yìxízhīdì*	idm.	place of one's own, tiny space, foothold; 占 / 有～
时髦	*shímáo*	adj.	fashionable, current; 发型 / 穿着 /sb. ＋～
工农阶级	*gōngnóng jiējí*	n.	worker-peasant class（工：工人；农：农民）
一党专制	*yìdǎngzhuānzhì*	n.	one-party autocracy
铲除	*chǎnchú*	v.	to eradicate, to wipe out; ～＋杂草 / 敌人 / 腐败 / 恶势力
反对党	*fǎnduì dǎng*	n.	opposition party, opposition
统治	*tǒngzhì*	v.	to govern, to rule; ～＋国家 / 人民
遗产	*yíchǎn*	n.	legacy, inheritance; 历史 / 文化 / 分配 / 继承＋～
用不着	*yòngbùzháo*	phr.	there is no need to; ～＋ V.P.
牺牲	*xīshēng*	v.	to sacrifice; ～＋时间 / 生命 / 个人利益
谋	*móu*	v.	to seek, to strive for; (谋：谋求) ～＋生 / 利益 / 发展 / 福利
派	*pài*	n.	group, faction; 左 / 右 / 保守 / 自由 / 反对＋～
集团	*jítuán*	n.	group, clique; 统治 / 军事＋～
胡适之	*Hú Shìzhī*	p.n.	Hu Shih (1891–1962)（胡适：名适，字适之）
偏要	*piānyào*	v.	to insist on, to persist in; ～＋ V.P. (to do the exact opposite of . . . e.g. 妈妈不让我去，我偏要去)
大错特错	*dàcuò tècuò*	idm.	as wrong as wrong can be, absolutely wrong
批评	*pīpíng*	v.	to criticize
明确	*míngquè*	adj./adv.	clear; to clarify; ～＋目标 / 方向 ; ～＋指出 / 说明
集体	*jítǐ*	n.	collective; ～＋财产 / 利益 / 活动 / 智慧
专制	*zhuānzhì*	adj./n.	autocratic, despotic, dictatorial; dictatorship
潮流	*cháoliú*	n.	trend, tide; 发展 / 世界＋～
波折	*bōzhé*	n.	twists and turns
逆流	*nìliú*	n.	countercurrent
抹杀	*mǒshā*	v.	to erase, to obliterate; ～＋功劳 / 功绩 / 历史 / 创造力

俄国大革命，在经济方面要为工农大众争取利益，那是我们同情的。可是阶级斗争的方法，使俄国出现了一种不容忍、反自由的政治制度。我认为那是历史上一件大不幸的事。这种反自由、不民主的政治制度站不住脚，所以必须依靠暴力来维持，结果是三十年残忍地压迫与消灭反对党，最终从一党专制走上了一个人的专制。三十年的残酷斗争，人民所得到的经济利益，远不如民主国家人民从自由企业与社会立法中得到的多。这是很令人惋惜的。

纵观这三十年的世界历史，我们看到的是这种反自由、不容忍的专制制度，一个一个都被打倒了，毁灭了。今日的世界，无论是在古老文明的欧洲，或是在新兴的亚洲，都是朝着争民主、争自由的方向走。印度的独立，中国一党专制的结束，都是很好的例子。

所以我毫不迟疑地说：世界文化的第三个目标，是争取民主，争取更多、更合理的民主。

有些人看见现在世界上美苏两大集团的对立，就以为第三次世界大战即将来临，将来胜败不知如何，我们不要押错宝，以致后悔莫及！这是很可怜

俄国	*Éguó*	p.n.	Russia
争取	*zhēngqǔ*	v.	to strive for, to fight for; ～＋独立 / 平等 / 自由 / 利益
同情	*tóngqíng*	v.	to sympathize with, to feel or express compassion; ～＋ sb. / 弱者
阶级斗争	*jiējí dòuzhēng*	n.	class struggle
容忍	*róngrěn*	v.	to tolerate; ～＋ sb./ 异己 / 反对派 / 不同的意见
不幸	*búxìng*	adj.	unfortunate, unlucky
站不住脚	*zhànbúzhùjiǎo*	idm.	ill-founded, unconvincing; 观点 / 看法＋～
暴力	*bàolì*	n.	violence
维持	*wéichí*	v.	to maintain, to preserve; ～＋生活 / 关系 / 和平 / 秩序
残忍	*cánrěn*	adj.	cruel, brutal, ruthless; ～＋行为 / 手段 ; sb. 很～
压迫	*yāpò*	v.	to oppress; ～＋ sb.
残酷	*cánkù*	adj.	cruel, brutal, ruthless; ～＋现实 / 剥削 / 压迫 ; 制度 / 现实 / 社会 / 竞争 /sb. ＋很～
立法	*lìfǎ*	v.-o.	to legislate
惋惜	*wǎnxī*	v.	to feel sorry for, to pity, to sympathize with; 令人 / 感到＋～
纵观	*zòngguān*	v.	to take a broad view of, to hold a comprehensive view; ～＋历史 / 全局 / 天下
打倒	*dǎdǎo*	v.-c.	to overthrow, to topple; ～＋对手 /…主义 ; 把…～在地
新兴	*xīnxīng*	adj.	burgeoning, newly emerging; ～＋产业 / 国家 / 学科
争	*zhēng*	v.	to strive for, to fight for (争：争取)
结束	*jiéshù*	v.	to end, to terminate; 比赛 / 会议 / 演出 / 学期＋～
毫不迟疑	*háobù chíyí*	idm.	without the slightest hesitation
美苏	*Měi Sū*	p.n.	the United States and the Soviet Union
对立	*duìlì*	n./v.	antagonism; in opposition to; X 与 Y ～
即将	*jíjiāng*	adv.	in no time, be about to; ～＋到来 / 来临 / 发生 /V.P.
来临	*láilín*	v.	to come, to approach; 战争 / 时代 / 冬季＋～ ; 即将～
胜败	*shèngbài*	n.	victory or defeat
如何	*rúhé*	adv.	how; 情况 / 胜败 / 结果＋～ ; ～＋了解 / 应对 (如何：怎么样)
押错宝	*yācuòbǎo*	phr.	to back the wrong horse (押宝 : to bet on)
以致	*yǐzhì*	conj.	with the result that, consequently; action, ～＋ result
后悔莫及	*hòuhuǐ mòjí*	idm.	too late to repent/regret; (sth. 让 / 令) sb. ＋～
可怜	*kělián*	adj.	pitiful, poor; sb. ＋～

的败北主义。所谓“两个世界”的对立，其实不过是那个反自由、不容忍的专制集团，自己害怕、自己气馁的表现。这个集团至今不敢和世界别的国家自由交流，这就是害怕的铁证！这就是气馁的铁证！

我们认清了世界文化的方向，大可不必担忧，可以放大胆子，放开脚步，努力建立自己的民主自由的政治制度。我们要解放我们自己，要造就自由独立的国民人格。只有民主的政治，可以满足我们的要求。

原载于北平出版的《华北日报》

1947年8月3日

败北	*bàiběi*	v.	to suffer defeat
气馁	*qìněi*	v.	to be discouraged; 感到～
至今	*zhìjīn*	adv.	up to now, hitherto
铁证	*tiězhèng*	n.	conclusive/solid evidence; ～如山
认清	*rènqīng*	v.-c.	to understand, to be very clear about; ～+真面目/现实
大可不必	*dàkěbúbì*	idm.	entirely unnecessary, does not have to; ～+ V.P.
担忧	*dānyōu*	v.	to worry, to be concerned about; 为 sb./sth. (感到) +～
胆子	*dǎnzi*	n.	courage, guts; ～+大/小

重要语言点

Essential Structures and Patterns

1 …同…

with

- ◆ 现在北平可以和南京通电话，上海可以同纽约通电话。
- ◇ 学校管理中出现了急功近利的趋势，把学生的考分、升学率、就业率同教师的工资、奖金挂钩。
- ◇ 一个国家的经济制度同政治制度都会影响这个国家的发展。

2 以…来说

in the case of . . . /as for . . .

- ◆ 以我们中国来说，无论都市、乡村，都免不了受到这个世界文化的影响。
- ◇ 以中国的人均收入来说，花掉那么多钱来举办奥运会是很不值得的。
- ◇ 以军事实力来说，中国完全可以用更强硬的手段来回应恐怖分子的挑衅。

3 增进＋幸福/友谊/感情

to enhance/to promote/to strengthen

- ◆ 科学的成果可以用来增进人生的幸福。
- ◇ 这次篮球赛就是为了让双方球队交流经验、提高技术、增进友谊而举行的。
- ◇ 他把请客吃饭当做联络感情、增进友谊、了解信息、互通情况的重要方式。

4 …，譬如,…

. . . , for example, . . .

- ◆ 科学的使命是充分运用人的聪明才智来追求真理和探索自然界的规律，要使人类能够利用这些真理和规律来掌握自然界的力量。譬如叫电力给我们赶车，叫电波给我们送信。

◇ 普世价值是大家普遍接受的价值观念，譬如民主、自由和平等。

◇ 并非所有以佛教为主要宗教信仰的国家都废除了死刑。譬如，泰国至今仍然继续执行死刑。

5 **总而言之，…**

To summarize, . . .

◆ 总而言之，科学文明的成果使人类的痛苦减少，寿命延长，使人类的生产增加，生活改善。

◇ 最近我们公司生产成本上升，销量下降，外部的经济环境也不好，总而言之，问题和困难比预想的要多得多。

◇ 资金、技术和掌握高技术的人才大多集中在城市。总而言之，城市是一个国家经济的核心，没有城市的发展，一个国家就很难实现现代化。

6 **只要…，总＋会/能/可以…**

As long as . . . , definitely will . . .

◆ 只要有人努力，总可以取得成绩。

◇ 只要大家不随地乱扔垃圾，城市总会干净一点。

◇ 人只要活着，总还会有生活的希望。

7 **所谓（的）…，其实不过是…**

The so-called . . . , in fact, is merely . . .

◆ 所谓"两个世界"的对立，其实不过是那个反自由、不容忍的专制集团，自己害怕、自己气馁的表现。

◇ 所谓的民主选举，其实不过是有钱人的游戏。

◇ 所谓的一见钟情，其实不过是年轻人不成熟的表现和对爱情肤浅的理解。

词汇练习

Vocabulary Exercises

I Provide an appropriate noun to make a meaningful phrase, then make a sentence with each of the expanded phrases:

发表______	缩小______	追求______	牺牲______
统一______	改造______	延长______	争取______
修改______	解除______	废除______	维持______
缩短______	增进______	救济______	压迫______
传播______	改善______	铲除______	认清______

II Using the underlined expressions in each sentence, make new sentences:

1 现在北平可以和南京通电话，上海可以同纽约通电话。

2 以我们中国来说，无论在都市、乡村，都免不了受到这个世界文化的影响。

3 科学的使命是充分运用人的聪明才智来追求真理和探索自然界的规律，要使人类能够利用这些真理和规律来掌握自然界的力量。譬如叫电力给我们赶车，叫电波给我们送信。

4 无数聪明才智的人，抱着追求真理的决心，终身埋头在科学实验室里，一点一滴地研究，一步一步地前进。

5 总而言之，科学文明的成果使人类的痛苦减少，寿命延长，使人类的生产增加，生活改善。

6 只要有人努力，总可以取得成绩。

7 我毫不迟疑地说：世界文化的第三个目标，是争取民主，争取更多、更合理的民主。

8 我们不要押错宝，以致后悔莫及！

9 我们认清了世界文化的方向，大可不必担忧，可以放大胆子，放开脚步，努力建立自己的民主自由的政治制度。

10 所谓“两个世界”的对立，其实不过是那个反自由、不容忍的专制集团，自己害怕、自己气馁的表现。

III Answer the following questions. In your response, incorporate at least three of the expressions provided; feel free to use more if possible.

1 全球化对世界文化的发展和人们的生活有什么影响？
(挡不住；以…来说；接触；流通；彼此；往来)

2 疫苗（vaccine）的发明对人类社会有什么影响？
(传染病；消灭；延长；寿命；譬如…；改善；解除；痛苦)

3 科学研究的目标是什么？对研究成果和研究方向不明确的实验，政府也应该投资吗？这是不是浪费资金？
(使命；运用；聪明才智；追求；真理；探索；规律；增进；一点一滴；前进；总而言之…)

问题讨论
Discussion Topics

1 你觉得胡适的这次演讲成功吗？为什么？

2 胡适认为眼前世界文化的趋向是怎样的？你认为我们的时代，会有怎样的未来和发展？

3 你觉得，我们是处在一个混合统一的世界文化里，还是处在互相竞争和排斥的世界文化里？

4 文化的接触、交换和融合是件好事吗？各地的文化会不会在全球化的过程中，失去自己的独特性？如何才能达成世界文化共通的目标？

5 科技的发展总是给人类带来好处吗？为什么？

6 你觉得科技和互联网的发展，使人们之间的距离更近了还是更远了？

7 “科学是没有国界的”与“保护知识产权”之间有矛盾吗？你如何看待科学技术的传播与知识产权的保护之间的关系？

8 胡适所提到的“社会化的制度”是什么样的？与社会主义制度有何异同？

9 你觉得胡适对社会主义的态度如何？

10 政府应该增税还是减税？请你站在政府、企业老板、中产阶级、普通工人、失业者等不同的角度，说说你的理由。

11 你觉得胡适是不是一个有先见之明的人？他在1947年说的话，现在看起来是不是仍然很有道理？

12 胡适的这篇文章对现在的中国政府和中国社会有何启示？

研究与报告
Research and Reports

通过网络或其他资料，选择一个题目进行研究，总结和引用现有的看法和研究成果，并提出自己的见解，为大家做一个5分钟左右的报告。

Use the Internet or other resources to research one of the following topics. Summarize and reference current arguments and research findings, offer your own opinion and interpretation, and compile your findings into a five-minute presentation.

1 胡适的生平，包括他的家庭、成长环境以及青年时代的故事。

2 胡适的爱情与婚姻。

3 胡适在美国生活的重要经历。

4 胡适所信奉的思想，以及他为中国社会改革所做出的贡献。

辩论

Debate

请老师组织学生进行辩论。辩论前，先请老师将学生分成正、反两方，请学生按要求准备辩论稿，并尽可能多利用课文的内容、生词和语法。辩论稿应包括你的观点、支持观点的例子、数据和其他材料。辩论过程分为陈述观点、自由辩论、总结陈词三个部分。每部分，正、反双方交替进行。自由辩论时，请各方仔细聆听、记录和分析对方观点，并进行反驳。

As a class, hold a debate. Before the debate, the teacher will assign each student to either the affirmative or the negative side. Students will be expected to prepare debate speeches accordingly, using the essays discussed and incorporating new vocabulary and grammar learned in class. The debate speech should cover the student's argument and provide supporting evidence in the form of examples, statistics, etc. Debates will consist of three sections—opening statements, free debate (rebuttals and Q&A), and closing statements. The affirmative and the negative sides will take turns in each section of the debate. During free debate, each side will listen, record, and carefully analyze the other side's argument to formulate rebuttals.

正方：世界文化的发展趋势将会越来越一致

反方：世界文化的发展趋势将会越来越不同

作文

Composition

1 你觉得传统文化有什么价值？请举例说明。你认为传统的都值得保留吗？在全球化背景下，很多传统文化面临越来越多外来文化的挑战，你对这一现象有何看法？

2 有人认为："保护劳动者的利益应该靠法律而不是工会组织，工会组织只会让企业越来越失去竞争力，让工人越来越懒惰。"你同意这种看法吗？你如何看待工会组织？

Read the passage, then complete the tasks that follow.

全球化、西化与现代化

张永涛

全球化、西化、现代化这三个概念既相互联系，又有所区别。全球化是对现实的描述，无论你喜不喜欢，全球化这个事实的确发生了，而且还在不断加深。西化也就是西方化，很多非西方人士是不喜欢这个概念的，因为西化常常意味着西方的强势文化取代另一种非西方文化。而现代化则是很受欢迎的，世界上所有不发达的国家都毫无例外地希望建设成为现代化国家。由此看来，全球化是个事实判断，而西化和现代化则包含价值的判断。

全球化是随着工业化和网络时代的来临以及全球贸易的兴起而掀起高潮的。由于科技的发展，人类的生产与创造越来越丰富，产品、思想、价值观念的交流也越来越方便。在这样的背景下，人们面对多样的选择时，自然会挑选好的、合理的、有价值的东西。人们发现电灯比蜡烛好用，电灯就普及了；汽车、飞机要比马车快得多，马车就被淘汰了；视频通话比鸿雁传书更方便，于是写信的人越来越少了。以上的例子都是器物层面的，是无论哪个国家、哪种宗教和文化的社会都会发生的情况。除此之外，人们也发现，民主比独裁好；自由比专制好；平等比不公好；尊重人权的社会比践踏个人尊严的社会更和谐；和平贸易比战争掠夺对双方都更有利。这些不是器物层面的，而是价值观念层面的。世界上绝大多数国家和民族都愿意认同和选择这些价值观念，因此，也称之为“普世价值”。但“普世价值”有时并不“普世”，世界上无论哪种文化，哪种社会，都愿意选择电灯、汽车、飞机，却未必都愿意选择“普世价值”。除了器物层面、价值观念层面以外，还有一类是文化层面的东西。美国人用刀叉，中国人用筷子，你吃你的三明治，我喝我的酸辣汤，各得其美；欧洲有古典交响乐，蒙古人有自己的马头琴，大家互鉴共赏。

器物、价值观念和文化这三个层面，人们最愿意接受的是在器物层面一致化的选择。这个一致化就体现在什么方便、什么好用就用什么。①虽然常有文人哀叹“细雨骑驴入剑门”的诗情画意已一去不返，但他们哀叹之后还是会坐上高铁，拿起手机。而价值观念层面，普世价值也为大多数国家所接受。这两个层面的东西都包含价值判断，有优劣之分。而人们最不能接受的就是文化上的“一元化”，不同的文化只有强弱之别，而无好坏之分，所以应该提倡“多元化”。要是别人强迫中国人放弃使用筷子，那显然就是“文化帝国主义”。器物、价值观念应该对应的是现代化，而文化层面应该对应的是西化。如果有一天，中国繁荣富强，人民生活幸福，而且民主法制健全，那么我们可以说中国实现了现代化；如果有一天，中国人改用刀叉用餐，甚至说话时中英夹杂，我们可以说中国西化了。我想，中国要实现现代化，没人反对；中国要全盘西化，恐怕阻力不小。因此，在文化层面应该提倡“互相尊重”、“多元共存”。

不过有人说，全球化就是全世界各国追求现代化，现代化本质上就是西化，甚至是“美国化”。的确，从器物层面看，汽车、飞机、电灯、电话、互联网和电脑，哪一样不是西方的发明呢？从价值观念层面看，自由、平等、民主、人权这些普世价值也都是发源于西方国家，并在其发扬光大的。而在文化层面，好莱坞的电影占全球电影市场的80%，麦当劳、星巴克遍布世界各国，西方的流行音乐也大行其道。器物、价值观念、文化三股力量常常交织在一起，西化在全球化和现代化浪潮的掩护之下，四面出击，攻城略地。②虽然代表东方文化的中华美食、日本动漫、韩国偶像剧也能独树一帜，但常常只能局于一隅，难以与西方的强势文化相提并论。

全球化的潮流是挡不住的，而理想的全球化世界应该是人人自由平等、生活幸福，而且文化丰富多彩的世界。因此，世界各国应该敞开胸怀，接纳和吸收人类一切文明成果，而同时又保有自己独特的文化。

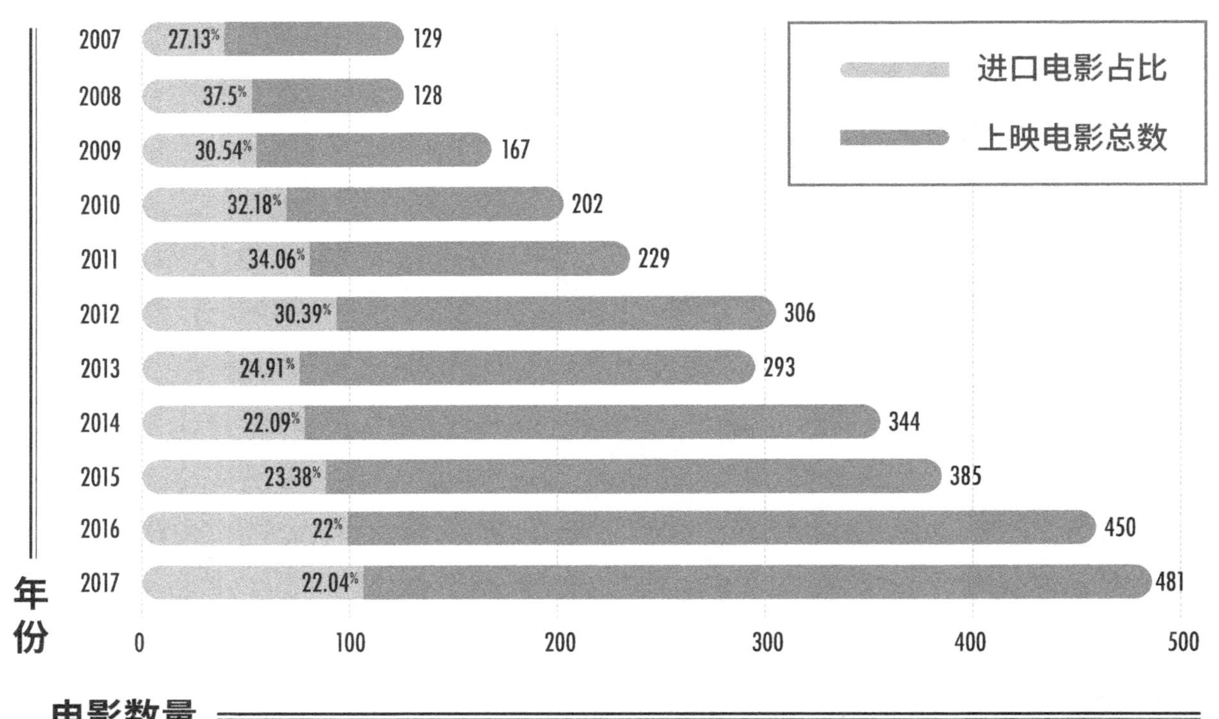

POST-READING ACTIVITIES

I Based on the passage, answer the following multiple-choice questions:

1 作者对全球化、西化、现代化的看法是：

a 全球化不会破坏其他文化
b 现代化几乎是所有国家的追求
c 中国人希望尽快西化
d 接受普世价值就是西化

2 下面哪一个是作者所说的“普世价值”：

a 人人平等
b 用网络跟别人联系
c 蒙古人的马头琴
d 西方的古典音乐

3 对作者所说的“文化层面”，理解正确的是：

a 东方文化没有西方文化好
b 人们应该选择方便快捷的工具
c 自由民主是人人应该追求的
d 每一种文化都应该享有平等的权利

4 文章第三段，作者举文人和诗歌的例子（划线句子“①”），目的是为了：

a 批评人们不应抛弃传统文化
b 说明骑驴虽然比坐高铁慢，但更有诗情画意
c 指出一些人在面对现代化时虽然无可奈何，但别无选择
d 强调这些文人鼓励文化的多元发展

5 根据文章内容，对“西方文化”理解正确的是：

a 西方文化借助现代化和全球化扩大自己的影响
b 西方文化一定会取代其他文化
c 三明治比酸辣汤更美味可口
d 在不久的将来，东方文化会取代西方文化的地位

6 文章第四段，划线词语“大行其道”的意思是：

a 流行、盛行
b 含有深刻的道理
c 应该进行限制
d 常常音量过大

7 对划线句子“②”理解正确的是：

a 应该让全世界接受东方文化
b 东方文化具有全球性的影响力
c 东方文化难以与西方文化抗衡
d 东西方文化地位平等

II Reread the passage. Circle useful words in the text, then write down their definitions (in Chinese or English), drawing on either the context or a dictionary.

Vocabulary	Meaning

III Underline challenging sentences in the text. Then discuss their meaning and function with your classmates or teacher.

IV Summarize the main idea of each paragraph in one sentence:

1 ______________________________

2 ______________________________

3 ______________________________

4 ______________________________

5 ______________________________

V With a partner or in a small group, hold a conversation based on the following prompts:

1 请根据文章内容，说说全球化、西化、现代化之间的相同和不同，并谈谈你同意不同意作者的看法。

2 胡适说世界文化朝一个方向发展，跟本文的看法有何异同？ 你同意谁的看法？ 为什么？

第十四课
Lesson 14

我们必须选择我们的方向

胡适

SELECTED BY CHIH-P'ING CHOU
PREPARED BY YONGTAO ZHANG AND YUNJUN ZHOU

背景简介
Background Information

胡适发表《眼前世界文化的趋向》之后，有人提出，世界文化的发展方向是多元的，民主并非唯一的选择。胡适此文是对前文《眼前世界文化的趋向》进一步的说明，也是对批评者的回应。

胡适对民主的信心从未动摇过，即使在苏联所领导的共产主义阵营如日中天、中国共产党即将取得政权的前夕，他仍然坚信民主是阻挡不了的世界潮流。

虽亦承认民主制度并不是完美无缺的，但胡适认为，民主与言论自由是社会进步与发展的动力，民主制度是最有包容性、最"有人味儿"、最能代表全民利益的制度。

他同时指出，二战前后民主制度和民主运动虽然遭到法西斯主义、共产主义等专制集团的挑战与破坏，但这只是一个小小的逆流，他鼓励人们要克服眼前的困难，认清世界文化发展的大趋势，相信民主的理想终有实现的一天。

我们必须选择我们的方向

胡适

预习提示

Preview Questions

- 在作者看来，言论出版自由的好处是什么？
- 作者为什么说民主自由的社会才会形成有人味儿的社会？

今年8月1日，我在北平广播了一次，题目是《眼前世界文化的趋向》。我说，几百年来世界交流便利的结果是文化渐渐趋向一致。在这个自然趋势里，我们可以看出三个共同的大目标：第一是用科学的成果来增进人生的幸福，第二是用社会化的经济制度来提高人类的生活水平，第三是用民主自由的政治制度来造就自由独立的人格。

这本是很平常的看法，可是却引起了一些批评与抗议。多数的抗议都是针对我说的第三点。我在广播里曾说："我是学历史的人，从历史的角度来看世界文化的趋向，民主自由是三四百年来的一个最大的目标，一个最明确的方向。最近三十年来反自由，反民主的集体专制潮流，在我个人看来，不过是一个小小的波折，一个小小的逆流。我们可以不必因为有了中间这三十年的逆流，就怀疑或抹杀三四百年民主自由的大潮流、大方向。"

广播	*guǎngbō*	v./n.	to broadcast; broadcast
便利	*biànlì*	adj./n.	convenient; convenience; 提供 / 带来＋～；交通～
一致	*yízhì*	adv./adj.	unanimously, in unison; unanimous; ～＋同意 / 反对；目标 / 看法～
造就	*zàojiù*	v.	to train, to bring up, to create; ～＋人才 / 英雄 / 辉煌
人格	*réngé*	n.	personality, character; 健全 / 高尚 / 独立＋～
平常	*píngcháng*	adj.	common, usual
抗议	*kàngyì*	n./v.	protest; to object; （向…）提出～；～＋ clause
针对	*zhēnduì*	v.	to be aimed at, to be directed against; ～＋ sth./sb. ＋ V.P.
曾	*céng*	adv.	once, before（曾：曾经）
明确	*míngquè*	adj./adv.	clear; clearly, obviously; ～＋目标 / 任务 / 分工
集体	*jítǐ*	n.	collective
专制	*zhuānzhì*	adj./n.	despotic; despotism
潮流	*cháoliú*	n.	trend, (lit.) tide; 时代 / 历史 / 社会＋～
波折	*bōzhé*	n.	twists and turns
逆流	*nìliú*	n.	countercurrent
怀疑	*huáiyí*	v.	to doubt, to suspect; ～＋ sb./clause
抹杀	*mǒshā*	v.	to blot out, to deliberately erase; ～＋功劳 / 功绩

这几句话引起了几位听者的抗议，有一位听者来信说："历史的潮流并不是哪个固定的方向，若说历史只有一个潮流，而且这个潮流一定获胜，那就未免太过于简单，过于乐观了。"又有人说："世界分成两个阵营，倒未尝不是一件好事儿。假如世界成了清一色的文化，无论怎么说也不是好的。若说这个是大潮流，那个是小波折，那是看得过于简单了，也有点儿偏袒了。"

我很喜欢这些批评，因为他们给了我一个解释说明的机会。我并不否认我"偏袒"那个自由民主的潮流，这是我的基本立场，我从来不掩饰，更不否认。这个基本立场，也许值得再申明一次。

第一，我深信思想信仰自由与言论出版自由，是社会改革与文化进步的基本条件。自从四百多年前马丁·路德发起宗教改革以来，争取各种自由的运动渐渐成功，这创造了一个学术革新、思想多元化发展、社会政治改革的新世界。如果没有思想、信仰、言论、出版的自由，天文、物理、化学、生物

固定	*gùdìng*	adj./v.	fixed; to secure; ～+时间 / 方向 / 资产
若	*ruò*	conj.	if (若：如果)
获胜	*huòshèng*	v.-o.	to win, to triumph (获胜：获得胜利)
未免	*wèimiǎn*	adv.	rather too, really, unavoidably; ～+有点儿 / 会 / 太…
过于	*guòyú*	adv.	unduly excessive, overly; ～+ disyllabic adj./v. ～+自信 / 认真 / 草率 / 复杂 ～+担心 / 强调 / 重视 / 高兴
乐观	*lèguān*	adj.	optimistic
阵营	*zhènyíng*	n.	camp, group (of supporters of a particular party) 革命 / 社会主义 / 资本主义+～
未尝不	*wèichángbù*	phr.	might (denoting a mild affirmative)
清一色	*qīngyísè*	adj.	uniform, homogeneous, (lit.) all of one suit
偏袒	*piāntǎn*	v.	biased toward; ～+ sb.
解释	*jiěshì*	v.	to explain; ～+原因 / 定义 / 法律 /clause
否认	*fǒurèn*	v.	to deny, to negate; ～+ clause
立场	*lìchǎng*	n.	standpoint, position; 表明 / 坚持 / 丧失+～; 政治～
掩饰	*yǎnshì*	v.	to conceal, to disguise, to mask; ～+缺点 / 过失 / 真实意图
申明	*shēnmíng*	v.	to declare, to state; ～+观点 / 理由 / 立场 / 看法
深信	*shēnxìn*	v.	to firmly believe, to be convinced; ～+ clause
信仰	*xìnyǎng*	n./v.	belief, faith, conviction; to believe in; 宗教 / 政治+～
言论	*yánlùn*	n.	speech, opinion on public affairs (言论自由：freedom of speech)
出版	*chūbǎn*	v.	to publish (出版自由：freedom of the press)
马丁·路德	*Mǎdīng Lùdé*	p.n.	Martin Luther (1483–1546)
发起	*fāqǐ*	v.	to initiate, to start, to launch; ～+改革 / 运动 / 活动
宗教改革	*Zōngjiào Gǎigé*	p.n.	Protestant Reformation (1517–1648)
争取	*zhēngqǔ*	v.	to strive for, to fight for; ～+独立 / 平等 / 自由 / 利益
学术	*xuéshù*	n.	academia; ～+研究 / 报告 / 会议 / 论文 / 著作
革新	*géxīn*	n./v.	reformation; to innovate, to reform; ～+技术 / 设备
多元化	*duōyuán huà*	n.	diversification
天文	*tiānwén*	n.	astronomy
物理	*wùlǐ*	n.	physics
化学	*huàxué*	n.	chemistry
生物	*shēngwù*	n.	biology

进化的新理论当然不会见天日，洛克、伏尔泰、卢梭、杰弗逊，以至马克思、恩格斯的社会政治新思想也当然不会流行、传播，这是世界近代史的明显事实，用不着我多说。

第二，我深信这几百年中逐渐发展出的民主政治制度是最有包容性、最可代表全民利益的，是可以推行到社会一切阶层的。民主政治的意义，归根结底，就是政府的统治须得人民的同意。这个同意，起初只限于贵族、绅士与教会领袖，后来推广到纳税的商人，后来经过了长时期的推广，一切成年的男女公民都有选举权了。这样包括全体人民的政治制度，不须采用残酷的争斗和屠杀，可以用和平的方式，做到代表最大多数的人民利益。因为这种民

进化	*jìnhuà*	n./v.	evolution; to evolve
见天日	*jiàntiānrì*	phr.	to be known, (lit.) to see the light of day
洛克	*Luòkè*	p.n.	John Locke (an English philosopher, 1632–1704)
伏尔泰	*Fú'ěrtài*	p.n.	Voltaire (a French philosopher, 1694–1778)
卢梭	*Lúsuō*	p.n.	Jean-Jacques Rousseau (a philosopher, 1712–1778)
杰弗逊	*Jiéfúxùn*	p.n.	Thomas Jefferson (third president of the United States, 1743-1826)
马克思	*Mǎkèsī*	p.n.	Karl Marx (a philosopher, economist, sociologist, and revolutionary socialist, 1818–1883)
恩格斯	*Ēn'gésī*	p.n.	Friedrich Engels (a philosopher, 1820–1895)
事实	*shìshí*	n.	fact
用不着	*yòngbùzháo*	v.	there is no need to (do sth.); ～＋ V.P.
逐渐	*zhújiàn*	adv.	gradually, steadily; ～＋ V.P.
包容性	*bāoróngxìng*	n.	inclusiveness, tolerance (包容: to tolerate, to contain)
全民	*quánmín*	n.	all the people; ～＋投票 / 支持 / 运动
阶层	*jiēcéng*	n.	stratum, class; 社会 / 低收入 / 各＋～
归根结底	*guīgēn jiédǐ*	idm.	when it comes down to it, ultimately
统治	*tǒngzhì*	n./v.	governance; to rule, to govern; ～＋国家 / 人们
须	*xū*	v.	must, have to (须：必须)
限于	*xiànyú*	v.	to be limited to, to be restricted to; 仅 / 不＋～
贵族	*guìzú*	n.	noble, aristocrat; ～＋阶层 / 血统 / 家庭 / 学校
绅士	*shēnshì*	n.	gentleman, gentry; ～＋风度 ; sb. 很＋～
教会	*jiàohuì*	n.	church
领袖	*lǐngxiù*	n.	leader; 革命 / 工会 / 精神＋～
推广	*tuīguǎng*	v.	to expand, to broaden; ～＋方法 / 技术 / 普通话
纳税	*nàshuì*	v.-o.	to pay tax; ～＋额 / 人
商人	*shāngrén*	n.	businessperson, trader
成年	*chéngnián*	n.	adult, grownup
公民	*gōngmín*	n.	citizen
选举权	*xuǎnjǔ quán*	n.	right to vote
包括	*bāokuò*	v.	to include
全体	*quántǐ*	n.	all, whole, entire, plenary; ～＋教师 / 学生 / 同学
采用	*cǎiyòng*	v.	to adopt, to use, to resort to; ～＋方法 / 技术 / 武力
残酷	*cánkù*	adj.	cruel, brutal, ruthless; ～＋现实 / 压迫 / 剥削
争斗	*zhēngdòu*	v.	to fight, to struggle
屠杀	*túshā*	n./v.	massacre; to butcher; ～＋动物 / 人民

主制度可以代表全民利益，所以从历史上看来，社会主义运动只是民主运动的一部分，只是民主运动的一个当然而且必然的趋势。在这六七十年之中，社会经济立法逐渐增加，劳工也往往可以用和平方法执掌国家的政权，积极推行社会经济政策。这个明显的事实，使我们明白了民主政治是可以扩大到包括全民利益，包括社会化的经济政策的。

第三，我深信这几百年，特别是这一百年，演变出来的民主政治，虽然还不能说是完美无缺的，但却形成了一种爱自由，容忍异己的文明社会风气。法国哲人伏尔泰说得最好："我完全不赞成你说的话，但我誓死捍卫你说话的权利。"（I disapprove of what you say, but I will defend to the death your right to say it.）这是多么有人味儿的容忍态度！自己要争自由，同时还得承认别人也应该享有同等的自由，这便是容忍。自己不信神，要争取自己不信神的自由，当然同时也得承认别人有真心信神的自由。如果一个无神论者一旦当权就要禁止所有人信神，那就同

当然	*dāngrán*	adj.	of course（表示应该）
必然	*bìrán*	adj.	necessary, inevitable（表示一定）
立法	*lìfǎ*	n./v.-o.	legislation; to legislate
劳工	*láogōng*	n.	labor
执掌	*zhízhǎng*	v.	to wield, to hold, to be in control of; ～＋权力 / 政权
政权	*zhèngquán*	n.	political power, regime
扩大	*kuòdà*	v.-c.	to broaden, to expand; ～＋规模 / 范围 / 市场 / 生产
演变	*yǎnbiàn*	v.	to evolve; 社会 / 历史＋～
完美无缺	*wánměiwúquē*	idm.	flawless, perfect; sth. ＋～
容忍	*róngrěn*	v.	to tolerate, to put up with; ～＋异己 / 反对意见
异己	*yìjǐ*	n.	dissident（异：不同）
风气	*fēngqì*	n.	atmosphere, social conduct; 社会 / 良好 / 不良＋～
哲人	*zhérén*	n.	sage, philosopher
赞成	*zànchéng*	v.	to agree; ～＋意见 / 看法 /clause
誓死	*shìsǐ*	adv.	pledge one's life for, be ready to die in defense of; ～＋捍卫 / 保护
捍卫	*hànwèi*	v.	to safeguard, to protect, to uphold; ～＋权利 / 自由 / 人权
有人味儿	*yǒurénwèi'er*	adj.	humane（人味儿：human kindness）
争	*zhēng*	v.	to fight for, to strive for（争：争取）
承认	*chéngrèn*	v.	to admit, to acknowledge; ～＋错误 / 过失 /clause
享有	*xiǎngyǒu*	v.	to have, to possess, to enjoy (a reputation, a right, or immunity)
同等	*tóngděng*	adj.	equal, equivalent; ～＋地位 / 机会 / 待遇
信	*xìn*	v.	to believe in, to trust（信：相信 / 信仰）
神	*shén*	n.	god
真心	*zhēnxīn*	adv.	sincerely, truly; ～＋待人 / 相爱 / 帮助
无神论者	*wúshénlùn zhě*	n.	atheist
当权	*dāngquán*	v.	to hold power, to be in power
禁止	*jìnzhǐ*	v.	to forbid, to prohibit, to ban; ～＋吸烟 / 使用 / 通行
同	*tóng*	prep.	and, with（同：和 / 与 / 跟）

中世纪宗教残杀“异端”一样的不容忍了。宗教信仰如此，其他政治主张、经济理论、社会思想，也都应该如此。民主政治的作用全靠容忍反对党，尊重反对党的雅量。我们看报纸上的报道，英国保守党领袖丘吉尔上个月病愈后，回到议会时，全体议员一致热烈地欢迎、慰问他，我们读到那天工党议员同他说笑话的情形，我们不能不承认这种有人味儿的文明社会是可爱的、可敬的。

以上说的三点，是我“偏袒”这个民主自由大潮流的主要理由。

我承认这个潮流是三四百年来最大的一个历史潮流，一个明显的文化趋势。学历史的人，当然都知道这个争自由、争民主的潮流曾经遭到无数次的压迫、无数次的摧残。当它在幼弱的时期，自由民主运动往往经不起武力与战争的毁坏。最近几年中的例子，如丹麦、挪威、荷兰、比利时、法兰西，

中世纪	*zhōngshìjì*	n.	Middle Ages
残杀	*cánshā*	v.	to slaughter; 自相～
异端	*yìduān*	n.	heresy
主张	*zhǔzhāng*	n./v.	advocacy; to advocate; ～+ clause
理论	*lǐlùn*	n.	theory
反对党	*fǎnduìdǎng*	n.	opposition party
雅量	*yǎliàng*	n.	magnanimity, generosity, tolerance
报道	*bàodào*	n./v.	coverage; to report; ～+消息 / 新闻
保守党	*Bǎoshǒudǎng*	p.n.	Conservative Party
丘吉尔	*Qiūjíěr*	p.n.	Winston Churchill (British statesman and prime minister of Britain from 1940–1945 and 1951–1955, 1874–1965)
病愈	*bìngyù*	v.	to recover (from an illness)
议会	*yìhuì*	n.	parliament, congress
议员	*yìyuán*	n.	member of parliament, congressman
热烈	*rèliè*	adv./adj.	warmly; warm; ～+欢迎 / 讨论；～+气氛 / 掌声
慰问	*wèiwèn*	v.	to express sympathy, to extend one's regards to; ～+伤员 / 病员 / 灾区人民 / 遇难者家属
工党	*Gōngdǎng*	p.n.	Labor Party
笑话	*xiàohua*	n.	joke; 说 / 闹+～
情形	*qíngxíng*	n.	scene, circumstances
可爱	*kě'ài*	adj.	lovely, adorable; sb. +～
可敬	*kějìng*	adj.	respectable; sb. +～
遭到	*zāodào*	v.	to suffer, to meet with (an undesirable situation); ～+反对 / 攻击 / 拒绝 / 破坏 / 谴责
无数	*wúshù*	adj.	countless, innumerable
压迫	*yāpò*	v.	to oppress; ～+ sb.
摧残	*cuīcán*	v.	to trample, to damage; ～+身体 / 心灵；遭到～
幼弱	*yòuruò*	adj.	young and weak; ～+孩子
经不起	*jīngbùqǐ*	v.-c.	to be unable to withstand, to be unable to bear; ～+考验 / 打击
武力	*wǔlì*	n.	(armed) force, military force
毁坏	*huǐhuài*	v.	to destroy, to demolish; ～+建筑 / 文物
丹麦	*Dānmài*	p.n.	Denmark
挪威	*Nuówēi*	p.n.	Norway
荷兰	*Hélán*	p.n.	Holland
比利时	*Bǐlìshí*	p.n.	Belgium
法兰西	*Fǎlánxī*	p.n.	France（法兰西：法国）

都是高度文明的民治国家，都经不起希特勒闪电式的武力侵略。这个近在眼前的历史事实，提醒我们：正因为民主自由运动是一个有人味儿的、和平的文明运动，因此时时刻刻有被暴力摧毁的危险。所以在这三四百年之中，第一个民主自由运动的中心是在英国，第二个是在北美洲，第三个是在南太平洋的澳洲与新西兰，这都是受海洋保护，不易受到外来武力摧毁的。等到这几个大中心的民主自由运动力量培养得足够强大了，他们才能成为这个运动的保卫力量。我们在这个时候可以大胆推测，这个民主自由的大运动是站得住的了，将来“一定胜利”的了。

至于那个反自由、反民主、不容忍的专制集团，他自己至今不敢自信他站得住。关于这一点证据似乎不少。第一，这个专制集团至今还不敢相信自己的人民，还得用残酷的暴力压迫大多数的人民。第二，这个集团至今还不敢和世界上其他国家自由交流，还不敢容许外国人到他的国家去自由地视察、游历，也还不敢容许自己的人民自由出国，与外国

高度	*gāodù*	adv.	highly, greatly, extremely; ～＋赞扬 / 评价 / 重视
民治	*mínzhì*	n.	government by the people
希特勒	*Xītèlè*	p.n.	Adolf Hitler (1889–1945)
闪电式	*shǎndiànshì*	adj.	instantaneous, speedy, instant, (lit.) like lightning (～＋侵略 / 战争: a series of quick and decisive short battles to deliver a knockout blow to an enemy state before it can fully mobilize)
侵略	*qīnlüè*	n./v.	invasion, intrusion; to invade, to intrude
近在眼前	*jìnzàiyǎnqián*	phr.	near, close at hand; sth. ＋～
提醒	*tíxǐng*	v.	to remind; ～＋ sb. (＋ V.P.)
时时刻刻	*shíshí kèkè*	idm.	all the time, every moment; ～＋ V.P.
暴力	*bàolì*	n.	violence
摧毁	*cuīhuǐ*	v.	to smash, to demolish; ～＋建筑 / 城市 / 信心
北美洲	*Běi Měizhōu*	p.n.	North America
太平洋	*Tàipíngyáng*	p.n.	Pacific (Ocean)
澳洲	*Àozhōu*	p.n.	Australia
新西兰	*Xīnxīlán*	p.n.	New Zealand
海洋	*hǎiyáng*	n.	ocean
培养	*péiyǎng*	v.	to cultivate; to culture; ～＋兴趣 / 能力 / 习惯
强大	*qiángdà*	adj.	powerful, strong; 实力 / 国力＋～
保卫	*bǎowèi*	v.	to safeguard, to defend; ～＋国家 / 祖国 / 家园
大胆	*dàdǎn*	adv.	bold, daring, courageous; ～＋改革 / 创新
推测	*tuīcè*	v.-c.	to speculate, to infer
站得住	*zhàndezhù*	v.	to withstand (investigation), to endure (hardship), to survive (of an argument, a claim, evidence, etc.)
至于	*zhìyú*	prep.	as for
集团	*jítuán*	n.	clique, group; 政治 / 军事＋～
至今	*zhìjīn*	adv.	until now, so far (至今：直到今天)
自信	*zìxìn*	adj.	confident; sb. ＋～
证据	*zhèngjù*	n.	proof, evidence
似乎	*sìhū*	adv.	as if, seem; ～＋ clause
容许	*róngxǔ*	v.	to allow, to permit; ～＋ sb. (＋ V.P.)
视察	*shìchá*	v.	to inspect, to examine, to survey; ～＋现场 / 情况 / 灾情
游历	*yóulì*	v.	to travel, to roam

人来往。第三，这个集团拥有全世界最广大的疆域和最丰富的矿产资源，然而他至今还在他的四周扩充他的附庸国和卫星国，同时他至今还不放弃世界革命的传统政策，还迷信只有在世界的纷乱里，才能得到安全的保障。这些都不是自信的表现，都是害怕与气馁的表现。

所以我们可以宣告这个反自由、不容忍的专制运动只是这三十年历史上的一个小小的逆流，一个小小的反动。因为他是一个反动，一个逆流，所以他在最近十年之中，越走越倒回去了。马克思不够用了，列宁也不够取法了，于是彼得大帝被抬出来作民族英雄了！这不是开历史的倒车吗？这不是反动的逆流吗？

这个专制集团，在他三十年前革命理想高潮的时期，也曾放弃帝国时代用暴力取得的一切外国权益。现在呢？他在中国东北的行为，处处已是回到帝国时代的侵略政策，这是崇拜彼得大帝的反动心理的必然结果。所以我们说这是一个小小的逆流，应该是没有错的。开历史的倒车，所以说是逆流。不自信，害怕而气馁，所以说是小的反动。

我们中国人在今日必需认清世界文化的大趋势，我们必须选定我们自己应该走的方向，只有自由可以解救我们民族的精神，只有民主政治可以团结全民的力量来解决全民族的困难，只有自由民主可以让我们形成一个有人味儿的文明社会。

原载于《大公报》

1947 年 8 月 24 日

来往	*láiwǎng*	v.	to communicate with, to interact with, (lit.) to come and go
疆域	*jiāngyù*	n.	territory
矿产资源	*kuàngchǎn zīyuán*	n.	mineral resources
四周	*sìzhōu*	n.	all around, all sides
扩充	*kuòchōng*	v.	to augment, to enlarge, to expand and strengthen
附庸国	*fùyōngguó*	n.	vassal state, puppet state, protectorate/associated state (a state that is subordinate to another)
卫星国	*wèixīngguó*	n.	satellite state (a country that is formally independent but under heavy political, economic, and military influence or control by another)
放弃	*fàngqì*	v.	to give up, to abandon, to forsake
迷信	*míxìn*	v./n.	to have blind faith in; superstition
纷乱	*fēnluàn*	adj.	chaotic
气馁	*qìněi*	v.	to be discouraged; sb. +～
宣告	*xuāngào*	v.	to declare; ～+ clause
反动	*fǎndòng*	adj.	reactionary, bigoted; ～+势力 / 言论
倒回去	*dàohuíqù*	v.-c.	to go backward
列宁	*Lièníng*	p.n.	Vladimir Lenin (a Russian communist revolutionary, politician, and political theorist, 1870–1924)
取法	*qǔfǎ*	v.	to follow the example of; ～+ sb./sth.
彼得大帝	*Bǐdé Dàdì*	p.n.	Peter the Great (1672–1725)
抬出来	*tái chūlái*	v.-c.	to bring out; 把···～
民族英雄	*mínzú yīngxióng*	n.	national hero
开···倒车	*kāi . . . dàochē*	v.-o.	to retrogress, to go backwards, (lit.) to drive in the reverse direction
高潮	*gāocháo*	n.	climax, peak
帝国	*dìguó*	n.	empire
权益	*quányì*	n.	rights and interests
处处	*chùchù*	n.	everywhere (处处：到处)
崇拜	*chóngbài*	v.	to worship; ～+权力 / 金钱 /sb.
认清	*rènqīng*	v.-c.	to recognize and clearly identify; ～+现实 / 真面目
选定	*xuǎndìng*	v.-c.	to choose and decide
解救	*jiějiù*	v.	to rescue, to free; ～+ sb.
团结	*tuánjié*	v./adj.	to unite; unified, harmonious

重要语言点
Essential Structures and Patterns

1 针对

to be aimed at, to be directed against

◆ 多数的抗议都是针对我说的第三点。

◇ 这门课程是针对青少年的心理特点设计的。

◇ 针对失业率不断上升的问题，政府制定了新的就业政策。

2 从…的角度来看，……

From the ... point of view, ...

◆ 从历史的角度来看世界文化的趋向，民主自由是三四百年来的一个最大的目标，一个最明确的方向。

◇ 虽然保护环境需要投入大量资金，但是从长远的角度来看，这有利于国家的可持续发展。

◇ 你不能只从个人的角度来看问题，你应该从家庭和社会的角度来考虑。

3 未免

rather too/really

◆ 若说历史只有一个潮流，而且这个潮流一定获胜，那就未免太过于简单，过于乐观了。

◇ 为了一两块钱的小事儿你跟她吵架，未免太小气了。

◇ 有些父母反对孩子婚前同居，在很多现代人看来，这样的思想未免有些保守。

4 过于 + disyllabic adjective/verb

excessively/overly/too

◆ 若说历史只有一个潮流，而且这个潮流一定获胜，那就未免太过于简单，过于乐观了。

◇ 人们普遍认为，这个球队过于自信，轻视对手，这是其失败的主要原因。

◇ 这本小说的内容和结构过于简单，故事情节过于老套，因此无法引起读者的兴趣。

5 归根结底

in the final analysis/when it comes down to it

◆ 民主政治的意义，归根结底，就是政府统治须得人民的同意。

◇ 看到同样的一幅画，我们想象出来的是什么东西，归根结底是和我们的心理状态有关的。

◇ 什么是大学教育？大学教育归根结底还是一种塑造"人"的教育。

6 起初…，（后来…）

in the beginning/at the start/originally . . . , (later . . .)

◆ 这个同意，起初只限于贵族、绅士与教会领袖，后来推广到纳税的商人，后来经过了长时期的推广，一切成年的男女公民都有选举权了。

◇ 起初，孩子只根据自己的主观感受和生活经验做判断，后来随着知识和经验的丰富，才开始考虑事物本身的内在联系。

◇ 鲁迅起初想当医生，后来看到中国问题的根源是中国人"精神的病"，他就决定弃医从文，当一名文学家来治疗中国人"精神的病"。

7 **一旦…就…**

once . . . , then . . .

◆ 如果一个无神论者一旦当权就要禁止所有人信神，那就同中世纪宗教残杀“异端”一样的不容忍了。

◇ 青少年一旦养成吸烟的习惯，就很难戒掉。

◇ 一旦看到火灾或者交通事故，我们就应该立刻给警察打电话。

8 **经不起**

to be unable to stand/to be unable to bear/to fail to withstand

◆ 当他在幼弱的时期，这个自由民主的运动，往往经不起武力与战争的毁坏。

◇ 他从小到大都没有遇到过任何挫折，这次生意失败，他一定经不起这样的打击。

◇ 一些青少年经不起暴力游戏的诱惑，最后走上了犯罪的道路。

9 (Topic X) . . . ，**至于** (topic Y) . . . (usually a negative comment)， . . .

As for

◆ 我们可以大胆推测，这个民主自由的大运动是站得住的了，将来“一定胜利”的了。至于那个反自由、反民主、不容忍的专制集团，他自己至今不敢自信他站得住。

◇ 我知道她确实生病了，至于她今天会不会来，我就不清楚了。

◇ 保健品对身体健康有一定的好处，至于到底有多大作用，这就很难说了。

词汇练习

Vocabulary Exercises

I Provide an appropriate noun to make a meaningful phrase, then make a sentence with each of the expanded phrases:

造就______	享有______	摧毁______	树立______
抹杀______	承认______	保卫______	解救______
掩饰______	遭到______	视察______	扩充______
执掌______	慰问______		

II Using the underlined expressions in each sentence, make new sentences:

1 多数的抗议都是针对我说的第三点。

2 从历史的角度来看世界文化的趋向，民主自由是三四百年来的一个最大的目标，一个最明确的方向。

3 若说历史只有一个潮流，那就未免太过于简单了。

4 若说这个潮流一定会获胜，那就过于乐观了。

5 民主政治的意义，归根结底，就是政府统治须得人民的同意。

6 这个同意，起初只限于贵族、绅士与教会领袖，后来推广到纳税的商人，后来经过了长时期的推广，一切成年的男女公民都有选举权了。

7 民主政治，虽然还不能说是完美无缺的，但却形成了一种爱自由，容忍异己的文明社会风气。

8 如果一个无神论者一旦当权就要禁止所有人信神，那就同中世纪宗教残杀“异端”一样的不容忍了。

9 当他在幼弱的时期，这个自由民主的运动，往往经不起武力与战争的毁坏。

10 这个民主自由的运动，正因为是一个有人味儿的、爱好和平的文明运动，时时刻刻有被暴力摧毁的危险。

III Answer the following questions. In your response, incorporate at least three of the expressions provided; feel free to use more if possible.

1 有人认为学校的责任只是传播知识，你同意吗？
（未免；过于＋ disyllabic adj./v.；归根结底；造就；人格）

2 请介绍一下美国的选举制度，说说你对这一制度的看法。
（包括；阵营；解释；立场；容忍异己；雅量；获胜）

3 A：这个公司的股票会跌，你还是别买了，把钱存到银行比较好！
B：……（赞成；证据；推测；大胆；用不着；提醒）

问题讨论
Discussion Topics

1 胡适认为当时的中国人应该选择哪一个方向？为什么？中国最后走上的道路，是不是说明胡适的判断是错的？

2 胡适在这篇文章里主要批评谁？批评的原因是什么？

3 “民主自由是世界文化发展的大方向”，这种说法是不是太绝对了？世界各国文化不同，人们是不是只有这一个方向可以选择？

4 说说言论自由给个人、国家和社会带来的好处。

5 为什么说民主和自由离不开“容忍”？

6 作者所谈到的“专制集团”指的是当时的苏联，这个专制集团有哪些特点？为什么说这些都是他们害怕、气馁、不自信的表现？

7 你觉得什么样的社会才是一个“有人味儿”的文明社会？

8 要是胡适活到今天，你觉得他会怎样评价他当时的断言和当前的中国？

研究与报告
Research and Reports

通过网络或其他资料，选择一个题目进行研究，总结和引用现有的看法和研究成果，并提出自己的见解，为大家做一个 5 分钟左右的报告。

Use the Internet or other resources to research one of the following topics. Summarize and reference current arguments and research findings, offer your own opinion and interpretation, and compile your findings into a five-minute presentation.

1 分析苏联兴起和崩溃的原因。

2 介绍冷战（Cold War）是如何开始，又是怎样结束的。

3 研究冷战时期中国的外交处境及外交政策。

作文
Composition

1 我眼中的胡适

2 介绍一位对民主发展有深远影响的人物和他 / 她的思想

泛读课文

Extensive Reading

Read the passage, then complete the tasks that follow.

南渡、北归与海外流亡

张永涛

在中国古代社会，每逢改朝换代，士大夫阶层通常要面临艰难的抉择。有自杀殉国者，为旧王朝陪葬，以示忠贞，比如南宋的文天祥，绝食而死，拒不投降蒙元；有隐居山林者，与社会隔绝，对新王朝表现出不合作的态度，如明清交替之际的顾炎武、王夫之等；更多的则是所谓的"识时务者"，他们"顺应潮流"，摇身一变，成了新朝"显贵"。而这种人却往往要承担道德的谴责和"不忠"的骂名。唐朝末年到五代时期的冯道（882-954），为官四十余年，侍奉五个朝代，堪称官场上的"不倒翁"。然而，他却常为历代史家所不齿，被视为不知廉耻的奸臣。

类似的情况在上个世纪中叶再次发生。在1949年前后，国共内战接近尾声，国民党军队一败再败，不得不退守台湾，而共产党军队则即将取得全国性的胜利。在这个关口，双方都希望拉拢知识分子和精英阶层。蒋介石制定了《抢救大陆学人》计划，希望将大陆的知识界和学术界精英接到台湾，而毛泽东则号召世界各地的中国人都来建设即将成立的新国家。

知识分子选择"南渡"台湾，追随旧政府，还是选择"北归"大陆，建设新中国，抑或是流亡海外，独自飘零，成了新的历史考验。在这场人才争夺战中，国民党方面输得比战场更惨。81位有着科学家最高头衔的"中央研究院院士"，到台湾的仅10人。胡适、赵元任、萧公权等12人流亡美国，余者则全部留在大陆。据大陆方面统计，到1956年底，散居海外的科学家之中有2000多位陆续返回中国。

绝大多数的知识精英留在大陆，虽因怀有"父母之邦，不可弃也"的安土重迁观念，但更主要的原因是，他们认为国民党腐败透顶，糟糕至极，有如秋风之下的落叶。相比较而言，他们对代表新生力量的共产党则抱有更大的期望。另一方面，二战以后，共产主义在全世界范围内掀起了一股潮流，很多人认为这将是未来世界发展的大方向。而去台湾的知识分子则大多认为，所谓新中国，必将是苏俄专制在中国的复制，这不仅是关乎“易姓改号”的“亡国”问题，更有文化断绝、礼乐尽毁“亡天下”之意味。为数不多的南渡者，虽痛恨国民党腐败无能，但仍相信其保有民主的根基，并非无可救药。流亡海外的知识分子则大多对国共两党都有所不满，于是南下香港或西去美国。胡适离开大陆之前曾说：“美国人来了，有面包，也有自由；苏联人来了，有面包，没有自由；他们来了，既没有面包，也没有自由。”胡适最终选择了“有面包，也有自由”的美国。

留在大陆的知识分子为建设新中国做出了极大贡献，然而后来在“反右”、“文革”等历次政治运动中的悲惨遭遇，却是他们始料未及的。去了台湾的知识分子，虽然也遭受压制和迫害，但在相对自由的环境中，将中国文化传承并发展了下去。而飘零海外的中国人虽然就地扎根，但仍抱有强烈的中国情怀。余英时说：“我到哪里，哪里就是中国。”“中国”在他们心里，早已从地理概念变成了文化依托。

与历史上的王朝更替不同，知识分子此次身逢巨变，无论作何选择，“忠”与“不忠”都不复是考量的主因；或去或留，也都不必承担道德上的谴责。中国知识分子经过辛亥革命、五四运动的洗礼之后，忠于某一王朝和皇帝的旧有观念早已打破，民主共和的观念已深入人心，“政党”、“政府”与“国家”之间内涵的不同已为知识分子所明晓。“南渡”、“北归”，还是流亡海外，与其说是忠贞与否的道德选择，不如说是政治上和文化上的价值取向选择。

在20世纪中叶这场变局之下，中国知识分子或去或留，是对是错，以及他们后来结局之幸与不幸，都令人唏嘘不已，感慨万分。我们看到的是，在历史大潮之下，个人的命运是何其渺小无力，脆弱不堪。然而，无论作何选择，无论身处何地，他们都对中国这片苦难深重的土地满怀深情，对生活在这片土地上的人抱有深切的同情，对根植于这片土地上的文化怀有殷切的关怀和期待。与历史上的历次朝代更替一样，这次变局给知识分子和中国社会所带来的改变和影响，是值得我们反省和深思的。

I Based on the passage, answer the following multiple-choice questions:

1 根据文章第一段，对“识时务者”描述正确的是：

a 不会自杀，但也绝不会跟新统治者合作
b 常常会移居其他国家以寻求安全
c 对旧王朝怀有深深的仇恨
d 愿意为新皇帝服务

2 根据文章第二段，对“国民党抢救人才的计划”理解正确的是：

a 这项计划是为了使这些人才在战争中获得安全保障
b 这项计划获得了巨大的成功
c 国民党希望他们到台湾为自己的政权服务
d 国民党担心他们会在文革中遭到迫害

3 很多知识分子选择留在中国大陆是因为 (Select all that apply)：

a 对故乡、故土的留恋
b 对新政权充满希望和期待
c 国民党让他们太失望了
d 认为共产主义是发展方向

4 不少知识分子决定离开中国大陆是因为 (Select all that apply)：

a 担心新政府会把中国建设成一个苏俄式的国家
b 认为当时的国民党是民主、自由的重要力量
c 国民党将来可能会建设民主的政府
d 在共产党的统治下，中国文化不能传承下去

5 对知识分子的不同选择描述正确的是：

a 去美国的知识分子已经彻底本土化，不太关心中国大陆
b 去台湾的知识分子充分享有自由创作的权利
c 留在大陆的知识分子往往只为经济建设做贡献
d 很多留在大陆的知识分子，其结局是他们预想不到的

6 作者对这些知识分子的态度是：

a 对所有人充满同情和理解

b 批评留在大陆的知识分子没有眼光

c 批评去美国的知识分子不太爱国

d 赞美去台湾的知识分子选择是最明智的

II Reread the passage. Circle useful words in the text, then write down their definitions (in Chinese or English), drawing on either the context or a dictionary.

Vocabulary	Meaning

III Underline challenging sentences in the text. Then discuss their meaning and function with your classmates or teacher.

IV Summarize the main idea of each paragraph in one sentence:

1 ____

2 ____

3 ____

4 ____

5 ____

6 ____

7 ____

V With a partner or in a small group, hold a conversation based on the following prompts:

1 说说1949年前后的知识分子与历史上的知识分子的不同之处。

2 结合所学课文，谈谈胡适的看法与作者看法的相同之处和不同之处。

3 结合我们所学过的胡适的两篇演讲和后来发生的历史事实，分析胡适的先见之明从何而来，他有预见性的看法和选择，其理由和依据是什么。

生词索引（中 - 英）

Vocabulary Index (Chinese-English)

The Chinese-English index is alphabetized according to pinyin. Words containing the same first Chinese character are grouped together. Homonyms appear in the order of their tonal pronunciation (i.e., first tones first, second tones second, third tones third, fourth tones fourth, and neutral tones last).

A

Āfùhàn 阿富汗 Afghanistan 193
Ālābó 阿拉伯 Arab 119
āiya 哎呀 ah! 65
āigǎn 哀感 sadness 269
àiguó zhǔyì 爱国主义 patriotism 199
āndìng 安定 stable 7, 271, 315
ānpái 安排 arrangement 329
ānshēn lìmìng 安身立命 settle down and get on with one's pursuit 275
ānwèi 安慰 comfort 25
ānzhuāng 安装 install 61
àndàn 暗淡 dim 329
ànxiāngcāozuò 暗箱操作 black case work 123
ànfā 案发 takes place 151
ànjiàn 案件 law case 143
ànlì 案例 case 151
Ànggélǔ-Sàkèxùn 盎格鲁—撒克逊 Anglo-Saxons 283
Àodàlìyà 澳大利亚 Australia 95
Àozhōu 澳洲 Australia 379, 409

B

Bāxī 巴西 Brazil 195
bǎwò 把握 grasp 125, 199
bàquán 霸权 hegemony 177
báihuà 白话 colloquial Chinese 373
báizhǒngrén 白种人 white people 283
bǎituō 摆脱 get rid of 161, 327
bàiběi 败北 suffer defeat 385
bànjiǎoshí 绊脚石 obstacle 229
bànsuí 伴随 accompany 157
bànyǎn 扮演 play 117
bāofu 包袱 burden 283
bāokuò 包括 include 151, 403
bāoróngxìng 包容性 inclusiveness 403
bǎochí 保持 maintain 41, 93
bǎocún 保存 preserve 323
bǎoquán 保全 preserve 323
bǎoshǒu 保守 conservative 181
bǎoshǒudǎng 保守党 Conservative Party 407
bǎoshǒupài 保守派 conservative 269
bǎowèi 保卫 safeguard 409
bǎoxiǎn 保险 insurance 203
bǎozhàng 保障 safeguard 99, 153, 291, 349
bǎozhèng 保证 pledge 147, 293, 323
bǎohédiǎn 饱和点 saturation point 313
bào 抱 hug 25, 377
bàoyǒu 抱有 have 265
bàoyuàn 抱怨 complain 71
bàodào 报道 report 5, 407
bàojiè 报界 press 367
bàokān 报刊 newspapers and periodicals 269
bàoxǐ búbàoyōu 报喜不报忧 report the good news but not the bad 7
bàolì 暴力 violence 99, 157, 355, 383, 409
bàolù 暴露 expose 89, 125, 205
bàolùwúyí 暴露无遗 thoroughly exposed 127
bàozhèng 暴政 tyranny 355
bàofā 爆发 break out 189
bàozhà 爆炸 explode 191
bēiguān 悲观 pessimistic 145, 193, 373
Běifá 北伐 Northern Expeditions 269
Běi Měi 北美 North America 265, 371
Běi Měizhōu 北美洲 North America 409
Běi Ōu 北欧 Northern Europe 381
Běipíng 北平 Beijing 369
Běiyuē 北约 NATO 179
bèidào érchí 背道而驰 run counter to 287
bèihòu 背后 behind 7
bèijǐng 背景 background 285
bèi 倍 -fold 27
bèidòng 被动 passively 145
běnbìngpí 苯并芘 benzopyrene 27
běn 本 this 93, 287
Běn Lādēng 本·拉登 Bin Laden 183
běnfèn 本分 one's duty 375
běnrén 本人 oneself 149
běnshēn 本身 itself 9, 351
běnshěngrén 本省人 local 327
běntǔ 本土 local 271
běntǔhuà 本土化 localization 327
běnxìng 本性 inherent quality 351
běnyì 本意 original intention 375
běnzhì 本质 essence 127, 323
bēngkuì 崩溃 breakdown 193, 315
bī 逼 force 373
Bǐlìshí 比利时 Belgium 407
bǐlì 比例 proportion 91, 271
bǐyù 比喻 liken to 121
bǐzhòng 比重 proportion 291, 313
bǐ 笔 [for sums of money] 101
bǐhuà 笔画 strokes 245
bǐcǐ 彼此 mutually 369
Bǐdé Dàdì 彼得大帝 Peter the Great 411
bìjìng 毕竟 after all 11, 187
bìhù zhīsuǒ 庇护之所 shelter 271
bìguān zìshǒu 闭关自守 close the country to the rest of the world 313
bìduān 弊端 shortcoming 123, 349
bìbùkěshǎo 必不可少 indispensable 239, 355, 371
bìrán 必然 inevitable 97, 353, 405
bìkāi 避开 avoid 271, 377
bìmiǎn 避免 avoid 101, 123, 159, 181
bìyùnyào 避孕药 contraceptive pill 101
biānyuán 边缘 edge 285
biàn 便 soon afterwards 267
biànlì 便利 convenience 231, 321, 399
biànshì 便是 precisely is 265
biàngé 变革 change 117
biànhuàn wúcháng 变幻无常 changing all the time 291
biànqiān 变迁 changes 245, 279

biànbié 辨别 distinguish 291
biànzhèngguānxì 辩证关系 dialectical relationship 297
biāoyǔ 标语 slogan 59
biāozhǔn 标准 standard 291
biǎodá 表达 express 235
biǎomíng 表明 reveal 97
biǎoyáng 表扬 praise 285
biǎoyì 表义 ideography 233
bié 别 difference 329
bīngwén 冰纹 ice pattern 41
bìngdú 病毒 virus 237
bìngqíng 病情 patient's condition 9
bìngtài 病态 morbidity 275
bìngyù 病愈 recover 407
bìngjìn - 并进 advance together 287
bìngxíng búbèi 并行不悖 run parallel without going against something 283
bìngyòng 并用 use simultaneously 239
bōli 玻璃 glass 29
bōdǎ 拨打 dial 59
Bōcítǎn Gōnggào 波茨坦公告 Potsdam Proclamation 323
bōdòng 波动 fluctuation 203
bōjí 波及 affect 281
bōzhé 波折 twists and turns 381, 399
búbì 不必 not necessarily 69, 385
búfù cúnzài 不复存在 no longer in existence 181, 279
búgù 不顾 disregard 351
búhuànguǎ ér huànbùjūn 不患寡而患不均 It is inequality 381
bújiàn 不见 do not see 103
bújìn xiāngtóng 不尽相同 not exactly the same 273
búqièshíjì 不切实际 unrealistic 351
búxiè 不懈 untiring 41
búxìng 不幸 unfortunate 383
búzhàn bùtǒng 不战不统 without war there is no unification 189
búzhìyú 不至于 not to the extent of 311
búzìjué 不自觉 unconsciously 277
bùbái zhīyuān 不白之冤 unaddressed injustice 237
bùcéng 不曾 have not 241
bùchéngbǐlì 不成比例 disproportionate 283
bùdéyǐ 不得已 have no choice but to 275
bùfáng 不妨 might as well 247
bùguāng 不光 not only 65
bùkěbìmiǎn 不可避免 inevitable 289
bùkěfǒurèn 不可否认 undeniable 121
bùkě nìzhuǎn 不可逆转 irreversible 181
bùmǎn 不满 dissatisfied 197
bùmiǎn 不免 unavoidably 273
bùrán 不然 not so 149
bùróng 不容 cannot be 283
bùróng huíbì 不容回避 cannot be avoided 197
bùróng zhìyí 不容置疑 leave no room for doubt 243
bùshī 不失 do not lose 289
bùxī 不惜 not stint 99
bùyán éryù 不言而喻 it goes without saying... 185
bùzhī bùjué 不知不觉 unconsciously 11
bùzú 不足 insufficient 295, 347
bùzú wéiqí 不足为奇 not at all surprising 145
Bùshí 布什 George W. Bush 183
bùfá 步伐 pace 203
bù 部 measure word for books/films 367
bùluò 部落 tribe 157
bùmén 部门 department 5, 61
bùshǒu 部首 radical 247
bùshǔ 部署 deploy 181

C

cāi 猜 guess 59
cáinéng 才能 talent 285
cáifù 财富 wealth 97, 317
cáizhèng 财政 finance 325
cǎifǎng 采访 interview 27
cǎiyòng 采用 use 373, 403
cānyǐn 餐饮 food and beverage 63
cānkǎo 参考 refer to 247
cānyù 参与 participate in 63, 117, 199
cānzhèng 参政 participate in government and political affairs 117
cánkù 残酷 cruel 383, 403
cánrěn 残忍 cruel 383
cánshā 残杀 slaughter 407
cányú 残余 remnants 329
cāngying 苍蝇 fly 5
cáng 藏 hide 277
cángshū 藏书 collection of books 295
cāozòng 操纵 manipulate 127
cèhuà 策划 plan 187
cèlüè 策略 tactic 329
cèmiàn 侧面 side 205
céng 曾 once 399
céng 层 layer 143
céngchūbùqióng 层出不穷 appear one after another 143
céngjí 层级 hierarchy 143
céngmiàn 层面 aspect 5, 121, 273, 355
cháyè 茶叶 tea leaves 371
chājù 差距 disparity 193
chàpíng 差评 negative review/comment/feedback 61
chāyì 差异 difference 159, 197
Chái Jìng 柴静 Chai Jing 5, 23
cháiyóu 柴油 diesel oil 5, 59
chānzá 掺杂 mix 203
chǎnchú 铲除 eradicate 381
chǎnliàng 产量 yield 89
chǎnshēng 产生 produce 347
chǎnwù 产物 product 201, 289
chǎnyè 产业 industry 43, 203
chǎnzhí 产值 output value 43
chǎnshù 阐述 elaborate 287
chǎng 场 measure word for events 249, 281
chǎngsuǒ 场所 place 281
chángguī wǔqì 常规武器 conventional weapon 195
chángtài 常态 normality 181, 297, 375
Cháng'ānjiē 长安街 Chang'an Street 41
chángjiǔ 长久 long 189
chángqī 长期 long-term 327
chángyuǎn 长远 long-term 95, 129, 181
chánghuán 偿还 pay back 97
chǎngjiā 厂家 manufacturer 69
chāo 超 extra- 91
chāobiāo 超标 exceed the set standard 27
chāogāo 超高 extra-high 103
chāoguò 超过 surpass 369

chāoshēng 超生 exceed the stipulated family-planning limit 93
chāoyuè 超越 surpass 149, 195, 235, 279, 311, 351
chāoyuèxìng 超越性 transcendence 325
cháo 朝 towards 367
Cháoxiǎn 朝鲜 North Korea 183
cháoyě 朝野 government and the public 189
cháoliú 潮流 trend 181, 249, 353, 381, 399
chèdǐ 彻底 thoroughly 319
chéntǔ fēiyáng 尘土飞扬 dusty 61
chénzhuó 沉着 composed 207
chénshù 陈述 statement 271
chēngyāo 撑腰 support 285
chéngbǎo 城堡 castle 121, 155
chéngqiáng 城墙 city wall 121
chéngběn 成本 cost 5, 99, 349
chéngzhǎng 成长 grow 273, 315
chéngfèn 成分 component 273, 319
chéngguǒ 成果 achievement 355, 373
chéngjiù 成就 achievement 145, 267
chénglì 成立 establish 119, 149
chéngnián 成年 adult 403
chéngniánrén 成年人 adult 379
chéngqiānshàngwàn 成千上万 thousands upon thousands 71
chéngwèntí 成问题 become a problem 151
chéngyuán 成员 member 121, 151
chéngxiàn 呈现 present 193
chéngzuò 乘坐 take 59
chéngdù 程度 level 143
chéngxù 程序 procedure 351
chéngfá 惩罚 punish 149
chéngdān 承担 assume 59, 99, 189
chéngnuò 承诺 promise 191
chéngrèn 承认 acknowledge 143, 243, 321, 405
chéngshòu 承受 bear 151, 351
chí 持 keep 153
chíxù 持续 last 27, 91, 147
chíxù bùjué 持续不绝 continuously 283
chízǎo 迟早 sooner or later 197, 279
chōngfèn 充分 fully 89, 129, 185, 321, 375
chōngjī 冲击 impact 193
chōngtū 冲突 conflict 185, 289
chòngzhe 冲着 towards 69
chóng 虫 insect 247
chóngbài 崇拜 worship 127, 411
chóngchóng 重重 layer upon layer 11
chóngjiàn 重建 rebuild 275
chóngwēn 重温 review 247
chōuxiàng 抽象 abstract 151
chóumù 筹募 collect 297
chǒushì 丑事 scandal 9
chǒuwén 丑闻 scandal 195
chòu 臭 smelly 9
chūbù 初步 preliminary 325
chūbǎn 出版 publish 401
chūbǎn jiè 出版界 publishing industry 269
chūbǎnshè 出版社 publisher 231
chūchāi 出差 go on a business trip 23
chūhū 出乎 out of 281
chūkǒu 出口 export 203
chūmíng 出名 famous 161
chūsè 出色 remarkable 325
chūtái 出台 set forth 89
chǔxùlǜ 储蓄率 savings rate 95
chùjí 触及 touch 275
chùchù 处处 everywhere 411
chǔlǐ 处理 handle 177
chǔyú 处于 157
chuánbiàn 传遍 spread all over the place 371
chuánbō 传播 dissemination 231, 297, 369
chuánchéng 传承 inherit 239
chuánrǎnbìng 传染病 infectious disease 377
chuàngbàn 创办 establish 297
chuàngxīn 创新 innovate 95, 143
chuàngyè 创业 start a company 97
chuàngzào 创造 create 119, 329
chuī 吹 blow 69
chuízhí 垂直 perpendicular 97
Chūnqiū 春秋 Spring and Autumn period 291
chún 纯 purely 295
chǔn 蠢 stupid 27
cízhí 辞职 quit one's job 25
cíqì 瓷器 porcelain 371
cǐkè 此刻 this moment 247
cǐlèi 此类 this type 101
cǐshēn 此身 this body 67
cǐshí 此时 this moment 67
cǐwài 此外 besides 91
cìěr 刺耳 piercing 201
cìxiù 刺绣 embroidery 371
cōngmíngcáizhì 聪明才智 intelligence and wisdom 375
cóng 从 of/related to... in meaning 247
cónghé érlái 从何而来 where it originated from 311
cóngshǔ 从属 subordinate 187, 287
cóng tiānshang diàoxià lai 从天上掉下来 out of nowhere 147
cóngzhèng 从政 enter politics 155
cūbào 粗暴 rough 99
cùchéng 促成 help to 119
cùjìn 促进 boost 121, 189
cuīcán 摧残 destroy 229, 323, 407
cuīhuǐ 摧毁 destroy 325, 409
cuìruò 脆弱 fragile 99, 181, 243
cúnzài 存在 exist 9, 127, 321
cuòshī 措施 measure 145, 325
cuòzhé 挫折 setback 323
cuògū 错估 misestimate 233
cuòjué 错觉 illusion 7
cuòshàng jiācuò 错上加错 do something wrong in addition to a wrong thing 101
cuòwù 错误 mistake 375

D

dādàng 搭档 partner 235
dádào 达到 reach 155
dǎ 打 judge 61
dǎdǎo 打倒 overthrow 383
dǎjī 打击 strike 185
dǎjiāodào 打交道 contact 197
dàbànbèizi 大半辈子 more than half of one's lifetime 235
dàchūfēngtou 大出风头 enjoy great popularity 229
dàcuò tècuò 大错特错 as wrong as wrong can be 381
dàdǎn 大胆 bold 409
dàdòu 大豆 soybean 371
dàfāngxiàng 大方向 main trend 247

dàfú 大幅 drastically 271
dàguīmó 大规模 large-scale 321
dàkěbúbì 大可不必 entirely unnecessary 385
dàlǐngdǎo 大领导 leader 63
dàpī 大批 a large batch of 295
dàtán tètán 大谈特谈 keep on talking about (sth.) 151
dàtǐshàng 大体上 in general 289
dàtǐshàngshuō 大体上说 generally speaking 311
dàyè 大业 great undertaking 207
dàyuē 大约 approximately 285
dàzhì 大致 on the whole 313
dàzhòng 大众 the masses 157
dàzhuàn 大篆 big-seal style 241
dài 戴 wear 27
dài 代 generation 147
dàidài xiāngchuán 代代相传 hand down from generation to generation 265
dàigōu 代沟 generation gap 283
dàijià 代价 cost 43, 97, 351
dàilǐrén 代理人 agent 155
dàitì 代替 replace 329
dān 单 only 347
dānbiān zhǔyì 单边主义 unilateralism 205
dānchún 单纯 naive 123
dāndú 单独 independently 155, 187
dānshēn 单身 single 379
dānxiàng 单向 one-way 125
dānxiàntiáo 单线条 single line 97
dānyī 单一 single 99, 161
Dānmài 丹麦 Denmark 381, 407
dānyōu 担忧 worry 145, 385
dǎnzi 胆子 courage 385
dàngāo 蛋糕 cake 157
dànyǎnghuàwù 氮氧化物 nitrogen oxide 43
dànzi 担子 responsibility 99
dāngchū 当初 in the beginning 89
dànghuíshì 当回事 take sth. seriously 23
dāngjú 当局 the authorities 187
dāngnián 当年 back in the day 229
dāngquán 当权 hold power 405
dāngrán 当然 of course 405
dǎng zhēng 党争 factional political struggle 289
dǎngpài 党派 political parties and groups 157
dǎngbúzhù 挡不住 unable to ward off/keep off 369
dǎo 岛 island 241, 321
dǎodàn 导弹 guided missile 183
dǎozhì 导致 cause 23, 91, 289
dàobī 倒逼 be forced 43
dàohuíqù 倒回去 go backward 411
dàoshì 倒是 conversely 285
dàodá 到达 arrive 311
Déguó 德国 Germany 195
dézhì 德治 rule of virtue 151
déshī 得失 gains and losses 313
déshǒu 得手 carry out one's plan as one wishes 193
děngdài 等待 wait 67
děngjí 等级 rank 127
děngtóng 等同 equate 321
děngtóngyú 等同于 equal to 153
Dèng Xiǎopíng 邓小平 Deng Xiaoping 205
dīgū 低估 underestimate *297*
dīngxiāng huā 丁香花 lilac 371
dìngjū 定居 settle down 265
dìngqī 定期 regular 149
dìngshízhàdàn 定时炸弹 time bomb 191
dìngwèi 定位 locate 61, 187, 311
dìngyì 定义 definition 155
Dōnghǎi 东海 East China Sea 325
Dōngjīngdū 东京都 Tokyo 69
Dōngméng 东盟 ASEAN 195
Dōngnányà 东南亚 Southeast Asia 195, 277
Dōngyà 东亚 East Asia 95
dòng 动 shake 233
dònghuà 动画 animation 59
dòngjī 动机 motive 157
dòngluàn 动乱 turmoil 281
dòuzhēng 斗争 struggle 181, 289
dūshì 都市 metropolis 369
dúcái 独裁 dictatorial 351
dúlì 独立 independence 153, 187, 281, 323
dúshēng zǐnǚ 独生子女 only child 93
dúyǒu 独有 sole 325
dǔ 堵 measure word for walls 121
duǎnqī 短期 temporary 95, 295
duǎnquē 短缺 short of 97
duǎnzàn 短暂 short 181, 317
duàn 段 segment 249
duànjué 断绝 cut off 239
duànrán 断然 affirmatively 231
duànyán 断言 assert 293, 329
duìbǐ 对比 contrast 193, 235
duìchèn 对称 symmetric 203
duìkàng 对抗 confrontation 179
duìlì 对立 antagonism 383
duìshǒu 对手 opponent 179
duìxiàng 对象 object 185
duìzhǔn 对准 aim at 179
dùnshí 顿时 suddenly 267
duōdǎngzhì 多党制 multi-party system 157, 327
duōjíhuà 多极化 multi-polarization 197
duōyuán 多元 multivariant 199, 283
duōyuán huà 多元化 diversification 401
duódé 夺得 seize 323
duóqǔ 夺取 take by force 351
duǒ 躲 hide 121
duǒ 朵 measure word for flowers 373
duòtāi 堕胎 induce an abortion 99

E

É 俄 Russia 181
Éguó 俄国 Russia 383
Éhàiézhōu 俄亥俄州 Ohio 295
Éluósī 俄罗斯 Russia 195
é- 额 specified number or amount 203
èhuà 恶化 deteriorate 7, 147, 179
èzhì 遏制 keep within limits 145, 191
Ēn'gésī 恩格斯 Friedrich Engels 403
érjīn 而今 now 229
értóng 儿童 children 233
èrtāi 二胎 second child 99
èryǎnghuàliú 二氧化硫 sulfur dioxide 43

F

fābiǎo 发表 publish 229, 367
fābù 发布 issue 239
fādá 发达 develop 7
fādòng 发动 launch 149
fādòngjī 发动机 engine 59
fāhuī 发挥 exert 119, 195
fājì 发迹 rise to power 323
fāmíng 发明 invent 349, 367
fāqǐ 发起 initiate 401
fāshēng 发生 happen 99
fāyáng 发扬 promote 269
fǎguī 法规 laws and regulations 63
Fǎlánxī 法兰西 France 407
fǎzhì 法制 legal system 5, 149, 351
fǎzhì 法治 governed by law 153, 355
fānyì 翻译 translate 373
fánhuà 繁化 make complicated 247
fánnán 繁难 hard to tackle 231
fánróng 繁荣 prosper 201
fáncǐ zhǒngzhǒng 凡此种种 everything like this 201
fánsuǒ 烦琐 tedious 349
fǎnbà 反霸 oppose hegemony 183
fǎncháng 反常 unusual 291
fǎntán 反弹 rebound 101
fǎndòng 反动 reactionary 411
fǎnduìdǎng 反对党 opposition party 327, 407
fǎnduìpài 反对派 opposition faction 289
fǎnfǎn fùfù 反反复复 repeatedly 349
fǎnfǔ 反腐 combat corruption 5, 117
fǎnfù 反复 repeatedly 23
fǎngǎn 反感 antipathy 179
fǎnkàng 反抗 resist 275
fǎnkǒng 反恐 combat terrorism 185
fǎnkuì 反馈 give back to 285
fǎnyìng 反应 reaction 289
fǎnyìng 反映 reflect 7, 245
fǎnzhī 反之 conversely 147
fànchóu 范畴 category 153
fànlì 范例 example 287
fànwéi 范围 scope 59, 103
fànzuì 犯罪 commit a crime 149
fànlàn 泛滥 overflow 127
fāng'àn 方案 plan 43, 233
fāngfāng miànmiàn 方方面面 every aspect 123
fāngshì 方式 way 29, 353
fángfàn 防范 on guard 205
fángzhǐ 防止 prevent 147
fǎngměi 访美 visit the U.S. 179
fǎngwèn 访问 visit 295
fàngkāi 放开 lift control 99
fàngqì 放弃 give up 411
fēi 非 not 243
fēi...bùkě 非 … 不可 must 11
Fēidiǎn 非典 SARS 9
fēihēi jíbái 非黑即白 either black or white 161
fēilǐxìng 非理性 irrational 127
fēi...mòshǔ 非 … 莫属 none other than 275
fēizhèngfǔ zǔzhī 非政府组织 non-governmental organization 201
fēiláifēiqù 飞来飞去 fly around 369
fèichú 废除 abolish 149, 229, 379
fèizhǐ 废止 abolish 239
fèijìnxīnjī 费尽心机 rack one's brains 329
fēngōng 分工 divide up work 93
fēnháo 分毫 fraction 233
fēnhuà 分化 split 127
fēnlì 分立 separation 157
fēnliè 分裂 split 187, 289, 351
fēnqí 分歧 divergence 197, 293
fēnquán 分权 separation of powers 121
fēnsàn 分散 decentralize 121, 153
fēnxī 分析 analyze 5, 147, 235
fēnluàn 纷乱 chaotic 411
fēnzhēng 纷争 dispute 157, 291
fènr 份儿 share 229
fènnù 愤怒 angry 295
fēngfù 丰富 enrich 121, 275
fēngbì 封闭 closed 155, 229, 269
fēngjìn 封禁 ban 7
Fēngshénbǎng 封神榜 *Investiture of the Gods* 369
fēngzhí 峰值 peak 43
fēngbō 风波 disturbance 201
fēngdù 风度 grace 289
fēngqì 风气 atmosphere 405
fēngshuǐ lúnzhuàn 风水轮转 geomantic turn by turns 229
fēngsú 风俗 custom 369
fēngxiǎn 风险 risk 27
fèngwéi 奉为 hold up as 245
fǒudìng 否定 deny 101, 319
fǒurèn 否认 deny 9, 401
fǒuzé 否则 otherwise 147
fūqiǎn 肤浅 skin deep 273
fúdù 幅度 range 195
fúhé 符合 in accord with 157, 245, 327
Fú'ěrtài 伏尔泰 Voltaire 403
fúshì 服侍 serve 377
fúxiàn 浮现 emerge 179
Fújiàn 福建 Fujian (Province) 273, 313
Fúluòyīdé 弗洛伊德 Sigmund Freud 275
fǔyǎngfèi 抚养费 child support 93
fǔbài 腐败 corrupt 143
fǔhuà 腐化 become corrupted/rotten 11
fùgài 覆盖 cover 23
fùyǔ 赋予 empower 103, 123
fùguó 复国 recover the country 283
fùxīng 复兴 revitalization 239
fùzá 复杂 complex 285, 321, 349
fùchū 付出 pay 43, 97
fùdān 负担 burden 61, 93
fùmiàn 负面 negative 7, 95, 273
fùzérén 负责人 person in charge 67
fùzēngzhǎng 负增长 negative growth 91
fùjí 富集 abundant 27
fùyōngguó 附庸国 vassal state 411

G

gāi 该 this 89
gǎishàn 改善 improve 373
gǎixián yìzhé 改弦易辙 change one's direction 287
gǎizào 改造 remold 229, 373
gàikuò 概括 summarize 117
gàiniàn 概念 concept 117, 177, 243, 291, 311
gài 盖 cover 63
gànbù 干部 cadre 99, 123, 143
gānrǎo 干扰 interfere 201
gǎnchē 赶车 drive a cart 375

gǎnjué 感觉 feeling 23
gǎnshòu 感受 feeling 69
gǎnshòudào 感受到 feel 41
gǎnxìng 感性 perceptual 199
gǎn 敢 dare to 329
gǎngwèi 岗位 post 123
Gǎng Tái 港台 Hong Kong and Taiwan 245
gāochāo 高超 excellent 353
gāocháo 高潮 climax 411
gāodù 高度 height 149, 409
gāofēng 高峰 peak 281
gāojū 高居 stand above 203
gāokējì 高科技 high-tech 65
gāoshēn 高深 profound 287
gāohuāng zhījí 膏肓之疾 sickness beyond recovery 9
gǎo 搞 make 95
gǎokuǎ 搞垮 break down 179
gémìng 革命 revolution 147
géxīn 革新 reformation 401
géjú 格局 structure 177
gélóu 阁楼 attic 65
gébúduàn 隔不断 unable to obstruct/cut off 369
géjué 隔绝 isolate 277
gélí 隔离 isolate 121
gèbié 个别 individual 99, 285, 347
gèxìng 个性 individuality 273
gèjiè 各界 all circles/fields 285
gèrénzìsǎo ménqiánxuě 各人自扫门前雪 do not mind anyone else's business 285
gèhánggèyè 各行各业 all walks of life 279
gěilì 给力 cool 59
gēn 根 root 281
gēnběn 根本 basic 197
gēnjù 根据 on the basis of 127, 311
gēnjùdì 根据地 base 271
gēnyuán 根源 root 161, 325
gēngtì 更替 replenish 103
gēngxīn 更新 update 293
gōng 工 engineering 281
gōngchéng 工程 project 161
Gōngdǎng 工党 Labor Party 379, 407
gōngdì 工地 construction site 61
gōnghuì zǔzhī 工会组织 labor union 379
gōngjù 工具 tool 117
gōngnóng jiējí 工农阶级 worker-peasant class 381
gōngyè 工业 industry 5
gōngzuòcān 工作餐 working meal 65
gōngzuò rényuán 工作人员 working personnel 63
gōngnéng 功能 function 129, 273
gōngxiào 功效 effect 237
gōngbào 公报 bulletin 179
gōngkāi 公开 publish 63, 185
gōngkāi xíngxiàng 公开形象 public image 295
gōngmín 公民 citizen 329, 347, 403
gōngmínquán 公民权 citizenship 279
gōngyì 公益 public good 59
gōngyǒu 公有 communal 377
gōngzhòng 公众 public 61, 199
gòngxiàn 贡献 contribute 267
gòngcún 共存 coexist 159, 329
gòngjì 共计 amount to 367
gòngshí 共识 consensus 181
gòngtóng 共同 common 265
gòngyǒu 共有 owned by all 231
gōujié 勾结 collusion 191
gōutōng 沟通 communication 125
gòujiàn 构建 build 249
gòuxiǎng 构想 conception 195
gòumǎi 购买 purchase 63
gòumǎilì 购买力 purchasing power 193
gūjì 估计 estimate 101, 193
gūdǎo 孤岛 islet 249, 277, 325
gūdú 孤独 lonely 71
gūlì 孤立 isolate 245
gūgu 姑姑 aunt 97
gǔlì 鼓励 encourage 11, 283
Gǔbā 古巴 Cuba 185
gǔjīn hǎnjiàn 古今罕见 seldom seen 91
gǔshū 古书 ancient books 241
gǔtǐ 古体 ancient-style 243
gǔ 股 ply 283
Gùgōng 故宫 Forbidden City 41
gùguó 故国 homeland 265
gùdìng 固定 fix 187, 401
gùrán 固然 admittedly 7
gùyǒu 固有 inherent 351
gùzhí jǐjiàn 固执己见 cling stubbornly to one's own opinions 289
guāfēn 瓜分 carve up 237
guàizuì 怪罪 blame for 229
guān 关 lockup 29
guānhuái 关怀 concern 293
guānjiàn 关键 crux 159
guānjiàncí 关键词 key word 117
guānlián 关联 relate 121
guānzhù 关注 pay close attention to 61
guānchǎng 官场 officialdom 123, 145
guānfāng 官方 official 7, 183, 313
guānmín chōngtū 官民冲突 clash between government officials and civilians 101
guānyuán 官员 official 119
guānchá 观察 observe 129, 177, 239, 325
guāndiǎn 观点 opinion 93
guānniàn 观念 concept 243, 265
guǎnlǐ 管理 manage 5
guǎnzhì 管治 control and govern 119
guāngcǎi 光彩 glorious 9
guānggùn'er 光棍儿 bachelor 93
guānghuàxué yānwù 光化学烟雾 photochemical smog 43
guānghuī 光辉 glorious 125
guǎngbō 广播 broadcast 399
guǎngbù 广布 disperse 279
guǎngdà 广大 enormous 347
Guǎngdōng 广东 Guangdong (Province) 321
guǎngdù 广度 breadth 125
guǎngfàn 广泛 broad 201
guǎngwéi 广为 widely 145
guīdìng 规定 stipulation 379
guīfàn 规范 standard 177, 349
guīlǜ 规律 law 121, 375
guīmó 规模 scale 143, 183, 247, 295
guīgēn jiédǐ 归根结底 when it comes down to it... 403
guīgōng yú 归功于 give credit to 283
guīguó 归国 return to one's country 267
guīsù 归宿 home 267
guìzú 贵族 nobility 155, 403
Guógòng Liǎngdǎng 国共两党 the Kuomintang and the Chinese Communist Party 323

guójìfǎ 国际法 international law 187
guójìhuà 国际化 internationalize 249
guójiā jīqì 国家机器 state apparatus/machine/system 201
guójiè 国界 border 377
guólì 国力 national power 189
Guómíndǎng 国民党 Kuomintang 187, 319
guómín shēngchǎn zǒngzhí 国民生产总值 gross national product 193
guóyǔ 国语 national language 231
Guóyǔ Luómǎzì 国语罗马字 National Romanization 233
guǒshí 果实 achievement 355
guòchéng 过程 process 249
guòcuò 过错 fault 351
guòdù 过度 excessively 275
guòdù 过渡 transition 249
guòdùshíqī 过渡时期 transition period 329
guòlǜ 过滤 filter 61
guòyú 过于 unduly excessive 401

H

hǎidǐ 海底 seabed 369
hǎinèiwài 海内外 domestic and abroad 153
hǎiwài 海外 overseas 245, 265
hǎixiá 海峡 strait 189
hǎiyáng 海洋 ocean 315, 409
hàipà 害怕 afraid of 25
Hánguó 韩国 Korea 101
hánliàng 含量 content 203
hányì 含义 connotation 143, 241
hànwèi 捍卫 safeguard 405
Hànxué 汉学 Sinology 249, 295
Hànzú 汉族 Han 317
háobù chíyí 毫不迟疑 without the slightest hesitation 383
háowúyíwèn 毫无疑问 without doubt 311
hào 好 like 235
hàoqíxīn 好奇心 curiosity 277
hàochēng 号称 known as 379
Hélán 荷兰 Holland 407
héwǔqì 核武器 nuclear weapon 177
héxīn 核心 core 151, 185, 291
hé'ér bùtóng 和而不同 advocating harmony without uniformity 293
hépíng gòngchǔ 和平共处 peaceful co-existence 177
hépíngyǎnbiàn 和平演变 peaceful evolution 189
hébù 何不 why not 245
hégù 何故 wherefore 231
hékuàng 何况 let alone 7
héwù 何物 what 151
hézhǒng 何种 which type 277
hébìng 合并 merge 91
héfǎ 合法 legal 321
héfǎxìng 合法性 legitimacy 123
héhū 合乎 correspond to 235
hélǐxìng 合理性 rationality 123
hélì 合力 collaboratively 319
hézuò 合作 cooperate 59, 181, 283
hé 河 river 241
Hénán 河南 Henan (Province) 23
Hēigé'ěr 黑格尔 Georg Wilhelm Friedrich Hegel 235
hēimíngdān 黑名单 blacklist 183
héngxiàng 横向 horizontal 97
hōngzhà 轰炸 bomb 179
hóngguān 宏观 macroscopic 161, 199
hónglì 红利 bonus 95
hòuxuǎnrén 候选人 candidate 125
hòudài 后代 offspring 295
hòuguǒ 后果 consequence 147, 353
hòuhuǐ mòjí 后悔莫及 too late to repent/regret 383
hòuyì 后裔 descendant 281
hòuzhě 后者 latter 127, 295
hūxī 呼吸 breathe 7, 27
hūyìng 呼应 echo 325
hūyù 呼吁 appeal 89, 239, 249
hūlüè 忽略 neglect 7
hūshì 忽视 ignore 93, 189, 283
Hú Jǐntāo 胡锦涛 Hu Jintao 355
Hú Shì 胡适 Hu Shih 237
Hú Shìzhī 胡适之 Hu Shih 381
hùshi 护士 nurse 25
hùdòng 互动 interact 121
hùhuì 互惠 reciprocal 201
hùliánwǎng 互联网 Internet 249
hùqiǎn 互遣 each dispatch to 197
hùwéi 互为 inter- 177
hùxiāng yīcún 互相依存 depend on each other to exist 323
hùzhù 互助 help each other 319
huāpén 花盆 flower pot 69
huázhòng qǔchǒng 哗众取宠 seek popularity by doing sth. 351
huáqiáo 华侨 Chinese residing abroad 265
huárén 华人 ethnically Chinese 245
huáshāng 华商 Chinese merchant 315
huáwén 华文 Chinese language 293
huáyì 华裔 Chinese 281
huábīng 滑冰 go skating 41
huà 划 delimit 191
huà 化 melt 41
huàgōng 化工 chemical engineering 203
huàshēn 化身 embodiment 323, 353
huàxué 化学 chemistry 401
huáilǐ 怀里 in someone's arms 27
huáiyí 怀疑 doubt 61, 103, 399
huáiyǒu 怀有 harbor 147
huáiyùn 怀孕 pregnant 23
huānyíng 欢迎 welcome 65
huán 环 link 327
huánbǎo 环保 environmental protection 29, 43
huánjié 环节 relationship 99
huányóu 环游 orbit 367
huánzhài 还债 repay a debt 97
huánzhàng 还账 pay off one's debt 43
huǎnhé 缓和 relax 185
huǎnmàn 缓慢 slow 195, 321
huànqǔ 换取 exchange for 353
huànyánzhī 换言之 in other words 235
huànyǒu 患有 suffer 25
huànzhě 患者 patient 69
huāngtang 荒唐 absurd 241
huángjīn niánlíng 黄金年龄 golden age 91
huǎngzi 幌子 cloak 353
huīfù 恢复 recover 181
huíbì 回避 avoid 125
huídá 回答 reply 29
huíkàn 回看 look back 231
huíshēng 回升 rebound 101
huíshōu 回收 recycle 65
huíxiāng 回乡 return to one's home village 265

huíxuán 回旋 maneuver 205
huíyì 回忆 memory 23
huíyìng 回应 respond 121
huǐhuài 毁坏 destroy 407
huǐmiè 毁灭 exterminate 323, 375
huǐmièxìng wǔqì 毁灭性武器 destructive weapon 183
huìguǎn 会馆 guild hall 273
huìhé 汇合 confluence 321
huìlǜ 汇率 exchange rate 193
huìjíjìyī 讳疾忌医 conceal one's shortcomings for fear of criticism 11
hūnmí 昏迷 comatose 25
húnrán bùjué 浑然不觉 totally unaware of 23
hùnhé 混合 mix 367
hùnluàn 混乱 chaos 315
huópo 活泼 lively 231
huǒbàn 伙伴 friend 59, 203
huǒhuā 火花 spark 265
huòdé 获得 acquire 157
huòqǔ 获取 gain 125
huòshèng 获胜 win 401
huòxǔ 或许 perhaps 247
huòwù 货物 goods 369

J

jīběn 基本 basic 93
jīcéng 基层 grassroots 99 *jīchū* 激出 stimulate 265
jīchǔ 基础 basis 117, 315
Jīdūjiào 基督教 Christianity 199
jīfā 激发 arouse 181
jīgòu 机构 organization 149, 293
jījí 积极 positive 245, 269, 319
jījīn 基金 fund 297
jīlěi 积累 accumulate 317
jīqǐ 激起 arouse 275
jīqì 机器 machine 377
jīxiè 机械 machinery 203
Jīxīngé 基辛格 Henry Kissinger 197
jīxù 积蓄 save 265
jīyè 基业 foundation 275
jīyú 基于 based on 127
jīyù 机遇 opportunity 125, 205
jīzhì 机制 mechanism 43, 153
jí 极 extremely 91
jí 即 be 235, 277
jíbiàn 即便 even if 93
jídiǎn 极点 limit of 319
jíduānshìlì 极端势力 extremist forces 185
jíhuì 集会 assembly 347
jíjiāng 即将 in no time 383
jíjù 集聚 gather 95
jíjù 极具 very 311
jíjù 急剧 drastically 89, 199
jíkě 即可 then (subject) can 267
jíqí 及其 and its 235
jíqí 极其 extremely 145, 289
jíshǎoshù 极少数 very few 199
jíshí 及时 in time 349
jítǐ 集体 collective 151, 283, 381, 399
jítuán 集团 group 195, 325, 381, 409
jíwéi 极为 extremely 95, 145, 325
jízhōng 集中 concentrate 183, 269, 321
jǐjìn 挤进 edge in 193
jì 记 remember 231
jìchéng 继承 inherit 195, 265
jìjū 寄居 sojourn 265
jìjué 继绝 continuation and discontinuation 243
jìqiǎo 技巧 skill 353
jìsuàn 计算 calculate 193, 371
jìxiàng 迹象 sign 233
jìzǎi 记载 record 313
jiābīn 嘉宾 distinguished/honored guest 67
jiājù 加剧 aggravate 91
Jiānádà 加拿大 Canada
jiāshēn 加深 deepen 205, 293
jiāsù 加速 gain speed 91
jiāsuǒ 枷锁 chains 275
jiāyóuzhàn 加油站 gas station 61
jiāyuán 家园 homeland 67
jiāzhǎng 家长 parent 297
jiāzhòng 加重 become more serious 93
jiāzú 家族 clan 157, 319
jiǎgǔwén 甲骨文 oracle-bone script 239
jiǎshè 假设 hypothetical, conjecture 281
jià 架 measure word for mechanical things 367
jiàzhípànduàn 价值判断 value judgment 271, 317
jiān 兼 and 295
jiāncè 监测 monitor 27
jiāndū 监督 supervise 61, 123
jiānduān 尖端 cutting-edge 325
jiānjù 艰巨 arduous 293
jiǎnchá 检查 inspect 65
jiǎnchēng 简称 abbreviate 315
jiǎndiào 减掉 subtract 93
jiǎngxuéjīn 奖学金 scholarship 285
jiǎnhuǎn 减缓 slow down 8
jiǎnhuà 简化 simplify 239
jiǎnpái 减排 reduce (carbon) emissions 43
jiǎnqīng 减轻 lighten 95
jiǎnruò 减弱 weaken 97
jiǎntǐzì 简体字 simplified character 239
jiǎnyàn 检验 test 67, 95, 281
jiànjìnshì 渐进式 gradual 187
jiànjiāo 建交 establish diplomatic relations 177
jiànjiē 间接 indirect 201
jiànlì 建立 establish 145, 311
jiànquán 健全 sound 155
jiàntiānrì 见天日 known 403
jiànzhù 建筑 architecture 279
jiāng 将 about to 239, 249
jiānghuà 僵化 rigid 89, 319
jiānglái 将来 future, 29
Jiāngnán 江南 Jiangnan 273
jiāngsǐ 僵死 lifeless 231
Jiāngsū 江苏 Jiangsu (Province) 321
Jiāngxī 江西 Jiangxi (Province) 23
jiāngyù 疆域 territory 411
jiàngdī 降低 reduce 349
jiāodiǎn 焦点 focus 185
jiāohuàn 交换 exchange 369
jiǎodù 角度 angle 177
jiǎolóu 角楼 corner tower 41
jiǎoluò 角落 corner 291, 371
jiǎonà 缴纳 pay (a fee) 93
jiào 较 quite 321
jiàohuì 教会 church 403
jiàowéi 较为 relatively 247
jiàoxùn 教训 lesson 43
jiàozhī 较之 compare with/to 121, 149
jiēcéng 阶层 stratum 155, 403

jiēchū 揭出 uncover 237
jiēchù 接触 contact 319, 369
jiēduàn 阶段 stage 43, 279, 327
jiējí 阶级 (social) class 325
jiējí dòuzhēng 阶级斗争 class struggle 383
jiējìn 接近 approach 367
jiēshòu 接受 receive 25
jiētóu 街头 street 347
jiētóuxiàngwěi 街头巷尾 streets and lanes 199
jiébúduàn 截不断 unable to stop 369
jiéchū 杰出 outstanding
Jiéfúxùn 杰弗逊 Thomas Jefferson 403
jiégòu 结构 structure 91, 233
jiéhé 结合 combine 123, 185, 355
jiéjìng 洁净 clean 71
jiélùn 结论 conclusion 235, 311
jiénéng 节能 energy-saving 43
jiérán bùtóng 截然不同 entirely different 197, 329
jiéránxiāngfǎn 截然相反 polar opposite 119
jiéshěng 节省 save 101
jiéshù 结束 end 383
jiěchú 解除 relieve 373
jiěfàng 解放 liberate 373
jiějiù 解救 rescue 411
jiěshì 解释 explain 153, 241, 401
jiěshuō 解说 explain 59
jiětǐ 解体 disintegrate 195
jiècǐ 借此 using/by this 123
jièrù 介入 intervene 191
jièxiàn 界限 boundary 121
jièxiàn 界线 boundary 279
jiècǐ 借此 use/by this 123
jièzhài 借债 borrow loans 97
jièrù 介入 intervene 191
jīnróng 金融 finance 195
jīnfēi xībǐ 今非昔比 times change 89
jǐnjí 紧急 urgent 89
jǐnmì 紧密 close together 99, 285
jǐnquē 紧缺 in short supply 89
jǐnzhāng 紧张 tense 125, 317
jǐn cìyú 仅次于 second only to 89
jìnchéng 进程 process 189
jìn'ér 进而 and then 293
jìnhuà 进化 evolve 403
jìnxíng 进行 proceed 293
jìnzhǐ 禁止 prohibit 11, 405
jìnzàiyǎnqián 近在眼前 near 409
jìn 尽 exhaust 375
jǐnguǎn rúcǐ 尽管如此 even like this 103
jīngpò 惊破 startled and damaged 281
jīngrén 惊人 astonishing 153
jīng 精 excellent 295
jīnglì 精力 energy 183, 315
jīngquè 精确 accurate 235
jīngxīn 精心 meticulously 353
jīngyīng 精英 elite 117, 155
jīngbùqǐ 经不起 unable to take/bear/stand 95, 407
jīngfèi 经费 fund 97
jīnglì 经历 experience 95, 145, 281
jīngmào 经贸 economy and trade 201
jīngyíng 经营 operate 315
jǐngqì 景气 prosperous 203
jìngmài 静脉 vein 25
jìngkuàng 境况 circumstance 313
jìng 竟 unexpectedly 7
jìngzhēng 竞争 compete 117, 283
jìngzhēnglì 竞争力 competitiveness 97
jìnghuàqì 净化器 purifier 65
jiūchán 纠缠 get in a tangle 311
jiǔjū 久居 stay in the long run 267
jiùjì 救济 relieve 379
jiùjiu 舅舅 uncle 97
jiù 就 concerning 69
jiùyè 就业 find a job 43, 89, 279
jūduō 居多 in the majority 153
jūmín 居民 resident 65
jūrán 居然 unexpectedly 229
júzi 橘子 tangerine 371
júhuā 菊花 chrysanthemum 371
júzhǎng 局长 official of a department 27
júmiàn 局面 situation 125, 159, 189
júshì 局势 situation 191, 265
júxiànxìng 局限性 limitation 349
jǔ 举 enumerate 321
jǔbào 举报 report 59
jǔcǐyìlì 举此一例 cite this one example 267
jǔzúqīngzhòng 举足轻重 play a decisive role 237
jùjué 拒绝 refuse 63, 127
jùbiàn 巨变 drastic change 267
jùdà 巨大 huge 101, 295
jùbèi 具备 have 59, 157, 293, 327, 353
jùlí 距离 distance 367
jù 句 measure word for sentences 373
juàn 卷 volume 231
juǎnrù 卷入 become involved 23, 151
juǎntǔchónglái 卷土重来 stage a comeback 199
juéxǐng 觉醒 awakening 281
juécèzhě 决策者 decision maker 189
juédìng 决定 determine 155
juédìng xìng 决定性 conclusive 181
juéxīn 决心 determination 41, 377
jué 绝 - definitely 229
juébù 绝不 absolutely not 89
juéduì 绝对 absolute 153, 243
juéfēi 绝非 absolutely not 229
juéwú 绝无 definitely not 293
juéyuán 绝缘 isolated 249
juézhèng 绝症 terminal illness 11
juéqǐ 崛起 rise abruptly 193, 237
jūnshuì 均税 equal-tax policy 315
jūntián 均田 equal-land distribution policy 315
jūnbèi 军备 armament 197
jūnfèi 军费 military expenditure 193
jūnjī 军机 military aircraft 179
jūnshì 军事 military 179, 237
jūnshòu 军售 arms sale 191

K

kāi...dàochē 开 ... 倒车 retrogress 411
Kāiluó Huìyì 开罗会议 Cairo Conference 323
kāitóu 开头 beginning 117
kāizhǎn 开展 to develop 145
kāizōng míngyì 开宗明义 straight to the point from the very beginning 275
kǎishū 楷书 regular script 243
kānwù 刊物 publication 269
kànsì 看似 seemingly 95
kàngyì 抗议 protest 143, 399
kǎolǜ 考虑 consider 269

kào 靠 rely 241
kē 棵 measure word for trees 27
kēkē bànbàn 磕磕绊绊 stumble and trip 181
kē 颗 measure word for small, round things 373
Kēsuǒwò Zhànzhēng 科索沃战争 Kosovo War 179
kēyán 科研 scientific research 97
ké 咳 cough 23
kě'ài 可爱 lovely 407
kěguān 可观 considerable 231, 285
kějìng 可敬 respectable 11, 407
kělián 可怜 pitiful 383
kěxī 可惜 regrettable 9
kěyùjiànde 可预见的 foreseeable 271
kěqiú 渴求 desire 281
kèzhì 克制 restrain 71
kè 刻 carve 241
kèyì 刻意 deliberately 329
kèguān 客观 objective 127, 183, 271
kèguān guīlǜ 客观规律 objective laws 351
kěndìng 肯定 affirmative 155
kōngdòngwúwù 空洞无物 devoid of content 151
kōngqián 空前 unprecedented 95, 313, 377
kōngzhuàn 空转 run idle 59
kǒngbù 恐怖 terrifying 93
kǒngbù huódòng 恐怖活动 terrorist activity 183
kǒngjù 恐惧 frightened 69
kǒuhào 口号 slogan 233
kǒutóu shang 口头上 verbally 187
kǒuzhào 口罩 face mask 27
kòu 扣 place a cup 29
kǔtou 苦头 suffering 233
kuādà 夸大 exaggerate 93
kuākuā qítán 夸夸其谈 boastful 349
kuānxīn 宽心 feel relieved 249
kuàngchǎn zīyuán 矿产资源 mineral resources 411
kuìfá 匮乏 deficient in 89
kùnjìng 困境 plight 159
kùnnan 困难 difficult 99
kùnrǎo 困扰 trouble 195, 273, 311
kuòchōng 扩充 augment 411
kuòdà 扩大 expand 189, 317, 405
kuòsàn 扩散 spread 183
kuòzhǎn 扩展 extend 191
kuòzhāng 扩张 expansion 179, 319

L

lādà 拉大 enlarge 193
lādīnghuà 拉丁化 Latinization 229
Lādīng Měizhōu 拉丁美洲 Latin America 145
lādòng 拉动 drive 43
Lā Měi 拉美 Latin America 95
láidejí 来得及 have enough time to do sth. 25
láilín 来临 approach 159, 383
láiwǎng 来往 communicate 411
láodòng mìjíxíng 劳动密集型 labor intensive 203
láogōng 劳工 labor 405
lǎo 老 always 67
lǎobǎixìng 老百姓 common people 313
lǎobǎn 老板 boss 65
lǎohǔ 老虎 tiger 5
lǎolínghuà 老龄化 aging process 91
lǎoyíbèi 老一辈 older generation 269
Lǎozǐ 老子 Laozi 241
lèguān 乐观 optimistic 233, 401
lěijìn shuìlǜ 累进税率 progressive tax rate 379
lèixíng 类型 type 267
lěngjìng 冷静 calm 207
lěngmén 冷门 unpopular 237
lěngmò 冷漠 unconcerned 237, 285
Lěngzhàn 冷战 Cold War 177
líkāi 离开 leave 71
lípǔ 离谱 farfetched 233
lǐ 理 science 281
lǐlùn 理论 theory 155, 185, 231, 407
lǐxiǎng 理想 ideal 147
lǐxìng 理性 reason 153, 289
lǐyīng 理应 ought to 123
lǐyóu 理由 reason 289
Lǐ Dēnghuī 李登辉 Lee Teng-hui 179
Lǐ Kūnshēng 李昆生 personal name 41
lìchéng 历程 course 319
lìdài 历代 past dynasties 241, 313
lìjiè 历届 all previous 143, 189
Lìbǐyà 利比亚 Libya 185
lìhài 利害 advantages and disadvantages 311
lìqì 利器 efficient instrument 231, 375
lìyì 利益 benefit 155, 181, 347, 379
lìwài 例外 exception 317
lìchǎng 立场 position 187, 291, 311, 401
lìfǎ 立法 legislate 383, 405
lìzú 立足 gain a foothold 283, 325
lìshū 隶书 ancient style of calligraphy used in the Han dynasty 241
lìdù 力度 intensity 145
lìliàng 力量 strength 155
liǎ 俩 two 41
liánhé 联合 unite 191
Liánhéguó 联合国 United Nations 239
liánxì 联系 connect 153
liánjiē 连接 connect 69
liánxùxìng 连续性 continuity 205
liánzhe 连着 one after another 27
liánjié 廉洁 incorruptible 161
liánzhèng 廉政 incorrupt government 149
liángshi 粮食 grains 89
liáng 良 good 29
liángxìng 良性 beneficial 25
liǎnghuì 两会 Two Conferences 5
liáojiù 疗救 give treatment to 9
Lièníng 列宁 Vladimir Lenin 411
lièqiáng 列强 big powers 237
lièfèng 裂缝 crack 27
lièhén 裂痕 crack 293
liègēnxìng 劣根性 deep-rooted bad habits 127
lièzhì 劣质 inferior 61
línjìn 临近 near 321
línshí 临时 temporary 67
línzǒu 临走 parting 63
línlíjìnzhì 淋漓尽致 incisively and vividly 127
líng 零 and 367
lǐngdǎo bānzi 领导班子 leading group 151
lǐngdǎocéng 领导层 leading cadre 145
lǐngtóuyáng 领头羊 leader of the pack or herd 195
lǐngtǔ 领土 territory 187

lǐngxiù 领袖 leader 367, 403
lǐngyù 领域 domain 117, 153, 201
lìngyǒutāyòng 另有它用 use for other purposes 247
lìng 令 make 91
lìngrén fàzhǐ 令人发指 make one bristle with anger 143
liújū 留居 settle down in a place 271
liúzhù 留住 keep 41
Liú Míngyǔ 刘明宇 personal name 65
liúchuán 流传 circulate 7, 277
liúluò 流落 wander and settle 277
liútōng 流通 circulate 369
lǒngzhào 笼罩 envelop 293
lǒngduàn 垄断 monopolize 5
Lúsuō 卢梭 Jean-Jacques Rousseau 273, 403
lúzào 炉灶 cooking stove 61
Lǔ Xùn 鲁迅 Lu Xun 237
lùjìng 路径 way 43, 117
lùxiàn 路线 route 197
lüè 略 briefly 321
lún 轮 round 41
lúnchuán 轮船 steamship 367
lúnhuàn 轮换 rotation 187
Lúndūn yānwù shìjiàn 伦敦烟雾事件 London Smog Disaster 43
lúnlǐ 伦理 ethics 97, 297
lúnsàng 沦丧 perish 151
lùndiào 论调 view 193, 235
lùnduàn 论断 inference 239
lùnshù 论述 expound 177
Lúnyǔ 论语 Analects of Confucius 241
lùnzhèng 论证 argument 329
lùnzhǐ 论旨 gist/point 271
lùnzhù 论著 works 295
Luósīfú 罗斯福 Franklin Delano Roosevelt 379
luǒlù 裸露 bare 61
luòdì shēnggēn 落地生根 take root on the spot 279
luòhòu 落后 lag behind 97
luòshí 落实 implement 125
luòyè guīgēn 落叶归根 revert to one's origin 265
Luòkè 洛克 John Locke 403
Luòshānjī 洛杉矶 Los Angeles 43

M

máfan 麻烦 trouble 187, 347
mázuì 麻醉 anaesthetize 25
Mǎdīng Lùdé 马丁·路德 Martin Luther 401
Mǎkèsī 马克思 Karl Marx 403
máitóu 埋头 immerse oneself in 377
mánzhù 瞒住 conceal 9
mǎnshì 满是 filled with 25
mǎnyì 满意 satisfied 67
Mǎnzhōu 满洲 Manchu 317
màncháng 漫长 very long 247
mángyú 忙于 busy with 95
máocè 茅厕 latrine 237
máobìng 毛病 problem 275
máojīn 毛巾 towel 371
máodùn 矛盾 contradiction 93
máotóu 矛头 target 179
mào 冒 belch 59
màoyì 贸易 trade 313
méi 煤 coal 61
méitàn 煤炭 coal and coke 61
méifǎ 没法 can't 69
méitǐ 媒体 media 11, 155
měishí měikè 每时每刻 all the time 7
měidé 美德 virtue 277
měihǎo 美好 beautiful 71
měijí 美籍 of American nationality 279
měimèng 美梦 sweet dream 281
měishí 美食 fine food 61
Měi Sū 美苏 United States and the Soviet Union 383
měitán 美谈 salutary tale 11
Měizhōu 美洲 Americas 371
méngbì 蒙蔽 deceive 349
Měnggǔ 蒙古 Mongolia 317
méngshòu 蒙受 suffer 237
mèngdào 梦到 dream about 229
Mèngzǐ 孟子 Mencius 241
míxìn 迷信 have blind faith in 411
mìdù 密度 density 103
mìqiè 密切 close 191, 283, 353
miǎnbùliǎo 免不了 unavoidable 369
miǎnyú 免于 exempt from 323
miǎnqiǎng 勉强 force 293, 311
miànlín 面临 faced with 27
miǎo 秒 second 59
Mínguóchūnián 民国初年 early Republic of China 269
mínjiān 民间 among the people 313
Mínjìndǎng 民进党 Democratic Progressive Party 187
Mínquán Yùndòng 民权运动 Civil Rights Movement 199, 283
Mínshì Sùsòngfǎ 民事诉讼法 Code of Civil Procedure 59
mínyì 民意 will of the people 11
mínyuàn fèiténg 民怨沸腾 popular grievances run high 101
mínzhì 民治 government by the people 409
mínzú 民族 ethnic group 347
mínzú yīngxióng 民族英雄 national hero 411
mǐngǎn 敏感 sensitive 197, 289
Míngchū 明初 early Ming dynasty 317
Míngdài 明代 Ming dynasty 313
míngmíng 明明 obviously 67
míngquè 明确 make clear 203, 381, 399
míngxiǎn 明显 obvious 287
míngxīng 明星 star 127
míngzhèng 明证 obvious evidence 325
míng 名 name 353
míngchēng 名称 name 149
míngcí 名词 noun 291, 377
míngdān 名单 name list 63
míngyán 名言 well-known saying 235
míngyì 名义 in name 323
mìngyùn 命运 fate 147
miùlùn 谬论 fallacy 241
móhu 模糊 vague 191
móshì 模式 model 95, 355
mócā 摩擦 friction 203
mówáng 魔王 devil 375
mǒshā 抹杀 erase 381, 399
mò- 末 end 177
mòguòyú 莫过于 nothing is more ... than 201, 311
móu 谋 seek 381
móuqiú 谋求 seek 177
móushēng 谋生 make a living 277
mǒu 某 some 245
mǒuyī 某一 one of the... 325
mǔdān huā 牡丹花 peony 371

mǔyǔ 母语 mother tongue 235
mù 幕 scene 41
mùbiāo 目标 target 43, 349
mùdì 目的 purpose 271
mùdìdì 目的地 destination 311
mùqián 目前 at present 245
Mùsīlín 穆斯林 Muslim 185

N

nàshuì 纳税 pay tax 403
nǎizhì 乃至 and/or even 179
Nándù 南渡 Southward Movement 317
Nánjīng 南京 Nanjing 369
Nánsīlāfū 南斯拉夫 Yugoslavia 179
nányǐmíngzhuàng 难以名状 beyond description 71
nányì 难易 degree of difficulty 93
nào 闹 raise havoc 189
nèihán 内涵 connotation 235
nèilù 内陆 inland 317
nèiluàn bùzhǐ 内乱不止 never ending/incessant civil strife 195
nèixū 内需 domestic demand 203
nèizài 内在 inward 151, 347
néngliàng 能量 energy 201
néngyuán 能源 energy sources 5, 203
Níkèsōng 尼克松 Richard Milhous Nixon 177
nìliú 逆流 countercurrent 381, 399
niánfù yìnián 年复一年 year after year 267
niánjì 年纪 age 25
niánjūn 年均 annual average 27
niánshōurù 年收入 annual income 89
niǎomíng 鸟鸣 warble 241
níngméng 柠檬 lemon 23
níngchéngyìtǐ 凝成一体 merge into an integral whole 293
níngjùlì 凝聚力 cohesion 191
níngshì 凝视 gaze at 71
niǔqū 扭曲 contort 95
niǔdài 纽带 link 291
nónghòu 浓厚 strong 265
núlì 奴隶 slave 377
nǔlì 努力 make an effort 373
Nuówēi 挪威 Norway 381, 407

O

Ōuméng 欧盟 EU 195
ǒu'ěr 偶尔 once in a while 247
ǒurán 偶然 accidental 23

P

pāi 拍 swat 5, 29
pāishè 拍摄 film 5
páichì 排斥 reject 161
páichú 排除 exclude 159
páimíng 排名 ranking 95
páiwài 排外 exclusive 199
pái 牌 card 207
pài 派 faction 289, 381
pànwàng 盼望 expect 291
pàn 判 sentence 149
pànduàn 判断 judge 185
pànghūhū 胖乎乎 chubby 69
pāoqì 抛弃 abandon 287
pàohuǒ 炮火 gunfire 369
péiyǎng 培养 train 123, 327, 409
péicháng 赔偿 compensate 69
péibàn 陪伴 accompany 25
péngbó 蓬勃 flourishingly 203
pěng 捧 hold sth. in one's hands 245
pèngyùnqi 碰运气 try one's luck 151
pèngzhuàng 碰撞 collide 197
pīpàn 批判 criticize 237, 275
pīpíng 批评 criticize 11, 381
pìrú 譬如 take… for example 5, 375
piān 篇 passage 245
piān 偏 in an unexpected and curious way 9, 91
piānchā 偏差 bias 275
piānjiàn 偏见 prejudice 283
piāntǎn 偏袒 biased towards 401
piānyào 偏要 insist on 381
piànzi 骗子 liar 349
pīnchē 拼车 car pool 59
pīnfǎ 拼法 spelling 249
pīnyīn 拼音 phonetic transcription 233
pínfán 频繁 frequently 149
pínfá 贫乏 poor 95
pínfù chājù 贫富差距 gap between rich and poor 379
pínkùn 贫困 impoverished 97
pínqióng 贫穷 poor 89
píng'ān 平安 safe and sound 25
píngcháng 平常 common 399
pínghéng 平衡 balanced 91, 127
píngqǐpíngzuò 平起平坐 equal footing 347
píngtái 平台 platform 119
píng 凭 resort to 275
píngjiè 凭借 rely on 323
pínglùn 评论 comment 123, 199
pō 颇 quite 201, 239, 273
pòhuài 破坏 destroy 9, 129, 351
pòshǐ 迫使 compel 121
pūtiān gàidì 铺天盖地 flood in 249
pǔbiànxìng 普遍性 universality 273
pǔjí 普及 popularize 231
pǔjíhuà 普及化 universalization 293

Q

qījiān 期间 time 41
qīwàng 期望 expect 25
qīpiàn 欺骗 deceive 351
qí 其 it 125, 347
qíjì 奇迹 miracle 319
qíshì 歧视 discriminate 201
qíyāo 齐腰 waist-deep/high 41
qízhì 旗帜 flag 189
qǐfēi 起飞 take off 367
qǐfú búdìng 起伏不定 undulate 187
qǐyuán 起源 origin 159, 325
qǐbúshì 岂不是 isn't it…? 245
qǐtú 企图 attempt 183
qǐyè 企业 enterprise 279, 379
qǐméng 启蒙 enlighten 353
qǐshìxìng 启示性 revelation 285
Qìdān 契丹 Khitan 317
qìchuǎn 气喘 asthma 69
qìjíbàihuài 气急败坏 flustered and exasperated 41
qìněi 气馁 discouraged 385, 411
qìxiàng 气象 meteorological phenomena 23
qìjīn 迄今 so far 349
qìjīn wéizhǐ 迄今为止 thus far 325
qìyóu 汽油 gasoline 5
qiàhǎo 恰好 just right 291, 325
qiānlián 牵连 implicate 149
qiānzhì 牵制 contain 189

qiānzhe...bízi zǒu 牵着 ... 鼻子走 lead by coercion 189
qiāngǔ zuìrén 千古罪人 criminal who has been condemned throughout the ages 231
qiānlǐyǎn 千里眼 far-seeing person 369
qiānqiānwànwàn 千千万万 thousands upon thousands 11
qiān 迁 move 319
qiāndū 迁都 move the capital 321
qiānjiù 迁就 accommodate 329
qiānjū 迁居 move to another place 273
qiānzì 签字 sign 239
Qián Xuántóng 钱玄同 personal name 229
qiánjìn 前进 advance 377
qiánjǐng 前景 prospect 93, 203
qiánpūhòujì 前仆后继 one man falls 151
qiánrén 前人 forefathers 241
qiánshào 前哨 outpost 315
qiánsuǒwèiyǒu 前所未有 unprecedented 125, 267
qiántí 前提 premise 117, 191, 287
qiántú 前途 future 287
qiánzhě 前者 former 295
qiánlì 潜力 potential 203
qiàng 呛 choke 65
qiàngrén 呛人 choking 65
qiángdà 强大 powerful 409
qiángdí huánsì 强敌环伺 surrounded by a formidable enemy 285
qiángdiào 强调 stress 143, 275
qiángguó 强国 power nation 355
qiángliè 强烈 strong 149, 279
qiǎngpò 强迫 force 353
qiángzhì 强制 force 355
qiángzhìxìng 强制性 compulsoriness 99, 293
qiǎng 抢 compete for 91, 373
qiē 切 cut up 23
qièshēn 切身 of immediate concern to oneself 183, 269
qīnfàn 侵犯 violate 99
qīnhài 侵害 hurt 201
qīnlüè 侵略 invade 409
qīnqi 亲戚 relative 151, 319
qīnqiè 亲切 intimate 71
qīnqiègǎn 亲切感 cordial feeling 235
qīnshǔ 亲属 relatives 273
qīnyǎnsuǒjiàn 亲眼所见 see with one's own eyes 295
Qíndài 秦代 Qin dynasty 247
Qín Hàn 秦汉 Qin and Han dynasties 315
Qínshǐhuáng 秦始皇 Ying Zheng 247
qínjiǎn 勤俭 hardworking and thrifty 277, 315
qīngyì 轻易 easily 149
qīngxiàng 倾向 inclination 281
qīngxiàngyú 倾向于 tend to 125, 379
Qīngdài 清代 Qing dynasty 313
Qīngjiàotú 清教徒 Puritan 277
qīngjié 清洁 clean 61
qīnglián 清廉 uncorrupted 143
Qīngmò 清末 late Qing dynasty 269
qīngxī 清晰 clear 191
qīngxǐng 清醒 sober 193
qīngyísè 清一色 uniform 327, 401
qíngbào 情报 intelligence information/report 191
qínghuái 情怀 thoughts and feelings 269
qíngjié 情结 complex 187
qíngxíng 情形 situation 327, 407
qíngxù 情绪 emotion 127
qíngxùhuà 情绪化 emotional 199, 289
qiánchéng 虔诚 pious 185
qióngdǐng zhīxià 穹顶之下 *Under the Dome* 11
Qiūjí'ěr 丘吉尔 Winston Churchill 407
qíu 求 seek 9
qiútú 囚徒 prisoner 29
qūlìbìhài 趋利避害 draw on advantages and avoid disadvantages 207
qūshì 趋势 trend 91, 127, 193, 249, 313, 353
qūtóng 趋同 tend to converge 249
qūxiàng 趋向 trend 367
qūbié 区别 difference 311
qūqū 区区 just 369
qūxiàn 曲线 curve 23
qūzhé 曲折 twists and turns 177
qūfú 屈服 surrender 197, 249
qūdòng 驱动 drive 201
qúdào 渠道 canal 11
qǔdài 取代 replace 233, 349
qǔfǎ 取法 follow the example of 411
qǔxiàng 取向 direction 269, 311
qǔxiāo 取消 cancel 149
quānzi 圈子 circle 269
quánwēi 权威 authority 355
quányì 权益 rights and interests 411
quánlì 全力 spare no effort 285
quánmín 全民 all the people 403
quánqiúhuà 全球化 globalization 181
quántǐ 全体 all 403
quántiānxià 全天下 entire world 69
quányù 痊愈 completely recovered 69
quēfá 缺乏 lack 91, 145
quēxiàn 缺陷 flaw 189
quēyī bùkě 缺一不可 crucial 293
què 确 indeed 325
quèdìng 确定 determine 311
quèlì 确立 establish 159, 177
quèshí 确实 indeed 95
qúntǐ 群体 group 117, 147
qúntǐxìng 群体性 mass 143
qúnzhòng 群众 masses 347

R

ránshāo 燃烧 burn 247
rào 绕 go around 367
rè - 热 hot 229
rèliè 热烈 warmly 407
rèmén 热门 hot 199, 229
rèxiàn 热线 hotline 197
rèzhōngyú 热衷于 crave 233
réncái 人才 talented/brilliant people 119, 297
réngé 人格 personality 289, 327, 351, 373, 399
réngōng 人工 human labor 377
rénjìguānxì 人际关系 interpersonal relationship 277
rénjūn 人均 per capita 89, 155
rénkǒu pǔchá 人口普查 census 89
rénmín jiěfàngjūn 人民解放军 People's Liberation Army 189
Rénmín Rìbào 人民日报 *People's Daily* 7
rénquán 人权 human right 99, 197, 349
rénshì 人士 personage 283

rénshìjiān 人世间 human world 243
rénshì 人事 personnel 329
rénwéi 人为 artificial 157, 323
rénwénshèhuì kēxué 人文社会科学 humanities and social sciences 297
rénwù 人物 figure 123
rénxìng 人性 human nature 125, 275
rénxìng běn è 人性本恶 Human nature is evil. 147
rénzào 人造 artificial 281
rènhé 任何 any 183
rèndìng 认定 firmly believe 275
rènqīng 认清 clearly recognize/identify 311, 385, 411
rènshí 认识 realize 297
rèntóng 认同 self-identity 311
réng 仍 still 245, 271
rìchéng 日程 schedule 279
rìyì 日益 increasingly 7, 191, 243
rónghuà 熔化 melt 279
rónglú 熔炉 melting pot 271
róngnà 容纳 hold 281, 329
róngrěn 容忍 tolerate 289, 327, 383, 405
róngxǔ 容许 allow 409
Róng Hóng 容闳 Yung Wing 267
ròubǐng 肉饼 meat pie 63
Rú Shì Dào 儒释道 Confucianism, Buddhism, Taoism 277
Rújiā 儒家 Confucian school 151, 285
rú 如 for example 375
rúcǐ 如此 such 11, 265, 349
rúhé 如何 how 143, 383
rútóng 如同 like 249
rùjí 入籍 become a citizen 271
rùxué 入学 start school 233
ruǎnhuà 软化 soften 119
ruǎnshílì 软实力 soft power 145
Ruìdiǎn 瑞典 Sweden 381
ruò 若 if 249, 401
ruòhuà 弱化 weaken 129

S

sānjiào 三教 three religions 277
sǎngzi 嗓子 throat 23
sècǎi 色彩 color 273
shātóu 杀头 behead 149
shāixuǎn 筛选 sift 277
Shānxī 山西 Shanxi (Province) 27
shǎndiànshì 闪电式 instantaneous 409
Shǎnxī 陕西 Shanxi (Province) 23
shànyǎng 赡养 support 97
shànyú 善于 good at 315
shānghài 伤害 hurt 29
shāngrén 商人 business person 403
shāngtán 商谈 negotiate 125
shànggǎng 上岗 take up a job 123
shàngshù 上述 aforementioned 315
shàngsù 上溯 trace back 245
shàngwén 上文 preceding text 289
shàngxià jí 上下级 superior and subordinate 151
shàng 尚 still 195, 289
shāo 稍 slightly 231
shāogǎn 稍感 slightly feel 249
shāo 烧 burn 61
shé 蛇 snake 247
shèjí 涉及 involve 149, 199, 285, 313
shèwài 涉外 concerning foreign affairs or foreign nationals 199
shèhuìhuà 社会化 socialize 373
Shèhuì Qìyuē Lùn 社会契约论 Social Contract 273
shèhuì zhǔyì 社会主义 socialism 161, 377
shèjiāo 社交 social interaction 117
shèqū 社区 community 269
shèqún 社群 community 293
shèbèi 设备 equipment 121, 203
shèjì 设计 design 325
shēnmíng 申明 declare 401
shēnchū 伸出 extend 99
shēnchǔ 身处 in 145
shēnqiáng lìzhuàng 身强力壮 healthy and strong 9
shēnchén 深沉 deep 269
shēndù 深度 depth 125
shēnwù tòngjué 深恶痛绝 detest 143
shēnhòu 深厚 deep 283
shēnkè 深刻 deep 177, 297
shēnrù 深入 thorough 129
shēnxìn 深信 firmly believe 401
shēnshì 绅士 gentleman 403
shén 神 god 405
shénhuà 神话 myth 281, 369
shénshèng 神圣 sacred 293
shěnchá 审查 examine 7
shěnshì 审视 examine 233
shèn 甚 pretty 285
shēngyīn 声音 voice 287
shēngyù 声誉 reputation 101
shēngyùn 声韵 phonology 241
shēngcún 生存 survive 185, 271, 375
shēnghuàwǔqì 生化武器 chemical and biological weapons 183
shēngjī 生机 vitality 323
shēngjī bóbó 生机勃勃 full of life/vigor/vitality 243
shēngjì 生计 livelihood 313, 349
shēngmìng yōuguān 生命攸关 vitally important 189
shēngwù 生物 biology 401
shēngyùlǜ 生育率 birth rate 89
shēngyuán 生源 source of students 91
shēngjí 升级 upgrade 179
shěng 省 province 23
shěngfèn 省份 province 321
shèngxià 剩下 left 93
shèngbài 胜败 victory or defeat 383
shèngrén 圣人 sage 373
shībài 失败 fail 319
shīdú zhītòng 失独之痛 pain of losing one's only child 93
shīhéng 失衡 lose balance 91
shīkòng 失控 lose control 101, 351
shīqù 失去 lose 69
shīyèzhě 失业者 unemployed 379
shījiā 施加 impose 127
shī 湿 wet 65
Shījīng 诗经 *Book of Songs* 241, 271
shíquán shíměi 十全十美 perfect 347
shíyóu 石油 petroleum 5
Shídài 时代 *Time* magazine 285
shíjī 时机 opportunity 353
shíkōng 时空 space and time 311
shíshí kèkè 时时刻刻 all the time 409
shíyǒu suǒwén 时有所闻 frequently heard 285
shímáo 时髦 fashionable 381
shí 实 in fact 239, 353
shíhuà 实话 truth 11
shíjiàn 实践 practice 117, 327, 347
shílì 实例 real-life example 11

shílì 实力 power 183
shíshī 实施 implement 93
shíxiàn 实现 realize 143, 287, 327
shíxíng 实行 implement 381
shíyànshì 实验室 lab 377
shízhì 实质 essence 11, 121, 243, 287, 353
shízhìshàng 实质上 virtually essence 323
shí 识 know 231
shǐguǎn 使馆 embassy 179
shǐmìng 使命 mission 293, 375
shǐzhōng 始终 from beginning to end 287
shìjì zhījiāo 世纪之交 turn of the century 179
Shìjièyǔ 世界语 Esperanto 233
Shìmào Zǔzhī 世贸组织 WTO 203
shìshì dàidài 世世代代 generation after generation 279
shìjiàn 事件 event 143
shìshí 事实 fact 7, 243, 403
shìtài 事态 state of affairs 181
shìwù 事物 thing 377
shìwù 事务 affair 123, 349
shìyè 事业 career 265
shìsǐ 誓死 pledge one's life 405
shìbì 势必 inevitably 321
shìbù liǎnglì 势不两立 irreconcilable with 289
shìlì 势力 force 181
shìlì fànwéi 势力范围 sphere of influence 183
shìfēi 是非 right and wrong 291
shìdàng 适当 appropriate 103
shìdéqífǎn 适得其反 run counter to one's desire 351
shìyìng 适应 adapt 97, 125, 235, 273
shìyòng 适用 applicable 243, 329
shìfàng 释放 release 125
shìchá 视察 inspect 409
shìpín 视频 video 5, 23
shìsǐrúguī 视死如归 fearless and dauntless in the face of death 151
shìwéi 视为 regard as 67
shìwéi 视…为… regard ... as... 177
shìkàn 试看 look at 103
shìxiǎng 试想 imagine 347
shōuhuò 收获 harvest 321
shōuliǎn 收敛 restrain 283
shǒuduàn 手段 means 119, 349
shǒujuàn 手绢 handkerchief 25
shǒushù 手术 surgery 25
shǒudū 首都 capital 317
shǒunǎo 首脑 head 197
shǒuwèi 首位 first place 203
shǒuyào 首要 first 291
shǒuhù 守护 guard and protect 71
shòumìng 寿命 lifespan 377
shòupìn 受聘 offered a job 267
shūrù 输入 import 231
shūtóngwén 书同文 unify the written system 239
shūxiě 书写 write 235
shǔyú 属于 belong to 311
shùfù 束缚 restriction 161
shùzhuāng 束装 pack up 267
shùjù 数据 data 27, 203
shùliàng 数量 quantity 153
shùzì 数字 number 67
shuāijiǎn 衰减 weaken 91
shuāiluò 衰落 decline 195
shuāngfāng 双方 both sides 375
shuāngxiàng 双向 two-way 125
shuǐtǔbùfú 水土不服 unable to acclimate to a new environment 273
shuǐzhǔn 水准 standard 295
shuìlǜ 税率 tax rate 379
shùnjiān 瞬间 instant 25
shùncóng 顺从 submit to 119
shùnfēng'ěr 顺风耳 well-informed person 369
shùnlì 顺利 smooth-sailing 101
shùnyìng 顺应 comply with 249
shuō - 说 theory 281
shuōfú 说服 persuade 235
shuōfúlì 说服力 persuasiveness 155
Shuōwénjiězì 说文解字 *Explaining Graphs and Analyzing Characters* 245
Shuòshǔ 硕鼠 *Fat Rat* 271
sīkǎo 思考 think deeply 245
sīlì 私利 personal gain 153
sīxià 私下 privately 313
sīyǒu cáichǎn 私有财产 private property 379
sīfǎ 司法 jurisdiction 153
sīfǎchéngxù 司法程序 judicial process 59
sīfǎjiùjìquán 司法救济权 right to judicial relief 69
sīchóu 丝绸 silk 371
sīháo 丝毫 thread of 233, 271
sǐjí 死疾 terminal illness 9
sǐwáng 死亡 die 93
sǐxíng 死刑 death penalty 149
Sìchuān 四川 Sichuan (Province) 273
Sìxiǎolóng 四小龙 Asian Tigers 95
sìzhōu 四周 all around 411
sìhū 似乎 seemingly 233, 409
sìshìérfēi 似是而非 superficially plausible 235
sǒngrén tīngwén 耸人听闻 sensational 201
sòngxìn 送信 deliver a letter 375
Sūdān 苏丹 Sudan 185
Sū É 苏俄 Soviet Russia 377
Sūlián 苏联 Soviet Union 177, 323
sú 俗 vulgar 287
sùzhì 素质 quality 353
sùdù 速度 speed 353
sùsòng 诉讼 bring a lawsuit 59
suíbō zhúliú 随波逐流 go with the flow 249
suíchù 随处 everywhere 371
suíchùkějiàn 随处可见 very common 371
suíshǒupāi 随手拍 take photo at hand/without any extra effort 61
suíyì 随意 do as one pleases 127
suízhī 随之 follow 91, 177, 313
suì 碎 break/crush into pieces 9
sǔnhài 损害 harm 101, 183
sǔnshī 损失 lose 187
suōduǎn 缩短 shorten 43, 367
suōxiǎo 缩小 narrow 193, 367
suōyǐng 缩影 miniature 29
suǒdé shuì 所得税 income tax 379
suǒwèi 所谓 so-called 243
suǒwèide 所谓的 so-called 189
suǒzài 所在 place 315
suǒzhì 所致 caused by 275

T

tā 它 it 247
tāshi 踏实 solid 67
tái chūlái 抬出来 bring out 411
táitóu 抬头 emerge to raise one's head 179
táidú 台独 independence of Taiwan 187
Tàiguó 泰国 Thailand 101
Tàipíngyáng 太平洋 Pacific 369, 409
tānguān 贪官 corrupted official 123
tānwū 贪污 embezzle 11, 153
tānhuàn 瘫痪 paralyzed 127
tánbúshàng 谈不上 out of the question 123
tǎnshuài 坦率 frank 347
tànsuǒ 探索 explore 375
tàntǎo 探讨 discuss 155
Tángrén Jiē 唐人街 Chinatown 269
Táng Xiàoyán 唐孝炎 personal name 41
táng 糖 candy 41
táo 逃 escape 373
tǎojiàhuánjià 讨价还价 bargain 347
tǎolùn 讨论 discuss 143
tào 套 set 149
tàoyòng 套用 apply mechanically 235
tèchǎn 特产 local specialty 371
tèshǐ 特使 special envoy 197
tèyǒu 特有 peculiar 291
tèzhēng 特征 characteristic 121
téngluó huā 藤萝花 Chinese wisteria 371
tíchàng 提倡 advocate 11, 153, 229, 297, 373
tíchū 提出 raise 117
tífǎ 提法 wording 239
tígōng 提供 provide 177
tíliàn 提炼 extract 319
tíqǐ 提起 mention 151
tíshēng 提升 promote 191, 325
tíxié 提携 guide and support 277
tíxǐng 提醒 remind 409
tǐ 体 style 239
tǐhuì 体会 experience 295
tǐlì 体力 physical strength 377
tǐmiàn 体面 honorable 9, 157
tǐxì 体系 system 129, 319
tǐxiàn 体现 embody 127, 193, 245
tǐzhì 体制 system 119, 195, 319
tiānwén 天文 astronomy 401
tián 田 soil 313
tiánmì 甜蜜 sweet 41, 355
tiāo 挑 choose 373
tiáojiàn 条件 condition 181
tiáozhěng 调整 adjust 97, 243, 291
tiǎozhàn 挑战 challenge 119, 157
tiējìn 贴近 press close to 311
tiězhèng 铁证 solid evidence 385
tīngrèn 听任 condone 7
tíngzhǐ 停止 stop 89
tíngzhì bùqián 停滞不前 remain stagnant 233
tǐng'érzǒuxiǎn 铤而走险 make a reckless move 189
tōngxíng 通行 current 243
tōngxùn 通讯 communication 121
tōngzé 通则 general rule 247
tóngyóu 桐油 Tung oil 371
tóng 同 along with 369, 405
tóngděng 同等 equal 405
tóngméng 同盟 alliance 191
tóngnián 同年 same year 379
tóngqíng 同情 sympathize with 383
tóngshì 同事 colleague 151
tóngxiānghuì 同乡会 association of fellow provincials 273
tóngzhì 同志 comrade 205, 355
tóngqì 铜器 copperware 371
tónghuātóu 童花头 pageboy style 23
tǒngjì 统计 calculate 315
tǒngyī 统一 unify 231, 367
tǒngzhì 统治 rule 321, 353, 381, 403
tònghèn 痛恨 hate 145
tòngkǔ 痛苦 painful 351, 373
tòngkuai 痛快 happy 67
tóurù 投入 invest 89
tóuzī 投资 invest 43, 95
tóuhào 头号 number one 183
tòulù 透露 disclose 319
Tòumíng Guójì 透明国际 Transparency International 143
tūbiàn 突变 sudden change 265
tūchū 突出 obvious 97, 197, 269
tūfēi měngjìn 突飞猛进 advance by leaps and bounds 321
tūrán 突然 suddenly 29
túmóu 图谋 plot 205
túxiàng 图像 image 235
tújiàn 徒见 just to show... 239
tújìng 途径 way 43, 127
túshā 屠杀 butcher 403
tǔduī 土堆 mound 61
tǔzhù 土著 aborigine 329
tuánjié 团结 unite 283, 411
tuántǐ 团体 organization 199, 311
tuīcè 推测 speculate 409
tuīchén chūxīn 推陈出新 weed out the old to bring forth the new 291
tuīdòng 推动 push forward 347
tuīdònglì 推动力 impetus 201
tuīfān 推翻 overturn 119, 147
tuīguǎng 推广 expand 403
tuījìn 推进 advance 117
tuīsuàn 推算 estimate 101
tuīxíng 推行 carry out 247, 349, 379
tuīwěi 推诿 pass the buck 67
tuìchū 退出 leave 195
tuìjū 退居 retire 243
tuōguǐ 脱轨 derail 187
tuōjié 脱节 disjointed 315
tuōlí 脱离 break away from 89
tuǒxié 妥协 compromise 181

W

wàihuàn 外患 foreign aggression 317
wàijiāo 外交 diplomacy 237, 323
wàishāng 外商 foreign businessman 315
wàishěngrén 外省人 Mainlander 329
wàizài 外在 external 147
wàizú 外族 people of a different clan 317
wánjù 玩具 toy 203
wánměiwúquē 完美无缺 flawless 405
wánshàn 完善 perfect 159, 325
wánzhěng 完整 intact 323, 351
wǎnxī 惋惜 feel sorry for 383
wànbiàn bùlí qízōng 万变不离其宗 change millions of times without departing from the original aim 291

wànlíngyào 万灵药 elixir 349
wángcháo 王朝 dynasty 313
Wáng Huìqīng 王慧卿 personal name 27
Wáng Yuèsī 王跃思 personal name 41
wángdǎng 亡党 cause a party to perish 143
wángguó 亡国 cause a state to perish 143, 283
wǎngluò 网络 Internet 5
wǎngmín 网民 Internet user 123
wǎngzhàn 网站 website 61
wǎnglái 往来 communicate 369
wàngér quèbù 望而却步 shrink back at the sight of 145
wēiquán zhǔyì 威权主义 authoritarianism 161
wēishèlì 威慑力 deterrence 191
wēixié 威胁 threat 177
Wēibó 微博 Weibo 61, 117
wēibù zúdào 微不足道 insignificant 287
wēiguān 微观 microcosmic 161
wēihūqíwēi 微乎其微 very little 67
Wēixìn 微信 WeChat 117
wēihài 危害 harm 61
wēijī 危机 crisis 93, 189, 283
wēijī sìfú 危机四伏 crisis-ridden 103
wēijí 危及 endanger 239
wēiyán sǒngtīng 危言耸听 say frightening things just to cause alarm 239
wéifǎ 违法 violate the law 59
wéichéng 围城 besiege a city 121
wéirào 围绕 encircle 185
wéidú 唯独 only 237
wéiyī 唯一 one and only 11, 185
wéishù bùduō 为数不多 not many 201
wéisuǒyùwéi 为所欲为 do as one pleases 347
wéichí 维持 maintain 103, 181, 293, 383
wéihù 维护 safeguard 155, 191, 355
wéixì 维系 maintain 291
wéixiū 维修 repair 65
wěisuō 萎缩 wither 97
wěibā 尾巴 tail 59
wěiqì 尾气 tail gas 69
wèicéng 未曾 have not ever 233, 277
wèichángbù 未尝不 might 401
wèifù xiānlǎo 未富先老 growing old before getting rich 97
wèijīng 未经 have not yet 281
wèilái 未来 future 67
wèimiǎn 未免 rather too 401
wèi'r 味儿 smell 25
wèizhì 位置 position 271
wèiwèn 慰问 express sympathy 407
wèidàozhě 卫道者 one who defend traditional moral principles 243
wèishēng 卫生 hygiene 203
wèixīngguó 卫星国 satellite state 411
wénfǎ 文法 grammar 235
wénhuà rèntóng 文化认同 cultural identity 279
wénjí 文集 collected works 231
wénmíng 文明 civilization 355
wén 闻 smell 65
wěndìng 稳定 stable 159, 315, 347
wěngù 稳固 steady 205
wènzhèng 问政 politick 117
wōniú 蜗牛 snail 69
wūrǎnyuán 污染源 source of pollution 61
wūshuǐ 污水 waste water 27
wūgào 诬告 make a false accusation 237
wúbù 无不 invariably 281
wúcóng 无从 have no way 199
wúfēi 无非 nothing but 249
wúgū 无辜 innocent 229
wúhài 无害 harmless 275
wújiākěguī 无家可归 homeless 267
wúkěfēiyì 无可非议 beyond reproach/blame 317
wúkě hòufēi 无可厚非 no ground for blame 293
wúkě jiùyào 无可救药 incurable 11
wúkě nàihé 无可奈何 helpless 267
wúkě zhēngbiàn 无可争辩 Incontrovertible 317
wúkǒng bùrù 无孔不入 all-pervasive 287
wúlài 无赖 rascally 183
wúquán 无权 have no right 353
wúshénlùn zhě 无神论者 atheist 405
wúshù 无数 innumerable 321, 377, 407
wúsuǒ búzài 无所不在 ubiquitous 287
wútiáojiàn 无条件 unconditional 353
wúwǎng búzài 无往不在 omnipresent 275
wúxiàn 无限 limitless 273
wúxiàn 无线 wireless 369
wúxíng 无形 intangible 121
wúxiūzhǐ 无休止 endless 159
wúyí 无疑 undoubtedly 321
wúyì 无意 have no intention 183
wúzhī 无知 ignorant 237
wúzhùyú 无助于 make no contribution to 161
Wú Zhìhuī 吴稚晖 Wu Zhihui 237
wúyōnghuìyán 毋庸讳言 speak up frankly/candidly 197
wǔlì 武力 force 187, 317, 407
wǔqì 武器 weapon 375
Wǔsì Yùndòng 五四运动 May Fourth Movement 229
wǔ 捂 cover 25, 63
wǔtái 舞台 stage 195, 351
wùmái 雾霾 smog 11, 23
wùlǐ 物理 physics 401
wùzhì 物质 material 273
wùzī 物资 goods and materials 89

X

Xī'ān 西安 Xi'an 23
Xī Ōu 西欧 Western Europe 381
Xīshān 西山 Western Hills 41
xīnà 吸纳 absorb 43
xīshōu 吸收 absorb 355
xīyǐnlì 吸引力 attraction 125
xīshēng 牺牲 sacrifice 43, 197, 381
Xītèlè 希特勒 Adolf Hitler 409
Xí Jìnpíng 习近平 personal name 41
xìtǒng 系统 system 149
xì 细 minute 93
xìjié 细节 detail 161
xìzhì 细致 detailed 5
xiàgǎng 下岗 laid off 101
xiàmǎ 下马 fall from position of privilege 149
xiàyídài 下一代 next generation 265

Xiān Qín 先秦 pre-Qin period 241
xiānsheng 先生 husband 41
xiánrén 贤人 person of intelligence and virtue 123
xiǎn'ér yìjiàn 显而易见 obvious 317
xiǎnrán 显然 obvious 119, 233
xiǎnzhù 显著 remarkable 193, 269
xiàncún 现存 existing 197
xiàn jiēduàn 现阶段 at the present stage/period/phase 129
xiànshí 现实 reality 29, 155, 311
xiànxiàng 现象 phenomenon 201, 247
xiànxíng 现行 currently in effective 103, 125
xiànzhuàng 现状 current situation 205
xiànmù 羡慕 admire 145
xiànyú 陷于 sink into 315
xiàndù 限度 limit 121
xiànyú 限于 limited to 269, 403
xiànzhì 限制 impose restrictions on 99, 153, 379
xiànzhuāngshū 线装书 thread-bound book 237
xiāngdāng 相当 equivalent 195, 327
xiāngduì 相对 relative 177, 243
xiàngduì éryán 相对而言 relatively speaking 349
xiāngfǎn 相反 contrarily 157
xiāngguān 相关 related 117
xiànghù yīcún 相互依存 interdependence 203
xiāngyìng 相应 corresponding 181, 353
xiāngzhuàng 相撞 collide 179
xiāngdǎng 乡党 fellow villager 277, 319
xiángjìn 详尽 exhaustive 101
xiángxì 详细 detailed 247
xiǎngxiàng 想象 imagine 375
xiǎngshòu 享受 enjoy 355
xiǎngyǒu 享有 have 405
xiàng 项 measure word for principles and rules 147, 293
xiànghéchùqù 向何处去 where to go 311
xiàngxíng 象形 graphic 247
xiàngzhēng 象征 symbol 243, 317
Xiāo Gōngquán 萧公权 K. C. Hsiao 267
xuējiǎn 削减 cut 181
xuēruò 削弱 weaken 129
xiāohuǐ 销毁 destroy 271
xiāoshēng nìjì 销声匿迹 disappear from the scene 233
xiāofèi 消费 consume 5
xiāomiè 消灭 eliminate 377
xiāoshī 消失 disappear 99
xiāoxi 消息 news 369
xiǎokàn 小看 look down upon 233
xiǎoqū 小区 district 65
xiǎoquānzi 小圈子 small coterie/clique 123
xiǎoshuō 小说 novel 237
xiǎoxióng 小熊 little bear 25
xiǎozhèn 小镇 small town 29
xiǎozhuàn 小篆 small-seal style 241
Xiàoyì 孝义 Xiaoyi 29
xiàohua 笑话 joke 407
xiàoguǒ 效果 effect 153
xiàolǜ 效率 efficiency 127, 349, 377
xiàoyì 效益 effectiveness 353
xiétiáo 协调 coordinate 199
xiéshāng 协商 negotiate 349
xiězhào 写照 portrayal 245, 269
xièlòu 泄漏 leak 61
Xiè Zhènhuá 解振华 personal name 43
xīnqín 辛勤 industriously 265
xīnxīnkǔkǔ 辛辛苦苦 laborious 123
Xīnxīnnàtí 辛辛那提 Cincinnati 295
Xīnjiāpō 新加坡 Singapore 95, 147, 297
xīnjiào 新教 Protestantism 277
xīnshēng 新声 new voice 5
xīnshēng 新生 rebirth 5
xīnwén 新闻 news 239
Xīnxīlán 新西兰 New Zealand 379, 409
xīnxīng 新兴 burgeoning 383
xīnyì 新意 new idea 239
xīn'ān lǐdé 心安理得 at ease 267
xīnlǐ 心理 psychology 25, 245, 267
xīnpíng qìhé 心平气和 even-tempered and good-humored 245
xīnqíng 心情 mood 41
xīntiào 心跳 heartbeat 25
xīntóu dàhuàn 心头大患 biggest concern 197
xīnxì 心系 care deeply about 265
xìn 信 believe in 405
xìntú 信徒 believer 185
xìnxī 信息 information 203
xìnyǎng 信仰 faith 185, 289, 369, 401
xīngqiú 星球 planet 71
xīngxing 星星 star 27
xīngqǐ 兴起 rise 313
xìngqù 兴趣 interest 7
xíng - 型 type 183
xíngchéng 形成 form 119
xíngshì 形势 trend 287
xíngtài 形态 form 129, 265, 317
xíngxiàng 形象 image 145
xíngdòng 行动 action 59, 287
xíngshǐ 行使 exercise 119
xíngshì 行事 act 99
xíngwéi 行为 conduct 99, 119
xíngzhèng 行政 administration 191, 349
xǐng 醒 regain consciousness 25
xìngfú 幸福 happy 7, 373
xìngyùn 幸运 lucky 25
xìng - 性 -ity 311
xìngzhì 性质 nature 125, 277
Xiōngnú 匈奴 Xiongnu 317
xiūgǎi 修改 alter 63, 367
xiūyǎng 修养 self-cultivation 289
xiūzhù 修筑 build 121
xūwú 虚无 nihility 127
xū 须 must 403
xǔkě 许可 permit 271
Xǔ Shèn 许慎 Xu Shen 247
Xùlìyà 叙利亚 Syria 185
xù 序 preface 247
xuānchuán 宣传 publicize 11, 373
xuāngào 宣告 declare 411
xuán'ér wèijué 悬而未决 pending 349
xuánshū 悬殊 great disparity 201
xuánzhuǎn 旋转 revolve 71
xuǎnbá 选拔 select 119
xuǎndìng 选定 choose and decide 411
xuǎnjǔ 选举 elect 119, 155, 327, 347
xuǎnjǔ quán 选举权 right to vote 403
xuǎnpiào 选票 poll 125, 157
xuékē 学科 subject 297
xuérén 学人 scholar 267

xuéshù 学术 academia 117, 267, 401
xuéshùjiè 学术界 academia 125
xuéwèn 学问 knowledge 231
xuéyè 学业 studies 285
xuéyuàn shì 学院式 academic 295
xuézhě 学者 scholar 319
xuètǒng 血统 descent 199
xuèyuán 血缘 blood ties 97
xúnhuán 循环 circulate 43
xúnqiú 寻求 seek 275
xúnzhǎo 寻找 seek 153
Xúnzǐ 荀子 Xunzi 245
xùngǔ 训诂 Chinese exegetics 241

Y

yādǎo 压倒 prevail over 293
yāpò 压迫 oppress 273, 383, 407
yāyì 压抑 repress 275
yāzhì 压制 suppress 201
yācuòbǎo 押错宝 back the wrong horse 383
Yāpiàn Zhànzhēng 鸦片战争 Opium Wars 229, 313
yǎ 雅 elegant 287
yǎliàng 雅量 generosity 327, 407
Yàdāng Sīmì 亚当·斯密 Adam Smith 319
Yàtài 亚太 Asia-Pacific 177
yàyì 亚裔 Asian 281
yāncǎo 烟草 tobacco 371
yānxūn huǒliǎo 烟熏火燎 restless 25
yángé 严格 strict 279
yánjùn 严峻 severe 119, 157, 189
yánsù 严肃 serious 245, 293
yáncháng 延长 prolong 377
yánshēn 延伸 extension 291
yánlùn 言论 speech 401
yánsè 颜色 color 27
yángé 沿革 course of change and development 247
yánhǎi 沿海 coastal 313
yǎnrén ěrmù 掩人耳目 deceive the public 185
yǎnshì 掩饰 conceal 401
yǎnguāng 眼光 sight 297, 313
yǎnqián 眼前 present 311, 367
yǎnzhēngzhēng 眼睁睁 helpless 29
yǎnbiàn 演变 evolution 157, 247, 323, 405
yǎnhuà 演化 evolve 187
yǎnjiǎng 演讲 give a lecture 295
yǎnjìn 演进 develop gradually 239
yǎnxí 演习 maneuver 191
yángchén 扬尘 flying dust 63
yángqiāngdàpào 洋枪大炮 weapons and arms 373
yángrén 洋人 foreigner 239
yángguāng 阳光 sunshine 123
yángtái 阳台 balcony 29
yǎng 养 raise 69
yǎngchéng 养成 form 289
yǎngjiā húkǒu 养家糊口 make a living and support one's family 155
yǎnglǎo 养老 provide for the aged 97, 265
yàngzi 样子 appearance 23
yáoyuǎn 遥远 distant 327
yěmán 野蛮 uncivilized 99, 229
yè 页 page 231
yèkōng 夜空 night sky 71
yī 医 medicine 281
yīliáo 医疗 medical treatment 97
yīzhì 医治 cure 123
yī 依 according to 329, 367
yījiù 依旧 as before 241
yīlài 依赖 reliant on 241, 277
yīliàn 依恋 feel attachment to 71
yīrán gùwǒ 依然故我 remain the same 231
yīzhào 依照 according to 329
Yīlākè 伊拉克 Iraq 183
Yīlǎng 伊朗 Iran 101, 183
Yīsīlán 伊斯兰 Islam 185
yīshízhùxíng 衣食住行 basic necessities of life 273, 351
yīérzài, zàiérsān 一而再，再而三 again and again 143
yīliú 一流 first-rate 143
yíchǎn 遗产 legacy 381
yíchǎn shuì 遗产税 inheritance tax 379
yí 移 move 317
yídòng 移动 move 121, 313
yímín 移民 immigrant 265
yízhí 移植 transplant 323
yíbèizi 一辈子 lifetime 153
yíbù 一部 part 317
yídàn 一旦 once 9
yíguàn 一贯 always 187
yíniànzhījiān 一念之间 on the spur of the moment 63
yíqiè 一切 all 349
yíqù bùfǎn 一去不返 gone and never to return 267
yíxiàng 一向 consistently 279
yízhì 一致 identical 241, 399
yǐfēi 已非 no longer 143
yǐgù 已故 deceased 267
yǐrán 已然 already so 245
yǐ...míngyì 以…名义 in the name of 351
Yǐsèliè 以色列 Israel 285
yǐwǎng 以往 previously 287
yǐ...wéizhòng 以…为重 attach the greatest importance to… 347
yǐzhìyú 以至于 such an extent that 315
yǐzhì 以致 with the result that 383
yǐ...zìjū 以…自居 pose as… 327, 353
yìyú 易于 easy to 297
yìlìbùdǎo 屹立不倒 stand tall and stay strong 285
yì 亿 hundred million 23, 93, 143, 233
yìshí 意识 consciousness 149, 283
yìshídào 意识到 realize 27
yìshíxíngtài 意识形态 ideology 151
yìtú 意图 intention 185, 311
yìwài 意外 unexpected 321
yìwèi zhe 意味着 mean 29
yìyuàn 意愿 wish 287
yìwù 义务 obligation 189
yìhuì 议会 parliament 407
yìlùn 议论 discuss 179, 375
yìyuán 议员 member of parliament 407
yìbāng 异邦 foreign country/land 283
yìduān 异端 heresy 407
yìguó qíngdiào 异国情调 exoticism 277
yìjǐ 异己 dissident 289, 327, 405
yìtǐzì 异体字 variant form of a Chinese character 243
yìxiāng 异乡 foreign land 277

yìyùtāxiāng 异域他乡 foreign lands 267
yìdǎngzhuānzhì 一党专制 one-party autocracy 381
yìdiǎn yìdī 一点一滴 every little bit 377
yìfēn 一分 one unit one unit of cultivation 377
yìjǐ 一己 one's own 267
yìláo yǒngyì 一劳永逸 make a great effort to accomplish something once and for all to eliminate future troubles 147
yìpán sǎnshā 一盘散沙 tray of loose sand 285
yìshānbù róng'èrhǔ 一山不容二虎 two tigers cannot live on the same mountain 197
yìshí 一时 temporary 311, 351
yìtāihuà 一胎化 have one-child 89
yìwú suǒyǒu 一无所有 have nothing at all 275
yìxízhīdì 一席之地 place of one's own 381
yìxiāng qíngyuàn 一厢情愿 wishful thinking 281
yìxīnyíyì 一心一意 wholeheartedly 327
yìzhēng gāodī 一争高低 stack up against 199
yīn...gù 因 ... 故 because 231
yīnguǒ dàozhì 因果倒置 reverse cause and effect 239
yīnrén éryì 因人而异 vary according to the individual 273
yīnsù 因素 factor 125, 155, 181, 317
Yīnshāng 殷商 Shang dynasty 239
yīn'ànmiàn 阴暗面 dark side 125
yīnyǐng 阴影 shadow 197
yǐndǎo 引导 guide 199
yǐnfā 引发 trigger 119, 347
yǐnqǐ 引起 cause 97
yǐnrù 引入 introduce 125, 157
yǐnyòng 引用 quote 319
yǐnmán 隐瞒 hide 9
Yìnní 印尼 Indonesia 195
yìnxiàng 印象 impression 23
Yīngbàng 英镑 British pound 379
yīnglǐ 英里 mile 367
yīngdāng 应当 should 177
yìngduì 应对 respond to 145, 207
yìngfù 应付 deal with 277
yīngrán 应然 should be like this 245
yìngyòng 应用 apply 121, 377
yìngyùn érshēng 应运而生 emerge as the times require 201
yíngchūn huā 迎春花 winter jasmine 371
yíngzhe 迎着 face toward 65
yōnghù 拥护 support 347
yǒngrù 涌入 swarm into 271
yǒnghéng 永恒 eternal 147
yǒngjiǔ 永久 permanent 267
yǒngjiǔ jūliúquán 永久居留权 permanent residency 279
yǒngyuǎn 永远 forever 93, 235
yǒngyú 勇于 brave in 237
yòngbùzháo 用不着 there is no need to 381, 403
yònggōnghuāng 用工荒 labor shortage 91
yōu 优 excellent 29
yōushì 优势 advantage 125, 193
yōuxiù 优秀 excellent 355
yōuyǎ 优雅 elegant 41
yōuyuè 优越 superior 267
yōujiǔ 悠久 long 185
yōuchóu 忧愁 worried 41
yōulǜ 忧虑 worry 179
yōuxīn 忧心 worry 249
yóuqí 尤其 especially 155, 249
yóucǐjuéyǐ 由此绝矣 die from this 249
yóucǐ kějiàn 由此可见 thus it can be seen 95
yóufán qūjiǎn 由繁趋简 simplify 247
Yóutàirén 犹太人 Jewish people 277
yóuqiāng 油枪 refueling gun 65
yóuyān 油烟 oil fume 61
yóulì 游历 travel 409
yǒuàiyú 有碍于 go against 287
yǒubǎihài ér wúyīlì 有百害而无一利 utterly harmful without a single benefit 291
yǒuzhāoyírì 有朝一日 some day 185
yǒudài 有待 subject to 289
yǒulàiyú 有赖于 depend upon 201, 277
yǒuguān 有关 related 59
yǒuhài wùzhì 有害物质 harmful/detrimental substance 5
yǒujīkěchéng 有机可乘 take advantage of loopholes 349
yǒulàiyú 有赖于 depended on 201, 277
yǒulì 有力 powerful 243
yǒumù gòngdǔ 有目共睹 obvious to all 231
yǒurénwèi'er 有人味儿 humane 405
yǒushēng zhīnián 有生之年 one's remaining years 93
yǒuxiào 有效 effective 119
yǒuxíng 有形 tangible 121
yǒuzēngwújiǎn 有增无减 increase but no decrease 203, 289
yǒuzhùyú 有助于 contribute to 277
yòupài 右派 right wing 269
yòuyì 右翼 Right 181
yòuruò 幼弱 young and weak 407
yú 于 at 267
yúmèi 愚昧 ignorant 237
yúlùnjiè 舆论界 media 193
yǔcǐ tóngshí 与此同时 at the same time 89
yǔ...guàgōu 与 ... 挂钩 linked to 185
yǔrì jùzēng 与日俱增 increase with each passing day 243
yǔshíjùjìn 与时俱进 advance with the times 197
yǔshì géjué 与世隔绝 secluded from the real world 29
yǔ...wéidí 与 ... 为敌 make an enemy of sb. 183
yǔwén 语文 language and writing system 233
yǔyīn 语音 pronunciation 231
yùlánhuā 玉兰花 Yulan magnolia 371
yùmǐ 玉米 corn 371
yùfā 愈发 all the more 89
yùwàng 欲望 desire 103
yùlíng 育龄 childbearing age 91
yùcè 预测 predict 91, 193
yùfáng 预防 prevent 149
yùjiàn 预见 foresee 185
yuánxiōng 元凶 prime culprit 233
yuánlǐ 原理 principle 189
yuánliàng 原谅 forgive 25

yuánshǐ 原始 original 329
yuánxíng 原型 archetype 277
yuányǒu 原有 original 271
yuánzé 原则 principle 177, 245, 287
yuánzǐdàn 原子弹 atomic bomb 375
yuánzì 原字 original character 231
yuánzhù zhīshǒu 援助之手 helping hand 99
yuándì 园地 garden plot 371
yuántóuhuóshuǐ 源头活水 headstream 295
yuǎnbùrú 远不如 inferior to by a large margin 99
yuǎnjǐng 远景 future prospect 329
yuǎnshèngyú 远胜于 far superior/better than 317
yuǎnxùnyú 远逊于 far inferior to 317
yuànwàng 愿望 wish 69
yuē 约 about 193, 379
yuēdìng súchéng 约定俗成 accepted through common practice 245
yuēshù 约束 restrain 93
yuēshùlì 约束力 force of constraint 151, 191
yuèzhàn 越战 Vietnam War 281
yuèzǒu yuèyuǎn 越走越远 further and further away 191
yǔnxǔ 允许 allow 11, 89
yùn 运 transport 65
yùndòng 运动 movement 143
yùnhé 运河 canal 41
yùnyòng 运用 apply 235, 375
yùnzhuǎn 运转 revolve 347
yùnzuò 运作 operate 127, 159, 199, 289
yùnhán 蕴含 contain 317
yùnyù 孕育 breed 71

Z

záwén 杂文 essay 237
zāinàn 灾难 disaster 67, 353
zàidù 再度 once again/more 321
zàixiàn 再现 reappear 351
zàizhě 再者 furthermore 149
zàisuǒ nánmiǎn 在所难免 can hardly be avoided 157
zànchéng 赞成 agree 405
zànshí 暂时 temporarily 265, 325
zāodào 遭到 suffer 7, 407
zāoshòu 遭受 suffer 93, 187, 323
zǎoqī 早期 early stage 157
zàojiù 造就 form 153, 373, 399
zēngjìn 增进 enhance 373
zēngzhǎngzhí 增长值 growth value 43
zhā 扎 pierce 25
zhāgēn 扎根 take root 269
zhānzhān zìxǐ 沾沾自喜 self-satisfied 245, 327
zhàn 占 occupy 315
zhànjù 占据 occupy 181, 271
zhànshàngfēng 占上风 have the upper hand 315
zhànbúzhùjiǎo 站不住脚 ill-founded 383
zhànchūlái 站出来 step up 67
zhàndezhù 站得住 withstand 409
zhànlüè 战略 strategy 177
zhànshí 战时 wartime 375
zhànzhēng 战争 war 67
zhāngxiǎn 彰显 bring out conspicuously 11
zhāngyáng 张扬 publicize 9
zhǎngwò 掌握 master 177, 375
zhàng'ài 障碍 obstacle 185, 273
zhāoshēng 招生 recruit students 91
zhāozhì 招致 incur 149
zhāoshì 昭示 show 323
zhàobān 照搬 indiscriminately imitate 355
zhàogù 照顾 take care of 25
zhàoliàng 照亮 light up 71
zhēnchéng 真诚 sincere 99
zhēn miànmù 真面目 one's true self 295
zhēnlǐ 真理 truth 375
zhēnxīn 真心 sincerely 405
zhēnduì 针对 aimed at 275, 399
zhēnyǎn 针眼 pinhole 25
zhérén 哲人 sage 405
zhéxué 哲学 philosophy 281
Zhèjiāng 浙江 Zhejiang (Province) 23, 321
zhěnduàn 诊断 diagnose 25
zhěntou 枕头 pillow 23
zhènfèn 振奋 stimulate 5
zhènyíng 阵营 camp 181, 401
zhēngdòu 争斗 fight 403
zhēngduó 争夺 fight for 183
zhēngqiǎng 争抢 scramble for 157
zhēngqǔ 争取 strive for 147, 191, 383, 401
zhēngyì 争议 controversy 101, 311
zhēngfú 征服 conquer 317
zhēngjí 征集 collect 63
zhēngkāi 睁开 open 25
zhēngzhá 挣扎 struggle 27
zhěnggè 整个 whole 325
zhěnghé 整合 reorganize and consolidate 129, 281
zhěngqí huàyī 整齐划一 neat and uniform 293
zhěngtǐ 整体 whole 195
zhěngzhěng 整整 entirely 27
zhèngcháng 正常 normal 65
zhèngmiàn 正面 positive 7
zhèngmíng 正名 *Rectification of Names* 245
zhèngshì 正视 face up to 283
zhèngtǐzì 正体字 standardized form of a Chinese character 243
zhèngxiāngguān 正相关 positively correlate 95
zhèngdǎng 政党 political party 125, 157
zhèngdí 政敌 political opponent 327
zhèngjiè 政界 political circles 191
zhèngjú 政局 political situation 347
zhèngjù 证据 evidence 409
zhèngkè 政客 politician 327, 351
zhèngquán 政权 regime 147, 405
zhèngtǐ 政体 regime 119
zhèngmíng 证明 prove 71, 319
zhèngshí 证实 verify 91, 319
zhī 之 used between the subject and the predicate to turn the original structure into a nominal phrase 295
zhīchū 之初 at the beginning of 147
zhīdào 之道 way/method of 9
zhīzhēng 之争 battle of 269
zhīchí 支持 support 347
zhīliú 支流 tributary 281
zhīqíngquán 知情权 right to know 69
zhīshífènzǐ 知识分子 intellectual 229
zhīzhīshènshǎo 知之甚少 know little about 201
zhīzihuā 栀子花 gardenia 470
zhídé 值得 worthy of 151

zhíjué 直觉 intuition 153
zhípái 直排 discharge/emit directly 61
zhíxì qīnshǔ 直系亲属 one's immediate family 99
zhímín 殖民 colonize 277, 319, 379
zhímíndì 殖民地 colony 237
zhíwèi 职位 position 157
zhíwù 植物 plants 371
zhíxíng 执行 carry out 153
zhízhǎng 执掌 wield 405
zhízhèngdǎng 执政党 ruling party 187, 327
zhǐ 纸 paper 69
zhǐ 指 reproach 229
zhǐchū 指出 point out 9, 237, 265, 317
zhǐdǎo 指导 guide 197
zhǐdǎoyuánzé 指导原则 guiding principle 315
zhǐkòng 指控 accuse 231
zhǐzé 指责 criticize 9
zhì 至 reach 319
zhì'áiwù 致癌物 carcinogen 27
zhì'ān 治安 public security 201
zhìcái 制裁 sanction 153
zhìdìng 制定 formulate 125, 147
zhìdù 制度 system 119, 147
zhìhéng 制衡 ensure checks and balances 153
zhìguānzhòngyào 至关重要 crucial 121
zhìhòu 滞后 lag behind 95, 195
zhìhuì 智慧 wisdom 353
zhìjīn 至今 until now 385, 409
zhìshǎo 至少 at least 63
zhìyú 至于 as for 409
zhìlìyú 致力于 commit/devote oneself to 145
zhìliàng 质量 quality 125
zhìshēnqízhōng 置身其中 immerse oneself within 23
zhìshēnshìwài 置身事外 keep out of the affair 189
zhìxù 秩序 order 129, 159, 197, 315, 351
zhìyuē 制约 restrict 155, 207, 347
zhōngbiǎo 钟表 timepiece 371
zhōngchǎnjiējí 中产阶级 middle class 147
Zhōngdōng 中东 Middle East 119
zhōngduàn 中断 break off 241
Zhōnggòng 中共 Communist Party of China 323
Zhōngguómèng 中国梦 Chinese Dream 7
Zhōnghuá Mínguó 中华民国 Republic of China 321
Zhōngkēyuàn 中科院 Chinese Academy of Sciences 41
zhōngliúdǐzhù 中流砥柱 stand firmly as a rock in midstream 245
zhōngqī 中期 mid- 243
zhōngshìjì 中世纪 Middle Ages 407
Zhōngyà 中亚 Central Asia 195
zhōngyāng 中央 center 207
Zhōngyāng Qíngbàojú 中央情报局 CIA 193
Zhōngyāng Diànshìtái 中央电视台 China Central Television 5
zhōngshēn 终身 all one's life 377
zhǒngliú 肿瘤 tumor 25
zhǒng zhǒng 种种 all kinds of 273
zhǒngzú 种族 race 199, 279, 329
zhǒngzúgòuchéng 种族构成 racial demographics 199
zhòng 种 plant 373
zhòngduō 众多 numerous 349
zhòngnóng qīngshāng 重农轻商 emphasize agriculture and belittle commerce 313
zhòngshì 重视 emphasize 147
zhòngxīn 重心 core 207, 313
zhòngyòng 重用 put sb. in an important/ key position 123
zhōu 洲 continent 369
zhōubiān 周边 periphery 181
Zhōu Ēnlái 周恩来 Zhou Enlai 197
zhōukān 周刊 weekly publication 285
zhòumà 咒骂 curse 375
zhūduō 诸多 lot of 195
zhūrú 诸如 such as 233
zhūwèi 诸位 all of you 367
Zhūzǐ Bǎijiā 诸子百家 Hundred Schools of Thought 241
zhú 逐 one by one 93
zhúbù 逐步 gradually 323
zhújiàn 逐渐 gradually 91, 403
zhǔchírén 主持人 host 5
zhǔdǎo 主导 lead 127, 181, 247, 287
zhǔdòng 主动 actively 145
zhǔguān 主观 subjective 127, 183
zhǔjiàn 主见 one's own opinion/perspective 291
zhǔliú 主流 main trend 155, 279
zhǔquán 主权 sovereignty 321, 349
zhǔtǐ 主体 main body 59
zhǔxí 主席 chairperson 355
zhǔzǎi 主宰 dominate 129
zhǔzhāng 主张 advocate 229, 407
zhùzuò 著作 famous work 249
zhùshū 注疏 commentary on earlier authoritative commentary 241
zhù 驻 based at 179
zhuā 抓 emphasize 183
zhuāyú 抓鱼 catch fish 41
zhuānjiā 专家 expert 41, 101, 229, 315
zhuānzhì 专制 autocracy 119, 145, 351, 381, 399
zhuǎnhuà 转化 converse 323
zhuǎnhuàn 转换 switch 177
zhuǎnràng 转让 transfer 191
zhuǎnxíng 转型 in transition 43, 119
zhuǎnyè 转业 transferred to civilian work 101
zhuǎnyí 转移 transfer 179, 319, 377
zhuǎnzhédiǎn 转折点 turning point 265
Zhuāngzǐ 庄子 Zhuangzi 241
zhuāngzhì 装置 installation 61
zhuàngdǎn 壮胆 boost sb.'s courage 285
zhuàngshí 壮实 sturdy 69
zhuàngkuàng 状况 status 143
zhuàngtài 状态 status 179
zhuīgēnsùyuán 追根溯源 trace to its source 295
zhuīqiú 追求 pursue 153, 327, 375
zhǔnquè 准确 accurate 199
zhuóyuè 卓越 outstanding 285
zhuóyǎnyú 着眼于 aimed at 161, 187
zīběn zhǔyì 资本主义 capitalism 161, 379
zīchǎn jiējí 资产阶级 capitalist class 155

zīgé 资格 qualifications 59, 329
zīyuán 资源 resources 93, 275, 323
zǐdì 子弟 children 285
zìdòng 自动 automatic 203
zìfā 自发 spontaneously arise 247, 347
zìfèi 自费 self-sponsored 5
zìháo 自豪 proud of 193
zìjué 自觉 consciously 293
zìlǜ 自律 self-discipline 127
zìqī qīrén 自欺欺人 fool oneself and others 11
zìrán 自然 naturally 285
zìránzhīyǒu 自然之友 Friend of Nature 59
zìrán zīyuán 自然资源 natural resources 93
zìshā 自杀 commit suicide 151
zìshàng'érxià 自上而下 top-down 293
zìwàiyú 自外于 put oneself outside of 249, 287
zìwèi 自卫 self-defense 183
zìwǒ 自我 oneself 237
zìxìn 自信 confident 409
zìyóuzìzài 自由自在 free and easy 273
zìzhì 自治 autonomy 379
zìzú 自足 self-sufficient 269
zìmǔ 字母 alphabet 233
zìtǐ 字体 typeface 239
zìxíng 字形 font 239
zōngjiào 宗教 religion 157, 199, 273
Zōngjiào Gǎigé 宗教改革 Protestant Reformation 401
zōnghé 综合 synthetic 161
zōnghé guólì 综合国力 comprehensive national strength 193
zǒng'éryánzhī 总而言之 summarize 377
zǒnghé 总和 sum 193
zǒngkuò 总括 sum up 373
zǒngliàng 总量 total amount 89
zǒngzhī 总之 in short 275
zòngguān 纵观 take a broad view of 383
zòngshǐ 纵使 even if 275
zòngxiàng 纵向 vertical 97
zúqún 族群 ethnic group 199
zǔfùmǔ 祖父母 grandparents 97
zǔguó 祖国 native land 267
zǔxiān 祖先 ancestor 235
zǔài 阻碍 prevent 277, 319
zǔgé 阻隔 separate 369
zǔlì 阻力 obstruction 101
zuìchū 最初 initially 287
zuìdīgōngzī 最低工资 minimum wage 379
zuìjiā 最佳 best 235
zuìzhōng 最终 finally 195
zūnzhòng 尊重 respect 289
zūnxún 遵循 follow 177
zuǒpài 左派 left wing 269
zuò wénzhāng 做文章 make an issue of 189
zuògěng 作梗 obstruct 231
zuòzhàn 作战 fight 189
zuò...zhījì 作 … 之计 make a plan of 267
zuòláo 坐牢 in jail 149

生词索引（英 - 中）
Vocabulary Index (English-Chinese)

A

abandon 抛弃 pāoqì 287
abbreviate 简称 jiǎnchēng 315
abolish 废除 fèichú 149, 229, 379
abolish 废止 fèizhǐ 239
aborigine 土著 tǔzhù 329
about 约 yuē 193, 379
about to 将 jiāng 239, 249
absolute 绝对 juéduì 153, 243
absolutely not 绝不 juébù 89
absolutely not 绝非 juéfēi 229
absorb 吸纳 xīnà 43
absorb 吸收 xīshōu 355
abstract 抽象 chōuxiàng 151
absurd 荒唐 huāngtang 241
abundant 富集 fùjí 27
academia 学术 xuéshù 117, 267, 401
academia 学术界 xuéshùjiè 125
academic 学院式 xuéyuàn shì 295
accepted through common practice 约定俗成 yuēdìng súchéng 245
accidental 偶然 ǒurán 23
accommodate 迁就 qiānjiù 329
accompany 伴随 bànsuí 157
accompany 陪伴 péibàn 25
according to 依 yī 329, 367
according to 依照 yīzhào 329
accumulate 积累 jīlěi 317
accurate 精确 jīngquè 235
accurate 准确 zhǔnquè 199
accuse 指控 zhǐkòng 231
achievement 成果 chéngguǒ 355, 373
achievement 成就 chéngjiù 145, 267
achievement 果实 guǒshí 355
acknowledge 承认 chéngrèn 143, 243, 321, 405
acquire 获得 huòdé 157
act 行事 xíngshì 99
action 行动 xíngdòng 59, 287
actively 积极 jījí 245, 269, 319
actively 主动 zhǔdòng 145
Adam Smith 亚当·斯密 Yàdāng Sīmì 319
adapt 适应 shìyìng 97, 125, 235, 273
adjust 调整 tiáozhěng 97, 243, 291
administration 行政 xíngzhèng 191, 349
admire 羡慕 xiànmù 145
admittedly 固然 gùrán 7
Adolf Hitler 希特勒 Xītèlè 409
adult 成年 chéngnián 403
adult 成年人 chéngniánrén 379
advance 前进 qiánjìn 377
advance 推进 tuījìn 117
advance by leaps and bounds 突飞猛进 tūfēi měngjìn 321
advance together 并进 bìngjìn 287
advance with the times 与时俱进 yǔshíjùjìn 197
advantage 优势 yōushì 125, 193
advantages and disadvantages 利害 lìhài 311
advocate 提倡 tíchàng 11, 153, 229, 297, 373
advocate 主张 zhǔzhāng 229, 407
advocating harmony without uniformity 和而不同 hé'ér bùtóng 293
affair 事务 shìwù 123, 349
affect 波及 bōjí 281
affirmative 肯定 kěndìng 155
affirmatively 断然 duànrán 231
Afghanistan 阿富汗 Āfùhàn 193
aforementioned 上述 shàngshù 315
afraid of 害怕 hàipà 25
after all 毕竟 bìjìng 11, 187
again and again 一而再，再而三 yīérzài, zàiérsān 143
age 年纪 niánjì 25
agent 代理人 dàilǐrén 155
aggravate 加剧 jiājù 91
aging process 老龄化 lǎolínghuà 91
agree 赞成 zànchéng 405
ah! 哎呀 āiya 65
aim at 对准 duìzhǔn 179
aimed at 针对 zhēnduì 275, 399
aimed at 着眼于 zhuóyǎnyú 161, 187
all 全体 quántǐ 403
all 一切 yíqiè 349
all around 四周 sìzhōu 411
all circles/industries/fields 各界 gèjiè 285
alliance 同盟 tóngméng 191
all kinds of 种种 zhǒng zhǒng 273
all of you 诸位 zhūwèi 367
all one's life 终身 zhōngshēn 377
allow 容许 róngxǔ 409
allow 允许 yǔnxǔ 11, 89
all-pervasive 无孔不入 wúkǒng búrù 287
all previous 历届 lìjiè 143, 189
all the more 愈发 yùfā 89
all the people 全民 quánmín 403
all the time 每时每刻 měishí měikè 7
all the time 时时刻刻 shíshí kèkè 409
all walks of life 各行各业 gèhánggèyè 279
along with 同 tóng 369, 405
alphabet 字母 zìmǔ 233
already so 已然 yǐrán 245
alter 修改 xiūgǎi 63, 367
always 老 lǎo 67
always 一贯 yíguàn 187
Americas 美洲 Měizhōu 371
among the people 民间 mínjiān 313
amount to 共计 gòngjì 367
anaesthetize 麻醉 mázuì 25
Analects of Confucius 论语 Lúnyǔ 241
analyze 分析 fēnxī 5, 147, 235
ancestor 祖先 zǔxiān 235
ancient books 古书 gǔshū 241
ancient-style 古体 gǔtǐ 243
ancient style of calligraphy used in the Han dynasty 隶书 lìshū 241
and 兼 jiān 295
and 零 líng 367
and/or even 乃至 nǎizhì 179
and its 及其 jíqí 235
and then 进而 jìn'ér 293
angle 角度 jiǎodù 177

Anglo-Saxons 盎格鲁 - 撒克逊 Ànggélǔ-Sàkèxùn 283
angry 愤怒 fènnù 295
animation 动画 dònghuà 59
annual average 年均 niánjūn 27
annual income 年收入 niánshōurù 89
antagonism 对立 duìlì 383
antipathy 反感 fǎngǎn 179
any 任何 rènhé 183
appeal 呼吁 hūyù 89, 239, 249
appearance 样子 yàngzi 23
appear one after another 层出不穷 céngchūbùqióng 143
applicable 适用 shìyòng 243, 329
apply 应用 yìngyòng 121, 377
apply 运用 yùnyòng 235, 375
apply mechanically 套用 tàoyòng 235
approach 接近 jiējìn 367
approach 来临 láilín 159, 383
appropriate 适当 shìdàng 103
approximately 大约 dàyuē 285
Arab 阿拉伯 Ālābó 119
archetype 原型 yuánxíng 277
architecture 建筑 jiànzhù 279
arduous 艰巨 jiānjù 293
argument 论证 lùnzhèng 329
armament 军备 jūnbèi 197
arms sale 军售 jūnshòu 191
arouse 激发 jīfā 181
arouse 激起 jīqǐ 275
arrangement 安排 ānpái 329
arrive 到达 dàodá 311
artificial 人为 rénwéi 157, 323
artificial 人造 rénzào 281
as before 依旧 yījiù 241
ASEAN 东盟 Dōngméng 195
as for 至于 zhìyú 409
Asian 亚裔 yàyì 281
Asian Tigers 四小龙 sìxiǎolóng 95
Asia-Pacific 亚太 Yàtài 177
aspect 层面 céngmiàn 5, 121, 273, 355
assembly 集会 jíhuì 347
assert 断言 duànyán 293, 329
association of fellow provincials/townsmen 同乡会 tóngxiānghuì 273
assume 承担 chéngdān 59, 99, 189
asthma 气喘 qìchuǎn 69
astonishing 惊人 jīngrén 153
astronomy 天文 tiānwén 401
as wrong as wrong can be 大错特错 dàcuò tècuò 381
at 于 yú 267
at ease 心安理得 xīn'ān lǐdé 267
atheist 无神论者 wúshénlùn zhě 405
at least 至少 zhìshǎo 63
atmosphere 风气 fēngqì 405
atomic bomb 原子弹 yuánzǐdàn 375
at present 目前 mùqián 245
attach the greatest importance to... 以...为重 yǐ...wéizhòng 347
attempt 企图 qǐtú 183
at the beginning of 之初 zhīchū 147
at the present stage/period/phase 现阶段 xiàn jiēduàn 129
at the same time 与此同时 yǔcǐ tóngshí 89
attic 阁楼 gélóu 65
attraction 吸引力 xīyǐnlì 125
augment 扩充 kuòchōng 411
aunt 姑姑 gūgu 97
Australia 澳大利亚 Àodàlìyà 95
Australia 澳洲 Àozhōu 379, 409
authoritarianism 威权主义 wēiquán zhǔyì 161
authorities 当局 dāngjú 187
authority 权威 quánwēi 355
autocracy 专制 zhuānzhì 119, 145, 351, 381, 399
automatic 自动 zìdòng 203
avoid 避开 bìkāi 271, 377
avoid 避免 bìmiǎn 101, 123, 159, 181
avoid 回避 huíbì 125
awakening 觉醒 juéxǐng 281

B

bachelor 光棍儿 guānggùn'er 93
background 背景 bèijǐng 285
back in the days 当年 dāngnián 229
back the wrong horse 押错宝 yācuòbǎo 383
bad 糟糕 zāogāo 145
balanced 平衡 pínghéng 91, 127
balcony 阳台 yángtái 29
ban 封禁 fēngjìn 7
bare 裸露 luǒlù 61
bargain 讨价还价 tǎojiàhuánjià 347
base 根据地 gēnjùdì 271
based at 驻 zhù 179
based on 基于 jīyú 127
baseline 底线 dǐxiàn 191
basic 根本 gēnběn 197
basic 基本 jīběn 93, 155
basic necessities of life 衣食住行 yīshízhùxíng 273, 351
basis 基础 jīchǔ 117, 315
battle of... 之争 ...zhīzhēng 269
be (in a certain condition) 处于 chǔyú 157
bear 承受 chéngshòu 151, 351
beautiful 美好 měihǎo 71
because 因 ... 故 yīn...gù 231
become a citizen 入籍 rùjí 271
become a problem 成问题 chéngwèntí 151
become corrupted/rotten 腐化 fǔhuà 11
become involved 卷入 juǎnrù 23, 151
become more serious 加重 jiāzhòng 93
beginning 开头 kāitóu 117
behead 杀头 shātóu 149
behind 背后 bèihòu 7
Beijing 北平 Běipíng 369
belch 冒 mào 59
Belgium 比利时 Bǐlìshí 407
believe in 信 xìn 405
believer 信徒 xìntú 185
belong to 属于 shǔyú 311
beneficial 良性 liángxìng 25
benefit 利益 lìyì 155, 181, 347, 379
benzopyrene 苯并芘 běnbìngpí 27
besides 此外 cǐwài 91
besiege a city 围城 wéichéng 121
best 最佳 zuìjiā 235
beyond description 难以名状 nányǐmíngzhuàng 71
beyond reproach/blame 无可非议 wúkěfēiyì 317
bias 偏差 piānchā 275
biased towards 偏袒 piāntǎn 401
biggest concern 心头大患 xīntóu dàhuàn 197

big powers 列强 lièqiáng 237
big-seal style 大篆 dàzhuàn 241
Bin Laden 本·拉登 Běn Lādēng 183
biology 生物 shēngwù 401
birth rate 生育率 shēngyùlǜ 89
black case work 暗箱操作 ànxiāng-cāozuò 123
blacklist 黑名单 hēimíngdān 183
blame for 怪罪 guàizuì 229
blood ties 血缘 xuèyuán 97
blow 吹 chuī 69
boastful 夸夸其谈 kuākuāqítán 349
bold 大胆 dàdǎn 409
bomb 轰炸 hōngzhà 179
bonus 红利 hónglì 95
Book of Songs 诗经 Shījīng 241, 271
boost 促进 cùjìn 121, 189
boost sb.'s courage 壮胆 zhuàngdǎn 285
border 国界 guójiè 377
borrow money/loans 借债 jièzhài 97
boss 老板 lǎobǎn 65
both sides 双方 shuāngfāng 375
boundary 界限 jièxiàn 121
boundary 界线 jièxiàn 279
brave in 勇于 yǒngyú 237
Brazil 巴西 Bāxī 195
breadth 广度 guǎngdù 125
break away from 脱离 tuōlí 89
breakdown 崩溃 bēngkuì 193, 315
break down 搞垮 gǎokuǎ 179
break off 中断 zhōngduàn 241
break out 爆发 bàofā 189
breathe 呼吸 hūxī 7, 27
breed 孕育 yùnyù 71
briefly 略 lüè 321
bring a lawsuit 诉讼 sùsòng 59
bring out 抬出来 tái chūlái 411
bring out conspicuously 彰显 zhāngxiǎn 11
British pound 英镑 Yīngbàng 379
broad 广泛 guǎng fàn 201
broadcast 广播 guǎngbō 399
build 构建 gòujiàn 249
build 修筑 xiūzhù 121
bulletin 公报 gōngbào 179
burden 包袱 bāofu 283
burden 负担 fùdān 61, 93
burgeoning 新兴 xīnxīng 383
burn 燃烧 ránshāo 247
burn 烧 shāo 61
business person 商人 shāngrén 403
busy with 忙于 mángyú 95
butcher 屠杀 túshā 403

C

cadre 干部 gànbù 99, 123, 143
Cairo Conference 开罗会议 Kāiluó Huìyì 323
cake 蛋糕 dàngāo 157
calculate 计算 jìsuàn 193, 371
calculate 统计 tǒngjì 315
calm 冷静 lěngjìng 207
camp 阵营 zhènyíng 181, 401
Canada 加拿大 Jiānádà 95
canal 渠道 qúdào 11
canal 运河 yùnhé 41
cancel 取消 qǔxiāo 149
candidate 候选人 hòuxuǎnrén 125
candy 糖 táng 41
can hardly be avoided 在所难免 zàisuǒ nánmiǎn 157
cannot be 不容 - bùróng 283
cannot be avoided 不容回避 bùróng huíbì 197
can't 没法 méifǎ 69
capital 首都 shǒudū 317
capitalism 资本主义 zīběn zhǔyì 161, 379
capitalist class 资产阶级 zīchǎn jiējí 155
carcinogen 致癌物 zhìáiwù 27
card 牌 pái 207
care deeply about 心系 xīnxì 265
career 事业 shìyè 265
car pool 拼车 pīnchē 59
carry out 推行 tuīxíng 247, 349, 379
carry out 执行 zhíxíng 153
carve 刻 kè 241
carve up 瓜分 guāfēn 237
carving 雕刻 diāokè 371
case 案例 ànlì 151
castle 城堡 chéngbǎo 121, 155
catch fish 抓鱼 zhuāyú 41
category 范畴 fànchóu 153
cause 导致 dǎozhì 23, 91, 289
cause 引起 yǐnqǐ 97
cause a party to perish 亡党 wángdǎng 143
cause a state to perish 亡国 wángguó 143, 283
caused by 所致 suǒzhì 275
census 人口普查 rénkǒu pǔchá 89
center 中央 zhōngyāng 207
Central Asia 中亚 zhōngyà 195
Chai Jing 柴静 Chái Jìng 5, 23
chairperson 主席 zhǔxí 355
challenge 挑战 tiǎozhàn 119, 157
change 变革 biàngé 117
change millions of times without departing from the original aim 万变不离其宗 wànbiàn bùlí qízōng 291
change one's direction 改弦易辙 gǎixián yìzhé 287
changes 变迁 biànqiān 245, 279
changing all the time 变幻无常 biànhuàn wúcháng 291
Chang'an Street 长安街 Cháng'ānjiē 41
chaos 混乱 hùnluàn 315
chaotic 纷乱 fēnluàn 411
characteristic 特征 tèzhēng 121
check and balance 制衡 zhìhéng 153
chemical and biological weapons 生化武器 shēnghuàwǔqì 183
chemical engineering 化工 huàgōng 203
chemistry 化学 huàxué 401
childbearing age 育龄 yùlíng 91
children 儿童 értóng 233
children 子弟 zǐdì 285
child support 抚养费 fǔyǎngfèi 93
China Central Television 中央电视台 zhōngyāngdiànshìtái 5
Chinatown 唐人街 Tángrén Jiē 269
Chinese 华裔 huáyì 281
Chinese Academy of Sciences 中科院 zhōngkēyuàn 41
Chinese Dream 中国梦 zhōngguómèng 7
Chinese exegetics 训诂 xùngǔ 241
Chinese language 华文 huáwén 293
Chinese merchant 华商 huáshāng 315
Chinese residing abroad 华侨 huáqiáo 265

Chinese wisteria 藤萝花 téngluó huā 371
choke 呛 qiàng 65, 91, 373
choking 呛人 qiàngrén 65
choose 挑 tiāo 373
choose and decide 选定 xuǎndìng 411
Christianity 基督教 jīdūjiào 199
chrysanthemum 菊花 júhuā 371
chubby 胖乎乎 pànghūhū 69
church 教会 jiàohuì 403
CIA 中央情报局 zhōngyāng qíngbàojú 193
Cincinnati 辛辛那提 Xīnxīnnàtí 295
circle 圈子 quānzi 269
circulate 流传 liúchuán 7, 277
circulate 流通 liútōng 369
circulate 循环 xúnhuán 43
circumstances 境况 jìngkuàng 313
cite this one example 举此一例 jǔcǐyīlì 267
citizen 公民 gōngmín 329, 347, 403
citizenship 公民权 gōngmínquán 279
city wall 城墙 chéngqiáng 121
civilization 文明 wénmíng 355
Civil Rights Movement 民权运动 Mínquán Yùndòng 199, 283
clan 家族 jiāzú 157, 319
clash between government officials and civilians 官民冲突 guānmín chōngtū 101
class 阶级 jiējí 325
class struggle 阶级斗争 jiējí dòuzhēng 383
clean 洁净 jiéjìng 71
clean 清洁 qīngjié 61
clear 清晰 qīngxī 191
clearly recognize/identify/acknowledge 认清 rènqīng 311, 385, 411
climax 高潮 gāocháo 411
cling stubbornly to one's own opinions 固执己见 gùzhí jǐjiàn 289
cloak 幌子 huǎngzi 353
close 密切 mìqiè 191, 283, 353
closed 封闭 fēngbì 155, 229, 269
close the country to the rest of the world 闭关自守 bìguān zìshǒu 313
close together 紧密 jǐnmì 99, 285
coal 煤 méi 61
coal and coke 煤炭 méitàn 61
coastal 沿海 yánhǎi 313
Code of Civil Procedure 民事诉讼法 Mínshì Sùsòngfǎ 59
coexist 共存 gòngcún 159, 329
cohesion 凝聚力 níngjùlì 191
Cold War 冷战 Lěngzhàn 177
collaboratively 合力 hélì 319
colleague 同事 tóngshì 151
collect 筹募 chóumù 297
collect 征集 zhēngjí 63
collected works 文集 wénjí 231
collection of books 藏书 cángshū 295
collective 集体 jítǐ 151, 283, 381, 399
collide 碰撞 pèngzhuàng 197
collide 相撞 xiāng zhuàng 179
colloquial Chinese 白话 báihuà 373
collusion 勾结 gōujié 191
colonize 殖民 zhímín 277, 319, 379
colony 殖民地 zhímíndì 237
color 色彩 sècǎi 273
color 颜色 yánsè 27
comatose 昏迷 hūnmí 25
combat corruption 反腐 fǎnfǔ 5, 117
combat terrorism 反恐 fǎnkǒng 185
combine 结合 jiéhé 123, 185, 355
comfort 安慰 ānwèi 25
comment 评论 pínglùn 123, 199
commentary on earlier authoritative commentary 注疏 zhùshū 241
commit/devote oneself to 致力于 zhìlìyú 145
commit a crime 犯罪 fànzuì 149
commit suicide 自杀 zìshā 151
common 共同 gòngtóng 265
common 平常 píngcháng 399
common people 老百姓 lǎobǎixìng 313
communal 公有 gōngyǒu 377
communicate 来往 láiwǎng 411
communicate 往来 wǎnglái 369
communication 沟通 gōutōng 125
communication 通讯 tōngxùn 121
Communist Party of China 中共 zhōnggòng 323
community 社区 shèqū 269
community 社群 shèqún 293
compare with/to 较之 jiàozhī 121, 149
compel 迫使 pòshǐ 121
compensate 赔偿 péicháng 69
compete 竞争 jìngzhēng 117, 283
compete for 抢 qiǎng 91, 373
competitiveness 竞争力 jìngzhēnglì 97
complacent 沾沾自喜 zhānzhān zìxǐ 245, 327
complain 抱怨 bàoyuàn 71
completely recovered 痊愈 quányù 69
complex 复杂 fùzá 285, 321, 349
complex 情结 qíngjié 187
comply with 顺应 shùnyìng 249
component 成分 chéngfèn 273, 319
composed 沉着 chénzhuó 207
comprehensive national strength 综合国力 zōnghé guólì 193
compromise 妥协 tuǒxié 181
compulsoriness 强制性 qiángzhìxìng 99, 293
comrade 同志 tóngzhì 205, 355
conceal 瞒住 mánzhù 9
conceal 掩饰 yǎnshì 401
conceal one's shortcomings for fear of criticism 讳疾忌医 huìjí jìyī 11
concentrate 集中 jízhōng 183, 269, 321
concept 概念 gàiniàn 117, 177, 243, 291, 311
concept 观念 guānniàn 243, 265
conception 构想 gòuxiǎng 195
concern 关怀 guānhuái 293
concerning 就 jiù 69
concerning foreign affairs or foreign nationals 涉外 shèwài 199
conclusion 结论 jiélùn 235, 311
conclusive 决定性 juédìng xìng 181
conclusive/solid evidence 铁证 tiězhèng 385
condition 条件 tiáojiàn 181
condole 慰问 wèiwèn 407
conduct 行为 xíngwéi 99, 119
confident 自信 zìxìn 409
conflict 冲突 chōngtū 185, 289
confluence 汇合 huìhé 321
confrontation 对抗 duìkàng 179
Confucianism, Buddhism, Taoism 儒释道 Rú Shì Dào 277

Confucian school 儒家 *Rújiā* 151, 285
connect 联系 *liánxì* 153
connect 连接 *liánjiē* 69
connotation 含义 *hányì* 143, 241
connotation 内涵 *nèihán* 235
conquer 征服 *zhēngfú* 317
consciously 自觉 *zìjué* 293
consciousness 意识 *yìshí* 149, 283
consensus 共识 *gòngshí* 181
consequence 后果 *hòuguǒ* 147, 353
conservative 保守 *bǎoshǒu* 181
conservative 保守派 *bǎoshǒupài* 269
Conservative Party 保守党 *Bǎoshǒudǎng* 407
consider 考虑 *kǎolǜ* 269
considerable 可观 *kěguān* 231, 285
consistently 一向 *yíxiàng* 279
construction site 工地 *gōngdì* 61
consume 消费 *xiāofèi* 5
contact 打交道 *dǎjiāodào* 197
contact 接触 *jiēchù* 319, 369
contain 牵制 *qiānzhì* 189
contain 蕴含 *yùnhán* 317
content 含量 *hánliàng* 203
contest against 角逐 *juézhú* 195
continent 洲 *zhōu* 369
continuation and discontinuation 继绝 *jìjué* 243
continue with 继之以 …*jìzhīyǐ* 11
continuity 连续性 *liánxùxìng* 205
continuously 持续不绝 *chíxù bùjué* 283
contort 扭曲 *niǔqū* 95
contraceptive pill 避孕药 *bìyùnyào* 101
contradict 抵触 *dǐchù* 249
contradiction 矛盾 *máodùn* 93
contrarily 相反 *xiāngfǎn* 157
contrast 对比 *duìbǐ* 193, 235
contribute 贡献 *gòngxiàn* 267
contribute to 有助于 *yǒuzhùyú* 277
control and govern 管治 *guǎnzhì* 119
controversy 争议 *zhēngyì* 59, 101, 311
convenience 便利 *biànlì* 231, 321, 399
conventional weapon 常规武器 *chángguī wǔqì* 195
converse 转化 *zhuǎnhuà* 323
conversely 倒是 *dàoshì* 285
conversely 反之 *fǎnzhī* 147
cooking stove 炉灶 *lúzào* 61
cool 给力 *gěilì* 59
cooperate 合作 *hézuò* 59, 181, 283
coordinate 协调 *xiétiáo* 199
copperware 铜器 *tóngqì* 371
cordial feeling 亲切感 *qīnqiègǎn* 235
core 核心 *héxīn* 151, 185, 291
core 重心 *zhòngxīn* 207, 313
corn 玉米 *yùmǐ* 371
corner 角落 *jiǎoluò* 291, 371
corner tower 角楼 *jiǎolóu* 41
corresponding 相应 *xiāngyìng* 181, 353
correspond to 合乎 *héhū* 235
corrupt 腐败 *fǔbài* 143
corrupted official 贪官 *tānguān* 123
cost 成本 *chéngběn* 5, 99, 349
cost 代价 *dàijià* 7, 43, 97, 351
cough 咳 *ké* 23
countercurrent 逆流 *nìliú* 381, 399
courage 胆子 *dǎnzi* 385
course 历程 *lìchéng* 319
course of change and development 沿革 *yángé* 247
cover 覆盖 *fùgài* 23
cover 盖 *gài* 63
cover 捂 *wǔ* 25, 63
crack 裂缝 *lièfèng* 27
crack 裂痕 *lièhén* 293
crave 热衷于 *rèzhōngyú* 233
create 创造 *chuàngzào* 119, 329
criminal who has been condemned throughout the ages 千古罪人 *qiāngǔ zuìrén* 231
crisis 危机 *wēijī* 93, 189, 283
crisis-ridden 危机四伏 *wēijī sìfú* 103
criticize 批判 *pīpàn* 237, 275
criticize 批评 *pīpíng* 11, 381
criticize 指责 *zhǐzé* 9
crucial 缺一不可 *quēyī bùkě* 293
crucial 至关重要 *zhìguānzhòngyào* 121
cruel 残酷 *cánkù* 383, 403
cruel 残忍 *cánrěn* 383
crux 关键 *guānjiàn* 159
Cuba 古巴 *Gǔbā* 185
cultural identity 文化认同 *wénhuà rèntóng* 279
cure 医治 *yīzhì* 123
curiosity 好奇心 *hàoqíxīn* 277
current 通行 *tōngxíng* 243
currently in effective 现行 *xiànxíng* 103, 125
current situation 现状 *xiànzhuàng* 205
curse 咒骂 *zhòumà* 375
curve 曲线 *qūxiàn* 23
custom 风俗 *fēngsú* 369
cut 削减 *xuējiǎn* 181
cut off 断绝 *duànjué* 239
cutting-edge 尖端 *jiānduān* 325
cut up 切 *qiē* 23

D

dare to 敢 *gǎn* 329
dark side 阴暗面 *yīn'ànmiàn* 125
data 数据 *shùjù* 27, 203
deal with 应付 *yìngfù* 277
death penalty 死刑 *sǐxíng* 149
deceased 已故 *yǐgù* 267
deceive 蒙蔽 *méngbì* 349
deceive 欺骗 *qīpiàn* 351
deceive the public 掩人耳目 *yǎnrén ěrmù* 185
decentralize 分散 *fēnsàn* 121, 153
decision maker 决策者 *juécèzhě* 189
declare 申明 *shēnmíng* 401
declare 宣告 *xuāngào* 411
decline 衰落 *shuāiluò* 195
deep 深沉 *shēnchén* 269
deep 深厚 *shēnhòu* 283
deep 深刻 *shēnkè* 177, 297
deepen 加深 *jiāshēn* 205, 293
deep-rooted bad habits 劣根性 *liègēnxìng* 127
deficient in 匮乏 *kuìfá* 89
definitely 绝 *jué* 229
definitely not 绝无 *juéwú* 293
definition 定义 *dìngyì* 155
degree of difficulty 难易 *nányì* 93
deliberately 刻意 *kèyì* 329
delimit 划 *huà* 191
deliver a letter 送信 *sòngxìn* 375
Democratic Progressive Party 民进党 *mínjìndǎng* 187
Deng Xiaoping 邓小平 *DèngXiǎopíng* 205

Denmark 丹麦 Dānmài 381, 407
density 密度 mìdù 103
deny 否定 fǒudìng 101, 319
deny 否认 fǒurèn 9, 401
department 部门 bùmén 5, 61
depended on 有赖于 yǒulàiyú 201, 277
dependent/reliant on 依赖 yīlài 241, 277
depend on each other to exist 互相依存 hùxiāng yīcún 323
depend upon 有待于 yǒudàiyú 201
deploy 部署 bùshǔ 181
depth 深度 shēndù 125
derail 脱轨 tuōguǐ 187
descendant 后裔 hòuyì 281
descent 血统 xuètǒng 199
design 设计 shèjì 325
desire 渴求 kěqiú 281
desire 欲望 yùwàng 103
destination 目的地 mùdìdì 311
destroy 摧残 cuīcán 229, 323, 407
destroy 摧毁 cuīhuǐ 325, 409
destroy 毁坏 huǐhuài 407
destroy 破坏 pòhuài 9, 129, 351
destroy 销毁 xiāohuǐ 271
destructive weapon 毁灭性武器 huǐmièxìngwǔqì 183
detail 细节 xìjié 161
detailed 细致 xìzhì 5
detailed 详细 xiángxì 247
deteriorate 恶化 èhuà 7, 147, 179
determination 决心 juéxīn 41, 377
determine 决定 juédìng 155
determine 确定 quèdìng 311
deterrence 威慑力 wēishèlì 191
detest 深恶痛绝 shēnwù tòngjué 143
detest 憎恨 zēnghèn 145
develop 发达 fādá 7
develop gradually 演进 yǎnjìn 239
devil 魔王 mówáng 375
devoid of content 空洞无物 kōngdòngwúwù 151
diagnose 诊断 zhěnduàn 25
dial 拨打 bōdǎ 59
dialectical/analytic/argumentative relationship 辩证关系 biànzhèngguānxì 297
dictatorial 独裁 dúcái 351
die 死亡 sǐwáng 93
die from this 由此绝矣 yóucǐjuéyǐ 249
diesel oil 柴油 cháiyóu 5, 59
difference 别 bié 329
difference 差异 chāyì 159, 197
difference 区别 qūbié 311
difficult 困难 kùnnan 99
dim 暗淡 àndàn 329
diplomacy 外交 wàijiāo 237, 323
direction 取向 qǔxiàng 269, 311
disappear 消失 xiāoshī 99
disappear from the scene 销声匿迹 xiāoshēng nìjì 233
disaster 灾难 zāinàn 353
discharge/emit directly 直排 zhípái 61
disclose 透露 tòulù 319
discouraged 气馁 qìněi 385, 411
discriminate 歧视 qíshì 201
discuss 探讨 tàntǎo 155
discuss 讨论 tǎolùn 143
discuss 议论 yìlùn 179, 375
disease 疾病 jíbìng 9
disintegrate 解体 jiětǐ 195
disjointed 脱节 tuōjié 315
disparity 差距 chājù 193
disperse 广布 guǎngbù 279
disproportionate 不成比例 bùchéngbǐlì 283
dispute 纷争 fēnzhēng 157, 291
disregard 不顾 búgù 351
dissatisfied 不满 bùmǎn 197
dissemination 传播 chuánbō 231, 297, 369
dissident 异己 yìjǐ 289, 327, 405
distance 距离 jùlí 367
distant 遥远 yáoyuǎn 327
distinguish 辨别 biànbié 291
distinguished/honored guest 嘉宾 jiābīn 67
district 小区 xiǎoqū 65
disturbance 风波 fēngbō 201
divergence 分歧 fēnqí 197, 293
diversification 多元化 duōyuán huà 401
divide up work 分工 fēngōng 93
do as one pleases 随意 suíyì 127
do as one pleases 为所欲为 wéisuǒyùwéi 347
domain 领域 lǐngyù 117, 153, 201
domestic and abroad 海内外 hǎinèiwài 153
domestic demand 内需 nèixū 203
dominate 主宰 zhǔzǎi 129
do not lose 不失 bùshī 289
do not mind other's business 各人自扫门前雪 gèrénzìsǎoménqiánxuě 285
do not see 不见 bújiàn 103
don't wash your dirty linen in public 家丑不可外扬 jiāchǒubùkě wàiyáng 9
do something wrong in addition to a wrong thing 错上加错 cuòshàng jiācuò 101
doubt 怀疑 huáiyí 61, 103, 399
drastically 急剧 jíjù 89, 199
drastic change 巨变 jùbiàn 267
draw on advantages and avoid disadvantages 趋利避害 qūlìbìhài 207
dream about 梦到 mèngdào 229
drive 拉动 lādòng 43
drive 驱动 qūdòng 201
drive a cart 赶车 gǎnchē 375
dusty 尘土飞扬 chéntǔ fēiyáng 61
dynasty 王朝 wángcháo 313

E

each dispatch to 互遣 hùqiǎn 197
early Ming dynasty 明初 Míngchū 317
early Republic of China 民国初年 Mínguóchūnián 269
early stage 早期 zǎoqī 157
Earth 地球 dìqiú 367
easily 轻易 qīngyì 149
East Asia 东亚 Dōngyà 95
East China Sea 东海 Dōnghǎi 325
easy to 易于 yìyú 297
echo 呼应 hūyìng 325
economy and trade 经贸 jīngmào 201
edge 边缘 biānyuán 285
edge in 挤进 jǐjìn 193
effect 功效 gōngxiào 237
effect 效果 xiàoguǒ 153
effective 有效 yǒuxiào 119
effectiveness 效益 xiàoyì 353
efficiency 效率 xiàolǜ 127, 349, 377
efficient instrument 利器 lìqì 231, 375

either black or white 非黑即白 *fēihēi jíbái* 161
elaborate 阐述 *chǎnshù* 287
elect 选举 *xuǎnjǔ* 119, 155, 327, 347
electric 电力 *diànlì* 375
electric wire 电线 *diànxiàn* 369
elegant 雅 *yǎ* 287
elegant 优雅 *yōuyǎ* 41
eliminate 消灭 *xiāomiè* 377
elite 精英 *jīngyīng* 117, 155
elixir 万灵药 *wànlíngyào* 349
embassy 使馆 *shǐguǎn* 179
embezzle 贪污 *tānwū* 11, 153
embodiment 化身 *huàshēn* 323, 353
embody 体现 *tǐxiàn* 127, 193, 245
embroidery 刺绣 *cìxiù* 371
emerge 浮现 *fúxiàn* 179
emerge as the times require 应运而生 *yìngyùnérshēng* 201
emerge to raise one's head 抬头 *táitóu* 179
emotion 情绪 *qíngxù* 127
emotional 情绪化 *qíngxùhuà* 199, 289
emphasize 重视 *zhòngshì* 147
emphasize 抓 *zhuā* 183
emphasize agriculture and belittle commerce 重农轻商 *zhòngnóng qīngshāng* 313
empire 帝国 *dìguó* 411
empower 赋予 *fùyǔ* 103, 123
enact 制定 *zhìdìng* 125, 147
encircle 围绕 *wéirào* 185
encourage 鼓励 *gǔlì* 11, 283
end 结束 *jiéshù* 383
end 末 *mò* 177
endanger 危及 *wēijí* 239
endless 无休止 *wúxiūzhǐ* 159
enemy 敌人 *dírén* 177
enemy and us 敌我 *díwǒ* 291
energy 精力 *jīnglì* 183, 315
energy 能量 *néngliàng* 201
energy saving 节能 *jiénéng* 43
energy sources 能源 *néngyuán* 5, 203
engine 发动机 *fādòngjī* 59
engineering 工 *gōng* 281
enhance 增进 *zēngjìn* 373
enjoy 享受 *xiǎngshòu* 355
enjoy great popularity 大出风头 *dàchūfēngtou* 229
enlarge 拉大 *lādà* 193
enlighten 启蒙 *qǐméng* 353
enormous 广大 *guǎngdà* 347
enrich 丰富 *fēngfù* 121, 275
enter politics 从政 *cóngzhèng* 155
enterprise 企业 *qǐyè* 279, 379
entirely 整整 *zhěngzhěng* 27
entirely different 截然不同 *jiérán bùtóng* 197, 329
entirely unnecessary 大可不必 *dàkěbùbì* 385
entire world 全天下 *quántiānxià* 69
enumerate 举 *jǔ* 321
envelop 笼罩 *lǒngzhào* 293
environmental protection 环保 *huánbǎo* 29, 43
equal 同等 *tóngděng* 405
equal footing 平起平坐 *píngqǐpíngzuò* 347
equal-land distribution policy 均田 *jūntián* 315
equal-tax policy 均税 *jūnshuì* 315
equal to 等同于 *děngtóngyú* 153
equate rashly 等同 *děngtóng* 119, 321
equipment 设备 *shèbèi* 121, 203
equivalent 相当 *xiāngdāng* 195, 327
eradicate 铲除 *chǎnchú* 381
erase 抹杀 *mǒshā* 381, 399
escape 逃 *táo* 373
especially 尤其 *yóuqí* 155, 249
Esperanto 世界语 *Shìjièyǔ* 233
essay 杂文 *záwén* 237
essence 本质 *běnzhì* 127, 323
essence 实质 *shízhì* 11, 121, 243, 287, 353
establish 成立 *chénglì* 119, 149
establish 创办 *chuàngbàn* 297
establish 建立 *jiànlì* 145, 311
establish 确立 *quèlì* 159, 177
establish diplomatic relations 建交 *jiànjiāo* 177
estimate 估计 *gūjì* 101, 193
estimate 推算 *tuīsuàn* 101
eternal 永恒 *yǒnghéng* 147
ethics 伦理 *lúnlǐ* 97, 297
ethnically Chinese 华人 *huárén* 245
ethnic group 民族 *mínzú* 347
ethnic group 族群 *zúqún* 199
EU 欧盟 *Ōuméng* 195
even if 即便 *jíbiàn* 93
even if 纵使 *zòngshǐ* 275
even like this 尽管如此 *jǐnguǎn rúcǐ* 103
event 事件 *shìjiàn* 143
even-tempered and good-humored 心平气和 *xīnpíng qìhé* 245
every aspect 方方面面 *fāngfāng miànmiàn* 123
every little bit 一点一滴 *yìdiǎn yìdī* 377
everything like this 凡此种种 *fáncǐzhǒngzhǒng* 201
everywhere 处处 *chùchù* 411
everywhere 随处 *suíchù* 371
evolution 演变 *yǎnbiàn* 157, 247, 323, 405
evolve 进化 *jìnhuà* 403
evolve 演化 *yǎnhuà* 187
exaggerate 夸大 *kuādà* 93
examine 审查 *shěnchá* 7
examine 审视 *shěnshì* 233
example 范例 *fànlì* 287
exceed the set standard 超标 *chāobiāo* 27
exceed the stipulated family-planning limit 超生 *chāoshēng* 93
excellent 高超 *gāochāo* 353
excellent 精 *jīng* 295
excellent 优 *yōu* 29
excellent 优秀 *yōuxiù* 355
exception 例外 *lìwài* 317
excessively 过度 *guòdù* 275
exchange 交换 *jiāohuàn* 369
exchange for 换取 *huànqǔ* 353
exchange rate 汇率 *huìlǜ* 193
exclude 排除 *páichú* 159
exclusive 排外 *páiwài* 199
exempt from 免于 *miǎnyú* 323
exercise 行使 *xíngshǐ* 119
exercise autonomy 自治 *zìzhì* 379
exert 发挥 *fāhuī* 119, 195
exhaust 尽 *jìn* 375
exhaustive 详尽 *xiángjìn* 101
exist 存在 *cúnzài* 9, 127, 321

existing 现存 xiàncún 197
exoticism 异国情调 yìguó qíngdiào 277
expand 扩大 kuòdà 189, 317, 405
expand 推广 tuīguǎng 403
expansion 扩张 kuòzhuāng 179, 319
expect 盼望 pànwàng 291
expect 期望 qīwàng 25
experience 经历 jīnglì 95, 145, 281
experience 体会 tǐhuì 295
expert 专家 zhuānjiā 41, 101, 229, 315
explain 解释 jiěshì 153, 241, 401
explain 解说 jiěshuō 59
Explaining Graphs and Analyzing Characters 说文解字 Shuōwénjiězì 245
explode 爆炸 bàozhà 191
explore 探索 tànsuǒ 375
export 出口 chūkǒu 203
expose 暴露 bàolù 89, 125, 205
expose 揭发 jiēfā 9
expose 揭露 jiēlù 5
expound 论述 lùnshù 177
express 表达 biǎodá 235
express sympathy 听任 tīngrèn 7
extend 扩展 kuòzhǎn 191
extend 伸出 shēnchū 99
extension 延伸 yánshēn 291
exterminate 毁灭 huǐmiè 323, 375
external 外在 wàizài 147
extra- 超 chāo 91
extract 提炼 tíliàn 319
extra-high 超高 chāogāo 103
extremely 极 jí 91
extremely 极其 -jíqí 145, 289
extremely 极其 jíqí 145
extremely 极为 jíwéi 95, 145, 325
extremist forces 极端势力 jíduānshìlì 185

F

faced with 面临 miànlín 27
face mask 口罩 kǒuzhào 27
face toward 迎着 yíngzhe 65
face up to 正视 zhèngshì 283
fact 事实 shìshí 7, 243, 403
faction 派 pài 289, 381
factional political struggle 党争 dǎng zhēng 289
factor 因素 yīnsù 125, 155, 181, 317
fail 失败 shībài 319
faith 信仰 xìnyǎng 185, 289, 369, 401
fallacy 谬论 miùlùn 241
fall from position of privilege 下马 xiàmǎ 149
famous 出名 chūmíng 161
famous work 著作 zhùzuò 249
farfetched 离谱 lípǔ 233
far inferior to 远逊于 yuǎnxùnyú 317
far-seeing person 千里眼 qiānlǐyǎn 369
far superior/better than 远胜于 yuǎnshèngyú 317
fashionable 时髦 shímáo 381
fate 命运 mìngyùn 147
Fat Rat 硕鼠 Shuòshǔ 271
fault 过错 guòcuò 351
fearless and dauntless in the face of death 视死如归 shìsǐrúguī 151
feel 感受到 gǎnshòudào 41
feel attachment to 依恋 yīliàn 71
feeling 感觉 gǎnjué 23
feeling 感受 gǎnshòu 69
feel relieved 宽心 kuānxīn 249
feel sorry for 惋惜 wǎnxī 383
fellow villager 乡党 xiāngdǎng 277, 319
fight 争斗 zhēngdòu 403
fight 作战 zuòzhàn 189
fight for 争夺 zhēngduó 183
figure 人物 rénwù 123
filled with 满是 mǎnshì 25
film 拍摄 pāishè 5
filter 过滤 guòlǜ 61
finally 终 zhōng 283
finally 最终 zuìzhōng 195
finance 财政 cáizhèng 325
finance 金融 jīnróng 195
find a job 就业 jiùyè 43, 89, 279
fine food 美食 měishí 61
firm 坚固 jiāngù 287
firmly believe 认定 rèndìng 275
firmly believe 深信 shēnxìn 401
first 第一位 dìyīwèi 291
first 首要 shǒuyào 291
first place 首位 shǒuwèi 203
first-rate 一流 yīliú 143
First World War 第一次世界大战 dìyīcìshìjiè dàzhàn 197
fish 钓鱼 diàoyú 41
fix 固定 gùdìng 187, 401
flag 旗帜 qízhì 189
flaw 缺陷 quēxiàn 189
flawless 完美无缺 wánměiwúquē 405
flood in 铺天盖地 pūtiān gàidì 249
flourishingly 蓬勃 péngbó 203
flower pot 花盆 huāpén 69
fluctuation 波动 bōdòng 203
flustered and exasperated 气急败坏 qìjíbàihuài 41
fly 苍蝇 cāngying 5
fly around 飞来飞去 fēiláifēiqù 369
flying dust 扬尘 yángchén 63
focus 焦点 jiāodiǎn 185
-fold 倍 bèi 27
follow 随之 suízhī 91, 177, 313
follow 遵循 zūnxún 177
follow the example of 取法 qǔfǎ 411
font 字形 zìxíng 239
food and beverage 餐饮 cānyǐn 63
fool oneself and others 自欺欺人 zìqī qīrén 11
foot in place 脚落实地 jiǎoluòshídì 67
Forbidden City 故宫 Gùgōng 41
force 逼 bī 373
force 勉强 miǎnqiǎng 293, 311
force 强迫 qiǎngpò 353
force 强制 qiángzhì 355
force 势力 shìlì 181
force 武力 wǔlì 187, 317, 407
forced 倒逼 dàobī 43
force of constraint 约束力 yuēshùlì 151, 191
forefathers 前人 qiánrén 241
foreign aggression 外患 wàihuàn 317
foreign businessman 外商 wàishāng 315
foreign country/land 异邦 yìbāng 283
foreigner 洋人 yángrén 239
foreign land 异乡 yìxiāng 277
foreign lands 异域他乡 yìyùtāxiāng 267
foresee 预见 yùjiàn 185
foreseeable 可预见的 kěyùjiànde 271
forever 永远 yǒngyuǎn 93, 235
for example 如 rú 375

forgive 原谅 *yuánliàng* 25
form 形成 *xíngchéng* 119
form 形态 *xíngtài* 129, 265, 317
form 养成 *yǎngchéng* 289
form 造就 *zàojiù* 153, 373, 399
former 前者 *qiánzhě* 295
foundation 基业 *jīyè* 275
fraction 分毫 *fēnháo* 233
fragile 脆弱 *cuìruò* 99, 181, 243
France 法兰西 *Fǎlánxī* 407
frank 坦率 *tǎnshuài* 347
Franklin Delano Roosevelt 罗斯福 *Luósīfú* 379
free and easy 自由自在 *zìyóuzìzài* 273
frequently 频繁 *pínfán* 149
frequently heard 时有所闻 *shíyǒu suǒwén* 285
friction 摩擦 *mócā* 203
Friedrich Engels 恩格斯 *Ēn'gésī* 403
friend 伙伴 *huǒbàn* 59, 203
Friend of Nature 自然之友 *zìrán-zhīyǒu* 59
frightened 恐惧 *kǒngjù* 69
from beginning to end 始终 *shǐzhōng* 287
Fujian (Province) 福建 *Fújiàn* 273, 313
full of life/vigor/vitality 生机勃勃 *shēngjī bóbó* 243
fully 充分 *chōngfèn* 89, 129, 185, 321, 375
function 功能 *gōngnéng* 129, 273
fund 基金 *jījīn* 297
fund 经费 *jīngfèi* 97
further and further away 越走越远 *yuèzǒuyuèyuǎn* 191
furthermore 再者 *zàizhě* 149
future 将来 *jiānglái* 29
future 前途 *qiántú* 287
future 未来 *wèi lái* 67

G

gain 获取 *huòqǔ* 125
gain a foothold 立足 *lìzú* 283, 325
gains and losses 得失 *déshī* 313
gain speed 加速 *jiāsù* 91
gap between rich and poor 贫富差距 *pínfù chājù* 379
garden area/plot 园地 *yuándì* 371
gardenia 栀子花 *zhīzihuā* 371
gasoline 汽油 *qìyóu* 5
gas station 加油站 *jiāyóuzhàn* 61
gather 集聚 *jíjù* 95
gaze at 凝视 *níngshì* 71
generally speaking 大体上说 *dàtǐshàngshuō* 311
general rule 通则 *tōngzé* 247
generation 代 *dài* 147
generation after generation 世世代代 *shìshì dàidài* 279
generation gap 代沟 *dàigōu* 283
generosity 雅量 *yǎliàng* 327, 407
gentleman 绅士 *shēnshì* 403
geography 地理 *dìlǐ* 313
geomantic turn by turns 风水轮转 *fēngshuǐ lúnzhuàn* 299
geopolitics 地缘政治 *dìyuánzhèngzhì* 187
George W. Bush 布什 *Bùshí* 183
Georg Wilhelm Friedrich Hegel 黑格尔 *Hēigéěr* 235
Germany 德国 *Déguó* 195
get in a tangle 纠缠 *jiūchán* 311
get rid of 摆脱 *bǎituō* 161, 327
gist/point 论旨 *lùnzhǐ* 271
give a lecture 演讲 *yǎnjiǎng* 295
give back to 反馈 *fǎnkuì* 285
give credit to 归功于 *guīgōng yú* 283
give treatment to 疗救 *liáojiu* 9
give up 放弃 *fàngqì* 411
glass 玻璃 *bōlí* 29
globalization 全球化 *quánqiúhuà* 181
glorious 光彩 *guāngcǎi* 9
glorious 光辉 *guānghuī* 125
go against 有碍于 *yǒuàiyú* 287
go around 绕 *rào* 367
go backward 倒回去 *dàohuíqù* 411
god 神 *shén* 405
golden age 黄金年龄 *huángjīn nián-líng* 91
gone and never to return 一去不返 *yíqù bùfǎn* 267
good 良 *liáng* 29
good at 善于 *shànyú* 315
goods 货物 *huòwù* 369
goods and materials 物资 *wùzī* 89
go on a business trip 出差 *chūchāi* 23
go skating 滑冰 *huábīng* 41
governed by law 法治 *fǎzhì* 153, 355
government and the public 朝野 *cháoyě* 189
government by the people 民治 *mínzhì* 409
go with the flow 随波逐流 *suíbō zhúliú* 249
grace 风度 *fēngdù* 289
gradual 渐进式 *jiànjìnshì* 187
gradually 逐步 *zhúbù* 323
gradually 逐渐 *zhújiàn* 91, 403
grains 粮食 *liángshi* 89
grammar 文法 *wénfǎ* 235
grandparents 祖父母 *zǔfùmǔ* 97
graphic 象形 *xiàngxíng* 247
grasp 把握 *bǎwò* 125, 199
grass roots 基层 *jīcéng* 99
great disparity 悬殊 *xuánshū* 201
great undertaking 大业 *dàyè* 207
gross national product 国民生产总值 *guómín shēngchǎn zǒngzhí* 193
group 集团 *jítuán* 195, 325, 381, 409
group 群体 *qúntǐ* 117, 147
grow 成长 *chéngzhǎng* 273, 315
grow/increase with each passing day 与日俱增 *yǔrì jùzēng* 243
growing old before getting rich 未富先老 *wèifù xiānlǎo* 97
growth value 增长值 *zēngzhǎngzhí* 43
Guangdong (Province) 广东 *Guǎngdōng* 321
guard and protect 守护 *shǒuhù* 71
guess 猜 *cāi* 59
guide 引导 *yǐndǎo* 199
guide 指导 *zhǐdǎo* 197
guide and support 提携 *tíxié* 277
guided missile 导弹 *dǎodàn* 183
guiding principle 指导原则 *zhǐdǎoyu-ánzé* 315
guild hall 会馆 *huìguǎn* 273
gunfire 炮火 *pàohuǒ* 369

H

Han 汉族 *Hànzú* 317
hand down from generation to generation 代代相传 *dàidài xiāngchuán* 265
handkerchief 手绢 *shǒujuàn* 25

handle 处理 *chǔlǐ* 177
happen 发生 *fāshēng* 99
happy 痛快 *tòngkuai* 67
happy 幸福 *xìngfú* 7, 373
harbor 怀有 *huáiyǒu* 147
hard to tackle 繁难 *fánnán* 231
hardworking and thrifty 勤俭 *qínjiǎn* 277, 315
harm 损害 *sǔnhài* 101, 183
harm 危害 *wēihài* 61
harmful/detrimental/poisonous/toxic substance 有害物质 *yǒuhài wùzhì* 5
harmless 无害 *wúhài* 275
harvest 收获 *shōuhuò* 321
hate 痛恨 *tònghèn* 145
have 抱有 *bàoyǒu* 265
have 具备 *jùbèi* 59, 157, 293, 327, 353
have 享有 *xiǎngyǒu* 405
have blind faith in 迷信 *míxìn* 411
have enough time to do sth. 来得及 *láidejí* 25
have no choice but to 不得已 *bùdéyǐ* 275
have no intention 无意 *wúyì* 183
have no right 无权 *wúquán* 353
have not 不曾 *bùcéng* 241
have not ever 未曾 *wèicéng* 233, 277
have nothing at all 一无所有 *yīwú suǒyǒu* 275
have not yet 未经 *wèijīng* 281
have no way 无从 *wúcóng* 199
have one-child 一胎化 *yìtāihuà* 89
have the upper hand 占上风 *zhàn-shàngfēng* 315
head 首脑 *shǒunǎo* 197
headstream 源头活水 *yuántóuhuóshuǐ* 295
healthy and strong 身强力壮 *shēn-qiáng lìzhuàng* 9
heartbeat 心跳 *xīntiào* 25
hegemony 霸权 *bàquán* 177
height 高度 *gāodù* 149, 409
help each other 互助 *hùzhù* 319
helping hand 援助之手 *yuánzhù zhīshǒu* 99
helpless 无可奈何 *wúkě nàihé* 267
helpless 眼睁睁 *yǎnzhēngzhēng* 29
help to 促成 *cùchéng* 119
Henan (Province) 河南 *Hénán* 23
Henry Kissinger 基辛格 *Jīxīngé* 197
heresy 异端 *yìduān* 407
hide 藏 *cáng* 277
hide 躲 *duǒ* 121
hide 隐瞒 *yǐnmán* 9
hierarchy 层级 *céngjí* 143
high-tech 高科技 *gāokējì* 65
hold 容纳 *róngnà* 281, 329
hold power 当权 *dāngquán* 405
hold sth. in one's hands 捧 *pěng* 245
hold up as 奉为 *fèngwéi* 245
Holland 荷兰 *Hélán* 407
home 归宿 *guīsù* 267
homeland 故国 *gùguó* 265
homeland 家园 *jiāyuán* 67
homeless 无家可归 *wújiākěguī* 267
Hong Kong and Taiwan 港台 *Gǎng Tái* 245
honorable 体面 *tǐmiàn* 9, 157
horizontal 横向 *héngxiàng* 97
host 主持人 *zhǔchírén* 5
hot 热 *rè* 229
hot 热门 *rèmén* 199, 229
hotline 热线 *rèxiàn* 197
how 如何 *rúhé* 143, 383
hug 抱 *bào* 25, 377
huge 巨大 *jùdà* 101, 295
Hu Jintao 胡锦涛 *Hú Jǐntāo* 355
humane 有人味儿 *yǒurénwèi'er* 405
humanities and social sciences 人文社会科学 *rénwénshèhuì kēxué* 297
human labor 人工 *réngōng* 377
human nature 人性 *rénxìng* 125, 275
Human nature is evil. 人性本恶 *rénx-ìng běn è* 147
human rights 人权 *rénquán* 99, 197, 349
human world 人世间 *rénshìjiān* 243
hundred million 亿 *yì* 23, 93, 143, 233
Hundred Schools of Thought 诸子百家 *Zhūzǐ Bǎijiā* 241
hurt 侵害 *qīnhài* 201
hurt 伤害 *shānghài* 29
husband 先生 *xiānsheng* 41
Hu Shih 胡适 *Hú Shì* 237
Hu Shih 胡适之 *Hú Shìzhī* 381
hygiene 卫生 *wèishēng* 203
hypothetical 假设 *jiǎshè* 281

I

ice pattern 冰纹 *bīngwén* 41
ideal 理想 *lǐxiǎng* 147
identical 一致 *yízhì* 241, 399
ideography 表义 *biǎoyì* 233
ideology 意识形态 *yìshíxíngtài* 151
if 若 *ruò* 249, 401
ignorant 无知 *wúzhī* 237
ignorant 愚昧 *yúmèi* 237
ignore 忽视 *hūshì* 93, 189, 283
ill-founded 站不住脚 *zhànbúzhùjiǎo* 383
illusion 错觉 *cuòjué* 7
image 图像 *túxiàng* 235
image 形象 *xíngxiàng* 145
imagine 试想 *shìxiǎng* 347
imagine 想象 *xiǎngxiàng* 375
immerse oneself in 埋头 *máitóu* 377
immerse oneself within 置身其中 *zhìshēn qízhōng* 23
immigrant 移民 *yímín* 265
impact 冲击 *chōngjī* 193
impetus 推动力 *tuīdònglì* 201
implement 落实 *luòshí* 125
implement 实施 *shíshī* 93
implement 实行 *shíxíng* 381
implicate 牵连 *qiānlián* 149
import 输入 *shūrù* 231
impose 施加 *shījiā* 127
impose restrictions on 限制 *xiànzhì* 99, 153, 379
impoverished 贫困 *pínkùn* 97
impression 印象 *yìnxiàng* 23
improve 改善 *gǎishàn* 373
in 身处 *shēnchǔ* 145
in accord with 符合 *fúhé* 157, 245, 327
in an unexpected and curious way 偏 *piān* 9, 91
incisively and vividly 淋漓尽致 *línlí-jìnzhì* 127
inclination 倾向 *qīngxiàng* 281
include 包括 *bāokuò* 151, 403
inclusiveness 包容性 *bāoróngxìng* 403
income tax 所得税 *suǒdé shuì* 379
incontrovertible 无可争辩 *wúkě zhēngbiàn* 317
incorrupt government 廉政 *liánzhèng* 149

incorruptible 廉洁 liánjié 161
increase but no decrease 有增无减 yǒuzēng wújiǎn 203, 289
increasingly 日益 rìyì 7, 191, 243
incur 招致 zhāozhì 149
incurable 无可救药 wúkě jiùyào 11
indeed 的确 díquè 119, 145
indeed 确 què 325
indeed 确实 quèshí 95
independence 独立 dúlì 153, 187, 281, 323
independence of Taiwan 台独 táidú 187
independently 单独 dāndú 155, 187, 321
indirect 间接 jiànjiē 201
indiscriminately imitate 照搬 zhàobān 355
indispensable 必不可少 bìbùkěshǎo 239, 355, 371
individual 个别 gèbié 99, 285, 347
individuality 个性 gèxìng 273
Indonesia 印尼 Yìnní 195
induce an abortion 堕胎 duòtāi 99
industriously 辛勤 xīnqín 265
industry 产业 chǎnyè 43, 203
industry 工业 gōngyè 5
inevitable 必然 bìrán 97, 353, 405
inevitable 不可避免 bùkěbìmiǎn 289
inevitably 势必 shìbì 321
in fact 实 shí 239, 353
infectious disease 传染病 chuánrǎn-bìng 377
inference 论断 lùnduàn 239
inferior 劣质 lièzhì 61
inferior to by a large margin 远不如 yuǎnbùrú 99
in fetters 枷锁 jiāsuǒ 275
information 信息 xìnxī 203
in general 大体上 dàtǐshàng 289
inherent 固有 gùyǒu 351
inherent quality 本性 běnxìng 351
inherit 传承 chuánchéng 239
inherit 继承 jìchéng 195, 265
inheritance tax 遗产税 yíchǎn shuì 379
initially 最初 zuìchū 287
initiate 发起 fāqǐ 401
in jail 坐牢 zuòláo 149
inland 内陆 nèilù 317
in name 名义 míngyì 323
innocent 无辜 wúgū 229
in no time 即将 jíjiāng 383
innovate 创新 chuàngxīn 95, 143
innumerable 无数 wúshù 321, 377, 407
in other words 换言之 huànyánzhī 235
insect 虫 chóng 247
in short 总之 zǒngzhī 275
in short supply 紧缺 jǐnquē 89
insignificant 微不足道 wēibù zúdào 287
insist on 偏要 piānyào 381
in someone's arms 怀里 huáilǐ 27
inspect 检查 jiǎnchá 65
inspect 视察 shìchá 409
install 安装 ānzhuāng 61
installation 装置 zhuāngzhì 61
instant 瞬间 shùnjiān 25
instantaneous 闪电式 shǎndiànshì 409
insufficient 不足 bùzú 295, 347
insurance 保险 bǎoxiǎn 203
intact 完整 wánzhěng 323, 351
intangible 无形 wúxíng 121
intellectual 知识分子 zhīshífènzǐ 229
intelligence and wisdom 聪明才智 cōngmíngcáizhì 375
intelligence information/report 情报 qíngbào 191
intensity 力度 lìdù 145
intention 意图 yìtú 185, 311
inter- 互为 hùwéi 177
interact 互动 hùdòng 121
interdependence 相互依存 xiānghù yīcún 203
interest 兴趣 xìngqù 7
interfere 干扰 gānrǎo 201
internationalize 国际化 guójìhuà 249
international law 国际法 guójìfǎ 187
Internet 网络 wǎngluò 5
Internet 互联网 hùliánwǎng 249
Internet user 网民 wǎngmín 123
interpersonal relationship 人际关系 rénjìguānxì 277
intervene 介入 jièrù 191
interview 采访 cǎifǎng 27
in the beginning 当初 dāngchū 89
in the majority 居多 jūduō 153
in the name of 以 ... 名义 yǐ...míngyì 351
intimate 亲切 qīnqiè 71
in time 及时 jíshí 349
in transition 转型 zhuǎnxíng 43, 119
introduce 引入 yǐnrù 125, 157
intuition 直觉 zhíjué 153
invade 侵略 qīnlüè 409
invariably 无不 - wúbù 281
invent 发明 fāmíng 349, 367
invest 投入 tóurù 89
invest 投资 tóuzī 43, 95
investigate 调查 diàochá 143
Investiture of the Gods 封神榜 Fēng-shénbǎng 369
involve 涉及 shèjí 149, 199, 285, 313
inward 内在 nèizài 151, 347
Iran 伊朗 Yīlǎng 101, 183
Iraq 伊拉克 Yīlākè 183
irrational 非理性 fēilǐxìng 127
irreconcilable with 势不两立 shìbù liǎnglì 289
irreversible 不可逆转 bùkě nìzhuǎn 181
Islam 伊斯兰 Yīsīlán 185
island 岛 dǎo 241, 321
islet 孤岛 gūdǎo 249, 277, 325
isn't it...? 岂不是 qǐbúshì 245
isolate 隔绝 géjué 277
isolate 隔离 gélí 121
isolate 孤立 gūlì 245
isolated 绝缘 juéyuán 249
Israel 以色列 Yǐsèliè 285
issue 发布 fābù 239
it 其 qí 125, 347
it 它 tā 247
it goes without saying... 不言而喻 bùyán éryù 185
It is inequality 不患寡而患不均 búhuànguǎ ér huànbùjūn 381
itself 本身 běnshēn 9, 351 - 311

J

Jean-Jacques Rousseau 卢梭 Lúsuō 273, 403
Jewish people 犹太人 Yóutàirén 277
Jiangnan 江南 jiāngnán 273
Jiangsu (Province) 江苏 Jiāngsū 321

Jiangxi (Province) 江西 *Jiāngxī* 23
John Locke 洛克 *Luòkè* 403
joke 笑话 *xiàohua* 407
judge 打 *dǎ* 61
judge 判断 *pànduàn* 185
judicial process 司法程序 *sīfǎchéngxù* 59
jurisdiction 司法 *sīfǎ* 153
just 区区 *qūqū* 369
just right 恰好 *qiàhǎo* 291, 325
just to show... 徒见 *tújiàn* 239

K

K. C. Hsiao 萧公权 *Xiāo Gōngquán* 267
Karl Marx 马克思 *Mǎkèsī* 403
keep 持 *chí* 153
keep 留住 *liúzhù* 41
keep on talking about 大谈特谈 *dàtán tètán* 151
keep out of the affair 置身事外 *zhìshēn shìwài* 189
keep within limits 遏制 *èzhì* 145, 191
key word 关键词 *guānjiàncí* 117
Khitan 契丹 *Qìdān* 317
know 识 *shí* 231
knowledge 学问 *xuéwèn* 231
know little about 知之甚少 *zhīzhī shènshǎo* 201
known 见天日 *jiàntiānrì* 403
known as 号称 *hàochēng* 379
Korea 韩国 *Hánguó* 101
Kosovo War 科索沃战争 *Kēsuǒwò Zhànzhēng* 179
Kuomintang 国民党 *Guómíndǎng* 187, 319
Kuomintang and Chinese Communist Party 国共两党 *Guógòng Liǎngdǎng* 323

L

lab 实验室 *shíyànshì* 377
labor 劳工 *láogōng* 405
labor intensive 劳动密集型 *láodòng mìjíxíng* 203
laborious 辛辛苦苦 *xīnxīnkǔkǔ* 123
Labor Party 工党 *Gōngdǎng* 379, 407
labor shortage 用工荒 *yònggōnghuāng* 91
labor union 工会组织 *gōnghuì zǔzhī* 379
lack 缺乏 *quēfá* 91, 145
lag behind 落后 *luòhòu* 97
lag behind 滞后 *zhìhòu* 95, 195
laid off 下岗 *xiàgǎng* 101
language and writing system 语文 *yǔwén* 233
Laozi 老子 *Lǎozǐ* 241
large batch of 大批 *dàpī* 295
large-scale 大规模 *dàguīmó* 321
last 持续 *chíxù* 27, 91, 147
late Qing dynasty 清末 *Qīngmò* 269
Latin America 拉丁美洲 *Lādīng Měizhōu* 145
Latin America 拉美 *Lā Měi* 95
Latinization 拉丁化 *lādīnghuà* 229
latrine 茅厕 *máocè* 237
latter 后者 *hòuzhě* 127, 295
launch 发动 *fādòng* 149
law 规律 *guīlǜ* 121, 375
law case 案件 *ànjiàn* 143
laws and regulations 法规 *fǎguī* 63
layer 层 *céng* 143
layer upon layer ... 重重 ...*chóngchóng* 11
lead 主导 *zhǔdǎo* 127, 181, 247, 287
lead by coercion 牵着 ... 鼻子走 *qiānzhe...bízi zǒu* 189
leader 大领导 *dàlǐngdǎo* 63
leader 领袖 *lǐngxiù* 367, 403
leader of the pack or herd 领头羊 *lǐngtóuyáng* 195
leading cadre 领导层 *lǐngdǎocéng* 145
leading group 领导班子 *lǐngdǎo bānzi* 151
leak 泄漏 *xièlòu* 61
leave 离开 *líkāi* 71
leave 退出 *tuìchū* 195
leave no room for doubt 不容置疑 *bùróng zhìyí* 243
Lee Teng-hui 李登辉 *Lǐ Dēnghuī* 179
left 剩下 *shèngxià* 93
left wing 左派 *zuǒpài* 269
legacy 遗产 *yíchǎn* 381
legal 合法 *héfǎ* 321
legal system 法制 *fǎzhì* 5, 149, 351
legislate 立法 *lìfǎ* 383, 405
legitimacy 合法性 *héfǎxìng* 123
lemon 柠檬 *níngméng* 23
lesson 教训 *jiàoxùn* 43
let alone 何况 *hékuàng* 7
level 程度 *chéngdù* 143
levy 征收 *zhēngshōu* 379
liar 骗子 *piànzi* 349
liberate 解放 *jiěfàng* 373
Libya 利比亚 *Lìbǐyà* 185
lifeless 僵死 *jiāngsǐ* 231
lifespan 寿命 *shòumìng* 377
lifetime 一辈子 *yíbèizi* 153
lift control 放开 *fàngkāi* 99
lighten 减轻 *jiǎnqīng* 95
light up 照亮 *zhàoliàng* 71
like 好 *hào* 235
like 如同 *rútóng* 249
liken to 比喻 *bǐyù* 121
lilac 丁香花 *dīngxiāng huā* 371
limit 限度 *xiàndù* 121
limitation 局限性 *júxiànxìng* 349
limited to 限于 *xiànyú* 269, 403
limitless 无限 *wúxiàn* 273
limit of 极点 *jídiǎn* 319
link 环 *huán* 327
link 纽带 *niǔdài* 291
linked to 与 ... 挂钩 *yǔ...guàgōu* 185
little bear 小熊 *xiǎoxióng* 25
livelihood 生计 *shēngjì* 313, 349
lively 活泼 *huópō* 231
local 本省人 *běnshěngrén* 327
local 本土 *běntǔ* 271
localism 地方意识 *dìfāng yìshí* 329
localization 本土化 *běntǔhuà* 327
local specialty 特产 *tèchǎn* 371
locate 定位 *dìngwèi* 61, 187, 311
lockup 关 *guān* 29
London Smog Disaster 伦敦烟雾事件 *Lúndūn yānwù shìjiàn* 43
lonely 孤独 *gūdú* 71
long 长久 *chángjiǔ* 189
long 悠久 *yōujiǔ* 185
long-range/future prospect 远景 *yuǎnjǐng* 329
long-term 长期 *chángqī* 327

long-term 长远 chángyuǎn 95, 129, 181
look at 试看 shìkàn 103
look back 回看 huíkàn 231
look down upon 小看 xiǎokàn 233
Los Angeles 洛杉矶 Luòshānjī 43
lose 失去 shīqù 69
lose 损失 sǔnshī 187
lose balance 失衡 shīhéng 91
lose control 失控 shīkòng 101, 351
lot of 诸多 zhūduō 195
lovely 可爱 kě'ài 407
low-carbon 低碳 dītàn 43
lucky 幸运 xìngyùn 25
Lu Xun 鲁迅 Lǔ Xùn 237

M

machine 机器 jīqì 377
machinery 机械 jīxiè 203
macroscopic 宏观 hóngguān 161, 199
main body 主体 zhǔtǐ 59
mainlander 外省人 wàishěngrén 329
maintain 保持 bǎochí 41, 93
maintain 维持 wéichí 103, 181, 293, 383
maintain 维系 wéixì 291
main trend 大方向 dàfāngxiàng 247
main trend 主流 zhǔliú 155, 279
make 搞 gǎo 95
make 令 lìng 91
make a false accusation 诬告 wūgào 237
make a great effort to accomplish something once and for all to eliminate future troubles 一劳永逸 yìláo yǒngyì 147
make a living 谋生 móushēng 277
make a living and support one's family 养家糊口 yǎngjiā húkǒu 155
make an effort 努力 nǔlì 373
make an enemy of sb. 与 ... 为敌 yǔ... wéidí 183
make an issue of 做文章 zuò wénzhāng 189
make a plan of 作 ... 之计 zuò...zhījì 267
make a reckless move 铤而走险 tǐng'érzǒuxiǎn 189
make clear 明确 míngquè 203, 381, 399
make complicated 繁化 fánhuà 247
make no contribution to 无助于 wúzhùyú 161
make one bristle with anger 令人发指 lìngrén fàzhǐ 143
manage 管理 guǎnlǐ 5
Manchu 满洲 Mǎnzhōu 317
maneuver 回旋 huíxuán 205
maneuver 演习 yǎnxí 191
manipulate 操纵 cāozòng 127
manufacturer 厂家 chǎngjiā 69
Martin Luther 马丁·路德 Mǎdīng Lùdé 401
mass 群体性 qúntǐxìng 143
masses 大众 dàzhòng 157
masses 群众 qúnzhòng 347
massively 大幅 dàfú 89, 271
master 掌握 zhǎngwò 177, 375
material 物质 wùzhì 273
May 4th Movement 五四运动 Wǔsì Yùndòng 229
mean 意味着 yìwèi zhe 29
means 手段 shǒuduàn 119, 349
measure 措施 cuòshī 145, 325
measure word for books/films 部 bù 367
measure word for events 场 chǎng 249, 281
measure word for flowers 朵 duǒ 373
measure word for mechanical things 架 jià 367
measure word for mountains 座 zuò 121
measure word for principles and rules 项 xiàng 147, 293
measure word for sentences 句 jù 373
measure word for small, round things 颗 kē 373
measure word for sums of money 笔 bǐ 101
measure word for trees 棵 kē 27
measure word for walls 堵 dǔ 121
meat pie 肉饼 ròubǐng 63
mechanism 机制 jīzhì 43, 153
media 媒体 méitǐ 11, 155
media 舆论界 yúlùnjiè 193
medical treatment 医疗 yīliáo 97
medicine 医 yī 281
melt 化 huà 41
melt 熔化 rónghuà 279
melting pot 熔炉 rónglú 271
member 成员 chéngyuán 121, 151
member of parliament 议员 yìyuán 407
memory 回忆 huíyì 23
Mencius 孟子 Mèngzǐ 241
mention 提起 tíqǐ 151
merge 合并 hébìng 91
merge into an integral whole 凝成一体 níngchéngyìtǐ 293
meteorological phenomena 气象 qìxiàng 23
meticulously 精心 jīngxīn 353
metropolis 都市 dūshì 369
microcosmic 微观 wēiguān 161
mid- 中期 zhōngqī 243
Middle Ages 中世纪 zhōngshìjì 407
middle class 中产阶级 zhōngchǎnjiējí 147
Middle East 中东 Zhōngdōng 119
might 未尝不 wèichángbù 401
might as well 不妨 bùfáng 247
mile 英里 yīnglǐ 367
military 军事 jūnshì 179, 237
military aircraft 军机 jūnjī 179
military expenditure 军费 jūnfèi 193
mineral resources 矿产资源 kuàngchǎn zīyuán 411
Ming dynasty 明代 Míngdài 313
miniature 缩影 suōyǐng 29
minimum wage 最低工资 zuìdīgōngzī 379
minute 细 xì 93
miracle 奇迹 qíjì 319
misestimate 错估 cuògū 233
mission 使命 shǐmìng 293, 375
mistake 错误 cuòwù 375
mix 掺杂 chānzá 203
mix 混合 hùnhé 367
model 模式 móshì 95, 355
monarchy 帝制 dìzhì 269
Mongolia 蒙古 Měnggǔ 317
monitor 监测 jiāncè 27
monopolize 垄断 lǒngduàn 5
mood 心情 xīnqíng 41
morbidity 病态 bìngtài 275
more than half of/most of one's lifetime 大半辈子 dàbànbèizi 235
mother tongue 母语 mǔyǔ 235
motive 动机 dòngjī 157
mound 土堆 tǔduī 61
move 迁 qiān 319
move 移 yí 317
move 移动 yídòng 121, 313

movement 运动 yùndòng 143
move the capital 迁都 qiāndū 321
move to another place 迁居 qiānjū 273
multi-party system 多党制 duōdǎngzhì 157, 327
multi-polarization 多极化 duōjíhuà 197
multivariant 多元 duōyuán 199, 283
Muslim 穆斯林 Mùsīlín 185
must 非 … 不可 fēi...bùkě 11, 327
must 须 xū 403
mutually 彼此 bǐcǐ 369
myth 神话 shénhuà 281, 369

N

naive 单纯 dānchún 123
name 名 míng 353
name 名称 míngchēng 149
name list 名单 míngdān 63
Nanjing 南京 Nánjīng 369
narrow 缩小 suōxiǎo 193, 367
national hero 民族英雄 mínzú yīngxióng 411
national language 国语 guóyǔ 231
national power 国力 guólì 189
National Romanization 国语罗马字 Guóyǔ Luómǎzì 233
native 地地道道 dìdìdàodào 41
native land 祖国 zǔguó 267
NATO 北约 Běiyuē 179
naturally 自然 zìrán 285
natural resources 自然资源 zìrán zīyuán 93
nature 性质 xìngzhì 125, 277
near 近在眼前 jìnzàiyǎnqián 409
near 临近 línjìn 321
neat and uniform 整齐划一 zhěngqí huàyī 293
negative 负面 fùmiàn 7, 95, 273
negative growth 负增长 fùzēngzhǎng 91
negative feedback 差评 chàpíng 61
neglect 忽略 hūlüè 7
negotiate 商谈 shāngtán 125
negotiate 协商 xiéshāng 349
never ending/incessant civil strife 内乱不止 nèiluàn bùzhǐ 195
new idea 新意 xīnyì 239
news 消息 xiāoxi 369
news 新闻 xīnwén 239
newspapers and periodicals 报刊 bàokān 269
new voice 新声 xīnshēng 5
New Zealand 新西兰 Xīnxīlán 379, 409
next generation 下一代 xiàyídài 265
night sky 夜空 yèkōng 71
nihility 虚无 xūwú 127
nitrogen oxide 氮氧化物 dànyǎnghuàwù 43
nobility 贵族 guìzú 155, 403
no ground for blame 无可厚非 wúkěhòufēi 293
no longer in existence 不复存在 búfù cúnzài 181, 279
no longer 已非 yǐfēi 143
none other than 非 … 莫属 fēi...mòshǔ 275
non-governmental organization 非政府组织 fēizhèngfǔ zǔzhī 201
normal 正常 zhèngcháng 65
normality 常态 chángtài 181, 297, 375
North America 北美 Běi Měi 265, 371
North America 北美洲 Běi Měizhōu 409
Northern Europe 北欧 Běi Ōu 381
Northern Expeditions 北伐 Běifá 269
North Korea 朝鲜 Cháoxiǎn 183
Norway 挪威 Nuówēi 381, 407
not 非 fēi 243
not at all surprising 不足为奇 bùzú wéiqí 145
not exactly the same 不尽相同 bújìn xiāngtóng 273
nothing but 无非 wúfēi 249
nothing is more … than 莫过于 mòguòyú 201, 311
not many 为数不多 wéishù bùduō 201
not necessarily 不必 búbì 69
not only 不光 bùguāng 65
not so 不然 bùrán 149
not stint 不惜 bùxī 99
not to the extent of 不至于 búzhìyú 311
noun 名词 míngcí 291, 377
novel 小说 xiǎoshuō 237
now 而今 érjīn 229
No war, no unification 不战不统 búzhàn bùtǒng 189
nuclear weapon 核武器 héwǔqì 177
number 数字 shùzì 67
number one 头号 tóuhào 183
numerous 众多 zhòngduō 349
nurse 护士 hùshi 25

O

object 对象 duìxiàng 185
objective 客观 kèguān 127, 183, 271
objective laws 客观规律 kèguān guīlǜ 351
obligation 义务 yìwù 189
observe 观察 guānchá 129, 177, 239, 325
obstacle 绊脚石 bànjiǎoshí 229
obstacle 障碍 zhàng'ài 185, 273
obstruct 作梗 zuògěng 231
obstruction 阻力 zǔlì 101
obvious 明显 míngxiǎn 287
obvious 突出 tūchū 97, 197, 269
obvious 显而易见 xiǎn'ér yìjiàn 317
obvious 显然 xiǎnrán 119, 233
obvious evidence 明证 míngzhèng 325
obviously 明明 míngmíng 67
obvious to all 有目共睹 yǒumù gòngdǔ 231
occupy 占 zhàn 315
occupy 占据 zhànjù 181, 271
ocean 海洋 hǎiyáng 315, 409
of/related to… in meaning 从 cóng 247
of American nationality 美籍 měijí 279
of course 当然 dāngrán 405
offered a job 受聘 shòupìn 267
official 官方 guānfāng 7, 183, 313
official 官员 guānyuán 119
officialdom 官场 guānchǎng 123, 145
official of a department 局长 júzhǎng 27
offspring 后代 hòudài 295
of immediate concern to oneself 切身 qièshēn 183, 269
Ohio 俄亥俄州 Éhàiézhōu 295
oil fume 油烟 yóuyān 61
older generation 老一辈 lǎoyíbèi 269
omnipresent 无往不在 wúwǎng búzài 275
once 一旦 yí dàn 9

once 曾 céng 399
once again/more 再度 zàidù 321
once in a while 偶尔 ǒu'ěr 247
one after another 连着 liánzhe 27
one and only 唯一 wéiyī 11, 185
one by one 逐 zhú 93
one man falls 前仆后继 qiánpūhòujì 151
one of the... 某一 mǒuyī 325
one-party autocracy 一党专制 yìdǎngzhuānzhì 381
oneself 本人 běnrén 149
oneself 自我 zìwǒ 237
one unit one unit of cultivation 一分 yìfēn 377
one-way 单向 dānxiàng 125
one who defend traditional moral principles 卫道者 wèidàozhě 243
one's duty 本分 běnfèn 375
one's immediate family 直系亲属 zhíxì qīnshǔ 99
one's own 一己 yìjǐ 267
one's own opinion 主见 zhǔjiàn 291
one's remaining years 有生之年 yǒushēng zhīnián 93
one's true self 真面目 zhēn miànmù 295
on guard 防范 fángfàn 205
only 单 dān 347
only 唯独 wéidú 237
only child 独生子女 dúshēng zǐnǚ 93
on the basis of 根据 gēnjù 127, 311
on the spur of the moment 一念之间 yíniànzhījiān 63
on the whole 大致 dàzhì 313
open 睁开 zhēngkāi 25
operate 经营 jīngyíng 315
operate 运作 yùnzuò 127, 159, 199, 289
opinion 观点 guāndiǎn 93
Opium Wars 鸦片战争 Yāpiàn Zhànzhēng 229, 313
opponent 敌手 díshǒu 177
opponent 对手 duìshǒu 179
opportunity 机遇 jīyù 125, 205
opportunity 时机 shíjī 353
oppose hegemony 反霸 fǎnbà 183
opposition faction 反对派 fǎnduìpài 289
opposition party 反对党 fǎnduìdǎng 327, 407
oppress 压迫 yāpò 273, 383, 407
optimistic 乐观 lèguān 233, 401
oracle-bone script 甲骨文 jiǎgǔwén 239
orbit 环游 huányóu 367
order 秩序 zhìxù 129, 159, 197, 315, 351
organization 机构 jīgòu 11, 149, 293
organization 团体 tuántǐ 199, 311
origin 起源 qǐyuán 159, 325
original 原始 yuánshǐ 329
original 原有 yuányǒu 271
original character 原字 yuánzì 231
original intention 本意 běnyì 375
otherwise 否则 fǒuzé 147
ought to 理应 lǐyīng 123
out of 出乎 chūhū 281
out of nowhere 从天上掉下来 cóng tiānshang diàoxià lai 147
out of the question 谈不上 tánbúshàng 123
outpost 前哨 qiánshào 315
output value 产值 chǎnzhí 43
outstanding 杰出 jiéchū 287
outstanding 卓越 zhuóyuè 285
overflow 泛滥 fànlàn 127
overseas 海外 hǎiwài 245, 265
overthrow 打倒 dǎdǎo 383
overturn 推翻 tuīfān 119, 147
owned by all 共有 gòngyǒu 231

P

pace 步伐 bùfá 203
Pacific 太平洋 Tàipíngyáng 369, 409
pack up 束装 shùzhuāng 267
page 页 yè 231
pageboy style 童花头 tónghuātóu 23
painful 痛苦 tòngkǔ 351, 373
pain of losing one's only child 失独之痛 shīdú zhītòng 93
paper 纸 zhǐ 69
paralyzed 瘫痪 tānhuàn 127
parent 家长 jiāzhǎng 297
parliament 议会 yìhuì 407
part 一部 yíbù 317
participate in 参与 cānyù 63, 117, 199
participate in government and political affairs 参政 cānzhèng 117
parting 临走 línzǒu 63
partner 搭档 dādàng 235
passage 篇 piān 245
passively 被动 bèidòng 145
pass the buck 推诿 tuīwěi 67
past dynasties 历代 lìdài 241, 313
patient 患者 huànzhě 69
patient's condition 病情 bìngqíng 9
patriotism 爱国主义 àiguó zhǔyì 199
pay 付出 fùchū 43, 97
pay 缴纳 jiǎonà 93
pay back 偿还 chánghuán 97
pay close attention to 关注 guānzhù 61
pay off one's debt 还账 huánzhàng 43
pay tax 纳税 nàshuì 403
peaceful co-existence 和平共处 hépíng gòngchǔ 177
peaceful evolution 和平演变 hépíngyǎnbiàn 189
peak 峰值 fēngzhí 43
peak 高峰 gāofēng 281
peculiar 特有 tèyǒu 291
pending 悬而未决 xuán'érwèijué 349
peony 牡丹花 mǔdān huā 371
people of a different clan 外族 wàizú 317
People's Daily 人民日报 Rénmín Rìbào 7
People's Liberation Army 人民解放军 Rénmín Jiěfàngjūn 189
per capita 人均 rénjūn 89, 155
perceptual 感性 gǎnxìng 199
perfect 十全十美 shíquán shíměi 347
perfect 完善 wánshàn 159, 325
perhaps 或许 huòxǔ 247
periphery 周边 zhōubiān 181
perish 沦丧 lúnsàng 151
permanent 永久 yǒngjiǔ 267
permanent residency 永久居留权 yǒngjiǔ jūliúquán 279
permit 许可 xǔkě 271
perpendicular 垂直 chuízhí 97
personage 人士 rénshì 283
personal gain 私利 sīlì 153
personal name 解振华 Xiè Zhènhuá 43

personal name 李昆生 *Lǐ Kūnshēng* 41
personal name 刘明宇 *Liú Míngyǔ* 65
personal name 钱玄同 *Qián Xuántóng* 229
personal name 唐孝炎 *Táng Xiàoyán* 41
personal name 王慧卿 *Wáng Huìqīng* 27
personal name 王跃思 *Wáng Yuèsī* 41
personal name 习近平 *Xí Jìnpíng* 41
person in charge 负责人 *fùzérén* 67
personality 人格 *réngé* 289, 327, 351, 373, 399
personnel 人事 *rénshì* 329
person of intelligence and integrity/virtue 贤人 *xiánrén* 123
persuade 说服 *shuōfú* 235
persuasiveness 说服力 *shuōfúlì* 155
pessimistic 悲观 *bēiguān* 145, 193, 373
Peter the Great 彼得大帝 *Bǐdé dàdì* 411
petroleum 石油 *shíyóu* 5
phenomenon 现象 *xiànxiàng* 201, 247
philosophy 哲学 *zhéxué* 281
phonetic transcription 拼音 *pīnyīn* 233
phonology 声韵 *shēngyùn* 241
photochemical smog 光化学烟雾 *guānghuàxué yānwù* 43
physical strength/power 体力 *tǐlì* 377
physics 物理 *wùlǐ* 401
pierce 扎 *zhā* 25
piercing 刺耳 *cìěr* 201
pillow 枕头 *zhěntou* 23
pinhole 针眼 *zhēnyǎn* 25
pious 虔诚 *qiánchéng* 185
pitiful 可怜 *kělián* 383
place 场所 *chǎngsuǒ* 281
place 所在 *suǒzài* 315
place a cup 扣 *kòu* 29
place of one's own 一席之地 *yìxízhīdì* 381
plan 策划 *cèhuà* 187
plan 方案 *fāng'àn* 43, 233
planet 星球 *xīngqiú* 71
plant 种 *zhòng* 373
plants 植物 *zhíwù* 371
platform 平台 *píngtái* 119
play 扮演 *bànyǎn* 117
play a decisive role 举足轻重 *jǔzúqīngzhòng* 237
pledge 保证 *bǎozhèng* 147, 293, 323
pledge one's life 誓死 *shìsǐ* 405
plight 困境 *kùnjìng* 159
plot 图谋 *túmóu* 205
ply 股 *gǔ* 283
point out 指出 *zhǐchū* 9, 237, 265, 317
polar opposite 截然相反 *jiéránxiāngfǎn* 119
political circles 政界 *zhèngjiè* 191
political opponent 政敌 *zhèngdí* 327
political parties and groups 党派 *dǎngpài* 157
political party 政党 *zhèngdǎng* 125, 157
political situation 政局 *zhèngjú* 347
politician 政客 *zhèngkè* 327, 351
politick 问政 *wènzhèng* 117
poll 选票 *xuǎnpiào* 125, 157
poor 贫乏 *pínfá* 95
poor 贫穷 *pínqióng* 89
popular grievances run high 民怨沸腾 *mínyuàn fèiténg* 101
popularize 普及 *pǔjí* 231
porcelain 瓷器 *cíqì* 371
portrayal 写照 *xiězhào* 245, 269
pose as... 以 ... 自居 *yǐ...zìjū* 327, 353
position 立场 *lìchǎng* 187, 291, 311, 401
position 位置 *wèizhì* 271
position 职位 *zhíwèi* 157
positive 正面 *zhèngmiàn* 7
positively correlate 正相关 *zhèngxiāngguān* 95
post 岗位 *gǎngwèi* 123
potential 潜力 *qiánlì* 203
Potsdam Proclamation 波茨坦公告 *Bōcítǎn Gōnggào* 323
power 实力 *shílì* 183
powerful 强大 *qiángdà* 409
powerful 有力 *yǒulì* 243
power nation 强国 *qiángguó* 355
practice 实践 *shíjiàn* 117, 327, 347
praise 表扬 *biǎoyáng* 285
preceding text 上文 *shàngwén* 289
precisely is 便是 *biànshì* 265
predict 预测 *yùcè* 91, 193
preface 序 *xù* 247
pregnant 怀孕 *huáiyùn* 23
prejudice 偏见 *piānjiàn* 283
preliminary 初步 *chūbù* 325
premise 前提 *qiántí* 117, 191, 287
pre-Qin period 先秦 *Xiān Qín* 241
present 呈现 *chéngxiàn* 193
present 眼前 *yǎnqián* 311, 367
preserve 保存 *bǎocún* 323
preserve 保全 *bǎoquán* 323
press 报界 *bàojiè* 367
press close to 贴近 *tiējìn* 311
pretty 甚 *shèn* 285
prevail over 压倒 *yādǎo* 293
prevent 防止 *fángzhǐ* 147
prevent 预防 *yùfáng* 149
prevent 阻碍 *zǔài* 277, 319
previously 以往 *yǐwǎng* 287
prime culprit 元凶 *yuánxiōng* 233
principle 原理 *yuánlǐ* 189
principle 原则 *yuánzé* 177, 245, 287
prisoner 囚徒 *qiútú* 29
privately 私下 *sīxià* 313
private property 私有财产 *sīyǒu cáichǎn* 379
problem 毛病 *máobìng* 275
procedure 程序 *chéngxù* 351
proceed 进行 *jìnxíng* 293
process 过程 *guòchéng* 249
process 进程 *jìnchéng* 189
produce 产生 *chǎnshēng* 347
product 产物 *chǎnwù* 201, 289
profound 高深 *gāoshēn* 287
progressive tax rate 累进税率 *lěijìn shuìlǜ* 379
prohibit 禁止 *jìnzhǐ* 11, 405
project 工程 *gōngchéng* 161
prolong 延长 *yáncháng* 377
promise 承诺 *chéngnuò* 191
promote 发扬 *fāyáng* 269
promote 提升 *tíshēng* 191, 325
pronunciation 语音 *yǔyīn* 231
proof 证据 *zhèngjù* 409
proportion 比例 *bǐlì* 91, 271
proportion 比重 *bǐzhòng* 291, 313
prospect 前景 *qiánjǐng* 93, 203
prosper 繁荣 *fánróng* 201
prosperous 景气 *jǐngqì* 203
protest 抗议 *kàngyì* 143, 399

Protestantism 新教 xīnjiào 277
Protestant Reformation 宗教改革 Zōngjiào Gǎigé 401
proud of 自豪 zìháo 193
prove 证明 zhèngmíng 319
provide 提供 tígōng 177, 317
provide for the aged 养老 yǎnglǎo 97, 265
province 省 shěng 23
province 省份 shěngfèn 321
psychology 心理 xīnlǐ 25, 245, 267
public 公众 gōngzhòng 61, 199
publication 刊物 kānwù 269
public good 公益 gōngyì 59
public image 公开形象 gōngkāi xíngxiàng 295
publicize 宣传 xuānchuán 11, 373
publicize 张扬 zhāngyáng 9
public security 治安 zhì'ān 201
publish 出版 chūbǎn 401
publish 发表 fābiǎo 229, 367
publish 公开 gōngkāi 63, 185
publisher 出版社 chūbǎnshè 231
publishing industry 出版界 chūbǎn jiè 269
punish 惩罚 chéngfá 149
purchase 购买 gòumǎi 63
purchasing power 购买力 gòumǎilì 193
purely 纯 chún 295
purifier 净化器 jìnghuàqì 65
Puritan 清教徒 Qīngjiàotú 277
purpose 目的 mùdì 271
pursue 追求 zhuīqiú 153, 327, 375
push forward 推动 tuīdòng 347
put in order 治理 zhìlǐ 69
put oneself outside of 自外于 zìwàiyú 249, 287
put sb. in an important/key position 重用 zhòngyòng 123

Q

Qin dynasty 秦代 Qíndài 247
Qin and Han dynasties 秦汉 Qín Hàn 315
Qing dynasty 清代 Qīngdài 313
qualifications 资格 zīgé 59, 329
quality 素质 sùzhì 353
quality 质量 zhìliàng 125
quantity 数量 shùliàng 153
quite 较 jiào 321
quite 颇 pō 201, 239, 273
quit one's job 辞职 cízhí 25
quote 引用 yǐnyòng 319

R

race 种族 zhǒngzú 199, 279, 329
racial demographics 种族构成 zhǒngzú gòuchéng 199
rack one's brains 费尽心机 fèijìnxīnjī 329
radicals 部首 bùshǒu 247
radio wave 电波 diànbō 375
raise 提出 tíchū 117
raise 养 yǎng 69
raise havoc 闹 nào 189
range 幅度 fúdù 195
rank 等级 děngjí 127
ranking 排名 páimíng 95
rascally 无赖 wúlài 183
rather too 未免 wèimiǎn 401
rationality 合理性 hélǐxìng 123
reach 达到 dádào 155
reach 至 zhì 319
reaction 反应 fǎnyìng 289
reactionary 反动 fǎndòng 411
reality 现实 xiànshí 29, 155, 311
realize 认识 rènshí 297
realize 实现 shíxiàn 143, 287, 327
realize 意识到 yìshídào 27
real-life example 实例 shílì 11
reappear 再现 zàixiàn 351
reason 理性 lǐxìng 153, 289
reason 理由 lǐyóu 289
rebirth 新生 xīnshēng 5
rebound 反弹 fǎntán 101
rebound 回升 huíshēng 101
rebuild 重建 chóngjiàn 275
receive 接受 jiēshòu 25
reciprocal 互惠 hùhuì 201
record 记载 jìzǎi 313
recover 病愈 bìngyù 407
recover 恢复 huīfù 181
recover the country 复国 fùguó 283
recruit students 招生 zhāoshēng 91
Rectification of name 正名 zhèngmíng 245
recycle 回收 huíshōu 65
reduce 降低 jiàngdī 349
reduce emission 减排 jiǎnpái 43
refer to 参考 cānkǎo 247
reflect 反映 fǎnyìng 7, 245
reformation 革新 géxīn 401
refueling gun 油枪 yóuqiāng 65
refuse 拒绝 jùjué 63, 127
regain consciousness 醒 xǐng 25
regard . . . as . . . 视···为··· shìwéi 177, 243
regard as 视为 shìwéi 67
regime 政权 zhèngquán 147, 405
regime 政体 zhèngtǐ 119
region 地区 dìqū 177
regrettable 可惜 kěxī 9
regular 定期 dìngqī 149
regular script 楷书 kǎishū 243
reject 排斥 páichì 161
relate 关联 guānlián 121
related 相关 xiāngguān 117
related 有关 yǒuguān 59
relationship 环节 huánjié 99
relative 亲戚 qīnqi 151, 319
relative 相对 xiāngduì 177, 243
relatively 较为 jiàowéi 247
relatively speaking 相对而言 xiàngduì éryán 349
relatives 亲属 qīnshǔ 273
relax 缓和 huǎnhé 185
release 释放 shìfàng 125
relieve 解除 jiěchú 373
relieve 救济 jiùjì 379
religion 宗教 zōngjiào 157, 199, 273
rely 靠 kào 241
rely on 凭借 píngjiè 323
remain stagnant 停滞不前 tíngzhì bùqián 233
remain the same 依然故我 yīrán gùwǒ 231
remarkable 出色 chūsè 325
remarkable 显著 xiǎnzhù 193, 269
remember 记 jì 231
remind 提醒 tíxǐng 409
remnants 残余 cányú 329
remold 改造 gǎizào 229, 373
reorganize and consolidate 整合 zhěnghé 127, 281

repair 维修 *wéixiū* 65
repay a debt 还债 *huánzhài* 97
repeatedly 反反复复 *fǎnfǎn fùfù* 349
repeatedly 反复 *fǎnfù* 23
replace 代替 *dàitì* 329, 377
replace 取代 *qǔdài* 233, 349
replenish 更替 *gēngtì* 103
reply 回答 *huídá* 29
report 报道 *bàodào* 5, 407
report 举报 *jǔbào* 59
report the good news but not the bad 报喜不报忧 *bàoxǐ búbàoyōu* 7
repress 压抑 *yāyì* 275
reproach 指 *zhǐ* 229
Republic of China 中华民国 *Zhōnghuá Mínguó* 321
reputation 声誉 *shēngyù* 101
rescue 解救 *jiějiù* 411
resident 居民 *jūmín* 65
resist 反抗 *fǎnkàng* 275
resort to 凭 *píng* 275
resources 资源 *zīyuán* 93, 275, 323
respect 尊重 *zūnzhòng* 289
respectable 可敬 *kějìng* 11, 407
respond 回应 *huíyìng* 121
respond to 应对 *yìngduì* 145, 207
responsibility 担子 *dànzi* 99
restless 烟熏火燎 *yānxūn huǒliǎo* 25
restrain 克制 *kèzhì* 71
restrain 收敛 *shōuliǎn* 283
restrain 约束 *yuēshù* 93
restrict 制约 *zhìyuē* 155, 207, 347
restriction 束缚 *shùfù* 161
retire 退居 *tuìjū* 243
retrogress 开 ... 倒车 *kāi...dàochē* 411
return to one's country 归国 *guīguó* 267
return to one's home village 回乡 *huíxiāng* 265
reveal 表明 *biǎomíng* 97
revelation 启示性 *qǐshìxìng* 285
reverse cause and effect 因果倒置 *yīnguǒ dàozhì* 239
revert to one's origin 落叶归根 *luòyè guīgēn* 265
review 重温 *chóngwēn* 247
revitalization 复兴 *fùxīng* 239
revolution 革命 *gémìng* 147
revolve 旋转 *xuánzhuǎn* 71
revolve 运转 *yùnzhuǎn* 347
Richard Milhous Nixon 尼克松 *Níkèsōng* 177
Right 右翼 *yòuyì* 181
right and wrong 是非 *shìfēi* 291
rights and interests 权益 *quányì* 411
right to judicial relief 司法救济权 *sīfǎjiùjìquán* 69
right to know 知情权 *zhīqíngquán* 69
right to vote 选举权 *xuǎnjǔ quán* 403
right wing 右派 *yòupài* 269
rigid 僵化 *jiānghuà* 89, 319
rise 兴起 *xīngqǐ* 313
rise abruptly 崛起 *juéqǐ* 193, 237
rise to power and position 发迹 *fājì* 323
risk 风险 *fēngxiǎn* 27
river 河 *hé* 241
role 角色 *juésè* 117
root 根 *gēn* 281
root 根源 *gēnyuán* 161, 325
rotation 轮换 *lúnhuàn* 187
rough 粗暴 *cūbào* 99
round 轮 *lún* 41
route 路线 *lùxiàn* 197
rule 统治 *tǒngzhì* 321, 353, 381, 403
rule 执政 *zhízhèng* 379
rule of virtue 德治 *dézhì* 151
ruling party 执政党 *zhízhèngdǎng* 145, 187, 327
run counter to 背道而驰 *bèidào érchí* 287
run counter to one's desire 适得其反 *shìdéqífǎn* 351
run idle 空转 *kōngzhuàn* 59
run parallel without going against something 并行不悖 *bìngxíng búbèi* 283
Russia 俄 *É* 181
Russia 俄国 *Éguó* 383
Russia 俄罗斯 *Éluósī* 195

S

sacred 神圣 *shénshèng* 293
sacrifice 牺牲 *xīshēng* 43, 197, 381
sadness 哀感 *āigǎn* 269
safe and sound 平安 *píng'ān* 25
safeguard 保卫 *bǎowèi* 409
safeguard 保障 *bǎozhàng* 99, 153, 291, 349
safeguard 捍卫 *hànwèi* 405
safeguard 维护 *wéihù* 155, 191, 355
sage 圣人 *shèngrén* 373
sage 哲人 *zhérén* 405
salutary tale 美谈 *měitán* 11
same year 同年 *tóngnián* 379
sanction 制裁 *zhìcái* 153
SARS 非典 *Fēidiǎn* 9
satellite state 卫星国 *wèixīngguó* 411
satisfied 满意 *mǎnyì* 67
saturation point 饱和点 *bǎohédiǎn* 313
save 积蓄 *jīxù* 265
save 节省 *jiéshěng* 101
savings rate 储蓄率 *chǔxùlǜ* 95
say frightening things just to cause alarm 危言耸听 *wēiyán sǒngtīng* 239
scale 规模 *guīmó* 143, 183, 247, 295
scandal 丑事 *chǒushì* 9
scandal 丑闻 *chǒuwén* 195
scene 幕 *mù* 41
schedule 日程 *rìchéng* 279
scholar 学人 *xuérén* 267
scholar 学者 *xuézhě* 319
scholarship 奖学金 *jiǎngxuéjīn* 285
science 理 *lǐ* 281
scientific research 科研 *kēyán* 97
scope 范围 *fànwéi* 59, 103
scramble for 争抢 *zhēngqiǎng* 157
seabed 海底 *hǎidǐ* 369
secluded from the real world 与世隔绝 *yǔshì géjué* 29
second 秒 *miǎo* 59
second child 二胎 *èrtāi* 99
second only to 仅次于 *jǐn cìyú* 89
seek 谋 *móu* 381
seek 谋求 *móuqiú* 177
seek 求 *qíu* 9
seek 寻求 *xúnqiú* 275
seek 寻找 *xúnzhǎo* 153
seek approval 征得 *zhēngdé* 355
seek popularity by doing sth. 哗众取宠 *huázhòng qǔchǒng* 351
seemingly 看似 *kànsì* 95
seemingly 似乎 *sìhū* 233, 409

see with one's own eyes 亲眼所见 *qīnyǎnsuǒjiàn* 295
segment 段 *duàn* 249
seize 夺得 *duódé* 323
seldom seen 古今罕见 *gǔjīn hǎnjiàn* 91
select 选拔 *xuǎnbá* 119
self-cultivation 修养 *xiūyǎng* 289
self-defense 自卫 *zìwèi* 183
self-discipline 自律 *zìlǜ* 127
self-identity 认同 *rèntóng* 311
self-sponsored 自费 *zìfèi* 5
self-sufficient 自足 *zìzú* 269
sensational 耸人听闻 *sǒngrén tīngwén* 201
sensitive 敏感 *mǐngǎn* 197, 289
sentence 判 *pàn* 149
separate 阻隔 *zǔgé* 369
separation 分立 *fēnlì* 157
separation of powers 分权 *fēnquán* 121
serious 严肃 *yánsù* 245, 293
serve 服侍 *fúshì* 377
set 套 *tào* 149
setback 挫折 *cuòzhé* 323
set forth 出台 *chūtái* 89
settle down 定居 *dìngjū* 265
settle down and get on with one's pursuit 安身立命 *ānshēn lìmìng* 275
settle down in a place 留居 *liújū* 271
severe 严峻 *yánjùn* 119, 157, 189
shadow 阴影 *yīnyǐng* 197
shake 动 *dòng* 233
Shang Dynasty 殷商 *Yīnshāng* 239
Shanxi Province 山西 *Shānxī* 27
Shanxi Province 陕西 *Shǎnxī* 23
share 份儿 *fènr* 229
shelter 庇护之所 *bìhù zhīsuǒ* 271
short 短暂 *duǎnzàn* 181, 317
shortcoming 弊端 *bìduān* 123, 349
shorten 缩短 *suōduǎn* 43, 367
short of 短缺 *duǎnquē* 97
should 应当 *yīngdāng* 177
should be like this 应然 *yīngrán* 245
show 昭示 *zhāoshì* 323
shrink back at the sight of 望而却步 *wàngér quèbù* 145
Sichuan Province 四川 *Sìchuān* 273
sickness beyond recovery 膏肓之疾 *gāohuāng zhījí* 9
side 侧面 *cèmiàn* 205
sift 筛选 *shāixuǎn* 277
sight 眼光 *yǎnguāng* 297, 313
Sigmund Freud 弗洛伊德 *Fúluòyīdé* 275
sign 迹象 *jìxiàng* 233
sign 签字 *qiānzì* 239
silk 丝绸 *sīchóu* 371
simplified character 简体字 *jiǎntǐzì* 239
simplify 简化 *jiǎnhuà* 239
simplify 由繁趋简 *yóufán qūjiǎn* 247
sincere 真诚 *zhēnchéng* 99
sincerely 真心 *zhēnxīn* 405
Singapore 新加坡 *Xīnjiāpō* 95, 147, 297
single 单身 *dānshēn* 379
single 单一 *dānyī* 99, 161
single line 单线条 *dānxiàntiáo* 97
sink into 陷于 *xiànyú* 315
Sinology 汉学 *Hànxué* 249, 295
situation 局面 *júmiàn* 125, 159, 189
situation 局势 *júshì* 191, 265
situation 情形 *qíngxíng* 327, 407
skill 技巧 *jìqiǎo* 353
skin deep 肤浅 *fūqiǎn* 273
slaughter 残杀 *cánshā* 407
slave 奴隶 *núlì* 377
slightly 稍 *shāo* 231
slightly feel 稍感 *shāogǎn* 249
slogan 标语 *biāoyǔ* 59
slogan 口号 *kǒuhào* 233
slow 缓慢 *huǎnmàn* 195, 321
slow down 减缓 *jiǎnhuǎn* 89
small coterie 小圈子 *xiǎoquānzi* 123
small seal style 小篆 *xiǎozhuàn* 241
small town 小镇 *xiǎozhèn* 29
smash/break/crush into pieces 碎 *suì* 9
smell 味儿 *wèi'r* 25
smell 闻 *wén* 65
smelly 臭 *chòu* 9
smog 雾霾 *wùmái* 11, 23
smooth-sailing 顺利 *shùnlì* 101
snail 蜗牛 *wōniú* 69
snake 蛇 *shé* 247
sober 清醒 *qīngxǐng* 193
so-called 所谓 *suǒwèi* 243
so-called 所谓的 *suǒwèide* 189
Social Contract 社会契约论 *Shèhuì Qìyuē Lùn* 273
social interaction 社交 *shèjiāo* 117
socialism 社会主义 *shèhuì zhǔyì* 161, 377
socialize 社会化 *shèhuìhuà* 373
so far 迄今 *qìjīn* 349
soften 软化 *ruǎnhuà* 119
soft power 软实力 *ruǎnshílì* 145
soil 田 *tián* 313
sojourn 寄居 *jìjū* 265
sole 独有 *dúyǒu* 325
solid 踏实 *tāshi* 67
some 某 *mǒu* 245
some day 有朝一日 *yǒuzhāoyírì* 185
soon afterwards 便 *biàn* 267
sooner or later 迟早 *chízǎo* 197, 279
sound 健全 *jiànquán* 155
source of pollution 污染源 *wūrǎnyuán* 61
source of students 生源 *shēngyuán* 91
Southeast Asia 东南亚 *Dōngnányà* 195, 277
Southward Movement 南渡 *Nándù* 317
sovereignty 主权 *zhǔquán* 321, 349
Soviet Russia 苏俄 *Sū É* 377
Soviet Union 苏联 *Sūlián* 177, 323
soybean 大豆 *dàdòu* 371
space and time 时空 *shíkōng* 311
spare no effort 全力 *quánlì* 285
spark 火花 *huǒhuā* 265
speak up frankly/candidly 毋庸讳言 *wúyōnghuìyán* 197
special envoy 特使 *tèshǐ* 197
specified number or amount - 额 *é* 203
speculate 推测 *tuīcè* 409
speech 言论 *yánlùn* 401
speed 速度 *sùdù* 353
spelling 拼法 *pīnfǎ* 249
sphere of influence 势力范围 *shìlì fànwéi* 183
split 分化 *fēnhuà* 127
split 分裂 *fēnliè* 187, 289, 351
spontaneously arise 自发 *zìfā* 247, 347
spread 扩散 *kuòsàn* 183

spread all over the place 传遍 *chuánbiàn* 371
Spring and Autumn period 春秋 *Chūnqiū* 291
stable 安定 *āndìng* 7, 271, 315
stable 稳定 *wěndìng* 159, 315, 347
Stack up against 一争高低 *yìzhēng gāodī* 199
stage 阶段 *jiēduàn* 43, 279, 327
stage 舞台 *wǔtái* 195, 351
Stage a comeback 卷土重来 *juǎntǔchónglái* 199
stand above 高居 *gāojū* 203
standard 标准 *biāozhǔn* 291
standard 规范 *guīfàn* 177, 349
standard 水准 *shuǐzhǔn* 295
standardized form of Chinese characters 正体字 *zhèngtǐzì* 243
stand firmly as a rock in mid-stream 中流砥柱 *zhōngliúdǐzhù* 245
Stand tall and stay strong 屹立不倒 *yìlìbùdǎo* 285
star 明星 *míngxīng* 127
star 星星 *xīngxing* 27
start a company 创业 *chuàngyè* 97
startled and damaged 惊破 *jīngpò* 281
start school 入学 *rùxué* 233
state apparatus/machine/system 国家机器 *guójiā jīqì* 201
statement 陈述 *chénshù* 271
state of affairs 事态 *shìtài* 181
status 地位 *dìwèi* 283
status 状况 *zhuàngkuàng* 143
status 状态 *zhuàngtài* 179
stay in the long run 久居 *jiǔjū* 267
steady 稳固 *wěngù* 205
steamship 轮船 *lúnchuán* 367
step up 站出来 *zhànchūlái* 67
still 仍 *réng* 245, 271
still 尚 *shàng* 195, 289
stimulate 激出 *jīchū* 265
stimulate 振奋 *zhènfèn* 5
stipulation 规定 *guīdìng* 379
stop 停止 *tíngzhǐ* 89
straight to the point from the very beginning 开宗明义 *kāizōng míngyì* 275
strait 海峡 *hǎixiá* 189
strategy 战略 *zhànlüè* 177
stratum 阶层 *jiēcéng* 155, 403
street 街头 *jiētóu* 347
streets and lanes 街头巷尾 *jiētóuxiàngwěi* 199
strength 力量 *lìliàng* 155
stress 强调 *qiángdiào* 143, 275
strict 严格 *yángé* 279
strike 打击 *dǎjī* 9, 185
strive for 争 *zhēng* 383, 405
strive for 争取 *zhēngqǔ* 147, 191, 271, 383, 401
strokes 笔画 *bǐhuà* 245
strong 浓厚 *nónghòu* 265
strong 强烈 *qiángliè* 149, 279
structure 格局 *géjú* 177
structure 结构 *jiégòu* 91, 233
struggle 斗争 *dòuzhēng* 181, 289
struggle 挣扎 *zhēngzhá* 27
studies 学业 *xuéyè* 285
stumble and trip 磕磕绊绊 *kēkē bànbàn* 181
stupid 蠢 *chǔn* 27
sturdy 壮实 *zhuàngshí* 69
style 体 *tǐ* 239
subject 学科 *xuékē* 297
subjective 主观 *zhǔguān* 127, 183
subject to 有待 *yǒudài* 289
submit to 顺从 *shùncóng* 119
subordinate 从属 *cóngshǔ* 187, 287
subtract 减掉 *jiǎndiào* 93
succeed 得手 *déshǒu* 193
such 如此 *rúcǐ* 11, 265, 349
such an extent that 以至于 *yǐzhìyú* 315
such as 诸如 *zhūrú* 233
Sudan 苏丹 *Sūdān* 185
sudden change 突变 *tūbiàn* 265
suddenly 顿时 *dùnshí* 267
suddenly 突然 *tūrán* 29
suffer 患有 *huànyǒu* 25
suffer 蒙受 *méngshòu* 237
suffer 遭到 *zāodào* 7, 407
suffer 遭受 *zāoshòu* 93, 187, 323
suffer defeat 败北 *bàiběi* 385
suffering 苦头 *kǔtou* 233
sulfur dioxide 二氧化硫 *èryǎnghuàliú* 43
sum 总和 *zǒnghé* 193
summarize 概括 *gàikuò* 117
summarize 总而言之 *zǒng'éryánzhī* 377
sum up 总括 *zǒngkuò* 373
sunshine 阳光 *yángguāng* 123
superficially plausible 似是而非 *sìshìérfēi* 235
superior 优越 *yōuyuè* 267
superior and subordinate 上下级 *shàngxià jí* 151
supervise 监督 *jiāndū* 11, 61, 123
supervise and control 监管 *jiānguǎn* 127
support 撑腰 *chēngyāo* 285
support 赡养 *shànyǎng* 97
support 拥护 *yōnghù* 347
support 支持 *zhīchí* 347
suppress 压制 *yāzhì* 201
surgery 手术 *shǒushù* 25
surpass 超过 *chāoguò* 369
surpass 超越 *chāoyuè* 149, 195, 235, 279, 311, 351
surrender 屈服 *qūfú* 197, 249
surrounded by a formidable enemy 强敌环伺 *qiángdí huánsì* 285
survive 生存 *shēngcún* 185, 271, 375
swarm into 涌入 *yǒngrù* 271
swat 拍 *pāi* 5, 29
Sweden 瑞典 *Ruìdiǎn* 381
sweet 甜蜜 *tiánmì* 41, 355
sweet dream 美梦 *měimèng* 281
switch 转换 *zhuǎnhuàn* 177
symbol 象征 *xiàngzhēng* 243, 317
symmetric 对称 *duìchèn* 203
sympathize with 同情 *tóngqíng* 383
synthetic 综合 *zōnghé* 161
Syria 叙利亚 *Xùlìyà* 185
system 体系 *tǐxì* 129, 319
system 体制 *tǐzhì* 119, 195, 319
system 系统 *xìtǒng* 149
system 制度 *zhìdù* 119, 147

T

tactic 策略 *cèlüè* 329
tail 尾巴 *wěibā* 59
tail gas 尾气 *wěiqì* 69
take 乘坐 *chéngzuò* 59
take a broad view of 纵观 *zòngguān* 383

take advantage of loopholes 有机可乘 yǒujīkěchéng 349
take by force 夺取 duóqǔ 351
take care of 照顾 zhàogù 25, 379
take it seriously 当回事 dānghuíshì 23
take off 起飞 qǐfēi 367
take photo at hand/without any extra effort 随手拍 suíshǒupāi 61
take root 扎根 zhāgēn 269
take root on the spot 落地生根 luòdì shēnggēn 279
takes place 案发 ànfā 151
take up a job 上岗 shànggǎng 123
take... for example 譬如 pìrú 5, 375
talent 才能 cáinéng 285
talented people 人才 réncái 119, 297
tangerine 橘子 júzi 371
tangible 有形 yǒuxíng 121
target 矛头 máotóu 179
target 目标 mùbiāo 43, 349
tax rate 税率 shuìlǜ 379
tea leaves 茶叶 cháyè 371
tedious 烦琐 fánsuǒ 349
telegram 电报 diànbào 369
temporarily 暂时 zànshí 265, 325
temporary 短期 duǎnqī 95, 295
temporary 临时 línshí 67
temporary 一时 yìshí 311, 351
tend to 倾向于 qīngxiàngyú 125, 379
tend to converge 趋同 qūtóng 249
tense 紧张 jǐnzhāng 125, 317
terminal illness 绝症 juézhèng 11
terminal illness 死疾 sǐjí 9
terrifying 恐怖 kǒngbù 93
territory 疆域 jiāngyù 411
territory 领土 lǐngtǔ 187
terrorist activity 恐怖活动 kǒngbù huódòng 183
test 检验 jiǎnyàn 95, 281
Thailand 泰国 Tàiguó 101
that is 即 jí 235, 277
then can 即可 jíkě 267
theory 理论 lǐlùn 155, 185, 231, 407
theory - 说 shuō 281
there is no need to 用不着 yòngbùzháo 381, 403
thing 事物 shìwù 377
think deeply 思考 sīkǎo 245
this 本 běn 93, 287
this 该 gāi 89
this body 此身 cǐshēn 67
this moment 此刻 cǐkè 247
this moment 此时 cǐshí 67
this type 此类 cǐlèi 101
Thomas Jefferson 杰弗逊 Jiéfúxùn 403
thorough 深入 shēnrù 129
thoroughly 彻底 chèdǐ 319
thoroughly exposed 暴露无遗 bàolùwúyí 127
thoughts and feelings 情怀 qínghuái 269
thousands upon thousands 成千上万 chéngqiānshàngwàn 71
thousands upon thousands 千千万万 qiānqiānwànwàn 11
thread-bound book 线装书 xiàn-zhuāngshū 237
thread of 丝毫 sīháo 233, 271
threat 威胁 wēixié 177
three religions 三教 sānjiào 277
throat 嗓子 sǎngzi 23
thus far 迄今为止 qìjīn wéizhǐ 325
thus it can be seen 由此可见 yóucǐ kějiàn 95
tiger 老虎 lǎohǔ 5
time 期间 qījiān 41
time bomb 定时炸弹 dìngshízhàdàn 191
Time magazine 时代 Shídài 285
timepiece 钟表 zhōngbiǎo 371
times change 今非昔比 jīnfēi xībǐ 89
tobacco 烟草 yāncǎo 371
to develop 开展 kāizhǎn 145
Tokyo 东京都 Dōngjīngdū 69
tolerate 容忍 róngrěn 289, 327, 383, 405
tool 工具 gōngjù 117
too late to repent/regret 后悔莫及 hòuhuǐ mòjí 383
top-down 自上而下 zìshàng'érxià 293
total amount 总量 zǒngliàng 89
totally unaware of 浑然不觉 húnrán bùjué 23
touch 触及 chùjí 275
towards 朝 cháo 367
towards 冲着 chòngzhe 69
towel 毛巾 máojīn 371
toy 玩具 wánjù 203
trace back 上溯 shàngsù 245
trace to its source 追根溯源 zhuīgēnsùyuán 295
trade 贸易 màoyì 313
train 培养 péiyǎng 123, 327, 409
transcendence 超越性 chāoyuèxìng 325
transfer 转让 zhuǎnràng 191
transfer 转移 zhuǎnyí 179, 319, 377
transferred to civilian work 转业 zhuǎnyè 101
transition 过渡 guòdù 249
transition period 过渡时期 guòdùshíqī 329
translate 翻译 fānyì 373
Transparency International 透明国际 Tòumíng Guójì 143
transplant 移植 yízhí 323
transport 运 yùn 65
travel 游历 yóulì 409
tray of loose sand 一盘散沙 yìpán sǎnshā 285
trend 潮流 cháoliú 181, 249, 353, 381, 399
trend 趋势 qūshì 91, 127, 193, 249, 313, 353
trend 趋向 qūxiàng 367
trend 形势 xíngshì 287
tribe 部落 bùluò 157
tributary 支流 zhīliú 281
trigger 引发 yǐnfā 119, 347
trouble 困扰 kùnrǎo 195, 273, 311
trouble 麻烦 máfan 187, 347
truth 实话 shíhuà 11
truth 真理 zhēnlǐ 375
try one's luck 碰运气 pèngyùnqi 151
try very hard to 极力 jílì 9
tumor 肿瘤 zhǒngliú 25
Tung oil 桐油 tóngyóu 371
turmoil 动乱 dòngluàn 281
turning point 转折点 zhuǎnzhédiǎn 265
turn of the century 世纪之交 shìjì zhījiāo 179

TV drama 电视剧 diànshìjù 29
twists and turns 波折 bōzhé 381, 399
twists and turns 曲折 qūzhé 177
two 俩 liǎ 41
Two Conferences 两会 liǎnghuì 5
two tigers cannot live on the same mountain 一山不容二虎 yìshānbù róng'èrhǔ 197
two-way 双向 shuāngxiàng 125
type 类型 lèixíng 267
type - 型 xíng 183
typeface 字体 zìtǐ 239
tyranny 暴政 bàozhèng 355

U

ubiquitous 无所不在 wúsuǒ búzài 287
unable to acclimate to a new environment 水土不服 shuǐtǔbùfú 273
unable to obstruct/cut off 隔不断 gébúduàn 369
unable to cut 截不断 jiébúduàn 369
unable to take/bear/stand 经不起 jīngbùqǐ 95, 407
unable to ward off/keep off 挡不住 dǎngbúzhù 369
unaddressed injustice 不白之冤 bùbái zhīyuān 237
unavoidable 免不了 miǎnbùliǎo 369
unavoidably 不免 bùmiǎn 273
uncivilized 野蛮 yěmán 99, 229
uncle 舅舅 jiùjiu 97
unconcerned 冷漠 lěngmò 237, 285
unconditional 无条件 wútiáojiàn 353
unconsciously 不知不觉 bùzhī bùjué 11
unconsciously 不自觉 búzìjué 277
uncorrupted 清廉 qīnglián 143
uncover 揭出 jiēchū 237
undeniable 不可否认 bùkěfǒurèn 121
underestimate 低估 dīgū 297
Under the Dome 穹顶之下 qióngdǐng zhīxià 11
undoubtedly 无疑 wúyí 321
undulate 起伏不定 qǐfú búdìng 187
unduly excessive 过于 guòyú 401
unemployed 失业者 shīyèzhě 379
unexpected 意外 yìwài 321
unexpectedly 竟 jìng 7
unexpectedly 居然 jūrán 229
unfortunate 不幸 búxìng 383
uniform 清一色 qīngyísè 327, 401
unify 统一 tǒngyī 231, 367
unify the written system 书同文 shūtóngwén 239
unilateralism 单边主义 dānbiān zhǔyì 205
unite 联合 liánhé 191
unite 团结 tuánjié 283, 411
United Nations 联合国 Liánhéguó 239
United States and the Soviet Union 美苏 Měi Sū 383
universality 普遍性 pǔbiànxìng 273
universalization 普及化 pǔjíhuà 293
unpopular 冷门 lěngmén 237
unprecedented 空前 kōngqián 95, 313, 377
unprecedented 前所未有 qiánsuǒwèiyǒu 125, 267
unrealistic 不切实际 búqièshíjì 351
until now 至今 zhìjīn 271, 385, 409
untiring 不懈 búxiè 41
unusual 反常 fǎncháng 291
update 更新 gēngxīn 293
upgrade 升级 shēngjí 179
urgent 紧急 jǐnjí 89
use 采用 cǎiyòng 373, 403
use/by this 借此 jiècǐ 123
used between the subject and the predicate to turn the original structure into a nominal phrase 之 zhī 295
use for other purposes 另有它用 lìngyǒutāyòng 247
use simultaneously 并用 bìngyòng 239
utterly harmful without a single benefit 有百害而无一利 yǒubǎihài ér wúyílì 291

V

vague 模糊 móhu 191
value judgment 价值判断 jiàzhípànduàn 271
variant form of a Chinese character 异体字 yìtǐzì 243
vary according to the individual 因人而异 yīnrén éryì 273
vassal state 附庸国 fùyōngguó 411
vast territory with a large population 地广人多 dìguǎng rénduō 315
vein 静脉 jìngmài 25
verbally 口头上 kǒutóu shang 187
verify 证实 zhèngshí 91, 319
vertical 纵向 zòngxiàng 97
very 极具 jíjù 311
very common 随处可见 suíchùkějiàn 371
very few 极少数 jíshǎoshù 199
very little 微乎其微 wēihūqíwēi 67
very long 漫长 màncháng 247
victory or defeat 胜败 shèngbài 383
video 视频 shìpín 5, 23
Vietnam War 越战 yuè zhàn 281
view 论调 lùndiào 193, 235
violate 侵犯 qīnfàn 99
violate the law 违法 wéifǎ 59
violence 暴力 bàolì 99, 157, 355, 383, 409
virtually essence 实质上 shízhìshàng 323
virtue 美德 měidé 277
virus 病毒 bìngdú 237
visit 访问 fǎngwèn 295
visit the U.S. 访美 fǎngměi 179
vitality 生机 shēngjī 323
vitally important 生命攸关 shēngmìng yōuguān 189
Vladimir Lenin 列宁 Lièníng 411
voice 声音 shēngyīn 287
Voltaire 伏尔泰 Fú'ěrtài 403
volume 卷 juàn 231
vulgar 俗 sú 287

W

waist-deep/high/length 齐腰 qíyāo 41
wait 等待 děngdài 67
wander and settle 流落 liúluò 277
war 战争 zhànzhēng 67
warble 鸟鸣 niǎomíng 241
warmly 热烈 rèliè 407
wartime 战时 zhànshí 375
waste water 污水 wūshuǐ 27
way 方式 fāngshì 29, 353
way 路径 lùjìng 43, 117
way 途径 tújìng 43, 127
way/method of...... 之道 zhīdào 9
weaken 减弱 jiǎnruò 97
weaken 弱化 ruòhuà 129

weaken 衰减 *shuāijiǎn* 91
weaken 削弱 *xuēruò* 129
wealth 财富 *cáifù* 97, 317
weapon 武器 *wǔqì* 375
weapons and arms 洋枪大炮 *yángqiāngdàpào* 373
wear 戴 *dài* 27
website 网站 *wǎngzhàn* 61
WeChat 微信 *Wēixìn* 117
weed out the old to bring forth the new 推陈出新 *tuīchén chūxīn* 291
weekly publication 周刊 *zhōukān* 285
Weibo 微博 *wēibó* 61, 117
welcome 欢迎 *huānyíng* 65
well-informed person 顺风耳 *shùnfēng'ěr* 369
well-known saying 名言 *míngyán* 235
Western Europe 西欧 *Xī Ōu* 381
Western Hills 西山 *Xīshān* 41
wet 湿 *shī* 65
what 何物 *héwù* 151
when it comes down to it... 归根结底 *guīgēn jiédǐ* 403
wherefore 何故 *hégù* 231
where it originated from 从何而来 *cónghé érlái* 311
where to go 向何处去 *xiànghéchùqù* 311
which type 何种 *hézhǒng* 277
white people 白种人 *báizhǒngrén* 283
whole 整个 *zhěnggè* 325
whole 整体 *zhěngtǐ* 195
wholeheartedly 一心一意 *yìxīnyíyì* 327
why not 何不 *hébù* 245
widely 广为 *guǎngwéi* 145
wield 执掌 *zhízhǎng* 405
will of the people 民意 *mínyì* 11
win 获胜 *huòshèng* 401
Winston Churchill 丘吉尔 *Qiūjíěr* 407
winter jasmine 迎春花 *yíngchūn huā* 371
wireless 无线 *wúxiàn* 369
wisdom 智慧 *zhìhuì* 353
wish 意愿 *yìyuàn* 287
wish 愿望 *yuànwàng* 69
wishful thinking 一厢情愿 *yìxiāng qíngyuàn* 281
wither 萎缩 *wěisuō* 97
without doubt 毫无疑问 *háowúyíwèn* 311
without the slightest hesitation 毫不迟疑 *háobù chíyí* 383
withstand 站得住 *zhàndezhù* 409
with the result that 以致 *yǐzhì* 383
wording 提法 *tífǎ* 239
worker-peasant class 工农阶级 *gōngnóng jiējí* 381
working meal 工作餐 *gōngzuòcān* 65
working personnel 工作人员 *gōngzuò rényuán* 63
works 论著 *lùnzhù* 295
worried 忧愁 *yōuchóu* 41
worry 担忧 *dānyōu* 145, 385
worry 忧虑 *yōulǜ* 179
worry 忧心 *yōuxīn* 249
worship 崇拜 *chóngbài* 127, 411
worthy of 值得 *zhídé* 151
write 书写 *shūxiě* 235
WTO 世贸组织 *Shìmào Zǔzhī* 203
Wu Zhihui 吴稚晖 *Wú Zhìhuī* 237

X

Xiaoyi 孝义 *Xiàoyì* 29
Xiongnu 匈奴 *Xiōngnú* 317
Xi'an 西安 *Xī'ān* 23
Xunzi 荀子 *Xúnzǐ* 245
Xu Shen 许慎 *Xǔ Shèn* 247

Y

year after year 年复一年 *niánfù yìnián* 267
yield 产量 *chǎnliàng* 89
Ying Zheng 秦始皇 *Qínshǐhuáng* 247
young and weak 幼弱 *yòuruò* 407
Yugoslavia 南斯拉夫 *Nánsīlāfū* 179
Yulan magnolia 玉兰花 *yùlánhuā* 371
Yung Wing 容闳 *Róng Hóng* 267

Z

Zhejiang Province 浙江 *Zhèjiāng* 23, 321
Zhou Enlai 周恩来 *Zhōu Ēnlái* 197
Zhuangzi 庄子 *Zhuāngzǐ* 241

语法索引（中 - 英）
Grammar Index (Chinese-English)

	A	
按照…来 + 推算 / 计算 / 估计 / 预测	to calculate/estimate/predict base on/according to...	107
	B	
把…视为…	to regard... as...	73
扮演…的角色	to play the role of...	130
毕竟	after all	14
表面上…，其实 / 实际上 / 实质上…	On the surface..., but actually...	12
X 并不是…，Y 才是…	X is actually not... In reality, Y is...	13
不但不 / 没…，反而…	not only not to..., on the contrary/unexpectedly...	13
不妨	might as well/there's no harm (in doing sth.)	252
不可否认	undeniably	132
不免	unavoidably/inevitably...	298
不是…，而是…	Not..., but...	164
…不是 X，就是 Y	If not X, then Y/either X or Y	165
……，不用说…，就是 / 就连…也 / 都…	...Needless to say/let alone..., even... also...	165
	C	
呈现…（的）趋势	to show a... trend	209
除非…，（要）不然…	Unless..., otherwise...	74
从…的角度看	from the perspective of.../judging from	106
从…的角度来看，……	from the... point of view, ...	412
（通过）…，从而…	(Through)..., thus/thereby...	133, 356
从根本上说	fundamentally/ultimately	356
	D	
倒是	on the contrary	252
X 等同于 Y	to equate X with Y rashly	165
把 X 和 Y 等同起来	to equate X with/to Y rashly	130
对…而言	for...	356
X、Y、Z…，凡此种种，都…	X, Y, Z, ..., all of these...	211
	F	
…，反之…	conversely/otherwise	164

非…不可	must/have to	14, 333
非…莫属	none other than/without exception	299
非（sb.）所能 V.P.	It is beyond (sb.'s) ability to...	162
付出…代价	to pay... as a price/at the cost of...	44
赋予＋权利／自由	to empower/to endow/to confer (a right or freedom)	107
G		
X 跟 Y 共同 V.P.	X and Y to V.P. jointly	74
固然…，（但）…	admittedly/of course..., (but)...	251
归根结底	in the final analysis/when it comes down to it	413
归功于	to give credit to/to attribute to/to owe to	299, 331
过于 +disyllabic adj.	excessively/overly/too	413
H		
（更）何况	let alone/moreover/as a further matter	13
X 与／和 Y 互相排斥	X and Y are mutually exclusive	166
X 与 Y 互相依存	X and Y depend on each other	332
怀疑	to doubt/to suspect	72
J		
极为 +disyllabic adjective/ emotional verb	extremely/exceedingly	332
即便／即使…也…	even if/even though	105
(Sth.) 既不是 X，也不是 Y，而是 Z	(Sth.) is not X, nor is it Y. Rather, it is Z.	12
既然…，就…	Since/Now that..., then... (should)...	357
X 继之以 Y	to continue X with Y	14
较之 X，Y…	Compared to X, Y...	131
把 X 和 Y 结合起来	to combine X with Y	132
X 与 Y 截然不同	completely different	210
X 与 Y 截然相反／不同	completely opposite/different	333
现在／今天…（早）（已经）今非昔比	Now... (which is) very different compared to before	104
X 仅次于 Y	X is second only to Y	104
进而	and then/furthermore	300
经不起…检验／考验／诱惑	to fail to withstand... the test/temptation	105
经不起	to be unable to stand/to be unable to bear/to fail to withstand	414
就…来说／而言，…	Concerning/as for..., ...	252
就 N.P.+V.P.	to V.P. with regard to N.P.	74

（只要）…就好	as long as...	30
拒绝＋（sb.）/V.P.	to refuse	73
具备…资格 / 条件 / 能力 / 功能	to have/to possess (a qualification, condition, ability, or function)	72
X 决定 Y…与否	X determines whether Y... or not	166
绝非	absolutely not/by no means	250
K		
看似 / 表面上…，实际上…	on the surface..., in fact...	107
M		
sb. 没 / 不（＋把 sth.）当回事	not to take (sth.) seriously	30
没有…，就没有…	Without..., there would be no...	357
免于	to be exempted from	332
明明…，但 / 可是…	obviously/clearly/plainly..., but...	73
N		
乃至	and even	208
P		
（不）排除…的可能性	(not) to eliminate the possibility of...	166
…，譬如，…	...For example, ...	12, 386
颇 +monosyllabic adjective/verb	quite	212
Q		
起初…，（后来…）	in the beginning/at the start/originally..., (later...)	413
牵着（sb.）的鼻子走	to lead (sb.) by coercion/(lit.) to lead (sb.) by the nose	209
X 是 Y 的前提	X is the premise/prerequisite for Y	209
在…前提下，…	On the premise of..., ...	130
受到…驱动	to be driven by...	212
R		
热衷于	to be full of enthusiasm about...	250
如果说…，那么…	If (one says that)..., then...	162
若…，（则）…	if..., (then)...	107
S		
尚	still/yet	210
涉及（到）	involve	330
对…深恶痛绝	to detest/to abhor	163
对…施加影响	to impose/exercise influence on...	133

对／向…施加＋压力／影响	to impose/to put (pressure/influence) on...	212
实际上	in fact/actually	44
视…为…	regard... as...	208
X 被 Y 视为…	X is considered as... by Y	163
…是一回事，…是另（外）一回事。	...is one thing, ...is another.	131
…是应该的，而…（则／却）是没有必要的。	It is obligatory to..., but it is unnecessary to...	163
适用于	can be applied to	333
随手 +V.P.	at hand/without any extra effort	72
随着…，…	as..., ...	298
X…，Y 随之…	X... (changes), Y... (changes as a consequence of X/following X...)	104, 330
X 是 Y 的缩影	X is the miniature of Y	31
所说的／所谓的…，指的是…	By..., we mean...	132
所谓（的）…，其实不过是…	The so-called..., in fact, is merely...	387
X（在 Y）所占的比例	X takes up... proportion (of Y)	105
…（是／由）…所致	...is caused by...	299

T

通过…来…	through (the means of...) to (achieve)...	162
…同…	with	386
X 与 Y 脱节	X is divorced/dissociated from Y	331

W

…为／被…所证实	...is verified/confirmed by...	105
为了 verb 而 verb	to do (sth.)... for the sake of doing (sth.)...	131
唯独	only/merely	251
未尝不	might be/perhaps/(lit.) not necessarily not	300
未免	rather too/unavoidably/rather	250, 412
无从＋了解／下手／谈起	no way of knowing	210
无论…，都…	In any event/Regardless of..., (subj.) will...; No matter (circumstances)..., (inevitable result)...	75, 250
无论如何，（subject）都…	in any event/whatever happens, (subject)...	31
为了 X 牺牲 Y	to sacrifice Y for the sake of X	45

X

下决心	to be determined to/come to a resolution	44

相对而言	relatively/comparatively	356
形式上／表面上…，（但）本质上…	Superficially..., actually...	332

Y

Subj. 眼睁睁地看着…，（却／但是…）	to watch... (helplessly), but...	31
要（想）…，就要／得…	If (sb.) wants to..., (he/she) has to...	165
X 也好，Y 也好，subj. 都／大多…	Regardless of X or Y, both...	13
一旦…，就…	once..., then...	133, 414
一而再，再而三地 V.P.	again and again...	162
X 与 Y 一争高低	to compete	210
以…来说	in the case of.../as for...	386
以…为由／借口 +V.P.	to use... as an excuse to V.P.	211
…以…为转移	...change(s) depending on...	209
以…自居	to pose as...	333
（本来）以为…，（后来）才发现…	(Originally) mistakenly believe that..., (later) realize that...	73
以至于	to such an extent that	331
(sb.) 意识到…	to realize that.../to notice that...	30
X 意味着 Y	X means/signifies Y	45
因（为）…而…	Because (of)..., so/thus...	164
…因…而起	...happen(s) because of...	298
用…来 V.P.	to use... to V.P.	45
……。由此可见，……	thus it can be seen/thus it can be concluded	106
有…牌可以打	to play the... card/to make use of (sth.) (to attain one's objective)	213
有赖于…	to depend on...	211
有责任 +V.P.	to have the responsibility to V.P.	75
有助于	to contribute to/to be helpful for	299
X 与／以 Y 为敌	X and Y are enemies	208
与其说是 X，不如说是 Y	it's more appropriate to say it is Y than to say it is X	253
X 远逊于 Y	X is far inferior to Y	331

Z

在可预见的未来	in the foreseeable future	208
增进＋幸福／友谊／感情	to enhance/to promote/to strengthen	386
着眼于…	to have one's eyes on.../to have... in mind	166

针对	to be aimed at/to be directed against	412
整整 + time period/an amount of sth.	entire/whole	31
X 与 Y 正相关	X is positively correlated with Y	106
只要…，总 + 会 / 能 / 可以…	As long as..., definitely will...	387
只知…，不知…	Only knows how to..., (but) has no idea how to...	75
…是值得 + 怀疑 / 讨论 / 思考 / 研究 + 的。	...is worth doubting/discussing/thinking/researching.	164
(Topic X)…，至于 (topic Y) …(usually a negative comment)，...	As for...	72, 414
至少	at least	75
…，至于（说）…，…	..., as to/concerning..., ...	251
致力于 V.P.	to commit/devote oneself to...	163
总而言之，…	To summarize, ...	387
(Subj.) 总有一天会 V.P.	sooner or later/someday, (subj.) will...	32
走…的道 / 路	to take the path of...	44
最…莫过于…	nothing is more... than...	330
X 对 Y 的作用 + 很大 / 很小 / 微乎其微	X has a great/small/hardly any impact on Y	74
在…上（大）做文章	to make an issue of (sth.)/to seize upon an incident to exaggerate matters	212

语法索引（英 - 中）

Grammar Index (English-Chinese)

A		
absolutely not/by no means	绝非	250
admittedly/of course..., (but)...	固然…，（但）…	251
after all	毕竟	14
again and again...	一而再，再而三地 V.P.	162
to be aimed at/to be directed against	针对	412
X, Y, Z, ..., all of these...	X、Y、Z…，凡此种种，都…	211
and even	乃至	208
and then/furthermore	进而	300
as..., ...	随着…，…	298
As for...	(Topic X)…，至于 (topic Y)… (usually a negative comment)…	72, 414
as long as...	（只要）…就好	30
As long as..., definitely will...	只要…，总 + 会 / 能 / 可以…	287
..., as to; concerning..., ...	…，至于（说）…，…	251
at hand/without any extra effort	随手 +V.P.	72
at least	至少	75
B		
Because (of)..., so/thus...	因（为）…而…	164
By..., we mean...	所说的 / 所谓的…，指的是…	132
C		
to calculate/estimate/predict base on/according to...	按照…来 + 推算 / 计算 / 估计 / 预测	107
can be applied to	适用于	333
...is caused by...	…（是 / 由）…所致	299
...change(s) depending on...	…以…为转移	209
X... (changes), Y... (changes as a consequence of X / following X...)	X…，Y 随之…	104, 330
to combine X with Y	把 X 和 Y 结合起来	132
to commit/devote oneself to...	致力于 V.P.	163
Compared to X, Y...	较之 X，Y…	131
to compete	X 与 Y 一争高低	210
completely different	X 与 Y 截然不同	210
completely opposite/different	X 与 Y 截然相反 / 不同	333

Concerning/as for..., ...	就…来说 / 而言，…	252
thus it can be seen/thus it can be concluded	……。由此可见，……	106
X is considered as... by Y	X 被 Y 视为 ...	163
to continue X with Y	X 继之以 Y	14
to contribute to/to be helpful for	有助于	299
conversely/otherwise	…，反之…	164
	D	
X and Y depend on each other	X 与 Y 互相依存	332
to depend on...	有赖于…	211
be determined to/come to a resolution	下决心	44
X determines whether Y... or not	X 决定 Y…与否	166
to detest/to abhor	对…深恶痛绝	163
X is divorced/dissociated from Y	X 与 Y 脱节	331
to do (sth.)... for the sake of doing (sth.)...	为了 verb 而 verb	131
to doubt/to suspect	怀疑	72
to be driven by...	受到…驱动	212
	E	
(not) to eliminate the possibility of...	（不）排除…的可能性	166
to empower/to endow/to confer (a right or freedom)	赋予 + 权利 / 自由	107
X and Y are enemies	X 与 / 以 Y 为敌	208
to enhance/to promote/to strengthen	增进 + 幸福 / 友谊 / 感情	386
entire/whole	整整 + time period/an amount of sth.	31
to equate X with Y rashly	X 等同于 Y	165
to equate X with/to Y rashly	把 X 和 Y 等同起来	130
even if/even though	即便 / 即使…也…	105
excessively/overly/too	过于 +disyllabic adjective	413
to be exempted from	免于	332
extremely/exceedingly	极为 +disyllabic adjective/emotional verb	332
	F	
to fail to withstand... the test/temptation	经不起…检验 / 考验 / 诱惑	105
X is far inferior to Y	X 远逊于 Y	331
...For example, ...	…，譬如，…	386
for...	对…而言	356

from the perspective of.../judging from	从…的角度看	106
from the... point of view, ...	从…的角度来看，……	412
to be full of enthusiasm about...	热衷于	250
fundamentally/ultimately	从根本上说	356
G		
to give credit to/to attribute to/to owe to	归功于	299, 331
H		
...happen(s) because of...	…因…而起	298
X has a great/small/hardly any impact on Y	X 对 Y 的作用 + 很大 / 很小 / 微乎其微	74
to have one's eyes on.../to have... in mind	着眼于…	166
to have/to possess (a qualification, condition, ability, or function)	具备…资格 / 条件 / 能力 / 功能	72
I		
If (one says that)..., then...	如果说…，那么…	162
If not X, then Y/either X or Y	…不是 X，就是 Y	165
If (sb.) wants to..., (he/she) has to...	要（想）…，就要 / 得…	165
to impose/exercise influence on...	对…施加影响	133
if..., (then)...	若…，（则）…	107
to impose/to put (pressure/influence) on...	对 / 向…施加 + 压力 / 影响	212
In any event/Regardless of..., (subj.) will...; No matter (circumstances)..., (inevitable result)...	无论…，都…	75, 250
in any event/whatever happens, (subject)...	无论如何，(subject) 都 ..	31
in fact/actually	实际上	44
in the beginning/at the start/originally..., (later...)	起初…，（后来…）	413
in the case of.../as for...	以…来说	386
in the final analysis/when it comes down to it	归根结底	413
in the foreseeable future	在可预见的未来	208
involve	涉及（到）	330
X is actually not... In reality, Y is...	X 并不是…，Y 才是…	13
(Sth.) is not X, nor is it Y. Rather, it is Z.	(Sth.) 既不是 X，也不是 Y，而是 Z	12
...is one thing, ...is another.	…是一回事，…是另（外）一回事。	131
It is beyond (sb.'s) ability to...	非 (sb.) 所能 V.P.	162
It is obligatory to..., but it is unnecessary to...	…是应该的，而…（则 / 却）是没有必要的。	163
it's more appropriate to say it is Y than to say it is X	与其说是 X，不如说是 Y	253

J		
X and Y to V.P. jointly	X 跟 Y 共同 V.P.	74

L		
to lead (sb.) by coercion/(lit.) to lead sb. by the nose	牵着（sb.）的鼻子走	209
let alone/moreover/as a further matter	（更）何况	13

M		
to make an issue of (sth.)/to seize upon an incident to exaggerate matters	在…上（大）做文章	212
X means/signifies Y	X 意味着 Y	45
might as well/there's no harm (in doing sth.)	不妨	252
might be/perhaps/(lit.) not necessarily not	未尝不	300
X is the miniature of Y	X 是 Y 的缩影	31
(Originally) mistakenly believe that..., (later) realize that...	（本来）以为…，（后来）才发现…	73
must/have to	非…不可	14, 333
X and Y are mutually exclusive	X 与 / 和 Y 互相排斥	166

N		
...Needless to say/let alone..., even... also...	……，不用说…，就是 / 就连…也 / 都…	165
no way of knowing	无从 + 了解 / 下手 / 谈起	210
Not..., but...	不是…，而是…	164
none other than/without exception	非…莫属	299
not only not to..., on the contrary/unexpectedly...	不但不 / 没…，反而…	13, 298
not to take (sth.) seriously	sb. 没 / 不（+ 把 sth.）当回事	30
nothing is more... than...	最…莫过于…	213, 330
Now... (which is) very different compared to before	现在 / 今天…（早）（已经）今非昔比	104

O		
obviously/clearly/plainly..., but...	明明…，但 / 可是…	73
on the contrary	倒是	252
On the premise of..., ...	在…前提下，…	130
On the surface..., but actually...	表面上…，其实 / 实际上 / 实质上…	12
once..., then...	一旦…，就…	133
Only knows how to..., (but) has no idea how to...	只知…，不知…(usually two completely opposite actions)	75
only/merely	唯独	251
to give credit to/to attribute to	归功于	299

P

to pay... as a price/at the cost of	付出…代价	44
to play the role of...	扮演…的角色	130
to play the... card/to make use of (sth.) (to attain one's objective)	有…牌可以打	213
to pose as...	以…自居	333
X is positively correlated with Y	X 与 Y 正相关	106
X is the premise/prerequisite for Y	X 是 Y 的前提	209

Q

quite	颇 +monosyllabic adj./v.	212

R

rather too/unavoidably/rather	未免	250, 412
to realize that.../to notice that...	sb. 意识到…	30
to refuse	拒绝 +sb./V.P.	73
to regard... as...	把…视为…	73
to V.P. with regard to N.P.	就 N.P.+V.P.	74
Regardless of X or Y, both...	X 也好，Y 也好，(subj.) 都 / 大多…	13
relatively/comparatively	相对而言	356
to have the responsibility to V.P.	有责任 +V.P.	75

S

to sacrifice Y for the sake of X	为了 X 牺牲 Y	45
X is second only to Y	X 仅次于 Y	104
to show a... trend	呈现…（的）趋势	209
Since/Now that..., then... (should)...	既然…，就…	357
sooner or later/someday, (subj.) will...	Subj. 总有一天会 V.P.	32
still/yet	尚	210
Superficially..., actually...	形式上 / 表面上…，（但）本质上…	332

T

to take the path of...	走…的道 / 路	44
X takes up... proportion (of Y)	X（在 Y）所占的比例	105
The so-called..., in fact, is merely...	所谓（的）…，其实不过是…	387
through (the means of...) to (achieve)...	通过…来…	162
(Through)..., thus/thereby...	（通过）…，从而…	133, 356
to such an extent that	以至于	331
To summarize, ...	总而言之，…	387

U		
to be unable to stand/to be unable to bear/to fail to withstand	经不起	414
unavoidably/inevitably...	不免	298
undeniably	不可否认	132
Unless..., otherwise...	除非…，（要）不然…	74
to use... as an excuse to V.P.	以…为由 / 借口 +V.P.	211
to use ... to V.P.	用…来 V.P.	45
V		
...is verified/confirmed by...	…为 / 被…所证实	105
W		
to watch... (helplessly), but...	Subj. 眼睁睁地看着…，（却 / 但是…）	31
with	…同…	386
Without..., there would be no...	没有…，就没有…	357
...is worth doubting/discussing/thinking/researching.	…是值得 + 怀疑 / 讨论 / 思考 / 研究 + 的。	164